名古屋本丸御殿（名古屋城総合事務所提供）

昭和 20 年 5 月大天守《だいてんしゅ》や本丸御殿《ほんまるごてん》などが空襲により焼失した。天守は昭和 34 年に RC（鉄筋コンクリート）で再建され，本丸御殿は平成 30 年に史実に忠実に復元された。

小牧山城石垣

織田信長は清須城から小牧山城へ移転，新たな城と町づくりを開始し，岐阜城や安土城よりも先行して，山頂部では全周を石垣で囲む城づくりを実施したのである。

岡崎城天守（愛史協スタンプラリー提供）

徳川家康が生まれた岡崎城は，豊臣家臣田中吉政《よしまさ》により近世城郭と城下町に改造され，元和３年に本多氏により天守が完成した。ただし家康段階の遺構を見出すことは難しい。

長篠城

長篠の戦いで有名な長篠城は寒狭《かんさ》川と大野川が合流する場所に突き出た断崖絶壁上に所在し天然の要塞であった。反対側は堀と土塁によって防御されている。

北畠氏館跡（津市教育委員会提供）

北畠氏城館群のうち，北畠氏館跡は，上段・中段・下段の三段からなっている。発掘調査では，上段の入り口跡が確認されている。

阿坂城（空中写真）（前野謙一撮影）

阿坂城の南郭は，阿坂《あざか》山山頂にあり，山頂の平坦地，その周囲の切岸、帯曲輪，堀切や竪堀が明瞭に残っている。

赤木城（空中写真）（前野謙一撮影）

熊野の奥，北山川《きたやまがわ》流域の赤木城では，各郭の石垣や礎石建物，主郭の桝形虎口などが整備されている。

伊賀上野城（寺岡光三撮影）

伊賀国の上野城は，豊臣大名であった筒井《つつい》定次《さだつぐ》により築城されたが，江戸時代初期に入国した藤堂高虎《とうどうたかとら》による大改修が行われ，城の西面に高石垣が築かれた。

東海の名城を歩く

愛知・三重編

中井 均・
鈴木正貴・竹田憲治［編］

吉川弘文館

刊行のことば

愛知県には一三二二ヵ所、三重県には九八〇ヵ所にのぼる中世城館跡が分布している。愛知県は三河国と尾張国から、三重県は伊勢国、志摩国、伊賀国、紀伊国の北東部から成り立っている。この旧六ヵ国を一冊に取りまとめるため、数多くの城跡から七一ヵ所を選ぶのは大変な作業であった。この七一ヵ所の城跡はまさに厳選された城跡と言ってよいだろう。

さて、三重県は昭和四十九年より開始された文化庁の補助事業である中世城館跡の悉皆《しっかい》調査を全国で最初に行った県である。その調査の結果が県内九八〇ヵ所の城館跡の確認となったのである。この調査成果は当時の研究者たちにとって驚きの結果であった。それまで城跡といえば天守のある近世城郭か著名な戦国武将たちの合戦の場となった城跡しか知られていなかった。それが村落領主の居城や居館にまで視野に入れられることとなったのである。中世の地域史を探るうえで城館跡が重要な資料となることを知らしめた調査であった。

一方愛知県では昭和六十三年よりこの悉皆調査が実施され、県内一三二二ヵ所の城館跡の確認となったのである。三重県より一四年遅れた調査ではあったが、全四冊におよぶ報告書が刊行された点は注目される。このように愛知県、三重県の中世城館跡の調査、研究は全国でも最先端を担っているのである。そうした調査の結果として現在、国史跡は愛知県内に長篠城跡、松平氏遺跡（松平氏館跡・松平城跡・大給城跡）、本證寺境内地、名古屋城跡、大高城跡附鷲津砦跡・丸根砦跡、小牧山、犬山城跡の七件が指定されている一方、三重県では長野氏城跡、多気北畠氏城館跡、阿坂城跡附高城跡・枳城跡、松坂城跡、赤木城及び田平子峠刑場跡、上野城跡の六件が指定されている。

尾張の戦国史は戦国の縮図である。織田信長の出身地であり、織田氏関連の城館跡も数多く分布する。信長と今川義元との国境紛争に関わる城跡も注目される。近代以降の開発により市街地に埋もれてしまった感があるが、大高城や岩崎城など、実は城跡が市街地のなかでしっかり残されているものも多い。三河は徳川氏やその家臣となる武将たちの出身地であり、戦国時代の彼らの居城が多く残されている。特に山間部の松平や作手《つくで》には戦国時代後半の発達した縄張を持つ城跡が多い。この地は武田氏の進出の足掛かりとなった地でもあり、武田氏によって築かれたと考えられる城跡も残されている。

伊勢は中世一貫して公家大名とでも言うべき北畠氏が国司として勢力を持っていた。その本拠地である多気《たげ》には居城の霧山城や居館、屋敷地などが点在している。居館の庭園が現在北畠神社庭園として残っており、発掘調査によって石垣などの遺構も検出されている。伊賀は惣国《そうこく》一揆体制の国として村々に城が構えられ、その分布密度は極めて高い。これは近江国甲賀郡と同じ様相を呈し、方形プランを基本とする土塁囲いの城が極めて多く築かれている。志摩は守護が伊勢と併任していたが、戦国時代には九鬼《くき》氏が勢力を持ち、水軍として鳥羽城など海に面して多くの城を築いた。

このような国々ごとに特徴を有する城館は日本列島に数多く築かれた城館の多様性を物語る地域として注目される。今回掲載した城跡も五ヵ国の特徴的な築城の典型例を選んだ。本書からその多様性を知っていただければ幸いである。

本シリーズは書籍名に「歩く」とある通り、実際に城館跡を訪ねる際のガイドブックとして編んだものである。本書を片手に山林に埋もれ、雑草に覆われた城跡から戦国時代の構造を読み取っていただければ幸いである。

令和二年一月

中井　均
鈴木正貴
竹田憲治

目次

愛知県の中近世城郭

鈴木正貴

【愛知県の概況】　愛知県は東海地方の中央にあり、旧国の尾張（一部は岐阜県に含まれる）と三河が該当する。西は伊勢、北は美濃と信濃、東は遠江に接しており、北西部では広大な尾張平野が展開する反面、北東部では愛知高原をはじめとする丘陵・山岳地帯が広がる。南側は太平洋に向かい知多半島と渥美半島が伸びて伊勢湾と三河湾が形成され、複雑な地形となっている。

このためこの地域ではさまざまな城郭が土地条件に応じて普請《ふしん》されてきた。また、織田信長・豊臣秀吉・徳川家康の三英傑《えいけつ》を生み出した土地柄でもあり、その城郭に対する注目度も高い。近世において、尾張は一国一藩で徳川家が六二万石を領有しており、城郭は**名古屋城**と**犬山城**のみがあった。一方、三河は譜代大名らが小藩を経営する形となり、**岡崎城**、**挙母城**、**西尾城**、**刈谷城**の他にいくつかの城郭や陣屋が存在する。それ以前の中世城館については、現在約一二〇〇ヵ所以上の城館跡が知られている。

【城館跡に関する古記録】　中世城館跡については江戸時代から調査、研究が進められており、三河の古城跡を集成した記録としては、愛知県図書館が所蔵する正保元年（一六四四）の『三河国《みかわのくに》城屋敷《しろやしき》古跡《こせき》覚《おぼえ》書《がき》』がもっとも古い。また、元文五年（一七四〇）に成立した『三河国二葉松』という地誌の中にある「三州古城記」も重要な資料となっている。

いっぽう、尾張では寛文十二年（一六七二）に成立した『寛文村々覚書《かんぶんむらむらおぼえがき》』がもっとも古く古城跡の紹介がなされ、天野信景《あまのさだかげ》により宝永五年（一七〇八）に記された『尾州古城志』も有用である。その後、宝暦二年（一七五二）『張州府志』、寛政元年（一七八九）『張州雑志』などの尾張藩官撰地誌などが編纂され、樋口好古《ひぐちよしふる》は文政五年（一八二二）に『尾張徇行記』を著した。

【平安時代末期の城郭】院政期の愛知県域では、清和源氏《せいわげんじ》の勢力が強く山田氏・足助氏・安食《あじき》氏らが活躍したと考えられるが、彼らの根拠となる城郭は不明である。一方、有力者による土地開発が進み多くの荘園や御厨《みくりや》が成立しており、猿渡《さわたり》川左岸の洪積台地上に所在する中条《なかじょう》遺跡（刈谷市）では開発領主の居館と思われる遺構が発見されている。幅約五㍍、深さ二㍍弱の堀で囲まれた一辺が約一〇〇㍍を測る巨大な屋敷は一二世紀中頃に成立したとみられ、刈谷市・知立市・豊田市南部に展開した重原《しげはら》荘の現地で支配した領主の居館と推定される。こうした遺構群は現在の地表にまったく痕跡を留めておらず、発掘調査を実施して初めてその存在が知られる。このため、結果として類例は少ない。

【鎌倉・室町時代の城郭】承久の乱では上皇側が敗北し、三河では新たに足利義氏《よしうじ》が三河守護となり、東海道矢作《やはぎ》宿付近（岡崎市）に守護所（館）を築いたといわれるが、具体的な姿は不明である。この地域では足利一門の武士らが進出し、吉良、今川、仁木、細川、一色などを領有しその地名を姓とした。

吉良氏は**東条城**や西条城（ともに西尾市）を、奉公衆《ほうこうしゅう》の中条《ちゅうじょう》氏は衣城（金谷城：豊田市）を拠点にしたといわれるが、鎌倉・南北朝期の遺構を発見することは難しい。いっぽう、尾張では、守護が土岐氏の段階は萱津（あま市）、斯波《しば》氏の段階は**下津**（稲沢市）にそれぞれ守護所があったと思われるが、発掘調査などから宿としての繁栄は明らかになりつつあるものの、守護館の存在ははっきりとしない。有力者の居館や城郭が現在も目に見える形で展開するのは一五世紀後葉を待たなくてはならないだろう。

【戦国時代の城郭】 応仁・文明の乱により愛知県域の支配勢力も大きく変動し、足利一門と奉公衆は没落して新興勢力が出現した。西三河の加茂・額田・碧海《へきかい》郡を支配した松平氏がその代表的な存在だが、中条氏の被官であった三宅氏（東広瀬城：豊田市）や鈴木氏（寺部城：豊田市）らも自立して居館と詰城が一緒となった城郭を構えた。長江氏の**桑下城**と**品野城**（ともに瀬戸市）は居館の山城と詰城《つめじろ》が明瞭に分離した典型的な事例といえる。東三河では戸田氏（**田原城**：田原市）、牧野氏（**牧野城**：豊川市・**今橋城**：豊橋市）、西郷氏、菅沼氏（**野田城**：新城市）、奥平氏、鵜殿《うどの》氏（上ノ郷城：蒲郡市）、長沢松平氏（**岩略寺城**：豊川市）などの領主層が台頭した。一方、尾張では守護斯波氏と守護代織田氏が分裂して下向し、東軍の斯波義敏《よしとし》と織田敏定《としさだ》（大和守系）は**清須城**（清須市）を尾張守護所として拠点を構え、西軍の織田敏広《としひろ》（伊勢守系）は**岩倉城**（岩倉市）を本拠とした。これとは別に国人《こくじん》領主層でも堀を巡らせた館を構えており、近藤氏の**沓掛城**（豊明市）や佐久間氏の山崎城（名古屋市）などの館城が各地に点在している。

愛知県域での集落は一二世紀に掘立柱《ほったてばしら》建物と井戸を組み合わせた屋敷で構成されるようになり、一三世紀前後に屋敷境に区画溝が設けられることが明らかになっている。これが軍事的緊張感が高まる一五世紀になると、一般的な屋敷の区画溝でも幅が二メートル以上となり大型化する事例が急増する。こうした中で各集落の中心となる有力者の屋敷は敷地面積と防御施設も肥大化し、相対的に抜きん出た居館のごとき形態へと変化した。これが、一五世紀後半から一六世紀前半にかけて各地に点在する館城群に相当すると考えられよう。

こうした状況は、一六世紀中頃になると権力の集約化が進み、拠点的な城郭や城下町が見られるようになる。港湾都市津島（津島市）などを掌握した織田信秀《のぶひで》は二重堀で囲まれた**勝幡城**（稲沢市）を本拠にし、公家飛鳥井雅綱《あすかいまさつな》らを招き蹴鞠《けまり》会を催したりした。松平清康《きよやす》は享禄三年（一五三〇）に現在の康生《こうせい》町を中心に**岡崎城**を築き、周辺の菅生《すごう》郷と明大寺《みょうだいじ》を城下に加えたと推定される。西三河山間部では松平・織田・今川の軍事的緊張関係が高まっていく中で、**松平城**、**大給城**、**市場城**（いずれも豊田市）などの規模の大きい山城が築城されるようになる。しかし、この地域周辺では、一五七〇年前後の武田氏の進攻や一五八四年前後の豊臣秀吉と織田信雄・徳川家康との対立などを契機に軍事的緊張が高まり、その際に拠点的な山城の拡張や再整備が実施された可能性が考えられるため、築城段階の状況を把握することが難しい。武節城や**真弓山城**（いずれも豊田市）は一時的に武田氏の勢力下に置かれたと推定され、また、天正十二〜十四年の小牧《こまき》・長久手《ながくて》の戦いでは結果的に三河地域で衝突することはなかったが、**大給城**や**市場城**（いずれも豊田市）などでは徳川氏が高石垣をめぐらせ外枡形《そとますがた》を採用するなどの大規模な改修が行われたと考えることもできるが、諸説あって確定的ではない。

【織豊期の城郭】　尾張では、織田信秀の子信長が台頭し尾張を統一する過程で**小牧山城**を築城した。総石垣で囲まれた山頂部の主郭を中心に階層的に曲輪が配され、山麓に武家屋敷が並べられた。南側の城下町では道路で長方形街区が区切られ、そこに短冊型地割の町屋が配置された新しい城下町を創出した、これが後の安土城へと繋がっていく。

本能寺の変や小牧・長久手の戦いをへて豊臣秀吉の天下統一事業が進められるようになると、天正十四年（一五八六）に織田信雄《のぶかつ》により**清須城**が大改修され、その城下町は「関東の巨鎮」と呼ばれる大都市に発展した。三河では、天正十八年に徳川家康が関東に移封されたのを機に、**吉田城**（豊橋市）に池田照政《てるまさ》が、**岡崎城**（岡崎市）と**西尾城**（西尾市）に田中吉政《よしまさ》が入り、織豊系城郭と織豊系城下町の城づくりと町づくりが実施された。また、刈谷と高橋郡は三好秀次領となり城郭の整理が行われた。同じ天正十八年には尾張では織田信雄が改易され**清須城**に豊臣秀次《ひでつぐ》が入ると、**犬山城**ではその実父三次吉房《よしふさ》が城主となった。そして、政治の実権が豊臣から徳川に移転する中、慶長十五年（一六一〇）に徳川家康は九男義直《よしなお》に**名古屋城**築城を命じ清須越しを完了させたのである。

【参考文献】千田嘉博・奥田敏春ほか『定本・西三河の城』（郷土出版社、一九九一）、愛知県教育委員会『愛知県中世城館跡調査報告Ⅰ（尾張地区）』（一九九一）、愛知県教育委員会『愛知県中世城館跡調査報告Ⅱ（西三河地区）』（一九九四）、愛知県教育委員会『愛知県中世城館跡調査報告Ⅲ（東三河地区）』（一九九七）、愛知県教育委員会『愛知県中世城館跡調査報告Ⅳ（知多地区）』（一九九八）、『愛知県史　通史編三　中世二　織豊』（愛知県、二〇一八）、『新修豊田市史二〇　資料編考古Ⅲ古代～近世』（愛知県豊田市、二〇一七）、『尾張の城と城下町―三英傑の城づくり・町づくり』（名古屋市博物館、二〇一九）

三重県の中近世城郭

竹田憲治

【三重県の概況】 三重県は東海地方の西端、近畿地方の東端に位置している。旧国では伊賀、伊勢、志摩、紀伊（紀伊国の北東部）からなっている。東は尾張、三河と、西は近江、山城、大和と、北は尾張、美濃と国境を接している（南は熊野川を挟んで紀伊の新宮と接する）。

【中世前期の城郭】 院政期に中央で勢力を伸ばした平氏は、伊勢や伊賀に多くの所領を持っていた。平清盛の祖父正盛《まさもり》が、白河院に接近するため鞆田荘《ともだのしょう》（伊賀市友田）にあった田地などを六条院に寄進した話は有名であり、それ以外にも平氏にかかわるとされる遺跡は多い。

伊勢国では、中世前期の大溝（「堀」）で囲まれた居館がいくつか確認されている。代表的なものとしては、津市の雲出島貫《くもずしまぬき》遺跡、桑名市の志知南浦《しちみなみうら》遺跡がある。

雲出島貫遺跡では、一一世紀の堀や人工の流路で囲まれた居館が確認されている。この地の西隣には平氏が領家職《りょうけしき》を持っていた木造荘《こつくりのしょう》があり、遺跡は伊勢平氏にかかわるものであった可能性も指摘されている。

志知南浦遺跡では、一二世紀から一三世紀の堀で区画された屋敷地が確認されている。この地は、平氏の家人である伊勢藤原氏（伊藤氏）の根拠地であり、発掘調査で確認された堀や建物群は、伊勢藤原氏にかかわるものである可能性がある。

【南北朝・室町時代の騒乱と南伊勢の山城】　南北朝時代になると、伊勢には南朝方の北畠氏が入り、北朝方との騒乱が繰り広げられる。北畠氏はまず**田丸城**（玉城町）に入るが、興国三年（一三四二、北朝康永元年）に北朝方により陥落し、北畠氏は坂内城（松阪市）に逃れる。さらに坂内城も陥落し、北畠氏は南伊勢の山中に追い込まれる（『波多野氏所蔵文書』）。

その後北畠氏は幾度となく伊勢平野への進出を試み、そのつど北朝方との合戦が行われる。文和元年（一三五二、南朝正平七年）には、**阿坂城**（松阪市）にて土岐《とき》頼康《よりやす》と北畠氏による合戦が行われたようである（『鷲見家譜』、『園太暦』、『佐藤家文書』）。

一四世紀末に南北朝は合一されるが、南朝方の一部は、南近畿にて蠢動《しゅんどう》を続ける（後南朝）。応永二十二年（一四一五）、北畠満雅《みつまさ》が幕府方と思われる「唐橋入道城」を攻めると、幕府方は雲出川を越え、**阿坂城**を攻め落した。その後、北畠氏の根拠であった多気（津市）を包囲する戦いとなる。「前国司」が籠った川上城も陥落している（『満済准后日記』）。

これら一連の史料から、阿坂城が南北朝時代には成立しており、北畠方の重要城郭として機能しており、それ以外にも南伊勢には「唐橋入道城」や「川上城」など、複数の城郭が築かれていたことがわかる。

南伊勢には、発掘調査が行われた城がいくつかある。このうち、白山城や立野城（いずれも松阪市）では、出土遺物の主体は一五世紀代のものであり、この時期に当地域にて複数の城郭が機能していたことを裏付けることができる。

南北朝時代に伊勢に入国した北畠氏は、津市美杉町多気に根拠地を構えていた。発掘調査の結果、一五世紀には、南北約二〇〇メートル、東西約一一〇メートルの居館が営まれていることが確認されている。居館は上段・中段・下段の段状になっており、中段と上段の間には、高さ約二・六メートルの石垣が確認されている。一五世紀末には上段を拡張する大造成が行われており、拡張後には壮麗な庭園が営まれていた。居館の西の山上には詰城が、さらに西の稜線上には霧山城が築かれていた。中伊勢の長野氏や関氏、伊賀の仁木氏も南北朝時代に入国してきたとされているが、居館については確認されていない。

【戦国期の城館】　一五世紀末ごろから一六世紀になると、各地に個性的な城郭が現れる。

北伊勢（いなべ市、四日市市周辺）では、有力領主が不在で、「北方一揆」、「十カ所人数」と呼ばれる中小領主が一揆を結び、地域支配を行っていた。彼らのものと思われる城郭は集落背後の低丘陵や河岸段丘上に築かれている。城郭には土塁や堀などの防御遺構が顕著な「城郭部分」とそれを取り巻く「屋敷地」から構成されるものがある。「城郭部分」には城主が、「屋敷地」には家来などが生活していたと考えられている。四日市市伊坂城の発掘調査では、これらの城郭が、一五世紀末から一六世紀前半ごろに造営されたことを裏付けるような遺物が出土している。

中伊勢（亀山市、鈴鹿市、津市北部周辺）では鈴鹿郡、河曲《かわわ》郡に根拠を持つ関氏と、安濃《あのう》郡、奄芸《あんき》郡に勢力を持つ長野氏が数郡単位での支配を行っていた。

関氏は、関・亀山に本拠を置いていた。また関氏一族を称する国府氏、峯氏、加太《かだ》氏などを各地に配していた。国府城（鈴鹿市）、**峯城**（亀山市）、加太城（亀山市）などは、彼らの城郭と考えられている。

長野氏は、津市北部の**長野氏城**、**長野城**に本拠を置いていた。また、その一族を称する雲林院《うじい》氏（雲林

院城）、分部《わけべ》氏（上野城）、草生《くさわ》氏（草生城）、細野氏（安濃城）、家所《いえどこ》氏（家所城）などを各地に配していた。彼らの城郭は丘陵全体に防御遺構と数多くの削平地を設ける大規模なものが多い。

南伊勢には一志《いちし》郡、飯高《いいたか》郡を根拠とする北畠氏が地域支配を行っていた。この地域には、山頂を削平し、周囲に切岸や帯曲輪状の削平地を設け、尾根続きを堀切《ほりきり》や竪堀《たてぼり》で遮断する構造の小規模城郭が多い。北畠氏は、神宮領であった神三郡（飯野《いいの》郡、多気《たき》郡、度会《わたらい》郡）に勢力を扶植し続けた。岩内城（明和町）、笠木館（多気町）、**田丸城**（玉城町）などは、北畠氏あるいはその一族の拠点と考えられている。

伊賀国（伊賀市、名張市）では、北伊勢と同様に有力な領主がおらず、中小領主が多く存在していた。それを反映してか、伊賀盆地内には、六五〇以上の城郭が築かれている。これらの城郭は、曲輪周囲に土塁と堀を持つ単郭方形のものが多い。伊賀市の川東城館群では、集落のいたるところに土塁、堀を持った小規模城郭が点在している。

【織豊系城郭の成立】　尾張、美濃を領していた織田信長は、永禄年間末に伊勢国に侵入する。次男信雄《のぶかつ》を北畠氏に、三男信孝《のぶたか》を神戸氏に、弟信包《のぶかね》を長野氏に入れ中伊勢、南伊勢を領有させる。天正年間には、信雄に**松ヶ島城**（松阪市）、信孝に**神戸城**（鈴鹿市）、信包に上野城のち**津城**（いずれも津市）を築城させる。これらの城郭からは、多寡はあるもののこの時期の瓦が出土しており、これらの城郭が安土城を模した「織豊系城郭」であった可能性が高い。

伊賀国には、天正七年（一五七九）から九年（一五八一）にかけて、織田勢力が侵攻する（いわゆる「天正伊賀の乱」）。伊賀市の丸山城は、織田氏の拠点として築かれた城である。

信長没後、その後継者をめぐる騒乱が繰り広げられる。**五箇篠山城**（多気町）、**峯城**（亀山市）、戸木城

（津市）、**松ヶ島城**などでは籠城戦が行われる。**峯城**や戸木城には、攻城のための付城《つけじろ》が築かれる。**宮山城**や**城山城**（いずれも津市）は羽柴（豊富）方が戸木城攻撃のために築いた付城とされる。**田辺城**、**保々西城**、伊坂城などの北伊勢の城郭もこのころに改修された可能性がある。

天正年間後半、豊臣秀吉が実権を握ると、その配下の大名による新たな城郭が築かれる。**亀山城**、**松坂城**（松阪市）、**上野城**（伊賀市）、**鳥羽城**（鳥羽市）、**赤木城**（熊野市）などはこの時期に築かれたものである。

京城（紀宝町）は、相野荘の拠点城郭として戦国時代に築かれたと考えられている。関ヶ原の戦い後に、新宮の堀内氏善《うじよし》が籠ったとする伝承もある。この城には、桝形《ますがた》や石垣など、織豊系城郭に用いられる遺構がある。これらの遺構は城の改修により順次追加されていったと考えられている。地方領主の「織豊化」を具体的に示すものとして興味深い。

【藩の成立と江戸期の城館】 江戸幕府が成立し、徳川政権が安定すると、城郭には藩の政庁としての比重が高まっていく。**桑名城**（桑名市）はこのころ築かれ、東海道の要城として、江戸時代を通じて機能する。**菰野陣屋**、**神戸城**、**亀山城**、**津城**、**松坂城**、**田丸城**、**鳥羽城**などは、地域支配の中心として、江戸時代を通じて存続する。

【参考文献】『三重県の地名』（平凡社、一九八三）、伊藤裕偉「北畠氏領域における阿坂城とその周辺」『Mie history』六（三重歴史文化研究会、一九九三）、伊藤裕偉『聖地熊野の舞台裏』（高志書院、二〇一一）、稲本紀昭「波多野貞雄氏所蔵文書について」『三重県史研究』三（三重県、一九八七）、竹田憲治「伊勢国司北畠氏の城・館と「都市」」『中世城館の考古学』（高志書院、二〇一四）、三重県埋蔵文化財センター『島貫Ⅱ』（二〇〇〇）、三重県埋蔵文化財センター『志知南浦遺跡発掘調査報告』（二〇〇八）、美杉村教育委員会『北畠氏館跡―多気北畠氏遺跡第二六次調査・北畠氏館跡総括編』（二〇〇五）

●愛知県〈尾張〉名城マップ

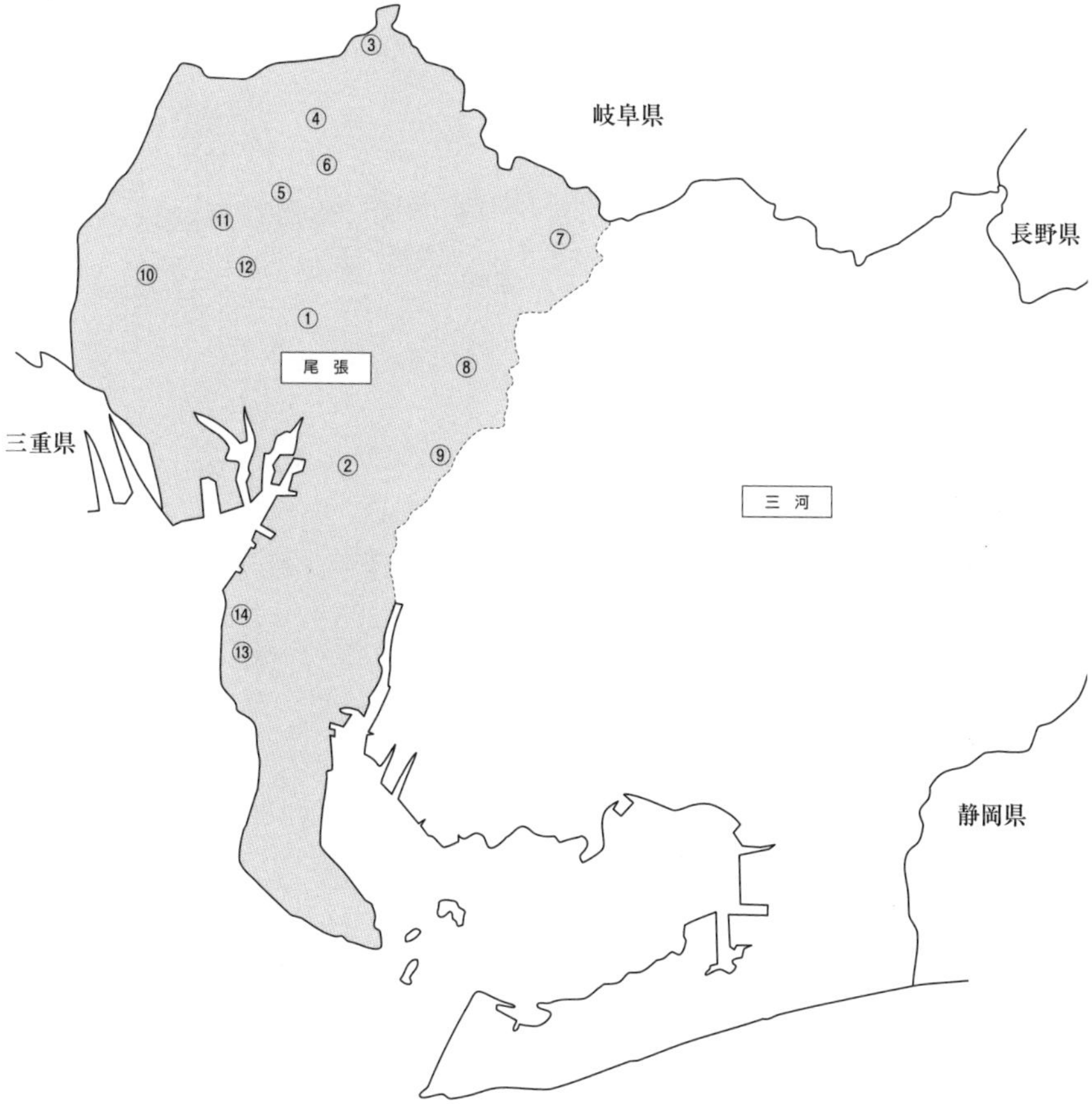

〔尾張〕
①那古野城・名古屋城
②大高城（附：鷲津砦・丸根砦）
③犬山城
④小口城
⑤岩倉城
⑥小牧山城
⑦品野城・桑下城
⑧岩崎城
⑨沓掛城
⑩勝幡城
⑪下津城
⑫清須城
⑬大野城
⑭大草城

●愛知県〈三河〉名城マップ

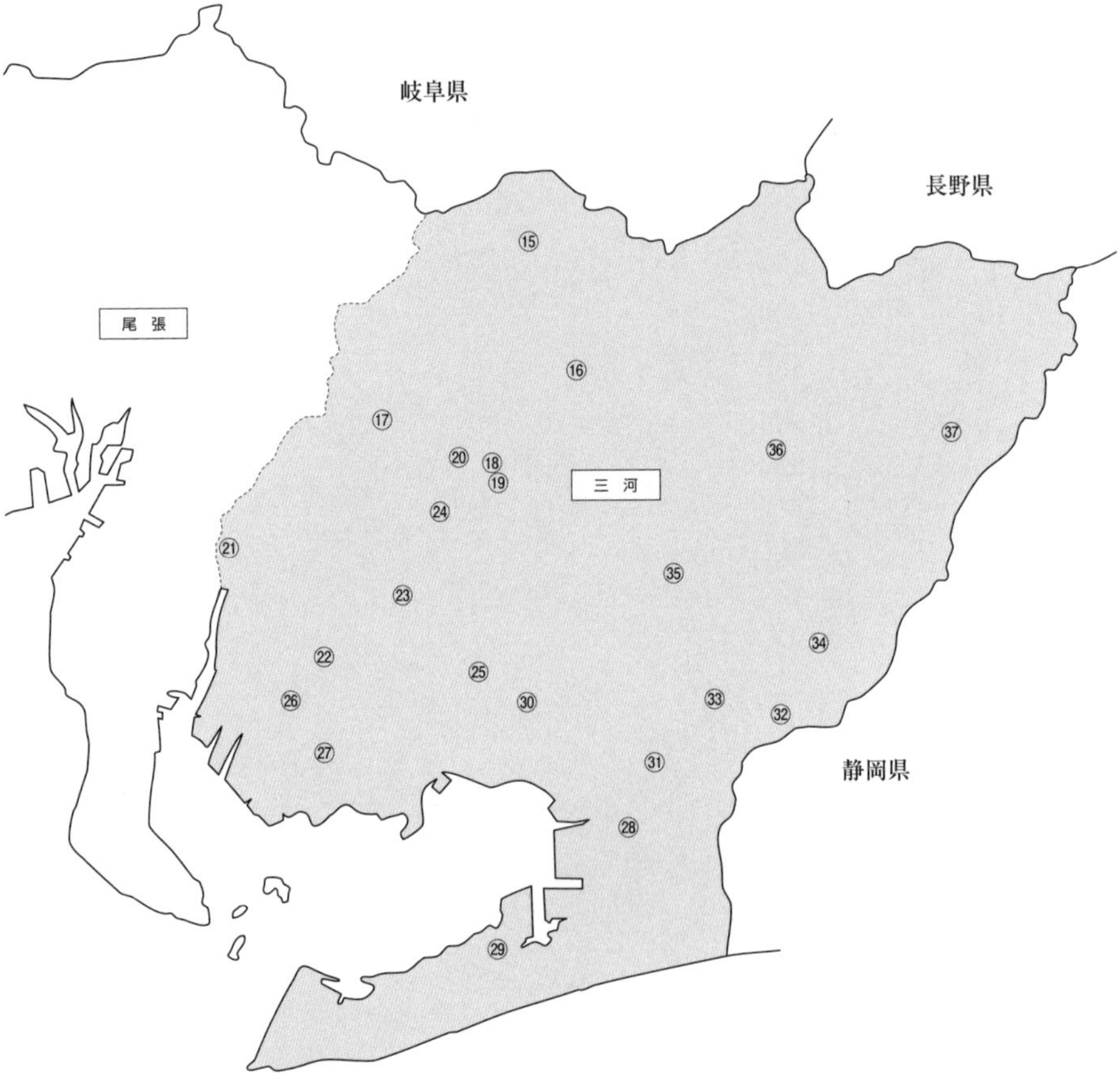

〔三河〕

⑮市場城
⑯真弓山城（足助城）
⑰挙母城（七州城・桜城・金谷城）
⑱松平氏館
⑲松平城（郷敷城）
⑳大給城
㉑刈谷城
㉒本證寺境内地
㉓岡崎城
㉔奥殿陣屋
㉕山中城
㉖西尾城
㉗東条城
㉘吉田城
㉙田原城
㉚岩略寺城
㉛牧野城
㉜宇利城
㉝野田城
㉞長篠城
㉟古宮城
㊱田峯城
㊲設楽城

●三重　名城マップ

〔三重〕

㊳田辺城
㊴桑名城
㊵菰野陣屋
㊶保々西城
㊷采女城
㊸新所城
㊹鹿伏兎城
㊺亀山城
㊻峯　城
㊼神戸城
㊽雲林院城
㊾長野氏城・長野城
㊿津　城
51宮山城・城山城
52北畠氏館・霧山城
53松坂城
54松ヶ島城
55大河内城
56阿坂城
57田丸城
58五箇篠山城
59鳥羽城
60赤木城
61京　城
62伊賀上野城
63雨乞山城館群
64比自山城
65丸山城
66田矢伊予守城
67福地城
68春日山城と川東城館群
69桜町中将城と瀧川氏城
70下山甲斐守城
71北畠具親城

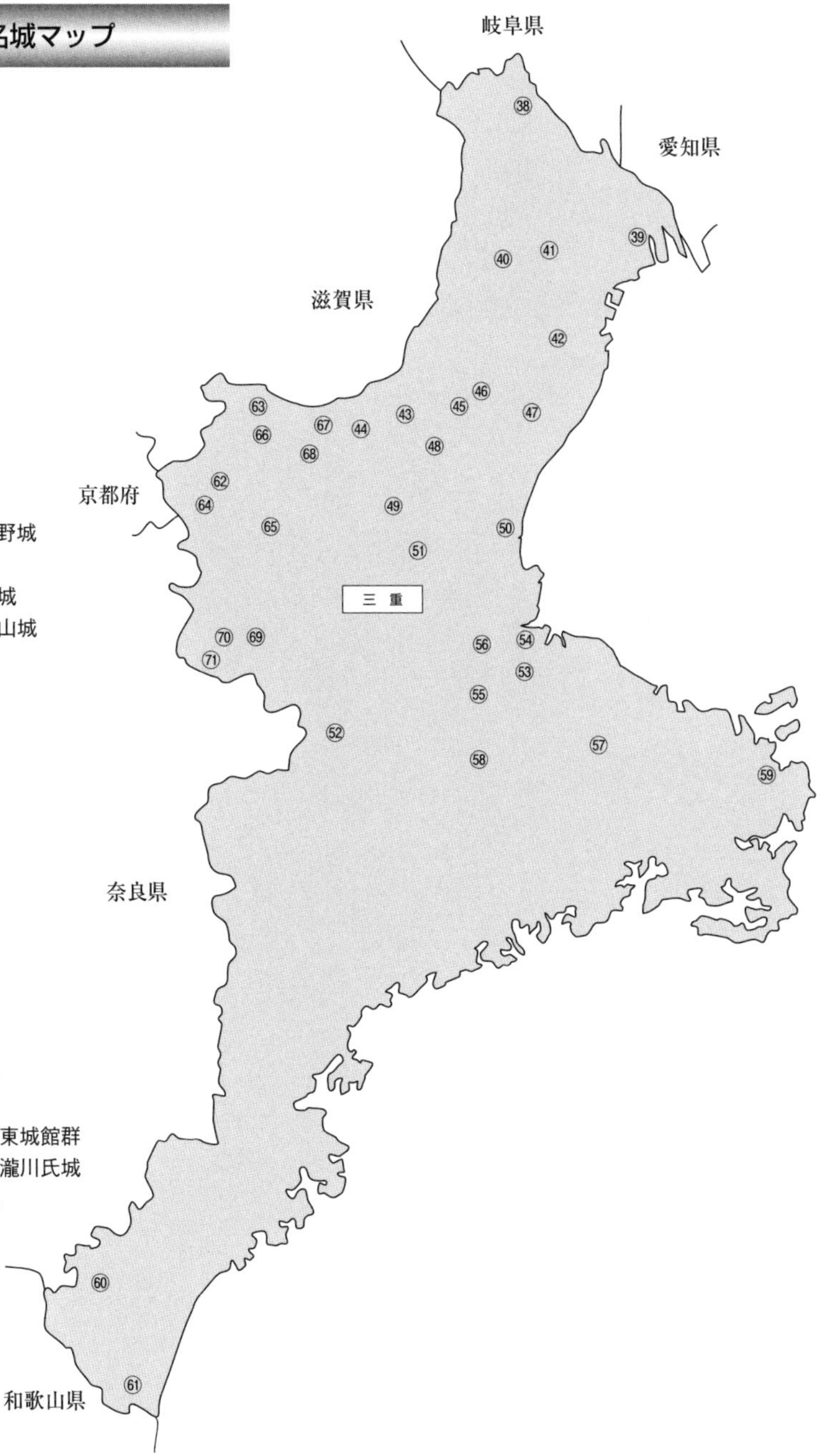

尾張

後期清須城下町の南部の町屋から出土した陶磁器類

（愛知県埋蔵文化財センター提供）

●豊臣氏へ備えられた強固な巨大都市

那古野城《なごやじょう》・名古屋城

〔国指定史跡〕

〔所在地〕名古屋市中区
〔比　高〕約一〇メートル
〔分　類〕平城
〔年　代〕大永元年（一五二一）～天正十年（一五八二）？／慶長十五年（一六一〇）～明治四年
〔城　主〕今川氏豊・織田信秀・信長・織田氏家臣／徳川義直・尾張徳川家
〔交通アクセス〕地下鉄名城線「市役所」下車、徒歩五分。

【近世名古屋城と中世那古野城】　近世名古屋城は、尾張藩六二万石、初代藩主徳川義直《よしなお》（家康九男）の居城として築かれた。石垣工事の着工は大坂冬の陣以前となる慶長十五年（一六一〇）に始まり、各地の大名を動員したいわゆる天下普請《てんかぶしん》により、同十七年には早くも概要は完成したという。家臣をはじめ町屋、神社・仏閣等の清須城下からの大掛かりな移転「清須越し」が行われた。本丸御殿は元和元年（一六一五）に完成し、翌年に義直は駿府から名古屋へ移っている。現在国特別史跡としての名古屋城は、本丸・西之丸・御深井丸《おふけまる》・二之丸北半分と三之丸の外堀部分を含むおよそ四九万平米の範囲をいい、中核部分の石垣の総延長は約六キロにもおよぶ。当時としても最大規模の城郭建築の造営であった。

名古屋城は標高一二メートル前後の名古屋台地の西北端にあり、北と西側は比高一〇メートルの段丘崖、その先には湿地が広がるという地形に立地している。西側に広大な沖積低地を望み、清須へは北西に約六キロ、台地南端の交通の要衝、熱田へは約七キロの距離である。

近世以前の名古屋城周辺は「那古野《なごや》」とも表記され、荘域や規模など詳細は不明であるが、建春門院に寄進された平安時代末期の皇室領荘園名に那古野荘が現れる（旧広橋家本「江家次第」裏書）。鎌倉後期以降は今川氏の一族が領有したとみられ、室町将軍の直臣《じきしん》である奉公衆のうち、尾張を拠点とする諸氏の中に今川那古野氏が知られている。応永の乱（一三九九）の際には那古野今川家当主が足利義満の命を受

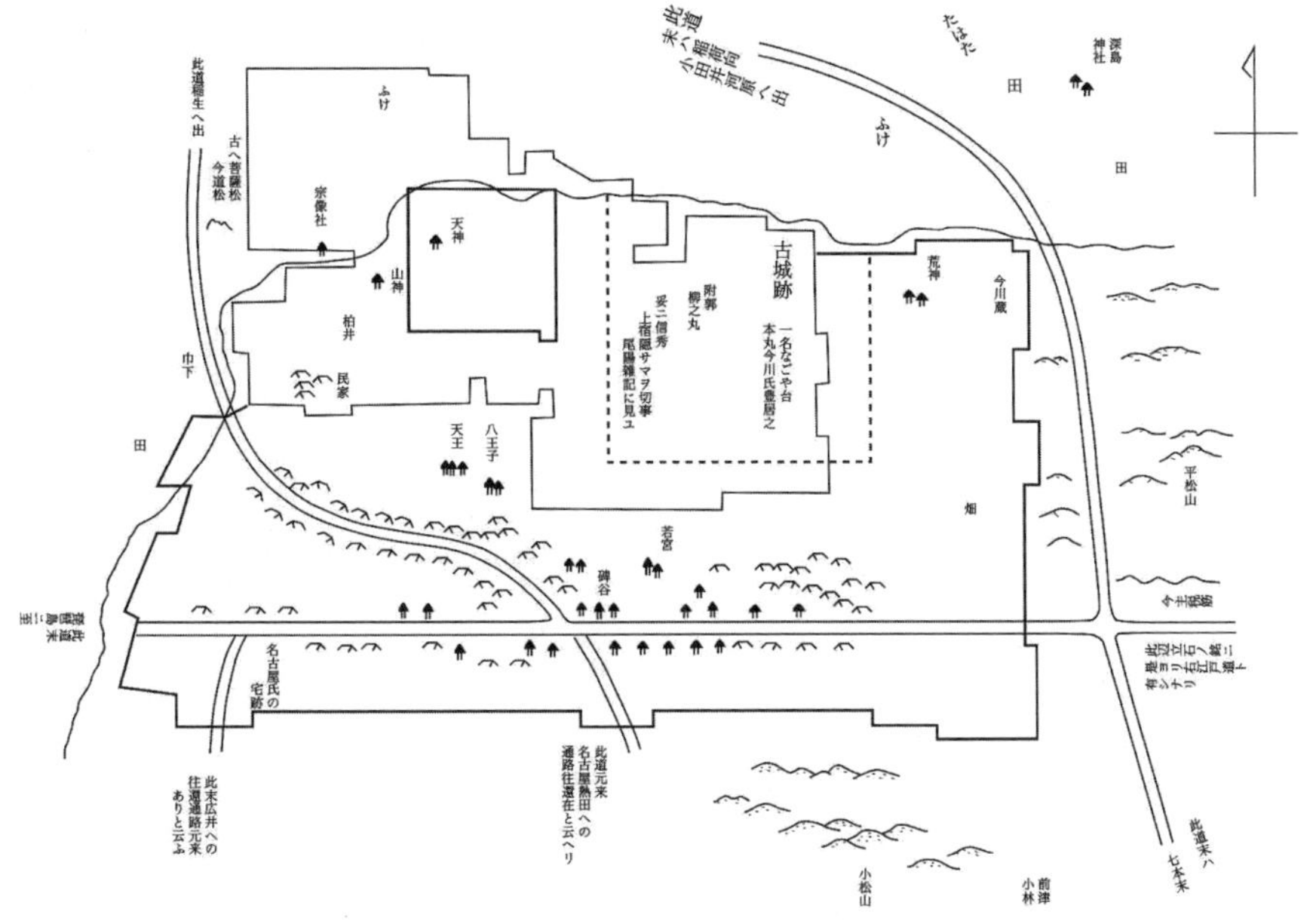

●―「御城取大体之図」（『金城温古録』所載にみえる那古野城）

けて出陣し、また永享五年（一四三三）に駿河守護として赴任する途中の今川範忠《のりただ》は那古野の屋敷に宿泊している。永正十四年（一五一七）駿河・遠江《とおとうみ》守護今川氏親《うじちか》は遠江引間城にて尾張守護斯波義達《しばよしみち》に大勝すると、そののち大永元年（一五二一）頃に那古野城を築城、城主には氏親末男の氏豊《うじとよ》（義元の弟）が養子として迎えられたという。

尾張では、今川氏との争いを重ねる守護家・守護代家との不和が表面化した。その間に津島や熱田との関係を背景に力をつけてきたのが織田弾正忠家《だんじょうちゅうけ》であり、尾張東部への侵攻を担うことになった勝幡城主織田信秀《のぶひで》が那古野城を奪い本拠をここへ移した。近年の研究でその年代は天文七年（一五三八）と比定された。信秀はさらに西三河へ安城城を攻略したが、美濃方面では斎藤道三《どうさん》に敗れ、嫡男信長と道三の息女（濃姫）の婚姻を成立させ同盟を結ぶ。この間に信秀は古渡《ふるわたり》城を築いて移り、那古野城を信長に譲っている。こちらの年代も諸説があるが、天文十三年（一五四一）に信秀は朝廷勅使として下向した連歌《れんが》師宗牧《そうぼく》を那古野城に迎えている（『東国紀行』）。そして信秀没後の天文二十三年（一五五四）、信長は守護代織田信友を滅ぼし、清須城に移った。那古野城は叔父織田信光《のぶみつ》が、次いで家老林秀貞《ひでさだ》が城主となったが、天正八年（一五八〇）の秀貞追放の後は城主も詳らかでなく、天正十年頃には廃城となったという。

【描かれた那古野】同時代の史料に那古野城の位置を記したものはない。「御城取大体之図」(『金城温古録』所収)や「尾州名護屋慶長以前之古図」(「文化十四年写之」名古屋市博物館蔵)などの近世絵図には、今川氏の居城「柳之丸」とも呼ばれる那古野城は台地の北端に近い現在の二之丸付近に比定されている。やや詳しく描かれているのは東西方向の直線的な街道と、稲生方面から台地の北西縁を通り大きく蛇行してこの街道と交差する道などであり、前者の絵図では道の両側に密集して家々が並び、その背後や台地の縁辺に近い所に神社と杜がみえる。そして一ヵ所だけではあるが、東西方向の街道の南西側に「屋敷跡」と記されている。

【那古野城の残影】これまでに行われた名古屋城三の丸遺跡の発掘調査地点は二〇ヵ所を超える。全体が近世の武家屋敷として整備された区域であるが、大規模な整地・造成を免れた戦国期の痕跡が各地点で確認されている。とりわけ注目されるのが一五・一六世紀に造られた大型の溝による区画であり、これらの規模・形態・方位など様々な観点から検討がなされ、複数の方形の屋敷地、おそらくは武士の館城や寺院などが建ち並ぶ景観がより具体的に想定されるようになった。まず、地点5で確認された巨大な堀の規模は、残存部分で幅一三メートル以上、深さ四・五メートル、断面の形状は逆台形(箱堀)をなし、堀はここで鍵の手状に屈曲する。地点9でもほぼ同規模の南北方向の堀が確認されている。多くの地点で検出されている断面がV字状、いわゆる薬研堀《やげんぼり》の形状のものは、状態がよければ上端幅約四メートル、深さ二〜三メートルの規模が確認でき、湛水した状況は認められず、遺物がほとんど出土しないといった特徴が共通する。最終段階は片側から埋められている場合が多く、基本的には空堀《からぼり》で傍らに土塁《どるい》が存在した可能性が高い。地点10では屋敷地と思われる約五〇メートル四方の区画をつくる堀と柵列、さらに内部に方形空間を分ける区画溝、上端

●—地点9　三の丸庁舎地点の堀(愛知県埋蔵文化財センター提供)

幅が約四メートルで底面に幅一・五メートル程度の平坦な硬化面をもつ道路跡などが見つかっている。地点4は二之丸南側に近接する場所であり、ここで確認された東西方向の大型の溝は薬研堀のものが後に箱堀の形状に改修されていて、その時期は一六世紀前～中葉と推定されている。

以上のような戦国期の堀・溝の軸線方向は、真北に近い

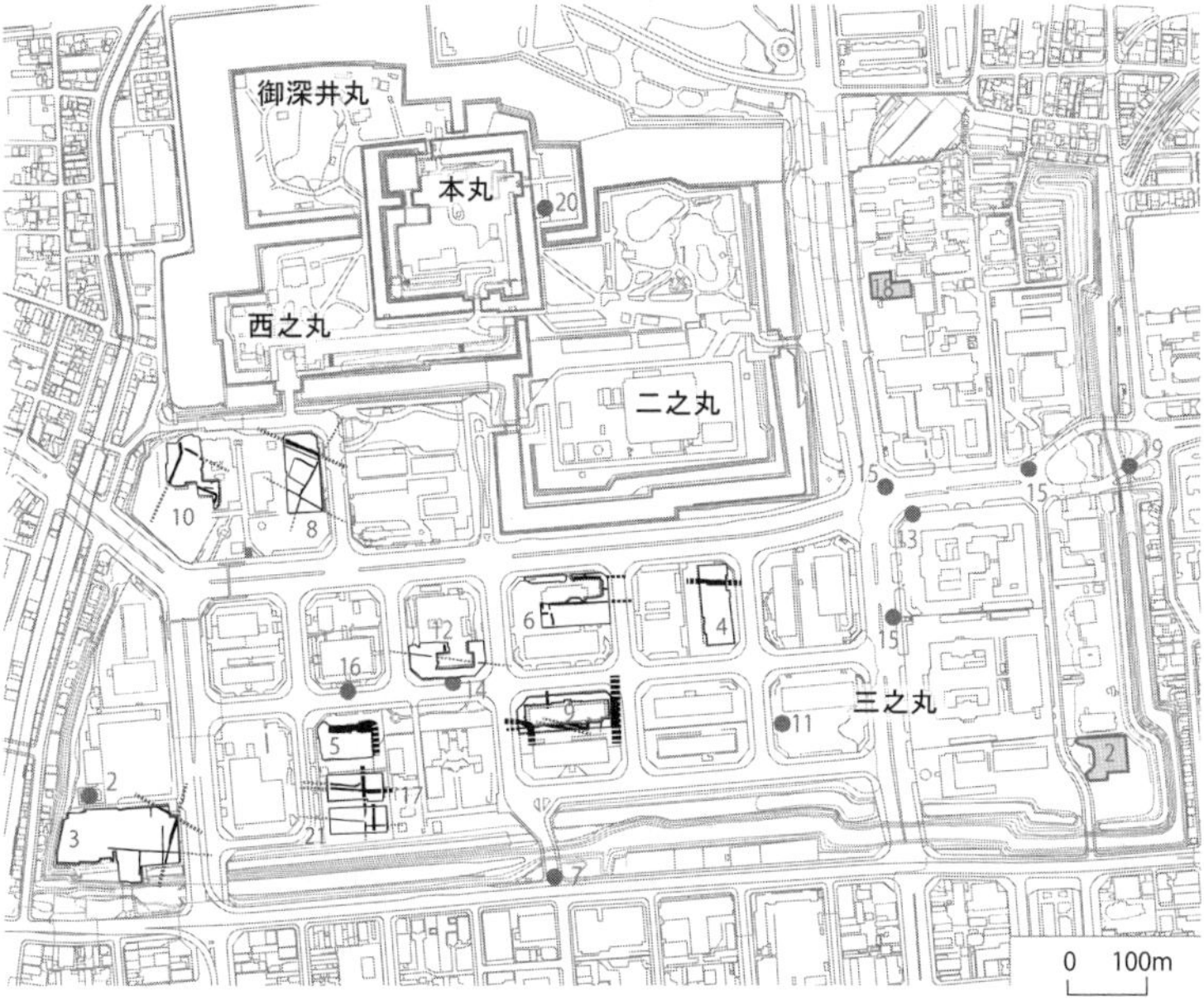

	地点名	調査年	調査主体	文献
1	名古屋城二之丸庭園地点	1975	名古屋市教育委員会	『名古屋城二之丸庭園発掘調査概要報告書』
2	名古屋市公館地点	1987～1988	名古屋市教育委員会	『名古屋城三の丸遺跡－1・2・3次調査の概要』
3	愛知県図書館地点	1988	愛知県埋蔵文化財センター	『名古屋城三の丸遺跡Ⅰ』
4	名古屋第一地方合同庁舎地	1988	愛知県埋蔵文化財センター	『名古屋城三の丸遺跡Ⅱ』
5	簡易家庭裁判所地点	1990～1991	愛知県埋蔵文化財センター	『名古屋城三の丸遺跡Ⅲ』
6	愛知県警察本部地点	1991	愛知県埋蔵文化財センター	『名古屋城三の丸遺跡Ⅳ』
7	本町御門地点	1991	名古屋市教育委員会	『名古屋城本町御門跡発掘調査概要報告書』
8	中部電力地下変電所地点	1992～1993	名古屋市教育委員会	『名古屋城三の丸遺跡第4・5次発掘調査報告書－遺構編・遺物編』
9	愛知県三の丸庁舎地点	1993～1994	愛知県埋蔵文化財センター	『名古屋城三の丸遺跡Ⅴ』
10	名古屋市能楽堂地点	1993～1994	名古屋市教育委員会	『名古屋城三の丸遺跡第6・7次発掘調査報告書』
11	無線統制室地点	1995	愛知県教育委員会	『代替無線統制室建設に伴う埋蔵文化財発掘調査報告書』
12	名城病院地点	1995～1996	名古屋市教育委員会	『名古屋城三の丸遺跡第8・9次発掘調査報告書』
13	地下鉄出入口地点	1998	名古屋市教育委員会	『名古屋城三の丸遺跡第10次発掘調査報告書』
14	下水道管築造地点	1999～2000	名古屋市教育委員会	『下水道工事に伴う埋蔵文化財報告書』
15	NTT電話工事地点	2000	㈱パスコ	『名古屋城三の丸遺跡－平成12年度NTT電話工事に伴う埋蔵文化財発掘調査報告書』
16	ガス管埋設工事地点	2001	㈱パスコ	『名古屋城三の丸遺跡－ガス管理設に伴う埋蔵文化財発掘調査報告
17	地方簡易裁判所庁舎地点	2001	愛知県埋蔵文化財センター	『名古屋城三の丸遺跡Ⅵ』
18	国立名古屋病院地点	2002	愛知県埋蔵文化財センター	『名古屋城三の丸遺跡Ⅶ』
19	東清水橋東交差点地点	2002	名古屋市教育委員会・㈱パスコ	『愛知県埋蔵文化財情報19』
20	名古屋城本丸搦手東門地点	2003・2005	名古屋市教育委員会・㈱パスコ	『特別史跡名古屋城跡本丸搦手馬出石垣修復工事発掘調査報告書－元御春屋門地点の調査』
21	地方簡易裁判所合同庁舎地点	2006～2007	愛知県埋蔵文化財センター	『名古屋城三の丸遺跡Ⅷ』

●―名古屋城三の丸遺跡調査地点と戦国期の主要遺構（『新修名古屋市史資料編 考古2』を基に作成）

東西南北方向（正方位）をとるものと、それ以外の方位に大別でき、正方位とみなされる一群は、その多くが前段階の方位を否定する形で一六世紀前半以降に新たに造られている。しかも重複する前段階の溝と比較して規模はより大型化する傾向が認められる。一方、これらとは異なる様相を見せるのは、現名古屋市能楽堂とその東側の駐車場付近（地点8・10）、愛知県図書館（地点3）など台地の北西・西端部であり、区画は正方位に変えられることなく薬研堀・箱堀の形状に造られた。この一帯は台地の縁辺にも近く、地形の制約による影響が考えられる。なお、地点8では中世前期の墓域が検出されており、地点10も近世には天王社と東照宮が置かれ、天明五年まで徳川二代将軍秀忠以降の御霊屋が隣接して造られるなど、宗教的な空間として利用されてきた。こうした背景も区画方位の変更が抑えられた要因として考えられよう。

これまでの研究では、堀の形状の違いを今川氏・織田氏の城主（修築時期）との関連で推定したものや、規模・形状を元に「城主」の館城、「家臣団」の屋敷地といった遺構の性格、階層性への言及がなされたほか、調査事例の増加にともない土地利用の再編の時期が地点により微妙に異なり、一様ではなかったことが明らかとなってきた。調査では正方位をとる範囲の外縁部が拡張していく状況として捉えられており、その中心域に那古野城が想定されるであろう。

調査により浮かびあがってきた景観は、共通の軸線方向をもち構築されてはいるものの、本丸を中心とした階層的な構成ではなく、防御施設をもつ館城が個々に独立して群在するという姿であった。これは同時期の岩倉城や清須城にも共通して認められる形態である。

昭和五十二・五十三年に行われた二之丸庭園の発掘調査では、近世の奥御殿建築にともなうと思われる「上棟銭」が発見された。銭貨は中国銭と寛永通宝を合わせた六九七枚があり、金箔が施されていた。このほかに戦国期の土師器皿を含む陶磁器類も出土し、那古野城期の遺構・包含層が保存されている可能性があり期待される。

【名古屋城とその後】近世名古屋城は、大・小天守が連立する特徴的な構成であり、実戦での強さを備えた設計としてその後徳川氏の大坂城や江戸城に受け継がれた。当初は大天守西側にもう一つの小天守と、両天守との間に御深井丸へ直接連絡する橋の建設が含まれていたようで、御深井丸を天守群の馬出として用いる意図があったと思われる。実際に近代に改変される以前の名古屋城では、広い空間をもつ馬出が本丸から土橋を渡った南側や東側にも設けられていた。名古屋城

●—御深井丸　西北隅櫓（重要文化財）（名古屋城総合事務所提供）

の縄張は、もとより豊臣勢力への備えとして企図されており、強固な防御・攻撃機能をもつ馬出を効果的に配置するという構造は、天下普請で建設に参加した諸大名の居城にも影響を与えたと考えられる。

明治時代に入ると城域内には鎮台司令部が置かれ、のち陸軍の施設が置かれた。この際に二之丸の御殿は壊されたが、本丸部分は残り明治十二年に姫路城とともに保存が決められた。明治二十六年に天守付近は宮内省に移管され名古屋離宮となり、昭和五年に名古屋市に下賜され、国宝（旧国宝）に指定される。そして太平洋戦争末期の一九四五年五月、空襲により天守をはじめ多くの建物群が焼失した。

現存する重要文化財の建造物は表二之門、旧二之丸東二之門、二之丸大手二之門と三つの隅櫓（西北・西南・東南）がある。御深井丸にある西北隅櫓は、戌亥《いぬい》櫓、清須櫓とも呼ばれ、清須城の天守、あるいは古材を移築して建てられたとの伝承がある。「昭和実測図」によれば、大天守は五層五階地下一階付、連結する小天守は二層二階地下一階付の建物であった。本丸御殿については、そうした測量図・写真資料などを用いての精密な木造再建が実現し、平成三十年に完成した。戦災を免れた狩野派の絵師の手になる障壁画（国重要文化財）の複製とともに公開となり現在に至っている。

【参考文献】『愛知県史　資料編五　考古五　鎌倉〜江戸』（愛知県、二〇一七）、『愛知県史　通史編三　中世二・織豊』（愛知県、二〇一一）、『新修　名古屋市史　資料編　考古二』（名古屋市、二〇一三）ほか

（武部真木）

●「桶狭間の戦い」の最前線

大《おお》高《たか》城《じょう》

（附：鷲《わし》津《づ》砦《とりで》・丸《まる》根《ね》砦《とりで》）

〈国指定史跡〉

〔所在地〕大高城：名古屋市緑区大高町城山／鷲津砦：緑区大高町鷲津山／丸根砦：緑区大高町丸根
〔比　高〕大高城：約一五メートル／鷲津砦：約三五メートル／丸根砦：約一〇メートル
〔分　類〕大高城：平山城／鷲津砦・丸根砦：陣城
〔年　代〕大高城：永正年間／鷲津砦・丸根砦：永禄二年（一五六九）
〔城　主〕大高城：花井備中守・水野為善・鵜殿長照・水野防州／鷲津砦：織田秀敏・飯尾定宗・尚清父子／丸根砦：佐久間盛重
〔交通アクセス〕大高城：JR東海道本線「大高駅」下車、徒歩一〇分／鷲津砦：「大高駅」下車、徒歩三分／丸根砦：「大高駅」下車、徒歩一〇分

【桶狭間の戦い後の大高城】　永禄十年（一五六七）に連歌《れんが》師里村紹巴《さとむらじょうは》は、京都の帰路、織田信長の美濃攻略の余波を受けて、尾張伊勢国境の長島で戦禍に見舞われた。交通路は遮断され、紹巴は尾張の熱田へ引き返し、一路、知多《ちた》にある「曙《あけぼの》の湊」へ向かう。熱田から船で渡り、その途中の大高城の湊から上陸したと記している。紹巴は大高城について「大高に入、銘城（名城）にて、唐人伝詩をくりし所也、城は松風の里、麓は松風の里」（『紹巴富士見道記』）と風光明媚な情景をめでている。この大高城は七年前にあたる永禄三年（一五六〇）、桶狭間《おけはざま》の戦いの発端となった城のひとつであった。

大高城は、知多半島の基部、かつては伊勢湾にほぼ面する北へ延びる丘陵の北端部に位置する。伊勢湾であるが、鳴海《なるみ》潟《がた》と言われる干潟が近くまで広がったと考えられる。先の『紹巴富士見道記』にあるように、大高自体、中世には湊機能が備わっていたと思われる。

桶狭間の戦いの時は、北方に位置する鳴海城と相互に連動していたと考えられる。築城時期は判然としないが、『寛政重修諸家譜』では、永正年間には国人《こくじん》衆の花井備中守の居城であったとされる。その後、天文年間は知多緒川城主の水野為善《ためよし》の配下にあったと言う。

大高城と鳴海城は桶狭間の戦いにおいては、今川方の城であり、両城は織田今川勢力の拮抗する最前線でもある。同時に知多郡と愛知郡の境界地域であることから、桶狭間の戦い以前においても尾張国の分断支配期（那古野今川氏）に各勢

●—大高城縄張模式図（国土地理院航空写真を基に作図）

力が分布する要衝地だったと推察される。

【織田・今川勢力の拮抗地帯】　この大高城周辺の政治状況を変えた端緒が織田信長の父織田信秀《のぶひで》勢力の台頭であろう。天文七年（一五三八）に今川氏の那古野城を織田信秀は奇計によって兵を城に侵入させ、城を落とし、愛知郡の奥まであった名古屋台地部の今川勢力を駆逐することに成功した。ここから愛知郡と知多郡の在地領主たちは、織田今川の勢力に翻弄されることになる。特に、かつて今川方についていた緒川水野家が、水野信元《のぶもと》の時代に織田方につき、これを足がかりに知多郡に勢力を伸ばすこととなった。桶狭間の戦いに注目される大高城だが、戦いに至る愛知郡と知多郡の境界に位置する政治状況は当初、織田方が有利であった。

しかし次第に今川義元の勢力が盛り返し、愛知郡と知多郡の境界の勢力推移は劇的に変わる。天文二十一年（一五五二）に織田信秀が死去した際には織田の「同盟関係」だった鳴海城主の山口左馬助（教継《のりつぐ》）が今川方に味方する。山口左馬助は『信長公記』によれば「鳴海の城主山口左馬助、子息九郎二郎（中略）織田備後守殿（信秀）に御目を懸けられ候ところ、御遷化（信秀死去）候へば、程なく謀叛を企て、駿河衆（今川）を引き入れ、尾州の内へ乱入」と知多郡の連絡網が断絶する先鋒役となり、家督を譲り受けたばかりの織田信長を苦しめることになる。大高城も山口の調略を受けて今川の城となり、愛知郡と知多郡の境界は今川方が有利となった。

【桶狭間の戦い】　長い膠着状態は続くが、永禄三年（一五六〇）に至って、織田信長は尾張北部を手中にしつつあり、懸案となっていた今川氏と決着をつけるべく対立を深める。信長は戦線の最前線である鳴海城と大高城の連絡網を絶つ目的で鷲津砦と丸根砦を築く。『信長公記』には「黒末川入海の向に、なるみ（鳴海）大だか（大高）間を取り切り、御取手二ヵ所（鷲津砦・丸根砦）被仰せ付け」とあり、鷲津砦には織田秀敏《ひでとし》、飯尾定宗《いいのおさだむね》・尚清《ひさきよ》父子が丸根砦には佐久間盛重《もりしげ》が守護したとある。対する大高城の城番は、西郡（現蒲郡市）の領主で今川と縁戚のある鵜殿長照《うどのながてる》が入る。

ここで有名になったのが、桶狭間の戦い五月十九日の朝に織田方の包囲網を抜けて、松平元康《もとやす》（後の徳川家康）が兵糧補給作戦、いわゆる「大高城兵糧入れ」を行ったことである。この話は有名であるが、深く掘り下げてこなかった。ある意味では鳴海城と連絡を絶ち、「兵糧攻め」という消耗戦に持ち込む目的で築かれたのが鷲津砦と丸根砦と考える。両砦がいつ築かれたがわからないが桶狭間の戦い後に今川義元の息子氏真《うじざね》が発給した鵜殿長照の父長祐《ながすけ》に宛てた「今川氏真感状写」では、永禄二年（一五五九）の十一月十九日と桶狭

●—大高城横堀（北西から）

間の戦いの五月十九日において「大高口」の合戦で槍傷を三ヵ所負っても戦功をあげたという書状が残っている。鵜殿が大高城の城番であることと、戦功をあげた両日の時間差が約半年もあることから大高城を包囲する鷲津砦と丸根砦は永禄二年十一月十九日以前に築かれたと推測される。

今川義元が敗れた桶狭間の戦い後は、冒頭で説明した『紹巴富士見道記』からふたたび水野氏が支配したと思われる。また、天正十八年（一五九〇）の「織田信雄分限帳《ぶげんちょう》」では水野大膳《だいぜん》の在番が確認される。その後、元和二年（一六一六）に、尾張藩家老志水氏が在所屋敷として城跡を拝領し、麓に屋敷を設けて幕末を迎えた。史跡である大高城跡と附《つけたり》とする鷲津砦と丸根砦は昭和十三年に国史跡に指定されている。

【城館の概要】　大高城に関しては、公園整備されているため、見学は非常にしやすい。また、尾張藩が作成した「知多郡大高村古城絵図」、「尾州知多郡大高村古城図」（いずれも蓬左文庫所蔵）により、失われた遺構を想定できる。

現在主郭であるⅠ郭は、東西約七〇㍍、南北約三〇㍍で、北面は比高七～八㍍を測る。北西端には稲荷社の祠があり、周辺が土壇となっている。Ⅰ郭から二㍍低いⅡ郭は、現状は東西一三〇㍍、南北五〇㍍を測る広大な平坦地である。Ⅱ郭からⅢ郭へ向かう土橋周辺両側の横堀《よこぼり》は旧状をよく残している。特に土橋《どばし》西側からのびる横堀は幅一五〜二〇メートル、深さ約七メートルを測り見ごたえがある。

鷲津砦は、鳴海城と大高城の間に位置する丘陵の最西端に位置しており、現在、公園整備されているが、鷲津砦があったとされる場所には城跡であった遺構が見いだせない。現在の指定地北側の透析谷を挟む尾根部に築かれた説がある。『寛文村々覚書』には城の規模は「東西十四間南北十五間」とされ単郭である。今は残されていないが絵図には城の入口(虎口《こぐち》)を守る曲輪である「馬出《うまだし》」が確認されており平面形が角形の「角馬出《かく》」であった。

丸根砦は丘陵南西端に位置しており、標高三五メートルの丘陵の上に独立した小山状の上に立地している。『寛文村々覚書』と『張州雑誌』には城の規模は「東西二十間南北十六間」とさされ単郭であるが名称のように円形を呈している。この円形の曲輪は現在でも確認されるが、絵図では見当たらない「角馬出」があり、鷲津砦との共通点が興味深い。この鷲津砦を含む両砦は、桶狭間の戦いの五月十九日朝に、松平と朝比奈の今川軍によって陥落した。

【散策ポイント】 個々の城についての概説は以上であるが、今まで大高城を含む鷲津砦・丸根砦は各遺構に着目されてきたが、新たに城を点と見立てて、点と点を結ぶ線にあたる交通路を城散策に加えておきたい。大高城から丸根砦に向かうとき、丸根砦は『信長公記』に記載された鳴海城の連絡を絶つように丘陵に走る山道を抑えているが、一方で刈谷市に抜ける通称「追分道《おいわけ》」の監視も備えていることがわかる。そこから西にある鷲津砦に着くと大高城と鳴海城が見渡せ西にあったとされる旧道を監視する立地にある。かつての旧道は今でも一部残されており、鷲津砦の西側平地にあたる鳴海八幡宮に通じる参道が、それにあたる。当時の道は海沿いに敷く傾向があり、桶狭間の戦いの時もおそらく機能していたと思われる。このまま鳴海城に向かって散策して、城を含めた桶狭間の戦いを体感してほしい。

【参考文献】 安藤義弘「桶狭間の戦いに関する遺跡・伝承地・記念碑」『新修 名古屋市史 資料編 考古二』(名古屋市、二〇一三)

(田中城久)

●尾張北端の要衝

犬《いぬ》山《やま》城《じょう》

〔国宝、国指定史跡〕

〔所在地〕犬山市大字犬山字北古券
〔比　高〕約三〇メートル
〔種　類〕平山城
〔年　代〕一六世紀半ば（一五三七）
〔城　主〕織田氏、池田氏、中川氏、三好氏、石川氏、小笠原氏、平岩氏、成瀬氏
〔交通アクセス〕名鉄犬山線「犬山駅」下車、徒歩約二〇分。

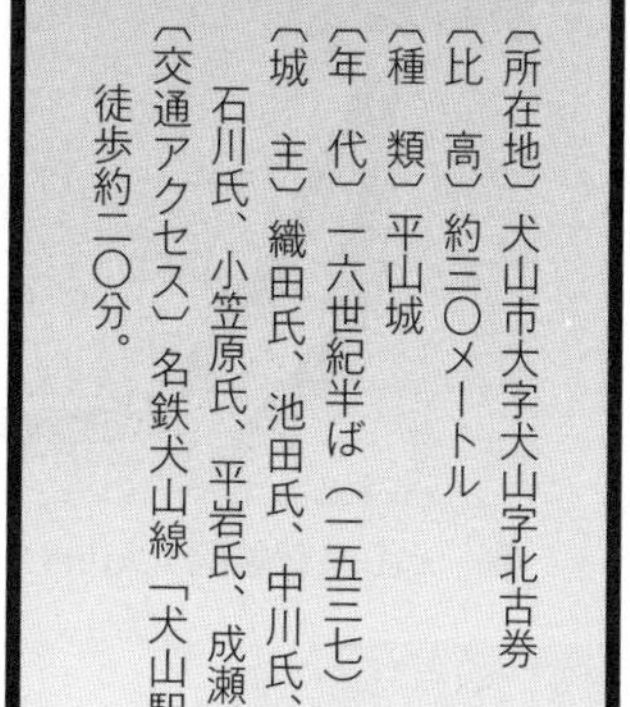

【立　地】 広大な濃尾平野の北東端部に位置し、標高約八五メートルの独立した丘陵に本丸をはじめ城の中心部を構える。すぐ北側には木曽川が流れ、岐阜県と接している。南南西に小牧《こまき》山城をのぞむ位置にある。

【三度の戦いを経験した城】 江戸時代に記された地誌・古記録類によると、岩倉に拠点を置いた伊勢守系織田氏の織田敏広《としひろ》の弟である広近《ひろちか》が文明元年（一四六九）に木ノ下城（犬山市）を築いたのが前身であり、犬山城は、天文六年（一五三七）、織田信秀《のぶひで》の弟であり、信長の叔父にあたる織田信康《のぶやす》により築城されたとされているが、諸説があり定まっていない。

織田信長が岩倉城を攻め落として尾張をほぼ支配下に置いた永禄二年（一五五九）頃には、信康の子信清《のぶきよ》が犬山城主で、支城として黒田城（一宮市）に和田新助、小口城（丹羽郡大口町）に中島豊後守を置き、美濃の斎藤氏と結んで信長に対抗していた。信長は永禄五年（一五六二）、小牧山に城を築いて本拠とし、犬山および東美濃攻略を進めた。これにより和田新助、中島豊後守が信長方に内通し、信長の軍勢を引き入れたため信清は孤立し城を追われ、犬山城は信長の手に落ちた。この後、元亀元年（一五七〇）に池田恒興《つねおき》、天正八年（一五八〇）頃に信長の末子といわれる信房《のぶふさ》が城主となった。

天正十年（一五八二）の本能寺の変により信長、信房が討死すると尾張は信長の次男である信雄《のぶかつ》の所領となり、その家臣である中川定成《さだなり》が城主となった。

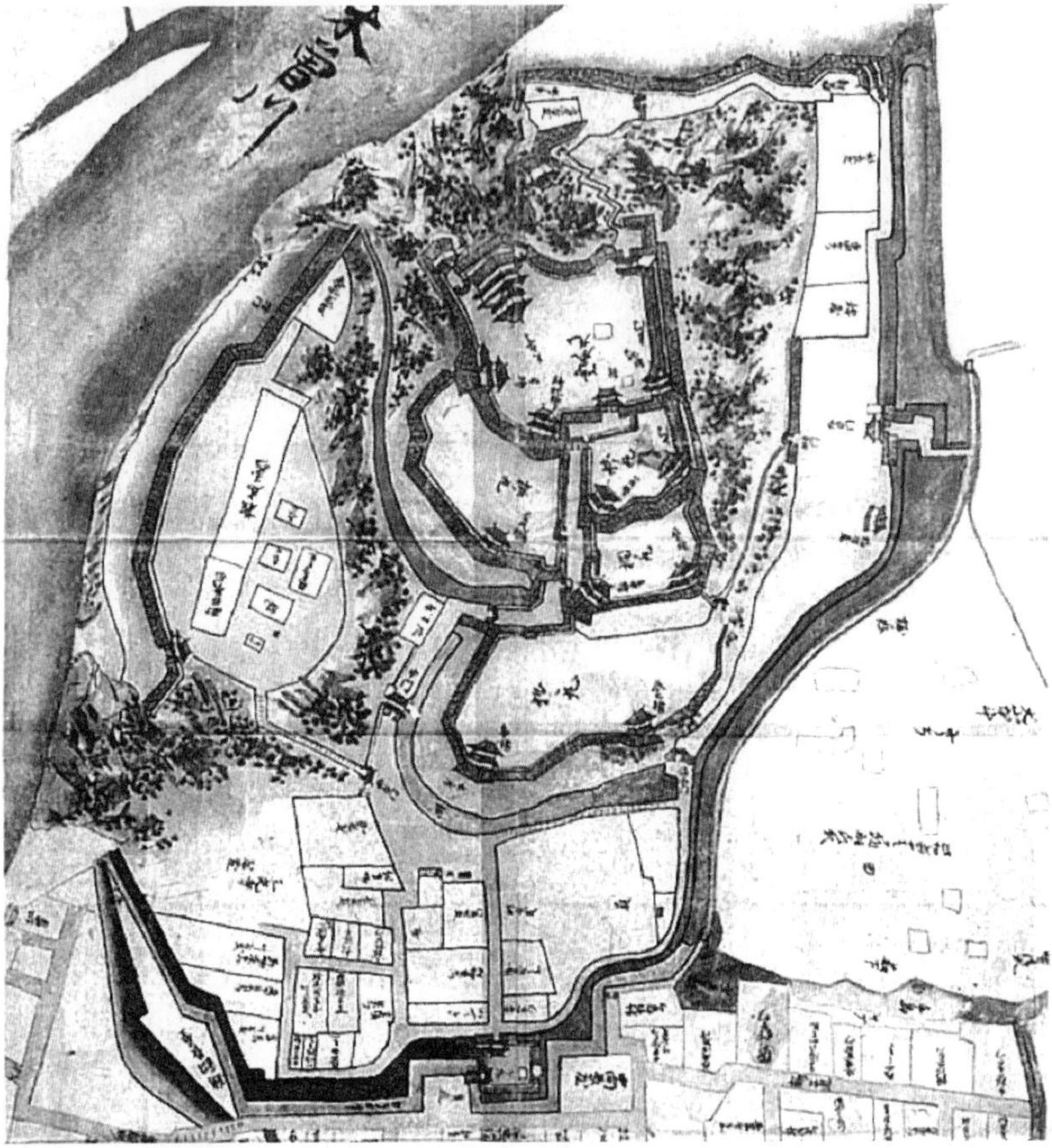

●―犬山城郭絵図（犬山市文化史料館所蔵）

●―犬山城天守外観

天正十二年（一五八四）の羽柴秀吉と織田信雄・徳川家康連合軍との間で小牧・長久手《ながくて》の戦いが起こり、尾張などが戦場となった。この戦いに際し、城主の定成は伊勢国に派遣されており、その不在をついて池田恒興《つねおき》と森長可《ながよし》が木曽川を渡り犬山城に攻め入ったため落城した。これにより、秀吉方による尾張北部の侵攻が可能となったため、秀吉が木曽川を渡り、犬山城から楽田《がくでん》（犬山市）に入り本陣とした。一方、織田・徳川連合軍は小牧山を押さえ拠点とし、両軍が対峙したが、同年十一月に和睦し戦いは終結した。和睦の条件として犬山城は秀吉方が軍勢を置いて確保することとなっていたが、しばらく後に信雄に返還され、家臣の土方雄良《ひじかたかつよし》が新たに城主となった。

天正十八年（一五九〇）、信雄が改易されると、尾張は豊臣秀次に与えられ、その実父である三次吉房が犬山城主となった。

文禄四年（一五九五）、秀次が失脚すると、尾張には福島正則が入り、犬山城は木曽代官もつとめた石川光吉《みつよし》（貞清《さだきよ》）が城主となった。

慶長五年（一六〇〇）に起こった関ヶ原の戦いで、光吉は西軍につき、同じく西軍の加藤貞泰《さだやす》ら美濃の武将らが入城したが、光吉や貞泰は家康と連絡をとるなどしており、岐阜城が落城すると犬山城を開城した。

関ヶ原の戦い以降、尾張は家康の四男松平忠吉《ただよし》が治め、その筆頭家老である小笠原吉次《よしつぐ》が城主となった。忠吉の死後、家康の九男徳川義直《よしなお》が尾張を治めることになったが幼少であったため、傅役《もりやく》の平岩親吉が政務を執り、犬山城が与えられた。

親吉の死後、成瀬正成《まさなり》が付家老《つけがろう》として尾張藩政をみることとなり、元和三年（一六一七）、江戸幕府第二代将軍の徳川秀忠より犬山城を拝領した。これ以降、成瀬氏が九代にわたり城主を務め、明治を迎えた。

【総合調査とその成果】犬山城は尾張藩付家老である成瀬氏を城主として明治まで存続した城であるが、その築城は先述のとおり戦国期にさかのぼる。戦国期の状況を示した絵図は伝わっておらず、その詳細は明らかではないが、犬山市教育委員会と犬山城を学術的に調査・研究するために犬山市が組織した犬山城城郭調査委員会等による総合的な調査の成果から、戦国期の犬山城を考えるうえで貴重な成果が挙がった。

現存する天守は、山の頂にある本丸北西にあり、木材の加工痕などから、一・二階部分の創建が室町末までさかのぼる可能性が指摘された。木曽川に面する本丸北側は断崖であり、南側の斜面を造成して大手道と曲輪が造られている。大

●—現存する堀

手道は両脇に曲輪を見て、本丸に直接通じ、山の段差を利用して造られた曲輪間をつなぐ通路はない。これは、攻められた際には狭い大手道に誘導し、各曲輪で包囲して攻撃できる構造であり、地形を巧みに利用した縄張といえる。

また、発掘調査から、山の東西斜面に切岸が構築されていることや、大手門が存在した場所では、近世の堀とともに、戦国期にさかのぼる可能性がある溝が確認された。

【「国宝」と「史跡」の犬山城の見所】 犬山城の見どころといえば、全国で現存する十二天守の一つで、国宝に指定されている天守となろう。最上階からは濃尾平野を見渡せるとともに、小牧山や岐阜城なども眺望できる景色はもちろんのこと、その創建は室町末にさかのぼる可能性があり、柱などを丹念に見ていくことでも歴史を感じられる。

それに加えて、平成三十年二月十三日付けで、城山を含む旧城郭の一帯が「犬山城跡」の名称で国の史跡に指定された。今もなお屈曲する大手道とともに、各曲輪に築かれた石垣や堀も見ることができる。国の史跡として価値の高さが立証された「城跡」としての犬山城の見どころも数多くある。

【参考文献】 犬山市教育委員会『犬山城総合調査報告書』(二〇一七)

(川島誠次)

●尾張北部の拠点

小《お》口《ぐち》城《じょう》

〔所在地〕大口町城屋敷
〔比　高〕約三メートル
〔種　類〕平城
〔年　代〕一五世紀半ば（一四五九）
〔城　主〕織田氏、中島氏
〔交通アクセス〕名鉄犬山線「柏森駅」下車、徒歩約二五分。

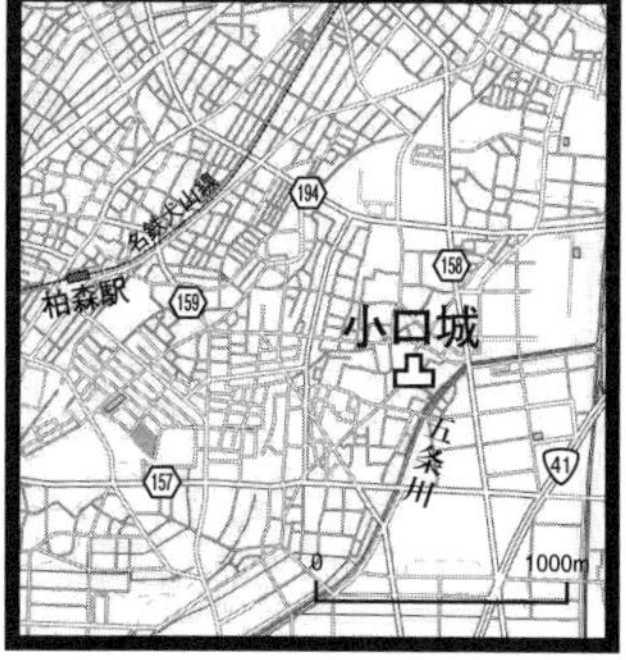

【立　地】広大な濃尾平野の北東部にあり、標高は約三〇メートルの平地に位置する。犬山市より大口町、江南市をへて清須市まで流れる五条川の右岸にあり、南西に岩倉城、北東に犬山城が所在する。

【歴　史】江戸時代に記された地誌・古記録類によると、長禄三年（一四五九）、織田広近《ひろちか》が築城したとされている。広近は伊勢守系織田氏で、岩倉城を築いた織田敏広《としひろ》の弟である。その子寛近《とおちか》は延徳三年（一四九一）、尾張守護の斯波義《しばよし》寛《とお》が近江の六角高頼《たかより》を攻める軍勢の中にあり、その功績は将軍足利義材《よしき》から称えられたといわれる。なお、寛近は木之下城（犬山市）を築いたとされ、犬山も含む尾張北部に影響力があった。

また、寛近は天文十三年（一五四四）に信長の父信秀《のぶひで》が主導した美濃侵攻に参加するなど信秀との関わりも強く、信秀の弟である信康を犬山に迎え入れたと考えられている。

織田信長が岩倉城を攻め落とし、尾張をほぼ支配下に置いた永禄二年（一五五九）頃には、犬山城主織田信清《のぶきよ》（信康《のぶやす》の子）の家臣である中嶋豊後守が城主であった。信清は美濃の斎藤氏と通じて信長に対抗していたが、信長が美濃攻めを進めるため、永禄六年（一五六三）に小牧山《こまき》に城を築いて本拠とし、犬山および東美濃の攻略を着々と進めていた。それにより、中嶋豊後守は、同じく信清の家臣であった黒田城（一宮市）の城主和田新助とともに信長方に内通し軍勢を引き入れたため、信清は犬山城を明け渡したとされている。この後

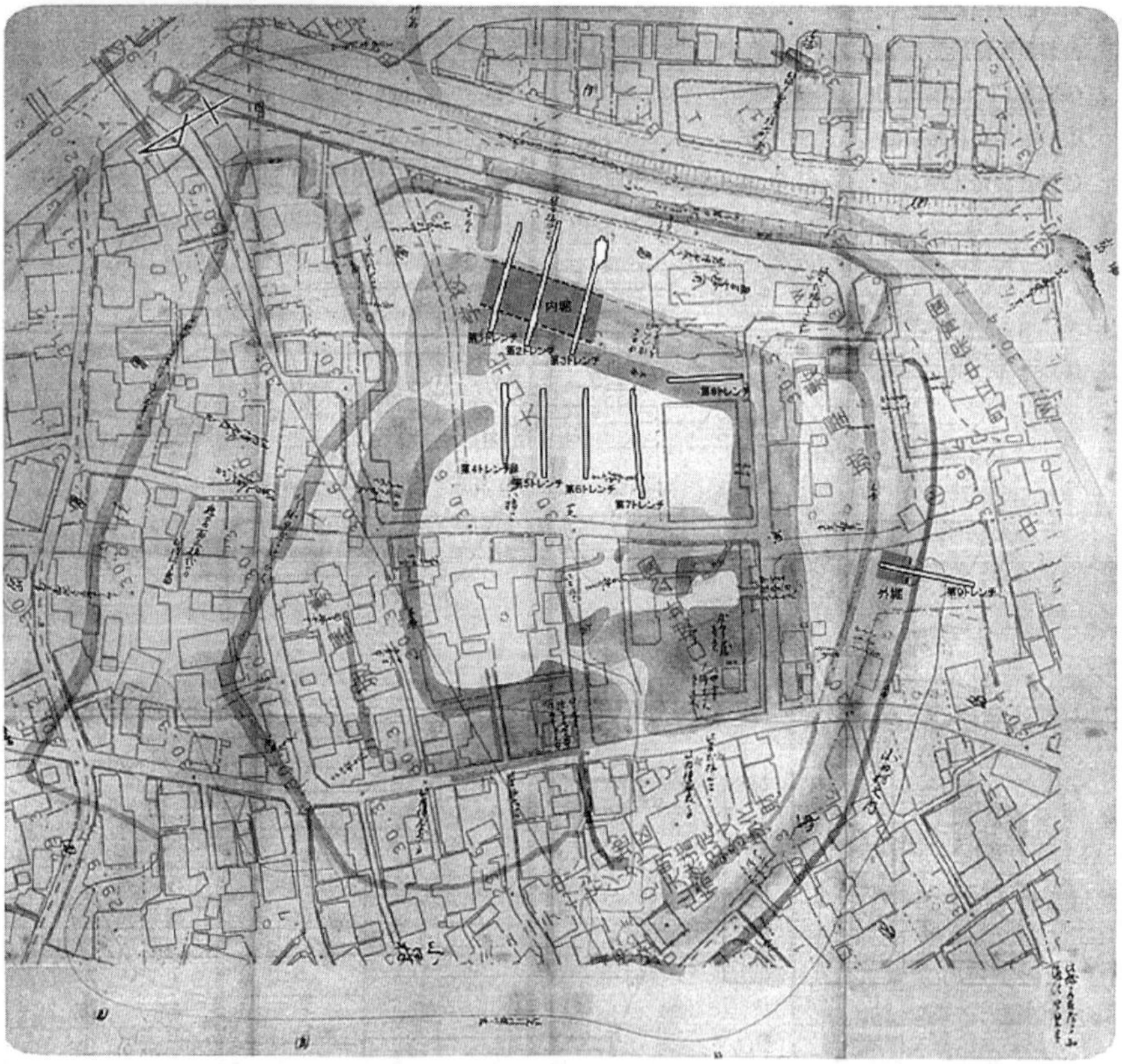

●—小口城推定範囲（『小口城跡範囲確認発掘調査報告書』より引用）（絵図『丹羽郡小口村古城絵図』は名古屋市蓬左文庫蔵）

いったん廃城となったものの、天正十二年（一五八四）、羽柴秀吉と織田信雄・徳川家康連合軍との間で起こった小牧・長久手《ながくて》の戦いにおいてふたたび城として使用されることとなった。

小牧・長久手の戦いの中でも激しい戦闘となった白山林《はくさんばやし》の戦い（長久手市）により池田恒興《つねおき》や森長可《ながよし》など有力な武将を失い大敗を喫した秀吉は、勢力を立て直すため弟の羽柴秀長らと合流したのち、小口城をはじめとした尾張北部の諸城を改修した。しばらく両軍の対峙が続いたが、同年十一月に和睦し、小牧長久手の戦いが終結した。その際の条件として、犬山城と河田城（一宮市）以外に新たに造られた城は破却されることとなった。それにより小口城に設置されていた柵や塀などは犬山城に運ばれたとされ、ふたたび廃城となった。

【発掘調査とその成果】 小口城は、ほぼ方形の区画（主郭）に土塁《どるい》が巡る「やぐら台」が、主郭のまわりには内堀と土塁で区画された曲輪があり、さらに外堀を有する二重の堀で囲まれた城であったことが江戸時代に描かれた絵図などから判明していた。そこに、大口町教育委員会による城址公園の整備にともなう発掘調査と、町立小学校の跡地における範囲確認のための発掘調査から、小口城跡に関する考古学的な成果も得られている。

●—小口城址公園

公園整備にともなう調査では、建物の礎石、井戸、鍛冶炉などが検出された。また、範囲確認調査では、主郭の内堀に相当する幅約一五メートルの大溝や、外堀の可能性がある溝が検出されている。これらは、江戸時代に描かれた絵図と位置を重ね合わせると、おおよその位置関係が合致していることが分かった。

遺物は公園整備地点では一六世紀を中心とした瀬戸・美濃窯産陶器が、範囲確認調査では瀬戸・美濃窯産天目《てんもく》茶碗、擂鉢《すりばち》などが出土している。

【城の様相と現在】　江戸時代の絵図や発掘調査の成果から、小口城は二重の堀をもつ方形の区画を中心とし、その南西隅に「やぐら台」といわれる小高い築山がある城であることが明らかとなった。伊勢守系織田氏が尾張北部を統治するための拠点であり、小牧・長久手の戦いにおいては秀吉方の軍事拠点として歴史に登場するこの城は、現在、中心部は「小口城址公園」として地域住民に親しまれる公園となっている。この中にある展示棟では城の歴史などの理解が深められるとともに、物《もの》見《み》櫓《やぐら》に登れば周辺の城との位置関係を実際に望見できる。

【参考文献】大口町教育委員会『小口城跡範囲確認発掘調査報告書』（二〇一二）

（川島誠次）

●戦国期の尾張北部統治の中心地

岩《いわ》倉《くら》城《じょう》

〔岩倉市指定史跡〕

〔所在地〕岩倉市下本町城跡
〔比　高〕一メートル
〔種　類〕平城
〔年　代〕一五世紀後半（一四七九）
〔城　主〕伊勢守系織田氏
〔交通アクセス〕名鉄犬山線「岩倉駅」下車、徒歩約一五分。

【立　地】　広大な濃尾平野に所在し、標高は約一〇メートルの平地に位置する。犬山市より大口町、江南市をへて、清須市まで流れる五条川の中流域で、この川がつくり出した自然堤防上を通る街道を抑える位置にあり、南西には清須城が所在する。

【尾張北部の支配拠点】　築城に関わる史料が伝わっていないため詳細は不明であるが、文明十年（一四七八）に伊勢守系織田氏である織田敏広《としひろ》により築城されたと伝わる。この岩倉築城には、室町幕府の将軍家継嗣問題に端を発し有力者が東軍、西軍に分かれて争った応仁・文明の乱を契機とした尾張守護の斯波《しば》氏の内紛や、一五世紀後半より伊勢守系織田氏と大和守系織田氏が尾張を分割して統治し、戦いを繰り広げた背景が関係している。

応仁・文明の乱は文明九年（一四七七）に収束したものの、幕府は西軍の有力大名であった尾張守護の斯波氏を攻めることとし、大和守系織田氏である織田敏定《としさだ》を派遣した。また、幕府は美濃の守護である土岐《とき》氏と守護代である斎藤氏などにも敏定の尾張攻めに協力するよう命じており、応援を得た敏定方が勝利した。この際、当時の尾張守護所があった下津は焼かれた。翌年、敏定支援の方針を転換した斎藤氏とともに敏広は敏定を攻め勝利し、この際に拠点を岩倉に移したとされている。また、明応四年（一四九五）、美濃の守護である土岐氏の後継者をめぐる戦乱（船田《ふなだ》合戦）に織田氏が関与し、両者が激しく争うなど、戦国時代には伊勢守系織田氏と、清須に拠点を構えた大和守系織田氏との争いは続き、岩倉城は尾張北部の葉栗郡、丹羽郡、中島郡および春日井郡の上四郡を治める本拠地として存在した。

この後、永禄二年（一五五九）、織田信長により攻められて焼かれ、落城した。

【発掘調査の成果】 江戸時代の地誌に二重の堀に囲まれた城であることが記され、その概要が知られていたが、県道整備にともなう東西に長い発掘調査が実施され、城の状況が明らかとなった。調査により五条川の右岸では四条の堀が確認された。幅は約一〇メートルと約二三メートルと推定されるものが二条ずつで、それぞれ外堀と内堀であると考えられ、これは江戸時代の地誌に記された岩倉城の状況を彷彿とさせるものである。外堀どうしの間の距離は東西約二八〇メートルである。

さらに、内堀に囲まれた場所からは三条の区画溝が検出され、東西約四三メートルの区画があることが判明した。この区画の中から多数の人工的に掘られた穴や井戸が検出されている。併せて、内堀に囲まれた場所からは焼土面も確認されており、信長に攻められた際に焼かれた痕跡であろうとも考えられている。この場所からは饗応儀礼で用いる土師器《はじき》皿が多数出土するとともに、中国産の質の高い陶磁器

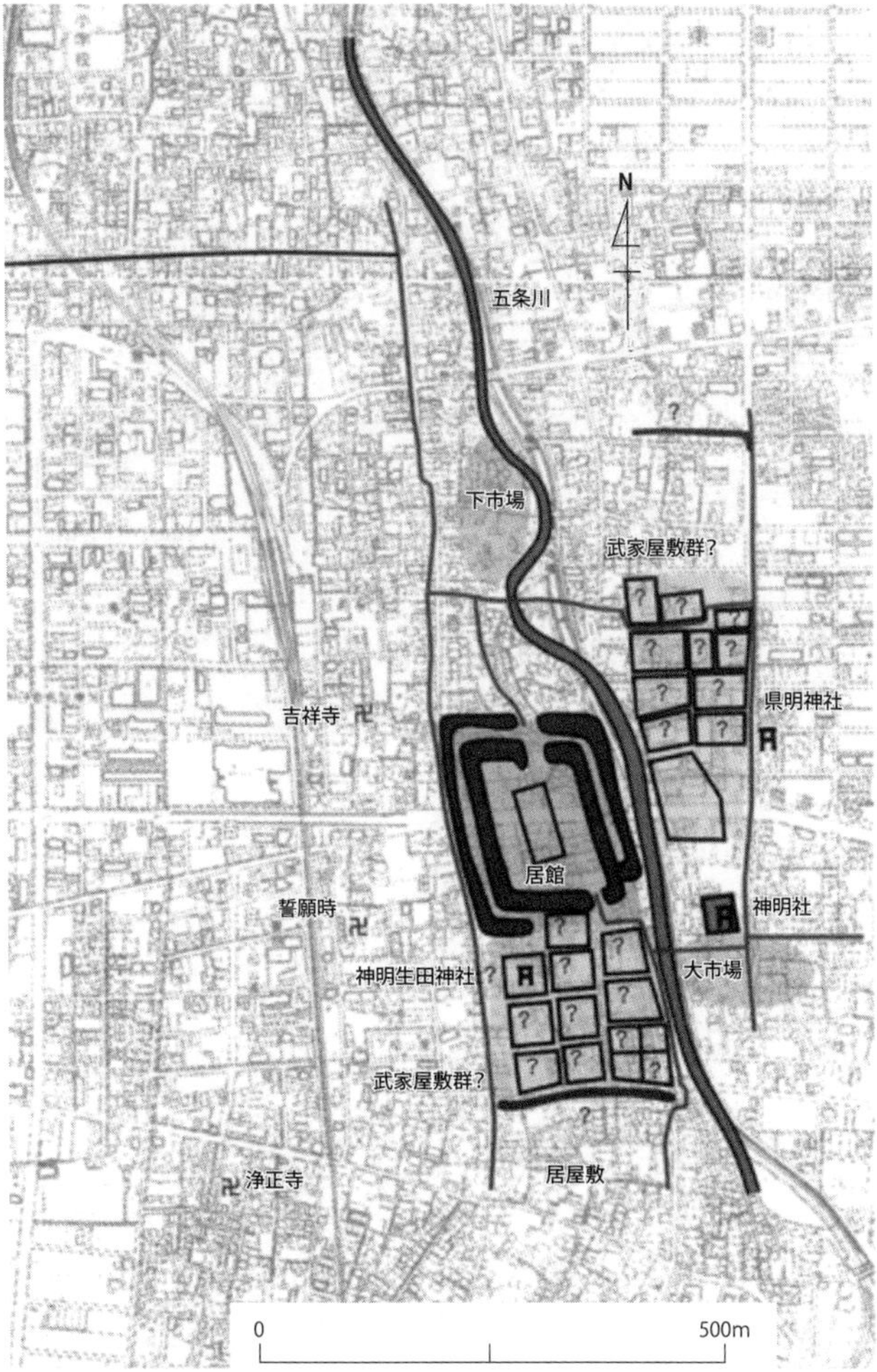

●―岩倉城の推定範囲（『守護所シンポジウム２@清須　新・清須会議　資料集』より引用）

●—岩倉城跡の石碑

が出土しており、遺物からも、この場所が城の中心部であったことが推定される。五条川左岸からも、三条の堀と遺物が出土し、五条川左岸にも岩倉城に関連する施設があった可能性がある。

【城の規模と現在】　発掘調査の成果とともに、地籍図の分析から、岩倉城は東西約四〇〇《メートル》、南北約九〇〇《メートル》の規模で、武家屋敷や市町が展開したと考えられている。現在、中心部と想定される場所付近に「岩倉城跡」や「織田伊勢守城址」の石碑により、その位置を確認できるようになっている。戦国時代の只中に織田信長により落城して破却された後、城として再利用されなかったこともあり、地表面で確認できる遺構は少ない。細長く残る畑や水田から堀跡を推定できるところもあるが、徐々に開発が進みそれも少なくなっている。しかし、信長に攻められた一六世紀半ばの遺構を保持したまま、今なお地下にその痕跡を留めていると考えられ、大規模な城を感じながら散策するのも良いだろう。

【参考文献】新・清須会議実行委員会『守護所シンポジウム二@清須　新・清須会議　資料集』（二〇一四）

（川島誠次）

●信長がはじめて手がけた城

小《こ》牧《まき》山《やま》城《じょう》〔国指定史跡〕

〔所在地〕小牧市堀の内
〔比　高〕約六五メートル
〔種　類〕平山城
〔年　代〕永禄六年（一五六三）
〔城　主〕織田信長、徳川家康
〔交通アクセス〕名鉄小牧線「小牧駅」下車、徒歩約二〇分。

【立　地】広大な濃尾平野の北東部に位置し、平野の中に島のように存在する標高約八六メートルの独立丘陵に築かれた城である。北北東に犬山城が所在する。

【歴　史】尾張は、文明十一年（一四七九）より清須を拠点とする大和守系織田氏が海西《かいさい》・愛知の下二郡を、岩倉を拠点とする伊勢守系織田氏が葉栗《はぐり》・丹羽《にわ》・中島・春日井の上四郡を治めるという分裂状態が続いた。これに終止符を打ったのが、織田信長である。

　信長は、勝幡城（稲沢市・愛西市）を拠点とした弾正忠家の出身で、天文二十一年（一五五二）ごろには織田信秀《のぶひで》より家督を継いだ。天文二十三年（一五五四）、清須城を、永禄二年（一五五九）には岩倉城を攻め落とし守護代家を滅ぼし、勢力を拡大した。

　さらに、永禄三年（一五六〇）には桶狭間《おけはざま》の戦いで今川義元を破った後、松平元康《もとやす》（徳川家康）と盟約を結び、東からの勢力を取り除くことに成功した。ただし、この段階では尾張北部の犬山城には美濃の斎藤氏と結んで信長に対抗する織田信清《のぶきよ》があった。そこで信長は、犬山から東美濃への攻略を進めることとし、新たな本拠地として永禄六年（一五六三）に小牧山《こまき》に城を築くとともに城下町も整備した。小牧山を本拠とし、着々と侵攻を進める信長に屈し、犬山城の支城であった黒田城（一宮市）の城主和田新助、小口城（丹羽郡大口町）の城主中島豊後守は信長方に内通し、信長の軍勢を引き入れたため信清は孤立し、永禄八年（一五六五）に城を追われ犬山城が落城し、ここに尾張が統一されることとなった。この後、信長は永禄十年（一五六七）に稲葉山城（岐阜城）を攻略して美濃を平定すると、岐阜城を本拠としたため小牧山城は廃城となったが、この後、天正十二年（一五八四）に、ふたたび城として歴史に登場することになる。

当時、尾張は信長の次男である織田信雄《のぶかつ》が治め、犬山城主はその家臣の中川定成《さだなり》であったが、小牧・長久手《ながくて》の戦いに際し、定成は伊勢国に派遣されており、その留守をついて池田恒興《つねおき》と森長可《ながよし》が木曽川を渡り犬山城に攻め入ったため落城し、秀吉方による尾張北部の侵攻を可能とした。これを受け、徳川家康が小牧山に入り本陣として改修し、犬山城をへて楽田《がくでん》（犬山市）を本陣とした秀吉と対峙した。和睦により小牧・長久手の戦いが終結すると、小牧山城はふたたび廃城となった。

【江戸時代から保護されてきた城】 小牧・長久手の戦いで徳川家康は小牧山を本陣とし、この戦いの中でも激しい戦闘となった白山林《はくさんばやし》の戦い（長久手市）では池田恒興や森長可など秀吉方の有力な武将を討ち取っている。これらのことから、小牧山は家康ゆかりの地として、江戸時代には尾張藩領として立ち入りが厳しく制限されるなど、近世から保護が図られた。

現在、小牧市により発掘調査が進められ、天正十二年（一五八四）に徳川家康が本陣として改修した天正期の遺構もさることながら、永禄六年（一五六三）から同十年（一五六七）まで信長が本拠としていた永禄期の遺構も良好に残されていることが明らかとなった。

城の縄張は山麓の土塁《どるい》と堀、中腹の堀などで二重に防御され、尾根を横断するかたちで南北にのびる堀と土塁により東西に区分され、主郭地区、西側曲輪地区、大手曲輪地区、西側谷地区および帯曲輪地区の五地区に区分されている。

主郭地区からは、出入り口、石垣・石組、土塁や柱穴などが検出された。出入り口は主郭の南側と東側に設けられており、江戸時代に描かれた絵図や調査により確認された石材の規格から、南側が大手口、東側が搦《から》手《め》口《てぐち》であると推定されている。また、東側入口の石垣前面では、礎石と石組側溝が一条検出された。

主郭を巡る高石垣は一気に積み上げる高石垣ではなく、段々に構築される構造で、上位から石垣ⅠからⅢに区分されている。それぞれの石垣は直線勾配で野面《のづら》・布積《ぬのづみ》で構築されている。

石垣Ⅰは、一石が二トン以上と推定される巨石で構成され、高さは約二・五メートルから四メートルと推定されている。石垣Ⅱは約五

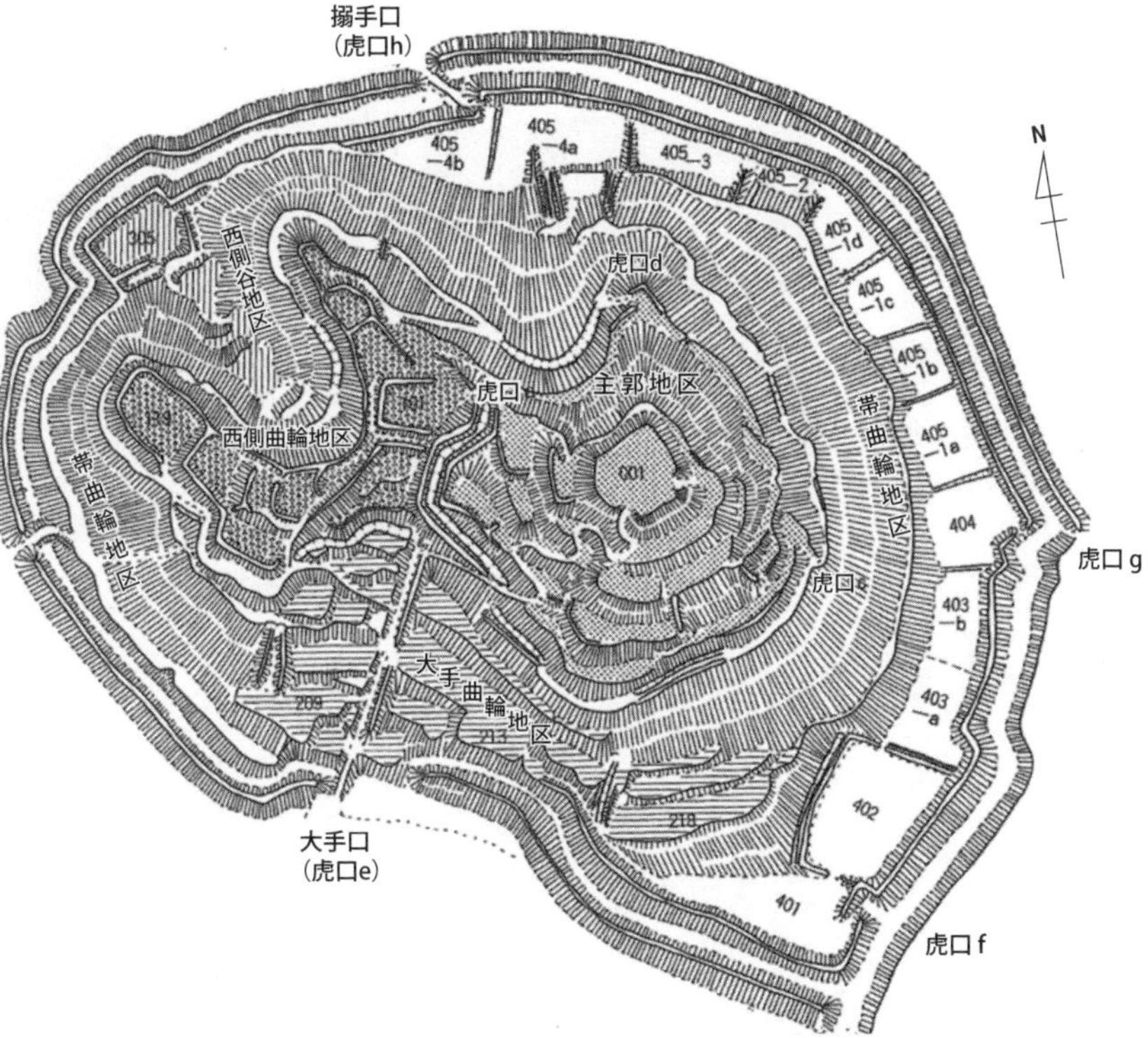

●—小牧山縄張図（『史跡小牧山整備事業報告書（旧小牧中学校用地）』より引用）

●—主郭地区　石垣露出部分

●—小牧山東側山麓帯曲輪地区　整備状況

○センチの自然石が使用され、推定高は約一・五メートルである。石垣Ⅲは、約三〇センチの自然石が使用され、高さは約一メートルと推定されており、その上部には高さ約一メートル盛土が造成され、比高約二メートルの腰巻石垣となっている。石垣Ⅰ、Ⅱの背面では厚さ約七〇センチの裏込石層や盛土層が確認されている。

小牧山中腹の主郭地区大手道からは、上層では堀・土塁・通路が、下層では石組・通路・溝の二つの時期に分けられる遺構が確認された。上層のものは横堀とその掘削により生じた土を積み上げた土塁で、積土を平坦に成形した通路をともなっている。土塁の高さは通路からは約一・五メートルである。これは小牧・長久手の戦いの改修時に構築されたものである。下層のものは幅約四、五メートルの造成土が硬化した通路と、その両側に三〇センチ程度の自然石で構築された石組みが二列検出された。

山麓東側の帯曲輪地区からも二つの時期からなる遺構が確認された。古い時期のものは堀、井戸、土塁の痕跡で永禄期のもの、新しい時期のものは土塁などで天正期のものと推定されている。堀の検出状況から、永禄期には堀などにより区切られた約四五メートル四方を基準とした曲輪が山から放射状に延び、推定を含め一二区画存在することが明らかとなった。堀は幅が約二・五メートルから三メートル、深さは約〇・五メートルから一・九メートルを測るもので、断面はV字形や逆台形を呈している。曲輪群のうち、曲輪四〇二は一辺が約七五メートルで堀と土塁で囲まれ、小牧山にある曲輪の中で最大の規模を有している。城内への大手道や城下町との位置関係から、信長本人あるいは信長に関係する空間として使用された場である可能性が指摘されている。

天正期の土塁は小牧山からみて外側に堀が、内側に土塁がある構成である。土塁は堀の掘削により生じた土が積まれている。この土塁は版築が行われておらず、急造のものであったと推定される。

●—天正期の土塁整備状況

また、小牧山城の南側には、明治期の地籍図の研究や発掘調査などから、広大な城下町が存在したことが明らかとなっている。城下町には幅二メートルの堀と幅三メートルの土塁を巡らせた一辺が約四五メートルの武家屋敷や、長方形に区画された街区の町屋などがあった。

これらの調査などから、小牧山城の縄張は、永禄六年（一五六三）の信長による築城時のものが基本であり、小牧・長久手の戦いの際に行われた改修は、山麓および山腹の堀と土塁にとどまると考えられている。特に、調査により鮮明となった城郭石垣は、尾張でも、また織豊系城郭においても初現のものであり、その歴史的な価値は高いものである。

【地域住民に親しまれる城】 小牧市により発掘調査の成果をもとにした整備がすすめられ、山麓では土塁や帯曲輪などが復元されている。地域住民に親しまれる史跡公園となっている。また、主郭地区でも永禄期の石垣の一部が見られるとともに、山頂の小牧市歴史館や山麓の小牧山城史跡情報館にて発掘調査の成果も展示されている。

【参考文献】 小牧市教育委員会『史跡小牧山整備事業報告書（旧小牧中学校用地）』（二〇〇五）、千田嘉博『信長の城』（岩波新書、二〇一三）、愛知県『愛知県史資料編五　考古五』（二〇一七）

（川島誠次）

●詰めと居館機能を持つ城

品野《しなの》城《じょう》・桑下《くわした》城《じょう》

〔所在地〕瀬戸市上品野町
〔比　高〕約二〇メートル／約一二〇メートル
〔分　類〕山城／平山城
〔年　代〕建保年間?～
〔城　主〕大金氏?、戸田氏、松平氏／永井氏（長江氏）
〔交通アクセス〕名鉄バス上品野方面「中町」下車、徒歩四〇分。または、名鉄バス上品野方面「城前」下車、徒歩五分（自動車 東海環状自動車道せと品野インターより北西に五分）

【立地・歴史】　城跡の所在する瀬戸市東部の丘陵地帯は美濃・三河と国境を接する尾張の北東端にあたり、戦国期には織田・松平（今川）氏勢力の争う軍事的緊張関係にあった。古代以来のやきもの生産地を擁し、中馬《ちゅうま》街道の通る品野盆地を挟むようにある両城跡は、その特徴的な立地と構造から品野城を「詰めの城」、桑下城を「居館」として捉えられることが多い。

一六世紀の初めに安城・岡崎城を領有し勢力を誇っていた家康の祖父、松平清康《きよやす》は東三河および尾張へも領域拡大を進める。近世の史料・絵図等によれば、享禄二年（一五二九）岩崎・科野（品野）郷を攻め、配下の松平内膳（松平信定《のぶさだ》）に与えた（『三河物語』）。清康の死後、松平氏は一族間の抗争もあって品野から退き、今川氏の管轄となる。永禄元年（一五五八）尾張方に攻められ、これを夜討ち等により退けたとする城主松平勘四郎（松平信一）は今川義元より感状を給わっている（『松平記』）。なお品野をめぐる尾張・三河間の抗争は、織田氏側の記録にはなく、徳川氏創業史にのみ伝えられている。

いっぽう尾張側の地誌などによれば、桑下城の城主は永井《ながい》民部《みんぶ》、長江《ながえ》刑部《ぎょうぶ》、長江民部（『寛文村々覚書』『尾陽雑記』）とされ、永井民部小輔は松平家重《いえしげ》、家次《いえつぐ》に属し、後に織田家臣になったと伝えられる。さかのぼれば定光寺所蔵『祠堂帳』永正十五年（一五一八）に科野長江修理進の名がみえ、さらに文明年間には瀬戸地域を二分する勢力であった今村城主松原氏と争う品野永井（長江）氏が存在し、同十四年（一四八二）に松原広長を敗死させている（『尾張志』『張州雑志』）。長江氏がこの頃以来の品野の在地領主であった可能性は高い。

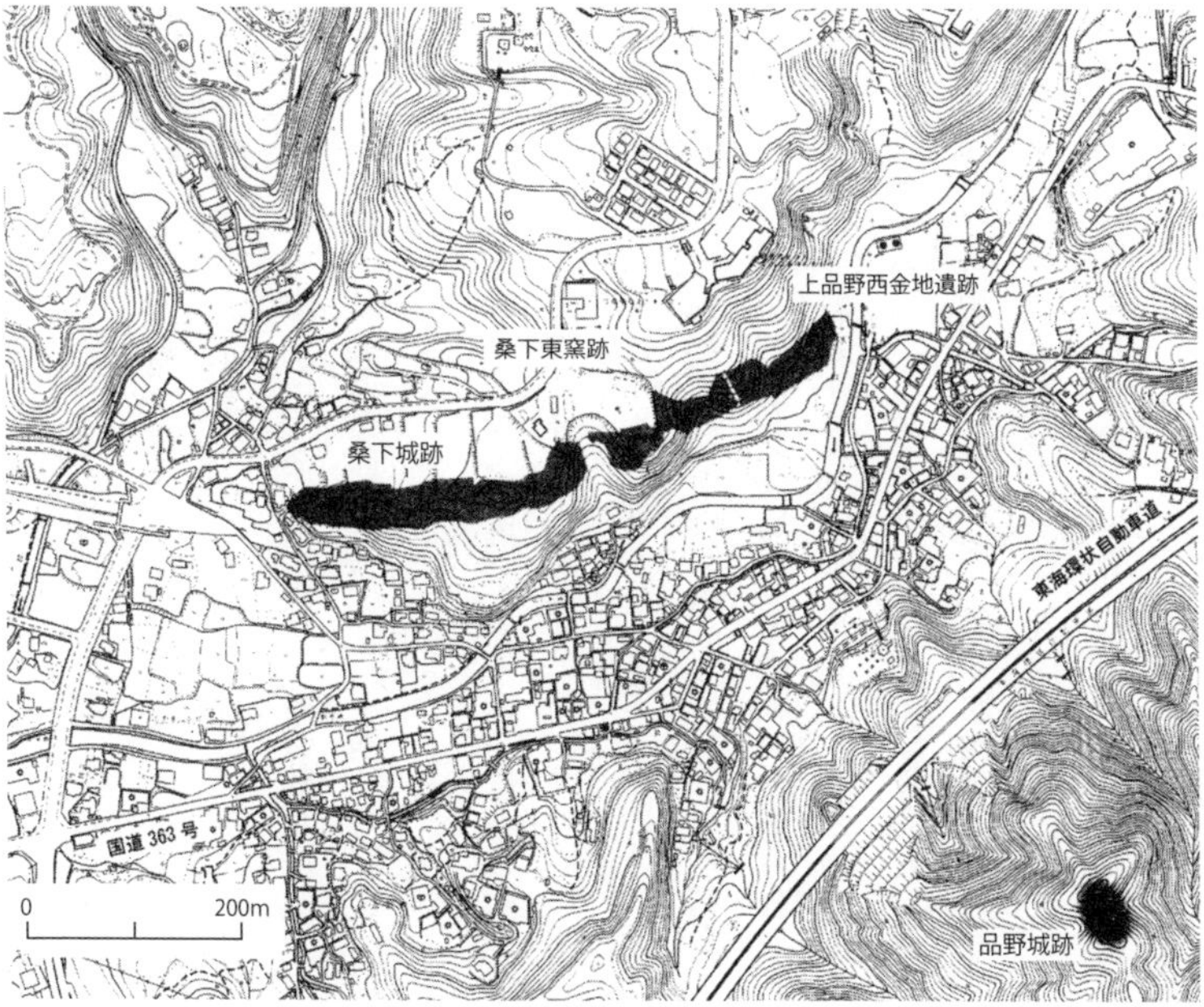

●—桑下城跡周辺調査遺構と品野城（小澤2011，2013，早野2013より作成）

両城の名称が並び記されるのは、宝暦二年成立の『張州府志』がもっとも古く、かつては併せて科野（品野）の城として認識されていた可能性も考えられる。ただし抗争の記述は品野城に限られ、桑下城は「城根」「内膳正御屋敷」（『春日井郡品野村絵図』「絵図面別紙之覚」）とあり、それぞれの特性が窺われる。

【品野城の縄張】 品野盆地南側の丘陵、標高三〇〇〜三二〇メートルの尾根上に立地している。眼下に桑下城と品野村の集落を望み、西側に目を向ければ水野川下流域、落合城のある丘陵を見渡すことができる。細かく入り組んだ尾根を利用した城の縄張は、中央付近の堀切《ほりきり》を境に主郭をもつ北半は東西にのびる尾根筋に曲輪をおいた形態であり、頂部のやや広い平坦面に土塁《どるい》の一部が残る。堀切の南半は横堀と土塁が発達しており、南側から続く尾根筋を遮断している。

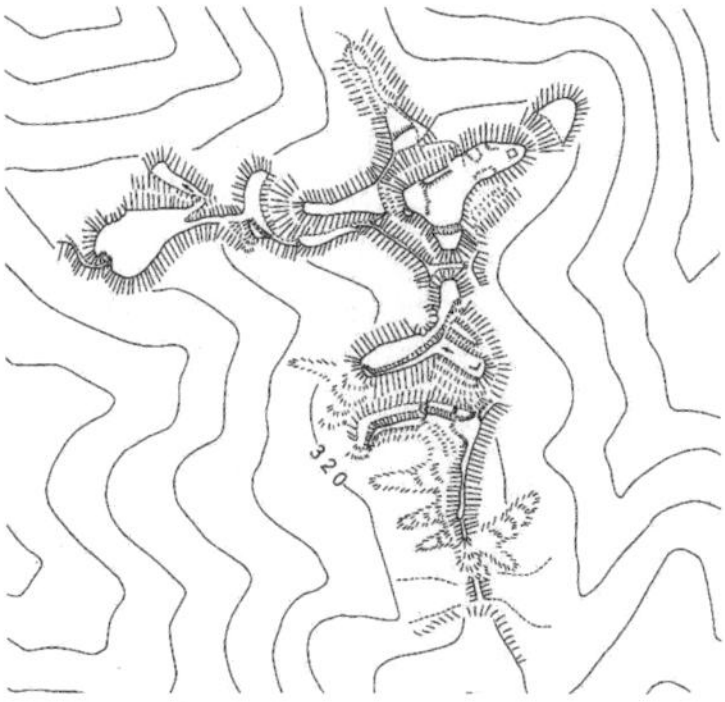

●—品野城縄張図（作図：佐分清親）
（愛知県教育委員会　1991所収）

【桑下城跡の発掘調査】 調査は道路建設にともない行われ

たもので、東から西へのびる標高二〇〇～二二二メートルの丘陵上が広く調査対象となった。東側から上品野西金地遺跡・桑下東窯跡（大窯第1・第2段階、一五世紀末から一六世紀前半に操業の窯跡）・桑下城跡が並ぶ。大窯第1段階の窯が近接して存在するという瀬戸・美濃の窯業地に特徴的な城館の一つである。桑下城の範囲は東西約二二〇メートル、南北約一〇〇メートルと推定されている。

調査により明らかとなった桑下城の構造は、丘陵先端部に近い西側尾根に細長い曲輪群を多数配置し、東側のより標高の高い奥まったところを主郭（A）とするもので、調査区外南側のやや広い緩斜面にかけて中心域が想定される。主郭は東西幅約三二メートル、南北二〇メートル以上の範囲とみられ、北側および西・東側を最大幅一六メートルにもおよぶ大型の堀（B）が囲む。土塁が失われている主郭との比高差は最大七メートルあり、北東・北西側では幅約九メートルの箱堀、続く西側・東側の堀は薬研《やげん》堀《ぼり》の形状となり、規模の確認できた西側は幅一〇メートル、深さ六メートルにもおよぶ。土塁（E）は主郭の東辺と主郭北西側の曲輪の北縁に沿って部分的に残っており、後者の土塁東端に櫓《やぐら》跡（D）がみられる。主郭から東側に続く標高の高い尾根筋は竪堀《たてぼり》（C）で遮断されている。以上のように、主郭付近には直線的な形状を基本とする大規模で強固な防御施設が集中している。主郭には礎石建物（門）、井戸、掘立柱《ほったてばしら》建物二棟、大型の土坑など多様な施設が確認され、ほかにも大型石材を多用した庭が存在した可能性も指摘されている。調査に

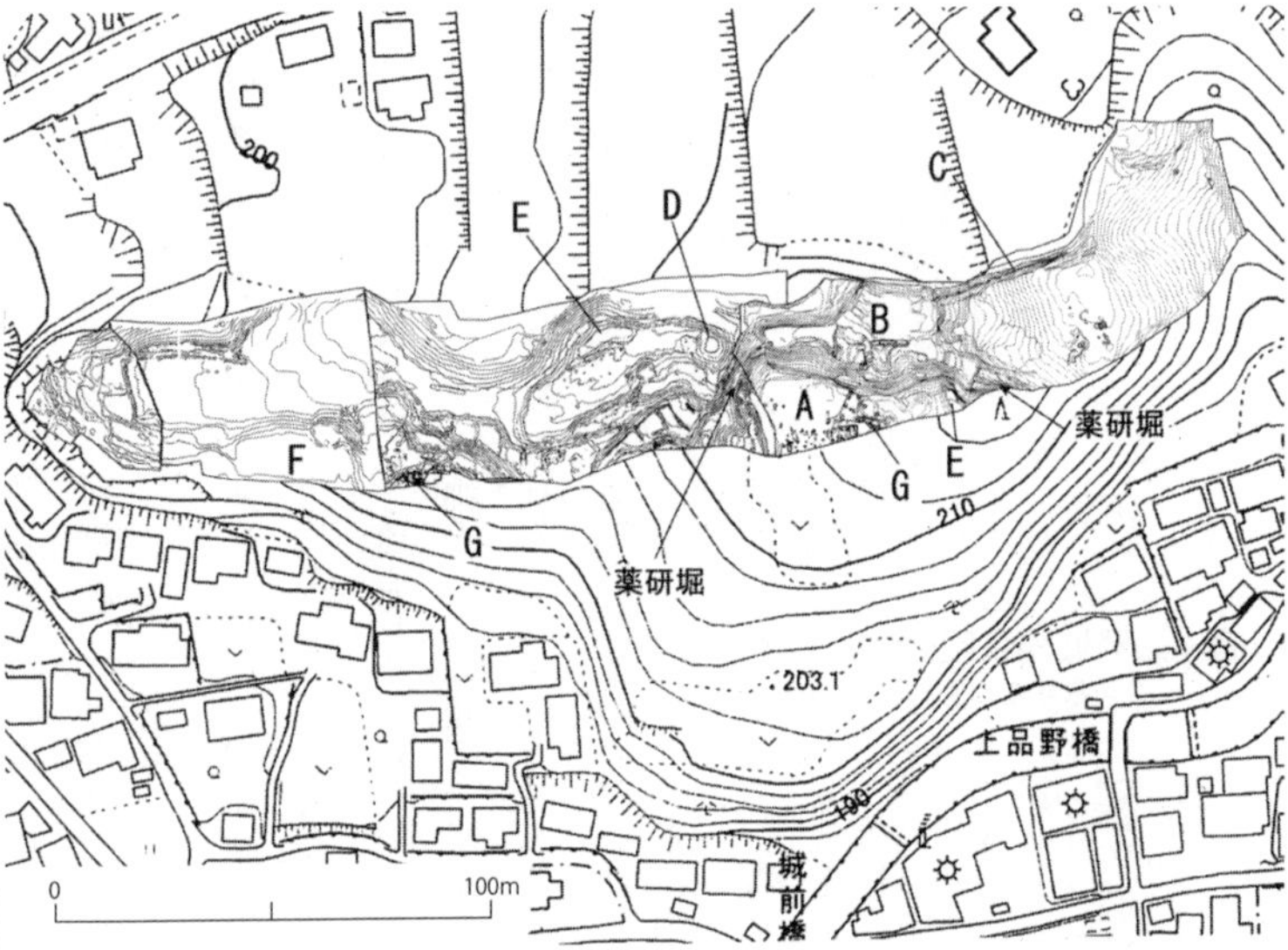

●―桑下城跡主要遺構と縄張図（小澤 2013 および『愛知県中世城館調査報告Ⅰ 尾張地区』）より作成

より、主郭平坦面の下層で先行する遺構群が認められ、少なくとも北・西堀周辺は主郭付近の大規模な造成により新たに構築されたことが明らかとなった。改変は一六世紀前葉の大窯第1段階以降の短期間に、数次にわたって行われており、この時期の緊張状態を伝えている。

いっぽう、「上品野村古城絵図」（蓬左文庫蔵）に「芝」とされた主郭の西側は様相が大きく異なり、堀切などはなく地形に沿った細長い小規模の平坦面で構成されている。曲輪とみなされる平坦面のいくつかでは、掘立柱建物や斜面を利用した複数の建物跡（柱穴列）や、「番小屋」あるいは工房跡と推定される不整円形の竪穴状遺構が見つかっている。このうち斜面を方形に刳り込んで造られた曲輪（F）はやや特異であり、北・東西両側を法面で画された二五×一〇メートル規模の方形の空間は、西側の曲輪との境に幅三・八メートル、一部で高さ一・五メートルを測る石垣をともなう。おそらく築城期から継続的に利用された場所であり、三面が確認された遺構面のうち、大窯第1段階以降に造成された第二面は、火災を受けて大窯第2段階より後に整地されている。出土遺物に日常品は少なく、茶臼《ちゃうす》や水滴《すいてき》、茶入、兜の鍬形《くわがた》台や簪《かんざし》などの銅製品、ガラス製数珠玉などがあり、倉庫や蔵などが置かれた空間であったかもしれない。

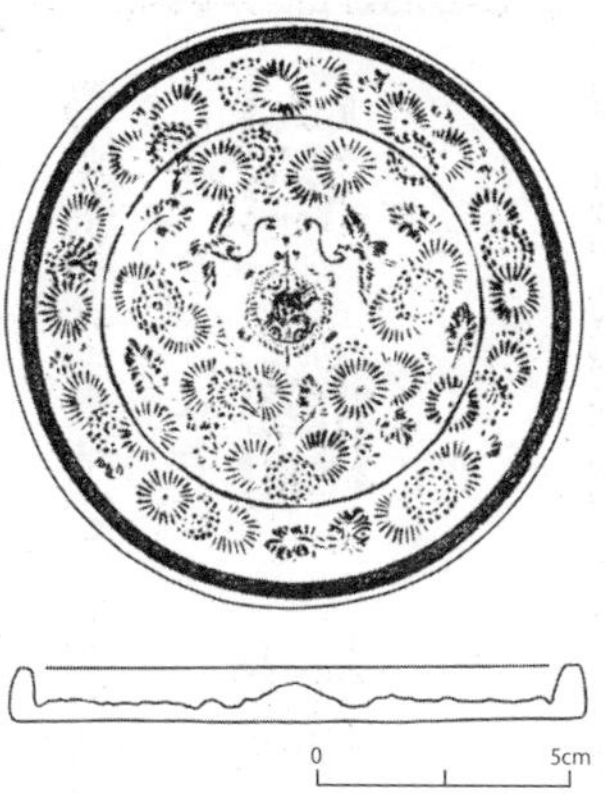

●—主郭出土の菊花双鶴文鏡

このほかに特筆される出土資料に白銅製の和鏡がある。主郭北堀で出土した直径約一一センチの菊花双鶴文鏡《きくかそうかくもんきょう》は、類似する鏡が明徳元年（一三九〇）に足利義満と諸国守護により調進された熊野速玉大社神宝類として伝わっており、京都の同じ工房で制作された可能性が指摘されている。今川氏との繋がりをうかがわせる資料となっている。

【城の現在】 丘陵上にある品野城に対し、桑下城跡の居館中心部は盆地の集落域背後の林にあたり、両城の地形的な位置関係に往時の景観が偲ばれる。品野城への登城は以前まであった稲荷神社付近を経るルートが自動車道建設により不通となり、現在は西側の別ルートが使われている。整備された道ではないので注意されたい。

【参考文献】 愛知県埋蔵文化財センター調査報告書第一八一集『桑下城跡』（小澤一弘編、二〇一三）、愛知県教育委員会『愛知県中世城館調査報告I　尾張地区』（一九九一）ほか

（武部真木）

●発掘調査で本丸から鍛冶遺構が検出される

岩《いわ》崎《さき》城《じょう》

〔所在地〕日進市岩崎町市場
〔比　高〕一五メートル
〔分　類〕平山城
〔年　代〕一六世紀
〔城　主〕丹羽氏
〔交通アクセス〕名鉄「日進駅」から日進市内巡回バスくるりん「岩崎御岳口」下車、三分。または、東名高速道路名古屋ＩＣから車で一〇分。

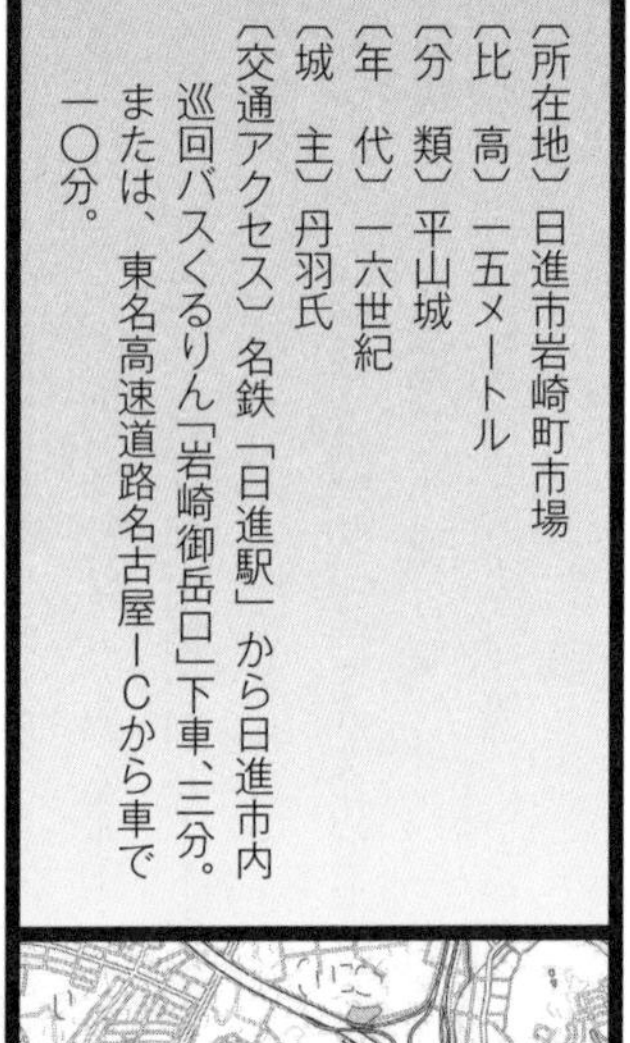

【城の由来】　岩崎城は丘陵最先端の標高六六メートルの頂部に築かれている。前面には岩崎川が流れ、水田が広がる。この地は尾張の東端に位置しており、三河に通じる挙母道《こうもみち》や伊保《いほ》道が通る境目であり、尾張織田家と三河松平家にとって重要な場所であった。

その築城は詳らかではないが、『三河物語』に松平清康《きよやす》が二〇歳の頃（享禄三年頃）に岩崎を切り取ったと記されていることより、少なくともそれ以前には築城されていたものと見られる。天文七年（一五三八）頃には岩崎城跡より南に位置する本郷城の城主である丹羽氏清が岩崎城に入城したようである。以後、丹羽氏の本城として機能していた。なお、この丹羽氏は織田信長の家臣として有名な丹羽《にわ》長秀《ながひで》の系譜ではない。

天正十二年（一五八四）に織田信雄《のぶかつ》・徳川家康軍と羽柴秀吉軍が戦った小牧長久手《こまきながくて》合戦で岩崎城主丹羽氏次は織田・徳川方に与し小牧山に在陣していた。そのため岩崎城には弟の氏重が守備していた。そこに池田恒興《つねおき》軍が攻撃を加え、城兵は氏重以下二三九人が討死したといわれている。当初池田恒興や森長可《ながよし》は秀吉の中入り部隊として三河へ攻め入るため岩崎城には目もくれなかったのであるが、氏重がこの奇襲部隊を阻止するために岩崎城から攻撃を加えた。この結果池田恒興や森長可らは岩崎城で足止めされたこととなり、この戦い後に長久手で討死してしまう。岩崎城の戦いは長久手合戦の織田・徳川軍勝利に大きく貢献したと言えよう。

合戦後に尾張は織田信雄の所領となり、岩崎城も信雄によって維持されたと考えられるが合戦後の岩崎城についての歴史はほとんどわかっていない。しかし慶長五年（一六〇〇）の関ヶ原合戦では徳川家康の命により伊勢に移封されていた丹羽氏次がふたたび岩崎城に入城し、戦功をあげている。合戦後氏次は加増を受け三河伊保に立藩し、岩崎城は廃城となった。

【城の構造】 岩崎城の構造は丘陵の先端部に堀を切って独立させて城域を設定していたと考えられる。城跡間際まで宅地が迫っており、城の西側から南側にかけて構えられていた堀切の痕跡は残っていない。主郭Ⅰは山麓より比高約一八メートルの丘陵頂部に構えられている。三角形を呈する平面を有し、北辺には土塁《どるい》Aが構えられている。土塁の中央部が開口し虎口《こぐち》Bが構えられている。虎口Bの前面には主郭を巡る横堀に対して土橋《どばし》が架けられていることより、主郭Ⅰへの虎口であったと見られる。土塁は主郭Ⅰの北頂部で幅が広くなり、さらに一段と高くなっており、ここが櫓台《やぐらだい》であった。主郭北側の虎口Bに対して横矢《よこや》が掛かる櫓台であった。

主郭Ⅰは発掘調査が実施されており、出土遺物の年代より一六世紀初頭には城の築かれていたことが明らかとなった。この当初に築かれた岩崎城は単郭の城であったことが確認さ

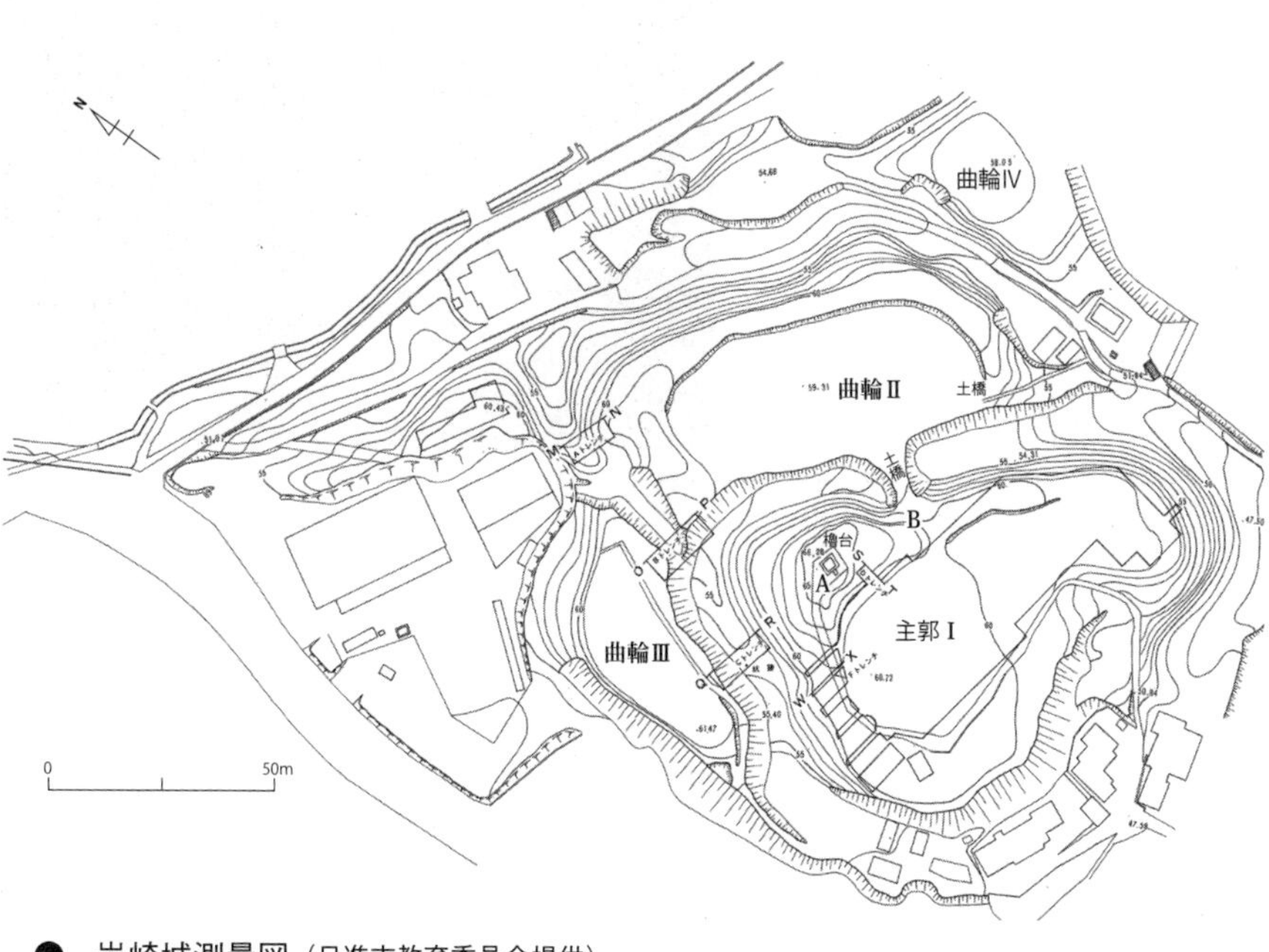

●―岩崎城測量図（日進市教育委員会提供）

●—岩崎城跡に建つ模擬天守閣

れている。また、主郭Ⅰからは曲輪の東端で礎石建物が検出されている。礎石建物に対して小規模な庭園遺構も検出されていることより、主郭は居住空間に充てられていたものと考えられる。ところが一六世紀中頃になると礎石建物はなくなり、替わって主郭Ⅰには鍛冶炉がいくつか構えられた。主郭Ⅰには居住施設となるような礎石建物は検出されておらず、

●—主郭Ⅰを巡る横堀

居住空間は麓に構えられていたか、岩崎城は境目《さかいめ》守備のみの城で、居住施設は丹羽氏の本城である本郷城に置かれていたかのどちらかと考えられる。

発掘調査では炉が確認されただけではなく、鉄滓《てっさい》や鞴《ふいご》の羽口《はぐち》なども出土している。主郭Ⅰでは鍛冶によって武器などが生産されていたのである。近世城郭では本丸はおろか城内に職人が工場や家屋を構えることなど一切ない。ところが戦国時代の城郭では中心部に鍛冶などを構えていた。例えば根城跡（青森県八戸市）でも主殿と呼ばれる御殿の周辺に竪穴《たてあな》などが配されているのだが、鞴の羽口や鉄滓などが出土しており、鍛冶工房であったことが判明している。このように東国では主郭に鍛冶工房が設けられているが、西国ではほとんど認められない。東海地方でも岩崎城以外には認められない。東国では城内で普遍的に鍛冶が行われていたと見られるが、西国では常時設けられていなかったようである。

岩崎城の場合も常備されていたものではなく、天正十二年（一五八四）の小牧長久手合戦の段階で城内に武具を製作するために数基の鍛冶炉を構えたものと考えられる。

主郭Ⅰの周囲には幅の広い横堀が巡らされていた。幅は一〇《メートル》を超えるもので、堀底は平坦となる箱堀である。この堀も発掘調査が実施されており、堀底で古い堀のＶ字状の堀底が埋没した状況で検出された。つまり築城当初の単郭の時代に巡らされていた横堀は幅の狭い薬研堀《やげんぼり》であったのが、一六世紀中頃に改修された段階で幅を拡張したわけである。これは鉄砲戦に備えたものと考えられ、その改修はやはり小牧長久手合戦を想定した軍事的緊張が高まった段階におこなわれたものと考えられる。

こうした主郭Ⅰの北側には横堀を隔てて曲輪Ⅱが構えられている。曲輪の北面、東面、西面に「コ」の字状に土塁が巡っている。曲輪Ⅱへの虎口は北、西には認めれず、現在登城道となっている東側に開口していたものと見られる。そして曲輪Ⅱから主郭Ⅰへは土橋で結んでいた。このように曲輪Ⅱは角馬出《かくうまだし》として構えられた曲輪であった。曲輪の外周は主郭Ⅰと同様に横堀が巡っていたと見られるが、東側は登城道になってしまい、北側は宅地との間の道路となり、わずかに西側にのみその痕跡を残している。

曲輪Ⅱの西側には曲輪Ⅲが、東側には曲輪Ⅳが構えられ、外周防御に役目を担っていたようである。さらに曲輪Ⅱの北側にも曲輪が構えられていたようであるが、現在宅地となっており詳細は不明である。

蓬左文庫《ほうさぶんこ》に所蔵されている「岩崎村古城絵図」は尾張藩によって現地調査をしたうえで作成されたと見られる極めて信頼度の高い江戸時代の絵図である。主郭Ⅰの南西部に武家地が配され、北東部には寺屋敷が配されている。主郭Ⅰには現在の北側虎口と、南側にも虎口が描かれている。そして城の南側には城下町が構えられ、それらを堀と土塁が取り込む惣《そう》構《がまえ》が形成されていたことがうかがえる。

現在主郭Ⅰには歴史記念館と模擬天守閣が建てられている。この建設にあたって遺構が破壊されたのは惜しまれる。戦国時代の土造りの城郭に模擬天守閣が建つのは残念であるが、その他の部分では曲輪、土塁、横堀は見事に残されており、尾張の平地にこれだけの遺構の残る城跡はほとんどなく、極めて貴重な城跡である。

【参考文献】前川要『岩崎城跡発掘調査報告書』（日進町教育委員会、一九八七）、「岩崎城」愛知中世城郭研究会・中井均編『愛知の山城ベスト五〇を歩く』（サンライズ出版、二〇一〇）

（中井　均）

●桶狭間へ向かう今川義元の本陣

沓《くつ》掛《かけ》城《じょう》

〔豊明市指定史跡〕

〔所在地〕豊明市沓掛町東本郷
〔比　高〕約三メートル
〔分　類〕平城
〔年　代〕一四世紀初頭〜一六世紀
〔城　主〕近藤宗光・近藤氏・今川氏・簗田氏・織田氏・川口氏
〔交通アクセス〕豊明市ひまわりバス「沓掛小学校」下車、徒歩五分。

【立地・歴史】　城は尾張・三河国の国境を流れる境川の右岸に立地する。鎌倉街道の名勝地として知られる二村山《ふたむらやま》から南東方向にのびる丘陵の東端に位置し、標高約二二メートルの緩斜面に築かれている。その麓には沖積地が広がり、街道は三河の八橋（知立市）から境川を渡り、大久伝《おおくて》と（沓掛）宿をぬけて城の西側を通りつつ、ここから標高七二メートルの二村山へと登ってゆく。

　永禄三年（一五六〇）五月十九日、今川義元の本陣はここ沓掛城を発ち、大高城へと向かう。桶狭間《おけはざま》古戦場伝説地は西南西へ約四キロ、大高城・鷲津城・丸根砦は西へ約八キロ、善照寺砦・丹下砦・鳴海城は西北西へ約七キロの距離にある。

　近世の史料によると、沓掛城は一四世紀初頭の正中年間に近藤宗光《むねみつ》が城主となり、以後九代にわたり近藤氏の居城であったとされる（『尾張志』）。国境の城であり、明応の政変（一四九三）からしばらくして、駿河・三河守護と尾張守護勢力が争う緊張関係にあった。天文九年（一五四〇）尾張から西三河に侵攻した織田信秀《のぶひで》が安城城を奪うと、近藤氏は織田方に属した。その後信秀の勢いにかげりがみえると、九代景春《かげはる》は今川義元に従い高園《たかその》城に移り、天文十八年（一五四九）以後は沓掛城は今川氏の城となった。永禄三年に桶狭間の戦いで義元が討たれてからまもなく、景春は沓掛城で織田方の攻撃を防戦するも敗死した。その後の城主には簗田《やなだ》出羽守、子の左衛門太郎、信長の弟である織田越中守信照《のぶてる》、川口久助の名が伝えられるものの、詳らかではない。

新たな街道（近世東海道）は従来よりも海側を通るようになり、一七世紀初頭の慶長年間には宿も廃れ、沓掛城も廃城となっていたという。

【絵図・地籍図】　近世の「愛智郡沓掛村古城絵図」（蓬左文庫蔵）に描かれた城跡は、外堀を含め東西一六〇間（約二九〇メートル）、南北一三〇間（約二三四メートル）、面積は約五町歩と大規模なものであった。本丸の南側には二之丸・三之丸が繋がり、北と東西両側には諏訪曲輪・侍屋敷などの曲輪が置かれ、これらに外堀がめぐる。堀で囲まれた本丸は東西二三間、南北二九間であり、南側中央で二之丸と土橋《どばし》で繋がっている。馬出《うまだし》は本丸南側と西側に設けられ、二之丸側には半円形の溝として描かれてあり、丸馬出となっている。本丸の東側と北側に、また西側は畠と記された曲輪のさらに西隣に侍屋敷が配されている。また、絵図の時期まで存在したのか、土塁の高さも詳しく記されている。

明治十七年の地籍図に絵図に示された曲輪を当てはめると、本丸・二の丸・諏訪曲輪の範囲がほぼ特定でき、図中の本丸・二之丸部分は特に正確な測量により描画されていることがわかった。そのほかにも、寺（正福寺）の西側を南北方向にのびる水路が外堀の痕跡と考えられる。

【遺構と出土遺物】　史跡公園として整備されるにともない、昭和五十六年から六十年にかけて発掘調査が行われた。主な調査地点となった本丸部分では複数の生活面が確認され、三期の変遷が捉えられている。

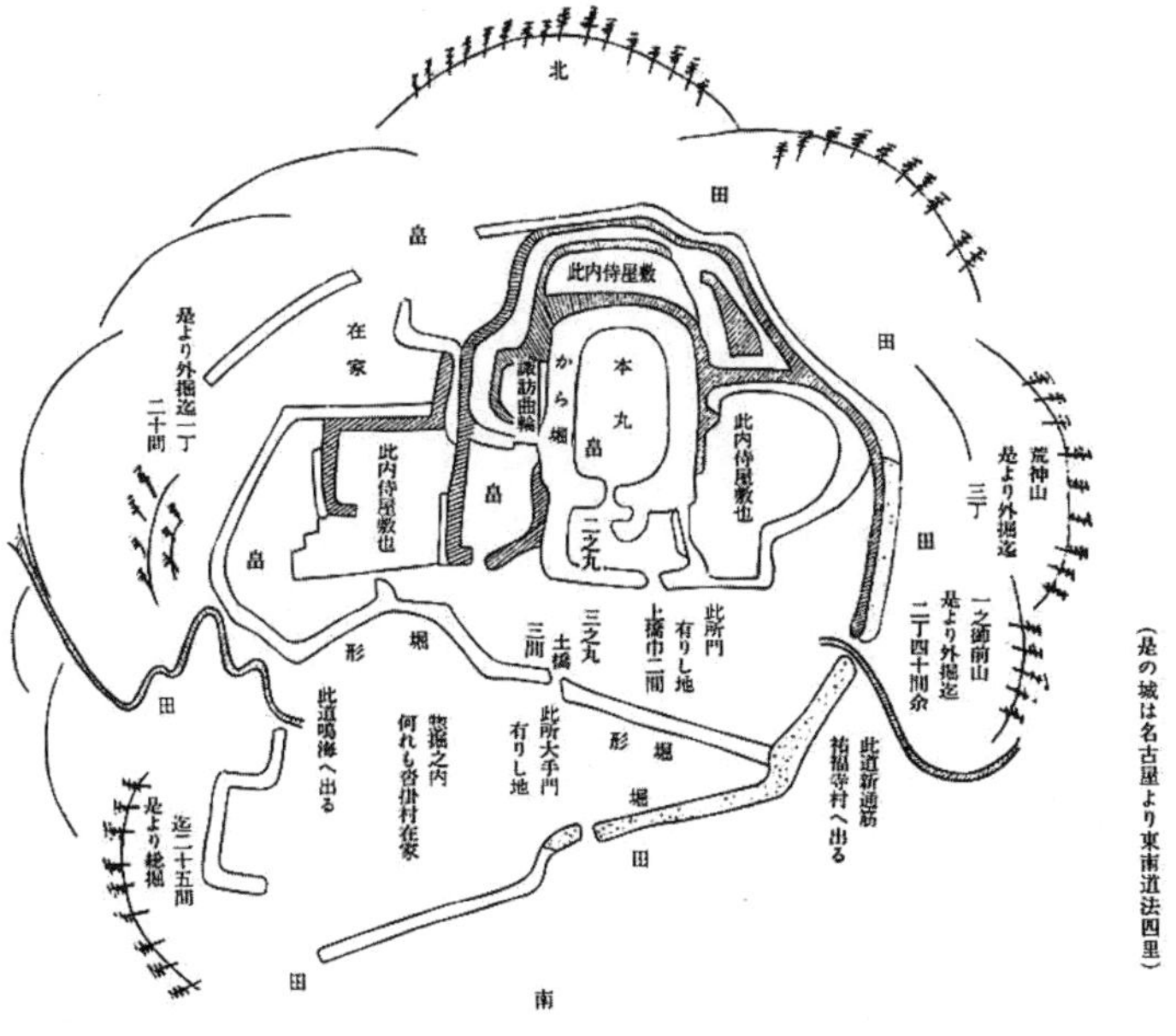

●—愛智郡沓掛村古城絵図のトレース図（『豊明市史 資料編2』より）

Ⅰ期には、北と南に二つの池が設けられ、井戸、井戸から池に続く溝、二棟の掘立柱建物などが見つかっている。北側の池（SG01）は当初は南北一二メートル以上の規模をもち、その西岸には配置されたものとは断定し難いものの、直径一五〜二〇センチの円礫が密集していた。南側は後に四メートルほど埋められて杭列・板による護岸が行われている。南側の池（SG0

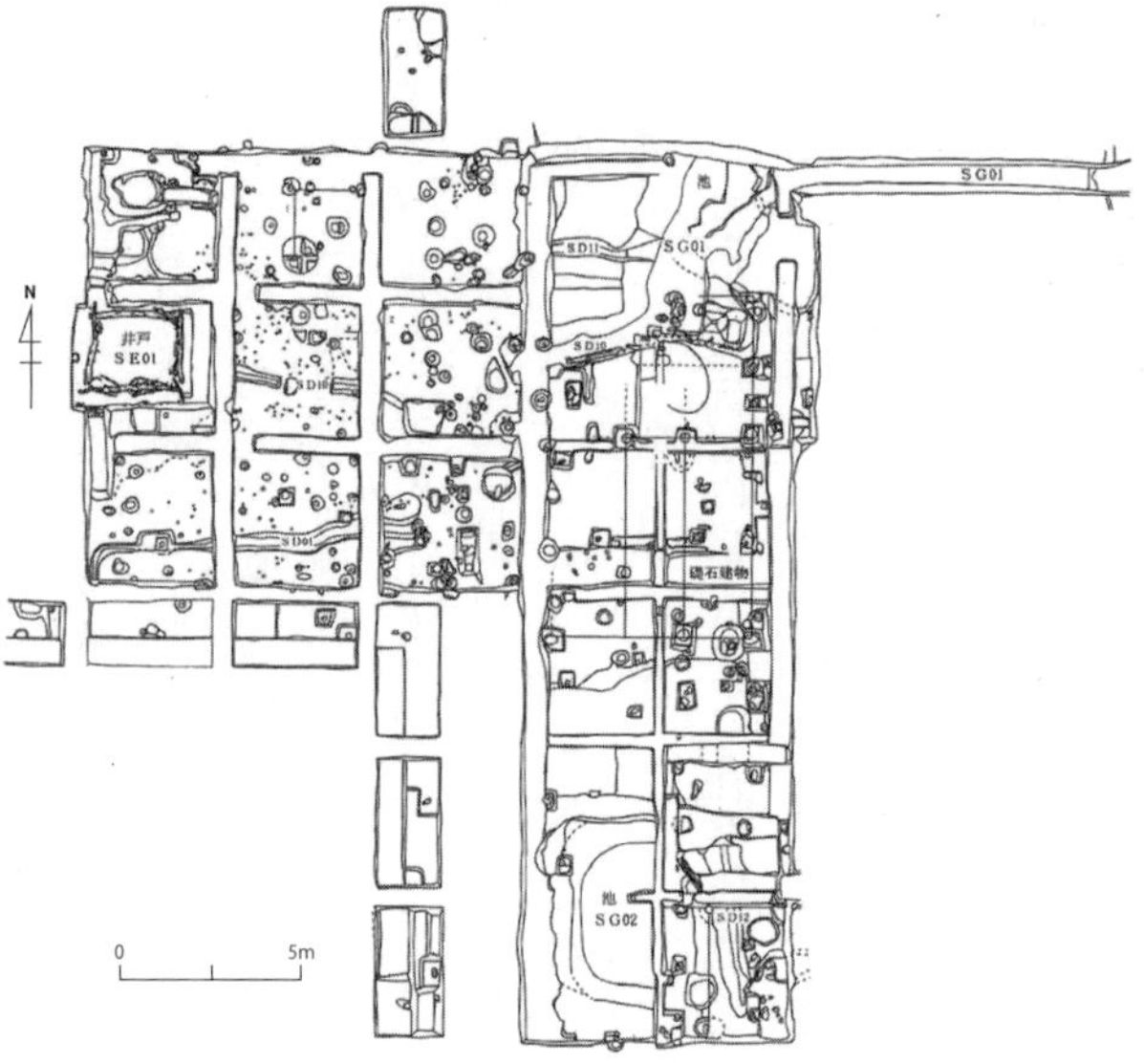

●—本丸（中心部）の遺構配置図と調査範囲（『愛知県史 資料編5 考古5 鎌倉〜江戸』より引用）

2）は苑池《えんち》と想定されるもので、検出部分は長方形をなし、東西八メートル以上、南北一〇メートル以上の規模をもつ。早い段階に埋め立てられ、その上に一間×四間、三間×四間の掘立柱《ほったてばしら》建物が建てられている。建物と同時期のものと考えられている井戸（SE01）は、幅六メートルほどの大型の掘りかたに一辺二・五メートルの方形の木組みを据えたものである。この段階の出土遺物には、口径が一二、三センチと七、八センチの大・小のサイズのロクロ調整土師器《はじき》皿がもっとも多く、大半が池（SG01）に廃棄された状態で出土した。古瀬戸製品では、築城年代と伝えられる一四世紀に遡るものは含まれていない。Ⅰ期は苑池（をともなう庭）と建物が整備された館として機能しており、居館的な要素が多々見受けられる。史料に伝えられる近藤氏が城主であった期間と推定される。

Ⅱ期では本丸を囲む土塁《どるい》と堀が構築されるなど大きく改変が加えられている。土塁内側の空間ではそれ以前の遺構がすべて埋め立てられたのち、掘立柱建物、四間×六間の礎石建物が設けられた。本丸土塁の基部は幅が約六メートル、砂質土と粘土を交互に重ね叩き締めた版築の工法が認められ、一部の土塁にはのちに補強が加えられた痕跡も見つかった。このような大規模な堀・土塁などの防御施設が構築され城郭として整備が進んだⅡ期は、今川氏が入城した天文十八年以降と推定

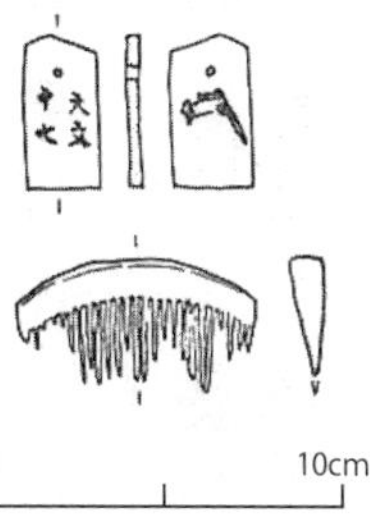

●—出土した木札と櫛

される。戦国期城館でしばしば大量に発見される土師器皿は、ここでは小型の手づくねのものや、口径が八〜一六センチ程度のロクロ調整のものが池（SG01）から出土している。なお、最終段階の建物礎石の一部には火を受けた痕跡も見つかった。Ⅲ期はすべての施設が機能を失った時期であり、土塁も失われた。

出土した陶磁器の年代観は、一五世紀後葉から一六世紀後葉でも前半段階（瀬戸・美濃窯陶器編年で大窯第3段階前半）に収まり、生活域をともなう城の利用はこの時期までと思われる。ただし城郭の構造は天正期の修築を経たものであるとの指摘がある。

池（SG01）からは、他にも青花《せいか》や白磁など中国産磁器、常滑窯《とこなめ》産鉢、壺・甕類などの陶磁器のほか、膳や折敷《おしき》、大量の箸、漆椀、曲物《まげもの》、結桶《ゆいおけ》や櫛、下駄など当時の多様な木製品が数多く見つかっている。墨書《ぼくしょ》をもつ木簡類も多く、一〇種におよぶ花押や文字・記号が判別できる付け札と思われるもの、「天文十七」と記された五角形状の木札、卒塔婆や呪符も含まれる。ほかにも鎧の小札《こざね》・刀子《とうす》・釘・銭貨などの金属製品、硯《すずり》や五輪塔などの石製品がある。さらに土壌中に含まれていた貝・魚骨・獣骨類を調べると、アカニシ・アワビ・ハマグリ、マダイ・クロダイ・スズキ、ノウサギ・カモ・キジ・犬などが食用として持ち込まれていたことがわかった。一六世紀中頃の支配者層の生活の一端を伝える興味深い資料の数々が得られている。

【城跡の現在】 城跡は県史跡に指定されており、沓掛城址公園として整備されている。現在の駐車場の辺りが侍屋敷のあった北側の曲輪部分にあたり、そこから空堀《からぼり》で囲まれた本丸・二の丸・諏訪曲輪を巡ることができる。西側に隣接する慈光寺に遷されている層塔の一つは、初代沓掛城主近藤宗光の墓と伝えられている。

【参考文献】 豊明市教育委員会『沓掛城址』（一九八六）、『愛知県史 資料編五 考古五 鎌倉〜江戸』（愛知県、二〇一七）ほか

（武部真木）

●川に囲まれた境界の城

勝《しょ》幡《ばた》城《じょう》

〈稲沢市指定史跡〉

〈所在地〉愛西市勝幡・稲沢市平和町
〈比　高〉—
〈分　類〉平城
〈年　代〉永正年間〜天正年間？
〈城　主〉織田信貞・信秀・織田氏
〈交通アクセス〉名鉄津島線「勝幡駅」下車、徒歩一〇分。

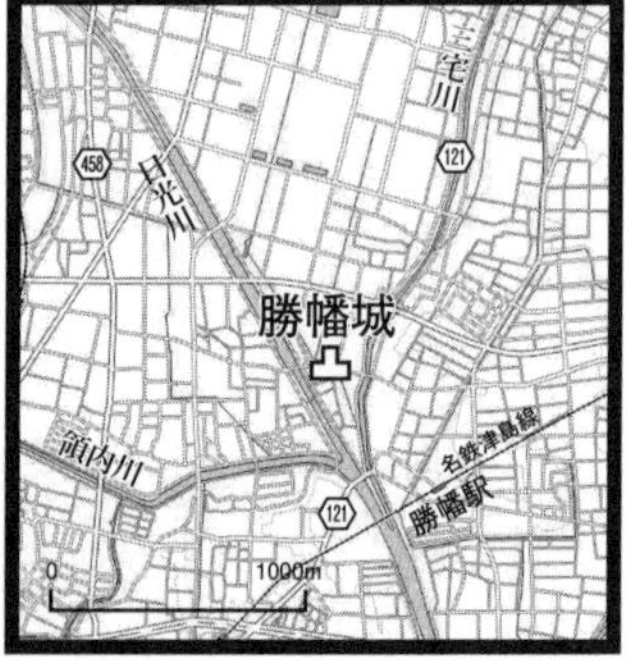

【立地・史料】　勝幡城は濃尾平野の中央付近に位置し、現在の愛知県西部、愛西市勝幡から稲沢市平和町城之内・城西にかけての一帯に比定される。東側から南側を三宅川、西側に領内川といく筋もの川に囲まれた地形にあり、旧海東・海西・中島郡の郡界にあたる場所でもあった。

尾張守護斯波《しば》氏の家督争いを端に守護代家の対立が深まり、文明八年（一四七六）両者の争いにより下津《おりづ》城が焼かれたとされる。守護所は下津から清須へと移り、その後は岩倉城を本拠とする守護代織田伊勢守家が上四郡（丹羽・葉栗・中島・春日井）を、下二郡（海西《かいさい》・愛知）を清須城の織田大和守家がそれぞれ治めることとなった。

信長は織田大和守家に仕える三奉行の一家に生まれ、この弾正忠家織田氏の経済的基盤は、木曽川下流域に発展した流通・商業の拠点、津島の経済力であったと考えられている。

大永六年（一五二六）尾張から伊勢へ渡る際にこの地を通過した連歌師《れんがし》宗長《そうちょう》は、津島の「領主、弾正忠信貞（信定、信長の祖父）」、と息男信秀《のぶひで》に迎えられ、「みなとのひろさ五、六町」と当時尾張屈指であった川湊の規模や町の賑わいを記している（『宗長手記』）。またこの地は津島神社の門前町でもあり、弾正忠家織田氏と被官関係となった地域の士豪、津島衆の中には、津島牛頭天王社《つしまごずてんのう》家と同族出身者が多く含まれ、商業に関与し財力をもった「富豪」も存在した。勝幡城は津島の北東約四㌔にあたり、さらに東方約九㌔の清須や萱津《かやづ》宿《じゅく》とも川を通じても連絡することの可能な交通の要衝でもあった。そうした場所を手中に収めたのが信貞《のぶさだ》であり、永正年間（一五〇四〜二一年）頃と伝えられている（『尾張志』）。勝幡城の具体的な姿をめぐっては、公卿山科言継《やましなときつぐ》による天

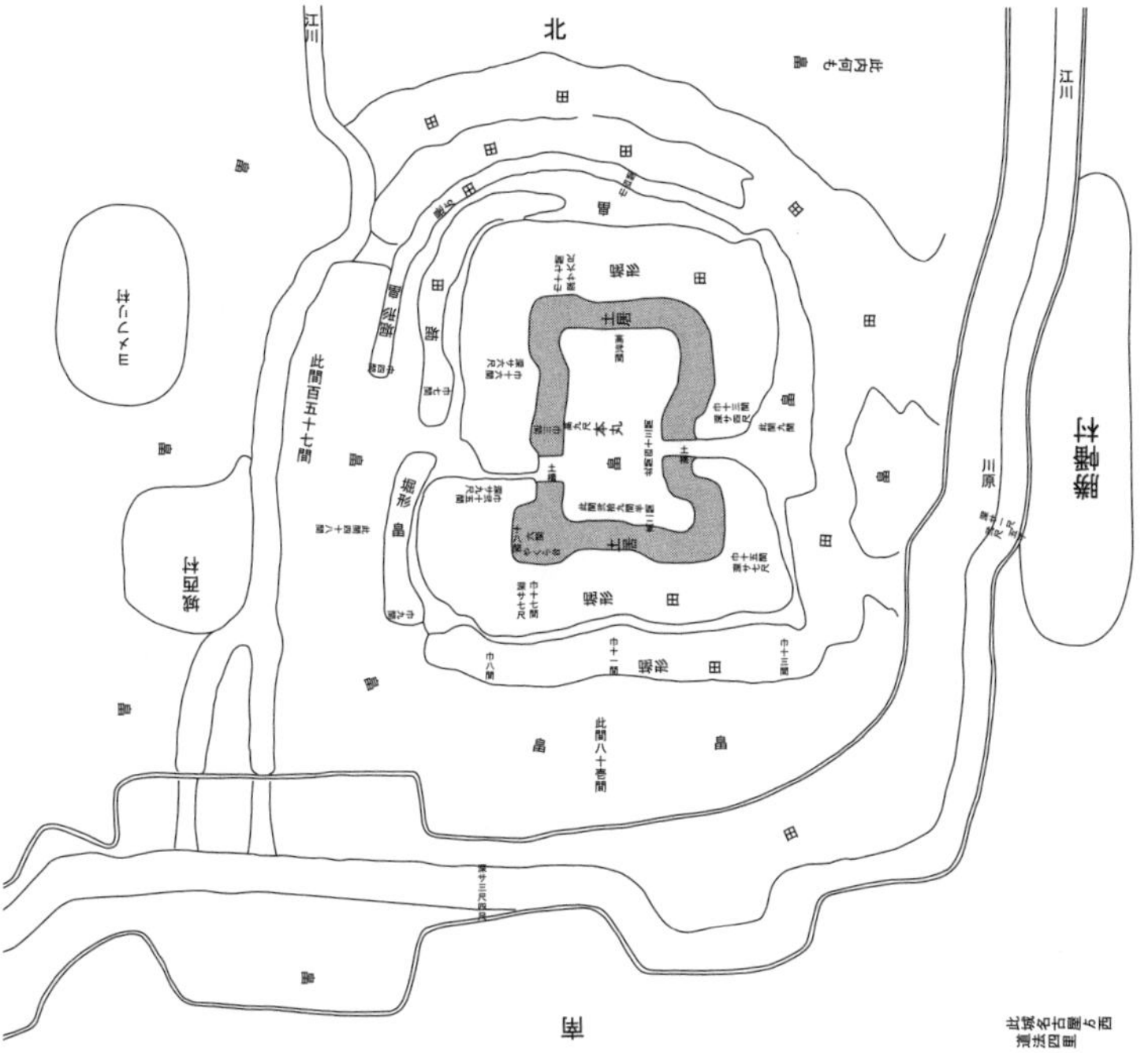

●—中島郡勝幡村古城絵図のトレース図

●—勝幡城周辺地籍図（『愛知県中世城館跡調査報告Ⅰ（尾張地区）』より）

文二年（一五三三）訪問の記述があり、その内容から城下への集住、町が形成されていたことがうかがわれる。建築中の信秀の城内の館には武家儀礼に則った対面・饗応のための豪奢な空間と御殿が整えられていたこと、城域の周囲には寺院や家臣の屋敷が配されていて、このうち家臣平手政秀の屋敷は、座敷の造作が数寄《すき》を凝らしたとりわけ見事なものであったと驚嘆を込めて記されている。京の公家で蹴鞠《けまり》の大家であった飛鳥井雅綱《あすかいまさつな》とともに二〇日間滞在し、この間には蹴鞠会が頻繁に催された。津島周辺を中心とした武士の多くが飛鳥井門下に入ったほか、那古野《なごや》からは、後に織田信秀に追われることになる「在名こや　竹王丸」（のちの今川氏豊）も招かれともに蹴鞠に加わった（『言継卿記』）。

信長の出生地にはこれまでに三説があり、「勝幡城」「那古野城」「古渡城《ふるわたり》」が推定地として挙げられていた。近年の研究により、尾張東部から三河方面への進出を図った信秀の那古野城攻めの年代が天文七年（一五三八）であることが示され、信長誕生の天文三年には勝幡城に在城していたとの見方が有力となっている。信秀は那古野城に、次いで古渡城、末盛城へと移っていったが、その後の勝幡城については判然としない。近世の史料に城主武藤掃部《かもん》（尾張衆）の名がみられるが疑問視されている。

【近世絵図・地籍図の勝幡城】　一七世紀の絵図「中島郡勝幡村古城絵図」（蓬左文庫蔵）に残る勝幡城は、館を基本としてこれに防御機能を備えた館城であり、天正年間の改修が加わった後の姿と考えられている。長方形の「本丸」とこれを囲む「土居《どい》」（土塁《どるい》）、「堀形」（堀）、さらに土塁の南西隅に「やくら台」（櫓台《やぐらだい》）が描かれ、絵図記載にしたがえば、その規模は本丸と土塁を含めて東西約六六メートル、南北約九二メートルにもおよぶ。

城の出入口は東辺と西辺にあり、いずれも土橋《どばし》から直進する単純な構造である。しかし防御施設としては、本丸は二重の堀（北西部では三重）で囲まれ、内側の堀の幅が一三～二五間、深さ四尺～九尺、外側の堀は北側で七間、南側で幅八～一三間、土塁は幅が三間、高さ二間と厳重であり、しかも形状は単純ではなく、櫓台を含む三方の隅が堀の方へ突出し、東辺の出入口付近は内側へやや凹む形状をとるなど、横矢を意図した構造となっている。そしてさらに堀の外側を流れる自然の河川が惣堀（総構《そうがまえ》）の役割を果たしたと考えられる。標高二メートル前後の低地帯に築かれた勝幡城は、おそらくは周囲から突出した大規模な構造物として存在感を示していたと想像される。

天正年間に大幅な改築を行った諸城とは異なり、勝幡城には平地の方形単郭の居館という本来の性格が色濃く残っている。尾張では清須城や岩倉城にも同様にうかがうことのできる、古相と捉えられるものであろう。

●—勝幡城推定復元模型（勝幡駅前）

地籍図では、「城之内」「城之口」「城西」の字名が残り、その付近に城が比定される。天明年間（一七八一～八九）に尾張藩の洪水対策として開削された日光川によって本丸西側の大部分が失われているとみられる。左岸（東側）に残る水田跡に堀の姿を推定することができ、大手出入口の城外東側には「元屋敷」が残る。

【城の現在】　発掘調査等が行われていないため、勝幡城の正確な位置は特定されていない。現在の合流地点（佐織町小津）とは異なり、日光川の開削以前の三宅川は、より西側（佐織町根高）の地点で萩原川—足立川（古日光川）と合流していたとされる。城跡を示すものといえば、日光川左岸に「織田弾正忠平朝臣信定古城蹟」と「勝幡城址」の二つの石碑が建てられている。

このほか名鉄津島線・勝幡駅北口には、幼い信長を抱く土田御前と信秀の銅像があり、勝幡城の推定復元模型（千田嘉博監修）が置かれている。

【参考文献】『愛知県史　資料編五　考古五　鎌倉～江戸』（愛知県、二〇一七）、『愛知県史　通史編三　中世二・織豊』（愛知県、二〇一八）、『論集　戦国大名と国衆六　尾張織田氏』（岩田書院、二〇一一）ほか

（武部真木）

●室町時代の宿と尾張守護所

下《お》津《づ》城《じょう》

〈所在地〉稲沢市下津町
〈比高〉約一メートル
〈分類〉平城
〈年代〉一五世紀初頭～一四七六年、一五五〇年～
〈城主〉織田常竹、太田清蔵
〈交通アクセス〉JR東海道本線「稲沢駅」下車、徒歩一〇分。

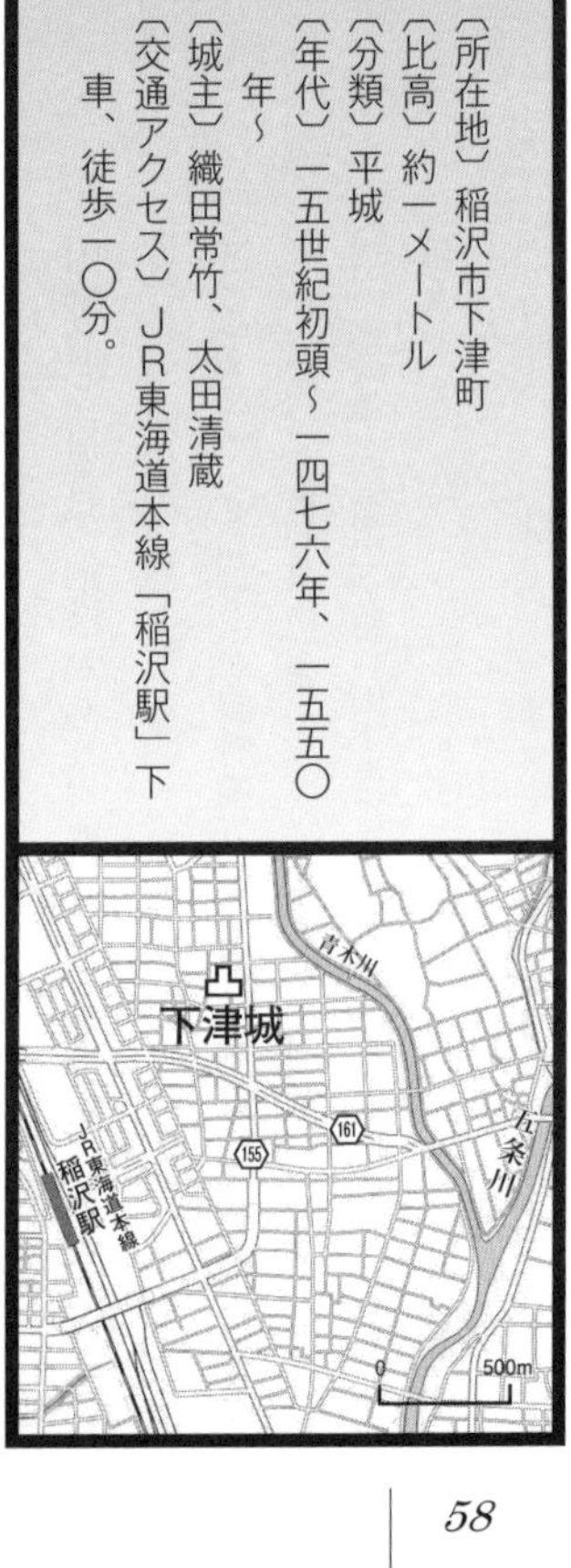

【歴　史】　下津は、鎌倉時代以降に中世東海道の宿として栄え、室町時代には尾張国守護所が置かれたことで知られる。下津城は広大な濃尾平野の中央で青木川により形成された自然堤防上に立地する平城である。

「下津（折戸）」の最古の記述は、養和元年（一一八一）『新定源平盛衰記』の記事で、源行家《みなもとのゆきいえ》が墨俣《すのまた》の合戦に破れ下津に陣を構えたという。以降、『沙石集』、『関東往還記』、『十六夜日記』などの旅行記に「下津」が記され、一三世紀半ばには鎌倉街道の宿として交通の要衝であったことがわかる。また、尾張国大成荘関係文書には、正和三年（一三一四）に「下津五日市」とあり、三斎市《さんさいいち》が開かれていたことが判明する。

いっぽう、政治的な面では、応永四年（一三九七）に斯波《しば》義重《よししげ》が尾張守護職に任命され、同年一月付の尾張国目代《もくだい》注進状などから下津が守護の支配下にあったと推定される。そして、応永七年（一四〇〇）に又守護代織田常竹《じょうちく》が居城を築いたと伝えられ、守護代織田常松書状からみて少なくとも同一八年（一四一一）に尾張守護所が下津に存在したと考えられる。しかし、応仁の乱を契機に守護斯波氏と守護代織田氏が分裂・対立した結果、文明八年（一四七六）に守護所は焼亡し清須へ移転した。その後も下津周辺は集落として続いていたと考えられ、江戸時代の地誌類によれば天文十九年（一五五〇）に太田清蔵が下津城を築いたという。

【戦国時代末期の下津城】　まず、太田清蔵《せいぞう》が築城したとされる下津城については、北部の現下津小学校付近にあったと考えられ、地籍図にみえる水田を堀と見立てると連郭式《れんかくしき》城郭が想定される。この区域を発掘調査すると、一六世紀の遺物が出土する堀（溝）などが検出された。発見された堀は東西南北に向く正方位に近いものと現在の青木川の流れに並行するものが混在しており、複雑である。青木川は守護所以後の新たな集落が形成された際に掘削されたものと推定されることから、川に並行する堀は一五世紀後葉から一七世紀初頭までに属し、太田清蔵の下津城に関わる遺構の可能性が高い。発見された堀は断片的で全体の縄張は確定できないが、半町程度の規模の曲輪が複数存在したものと思われる。いっぽう、前者の正方位の溝はおそらく一三世紀中葉から一五世紀中葉までの守護所時代の屋敷にともなう遺構であろう。

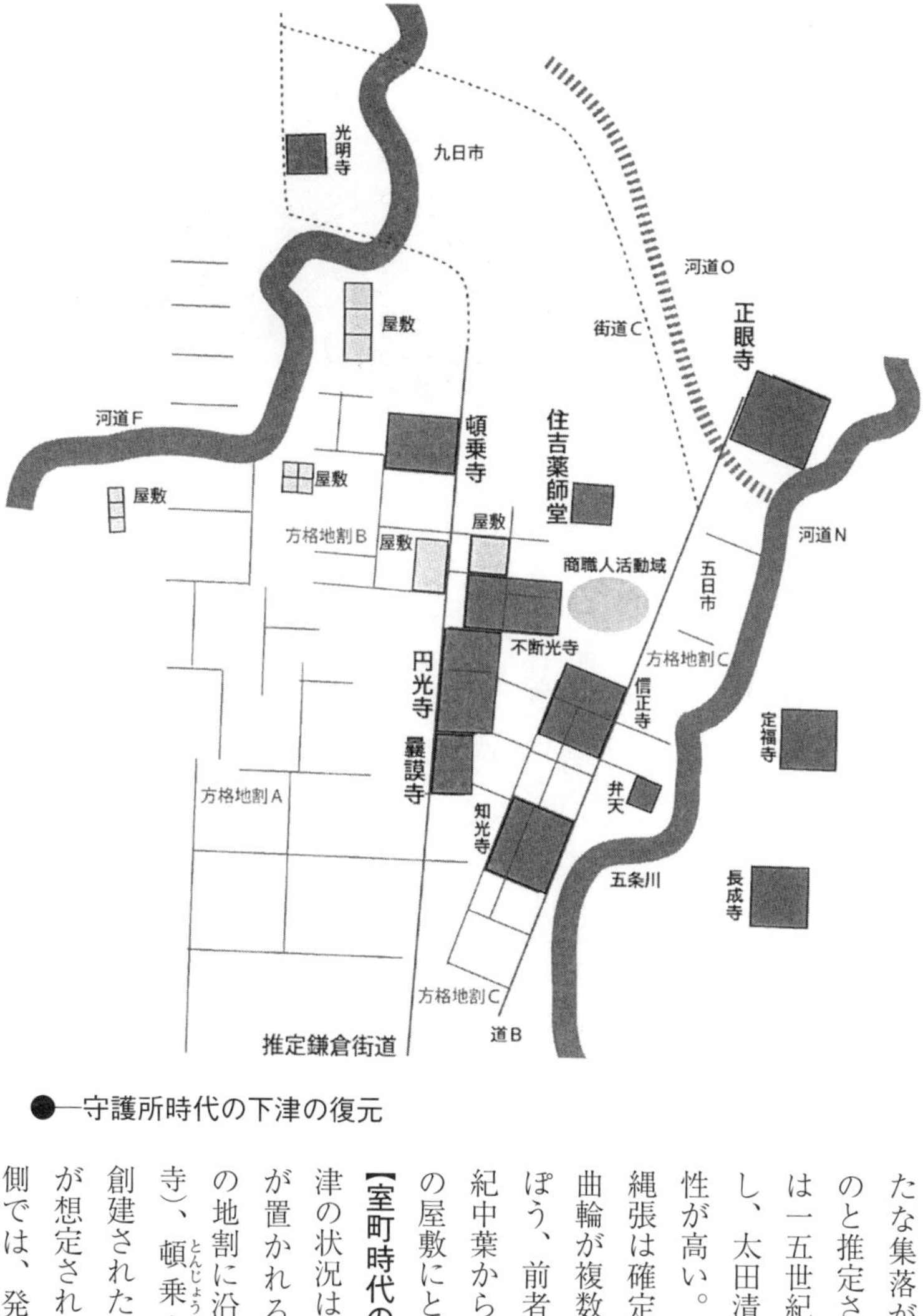

●—守護所時代の下津の復元

【室町時代の下津】では、守護所時代の下津の状況はどうであったろうか。守護所が置かれる以前の一四世紀では、正方位の地割に沿って円光寺、曩謨寺《のうばくじ》（現阿弥陀《あみだ》寺）、頓乗寺《とんじょう》（現在地は江戸時代に移転）が創建された。この寺院を結ぶ形で鎌倉街道が想定され、頓乗寺と推定される地点の南側では、発掘調査により井戸や掘立柱《ほったてばしら》建

●—下津宿遺跡出土の宝篋印塔（応永25年銘）（愛知県埋蔵文化財センター提供）

物が確認され、屋敷が展開したと考えられる。旧河川に近い部分では継続的に営まれた鍛冶工房が発見され、五日市に関連するものだろう。

その後、応永元年（一三九四）に天鷹《てんよう》禅師を開基として曹洞宗正眼《しょうげん》寺が創建され、これを基軸に新たな地割が下津南部で形成された。応永二十六年（一四一九）に織田教継《のりつぐ》が田地を寄進した住吉薬師堂、享徳二年（一四五三）に創建された妙法寺の他に知光寺などの字名《あざ》が残る複数の寺院が展開したと想定される。中でも、字「不断光寺」付近では応永二十五年（一四一八）銘の宝篋《ほうきょう》印塔《いんとう》が出土した。寺院以外の部分では、約一町四方の溝で囲まれた屋敷や鍛冶工房などが確認されている。一四世紀末から一四七六年までの守護所時代は、鎌倉街道を基軸とする寺院群と周辺の屋敷、および正眼寺前の道路を基軸とする寺院群と商職人活動域という、少なくとも二つの中心を持つ都市景観が復元される。

【室町時代の下津城の実態】　下津の守護所については、戦国時代の守護所清須でみるような大規模な堀や土塁《どるい》をともなう居館を地籍図や現地形から抽出することができない。おそらく、守護と守護代が在京するこの時期には在地に立派な居館は存在しなかっただろう。いっぽう、江戸時代に編纂された『日什《にちじゅう》大師伝』によれば嘉慶二年（一三八八）三代将軍足利義満が富士遊覧の際に下津頓乗寺に宿泊したとあり、確実ではないが有力寺院が一時的に守護所の役割を果たしていたと推測される。

【参考文献】鈴木正貴「守護所下津の景観復元を考察する（二〇一七年覚書）」『研究紀要第一八号』（愛知県埋蔵文化財センター、二〇一七）

（鈴木正貴）

●関東の巨鎮と呼ばれた名城

清《きよ》須《す》城《じょう》

〔所在地〕清須市清洲
〔比　高〕約三メートル
〔分　類〕平城
〔年　代〕一四七八年～一六一〇年
〔城　主〕織田敏定、織田寛村、織田達定、織田達勝、織田彦五郎、織田信長、織田信忠、織田信雄、豊臣秀次、福島正則、松平忠吉、徳川義直
〔交通アクセス〕JR東海道本線「清洲駅」下車、徒歩一〇分。または名古屋鉄道名古屋本線「新清洲駅」下車、徒歩一〇分。

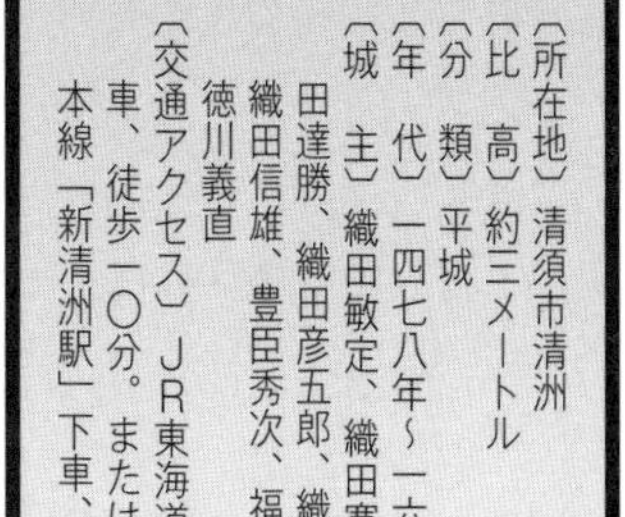

【歴　史】「清須」は現在の清須市清洲を中心に営まれた戦国都市で、濃尾平野を南流する五条川の中流域にある自然堤防およびその後背湿地に立地する。

「清須」という地名は、文和二年（一三五三）の『妙興寺文書』にある「清須村」、貞治三年（一三六四）の『神鳳抄』にある「清須御厨《みくりや》」などがもっとも古い記載である。清須城は、応永年間（一三九四～一四二八）に尾張守護職の斯波《しば》義重《よししげ》によって下津の別郭として築城されたと伝えられる。しかし、遺構が本格的に認められるのは、一五世紀後半を待たなければならない。応仁の乱の影響で斯波氏と守護代織田氏が東西に分裂し、文明八年（一四七六）に東軍織田敏定《としさだ》により守護所下津が攻められ焼亡した。文明十年（一四七八）までには織田敏定は尾張守護所を清須に構え、西軍織田敏広《としひろ》は岩倉に拠点を移した。文明十一年（一四七九）に敏定と敏広の和議が成立し、斯波氏が押さえていた尾張六郡のうち、葉栗・丹羽・中島・春日井の上四郡を敏広（伊勢守系）が、海《かい》西《ざい》・愛知の下二郡を敏定（大和守系）がそれぞれを管轄した。

そしてこれ以降、清須城とその城下町は一気に発達した。

守護代の三奉行の一つであった織田信秀《のぶひで》の子織田信長は、弘治元年（一五五五）に守護斯波義統《よしむね》を殺した織田信友《のぶとも》を倒して清須へ入城し、義統の子斯波義銀《よしかね》を守護として迎え入れた。その後、兄織田信広《のぶひろ》を服属させ、弟織田信行《のぶゆき》を殺し、永禄二年（一五五九）に織田信賢《のぶかた》を破って岩倉城を廃城とした。その二年後に斯波義銀を国外へ追放し、尾張の統一を達成し

た。そして、永禄六年（一五六三）に信長は美濃国攻略を見据え小牧《こまき》山城に居城を移した。天正二年（一五七五）には長男信忠《のぶただ》に織田家の家督と尾張、美濃の支配権を与え、信忠は岐阜城に居城して清須城はその支配下となった。尾張の拠点は一時的に小牧となるが、清須の政治的、経済的な重要性は維持されたものとみられる。

天正十年（一五八二）の清須会議により次男信雄《のぶかつ》が尾張、伊勢、伊賀を支配することとなり、天正十三年十一月（一五八六年一月）の天正地震で破壊された伊勢長島城から、天正十四年（一五八六）に清須城に移り大改修を実施した。この織田信雄の改修によって天守閣、小天守、書院が築造され、内堀、中堀、外堀の三重の堀が設置されたと考えられ、城下町の範囲は南北約二七〇〇㍍、東西約一五〇〇㍍におよぶ。その後、天正十八年（一五九〇）に豊臣秀次《ひでつぐ》、文禄四年（一五九五）に福島正則《まさのり》、慶長五年（一六〇〇）に松平忠吉《ただよし》、慶長十二年（一六〇七）に徳川義直《よしなお》が城主となっており、各城主が改修を繰り返した可能性が考えられるが、その詳細は判明していない。

慶長十四年（一六〇九）、徳川家康により清須から名古屋への遷府が下され、同十五年（一六一〇）からいわゆる「清須越し」が始まり、同十八年（一六一三）頃に終了し、清須城は廃城となった。『東槎録』に「関東の巨鎮」と記されるほど繁栄した城下町も、この時に大部分は移転したとみられる。元和二年（一六一六）に美濃街道の宿場町として清須宿が設置され、清須は尾張三宿の一つとして賑わうことになったが、都市としての規模は大幅に縮小したのである。

【清須城の現況】　清須城は広大な沖積低地に築かれた平城で、地形の起伏が少なくその後の開発もあって、往時の城郭や城下町の全体像を把握することは簡単ではない。それでも、現地形・地籍図・古絵図・発掘調査成果などから清須城とその城下町の様相は徐々に明らかになっている。特に、合計で一〇万平方㍍以上におよぶ発掘調査により、清須城の歴史的変遷が詳細に推定されつつある。ここでは織田信雄の改修を境に前期と後期に分けて説明していく。

【守護所としての前期清須城】　五条川左岸の安定した自然堤防上では一五世紀後葉から一六世紀前半の幅が七〜一〇㍍もある堀が複数発見されている。これが前期清須城の中心部の遺構と考えられ、堀と土塁《どるい》を有する方形居館が展開するいわゆる館城であったと考えられる。その具体的な構造は、地籍図の読み込み方の違いから諸説あって定説をみないが、筆者は二重堀で囲まれた一辺が二〇〇㍍を超える屋敷を守護館と推定し中心的な館は一つであったと考えている。いっぽう、守護斯波氏と守護代織田氏などがそれぞれ居館を構えたとする考え方もあり、千田嘉博は具体的に対岸の現清洲公園にも館城があったと想定した（千田　二〇一三）。発掘調査により現清洲公園では前期の旧五条川が流れていたと思われ、そこに大規模な屋敷を想定することは首肯できないが、その北側や西側などであれば居館の存在を考えることは可能であろう。

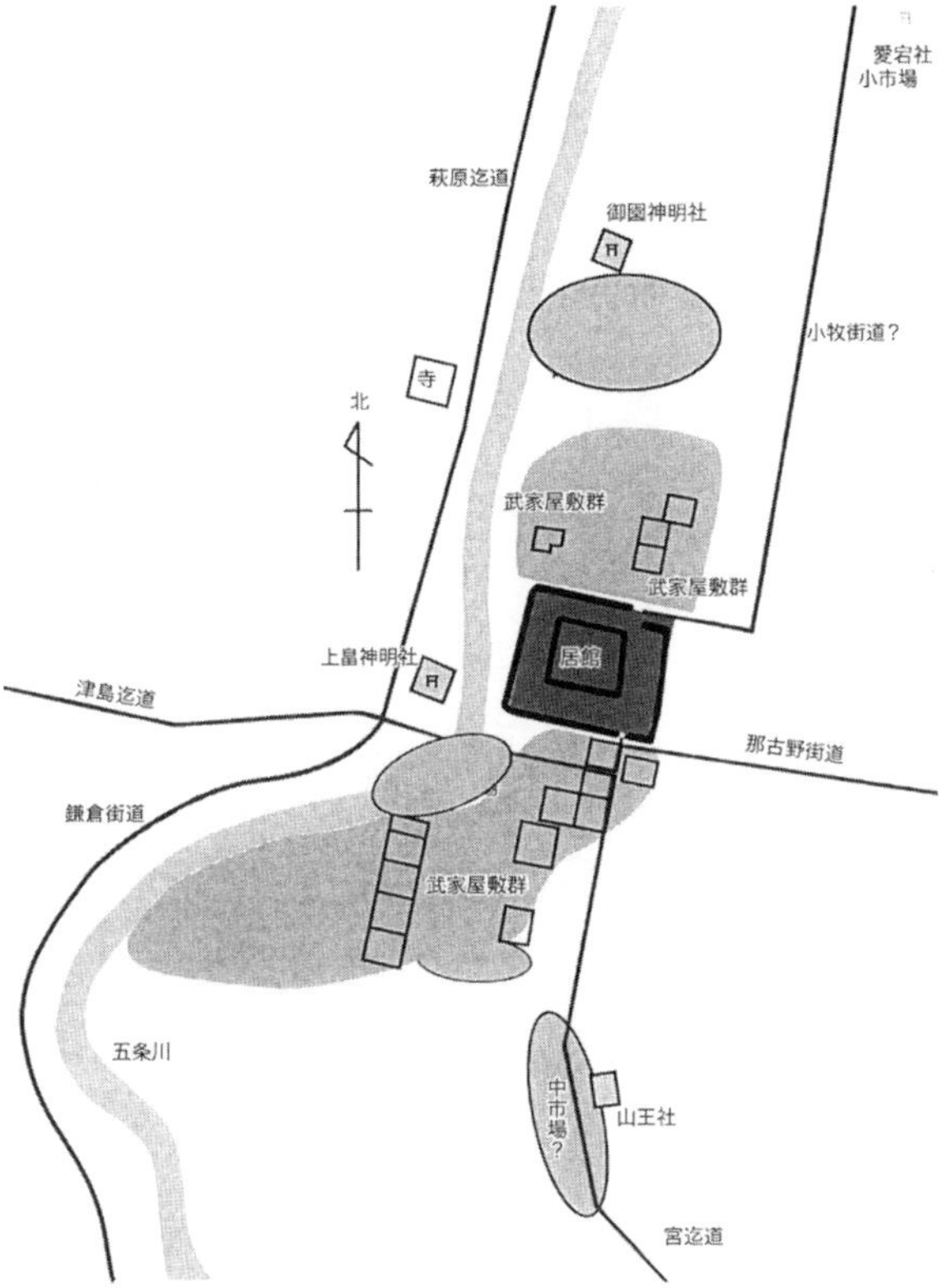

●—前期清須城と城下町の復元想定案

五条川左岸の守護館の南北には自然堤防の微高地が広がっており、そこでは幅三〜五メートルの堀が多数検出されている。堀の配置を周辺の地割と重ねて検討すると、一辺三〇〜六〇メートルの方形屋敷または長方形屋敷を想定できる。これらは北は現清洲橋付近、南は現清洲東小学校付近まで広がっており、家臣が在した武家屋敷と考えられる。さらにその外側には御園神明社や山王社（日吉神社）などが点在しており、地名などからその門前に御園市《みそのいち》や中市場が存在したと推定される。また、現清洲公園にあったといわれる旧上畠神明社の対岸の川岸では多量の遺物が出土する区域があり、川湊であったと推定されている。ここでも市などが開催された可能性が考えられる。

前期の清須は守護館を中心とした武家屋敷群と寺社を中心とした商工業者の活動域が別々にあり、武家が経済的な活動を支配しきれていない二元的な城下構造と評価されている。守護館は京都の足利将軍邸をモデルに構築されたものとみられ、二重堀で堅固に防御された二町四方の規模を持ち、三管領《かんれい》筆頭の斯波氏の館に相応しいものであったといえよう。

【織田信長は清須城を変えたか】　この前期清須城の構造は、織田信雄が実施した大改修までに大きく変えられることはなかったと思われる。しかし、そうはいっても若干の変化がみられる。一五三〇年頃から一五五五年頃までには、部分的に小規模な武家屋敷や一本街村状に展開した短冊型地割の町屋などが現われた。特に、神明町地区に存在する町屋は御園神明社門前の市が常設店舗に変化したものと考えられる。

織田信長入城後の一五五五年頃～一五七五年頃では、南側の武家屋敷域の外縁部に当たる本町中央地区（現長者橋東側）で、武家屋敷の一部を廃止して鍛錬鍛冶を中心とする金属製品生産が本格的に開始されたことが明らかになった。しかし、これ以外には織田信長は清須城とその城下町を大きく変えていない。清須城にいた頃の信長は、まだ守護館などに大きく手を加えるほどの実力はなかったのであろう。それでも武家屋敷に接して鍛冶職人たちを集めたことは重要であろう。武器や武具を大量に生産することを企図したこの施策は、直後に築かれた小牧城下町に引き継がれている。ただし、この段階では屋敷割などは確認されておらず、常設の町屋を形成するには至っていない。

さらに、織田信忠が尾張などを領有した一五七五年頃から織田信雄が改修した一五八六年までは、わからないことが多いが、本町西部地区で既存の武家屋敷を廃して、長方形街区に展開した短冊型地割の町屋が出現した可能性が考えられている。小牧や大坂の城下町建設の形が清須にも導入されたものといえるが、その範囲は限定的であった。

【近世城郭としての後期清須城】　天正十三年十一月（一五八六年一月）に発生した天正地震は清須にも甚大な被害をもたらしたと思われ、旧河川跡地の軟弱な区域では大地震による液状化現象で地盤が大きく変形した様子が発掘調査によって確認されている。織田信雄はこれを契機に伊勢長島城から清須城に移り、清須城を新しく作りかえることに成功した。御園神明社の西側に流れていた五条川を東側に付け替え、清須城本丸を現五条川右岸に新設し、広大な城下町を三重の堀で囲んだのである。

後期清須城本丸は、これまでは名古屋市蓬左文庫《ほうさぶんこ》所蔵『春日井郡清須村古城絵図』などから連郭式城郭と考えられてきたが、近年は臼杵《うすき》市歴史資料館所蔵『尾州清洲之古城』図から主郭と北曲輪にそれぞれ馬出《うまだし》をともなう形と筆者は考えている。主郭はほぼ現在の清洲公園全体が該当し、『尾州清洲之古城』図によれば本丸と二丸に分かれ、本丸北西部に天守があった。現在も天守台は地形が高く残っている。南側には堀を巡らした馬出が存在し、現在は川上神社が鎮座する。いっぽう、『清須村古城絵図』によれば、北曲輪にも北西部に櫓台《やぐらだい》があったと読み取れ、西側に樹木屋敷と称されている馬出が存在する。これらは東に五条川、西に幅四〇メートル前後の内堀で防御されている。現況では天守台などに石垣は残っていないが、主郭東面では埋没した石垣が発掘調査で発見され、現在大手橋付近に移設復元されている。戦前に著された『清須城懐古録』には清洲公園建設時に井桁《いげた》状の木材（現在は滅失）が発見されたとあり、主郭東面の石垣の基礎構造と類似しているように思われ、石垣は主郭を全周していたと類推できる。主郭と北曲輪はともに外周部で瓦類が大量に出土しているが、主郭と北曲輪では軒瓦の型式が異なっている。なお、北曲輪を囲む内堀から「天正十四」と刻書された丸瓦が出土していることから、北曲輪の普請は織田信雄によるものであることが確定的である。

●—主郭東面石垣の検出状況（愛知県埋蔵文化財センター提供）

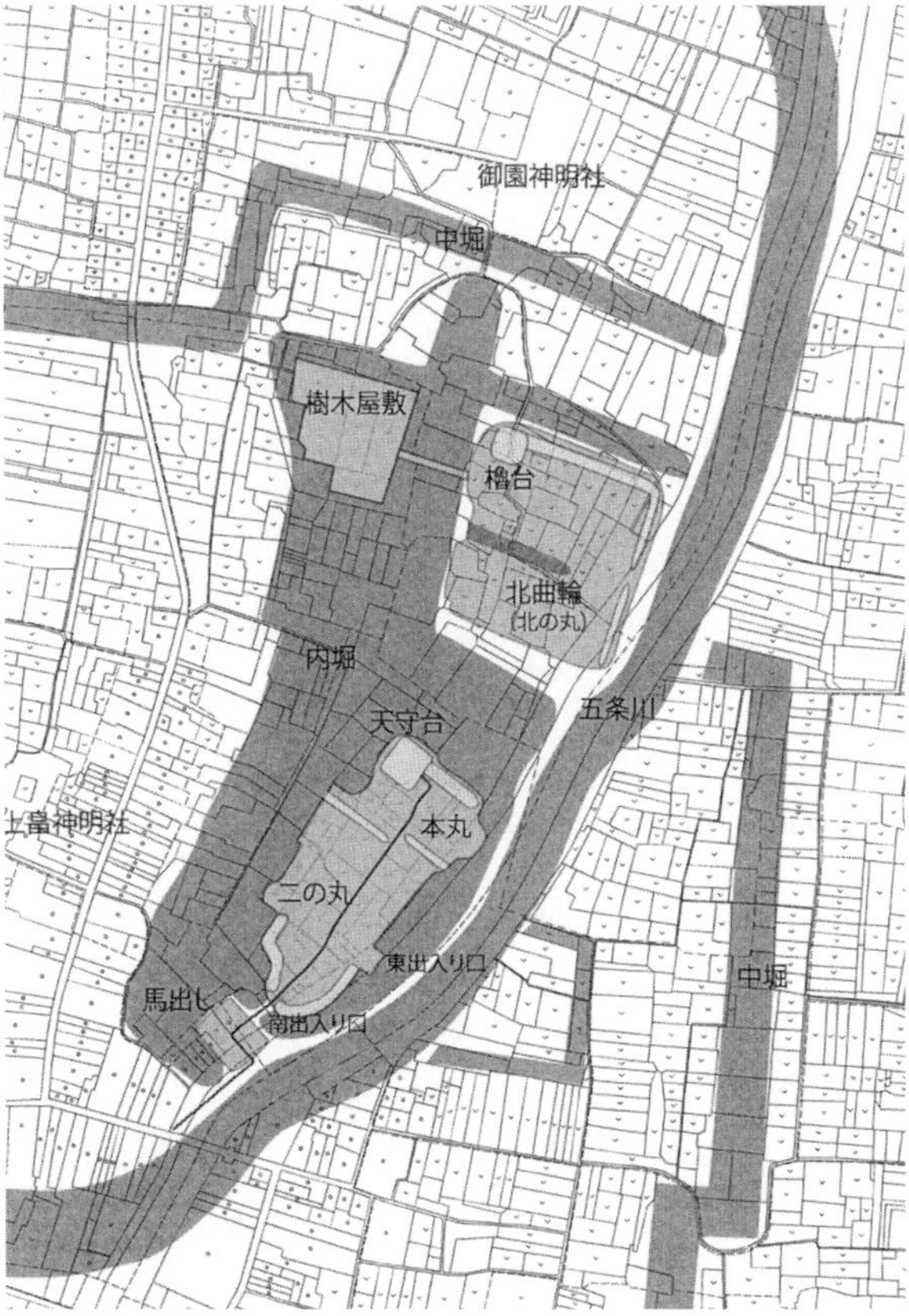

●—後期清須城本丸周辺の想定復元図

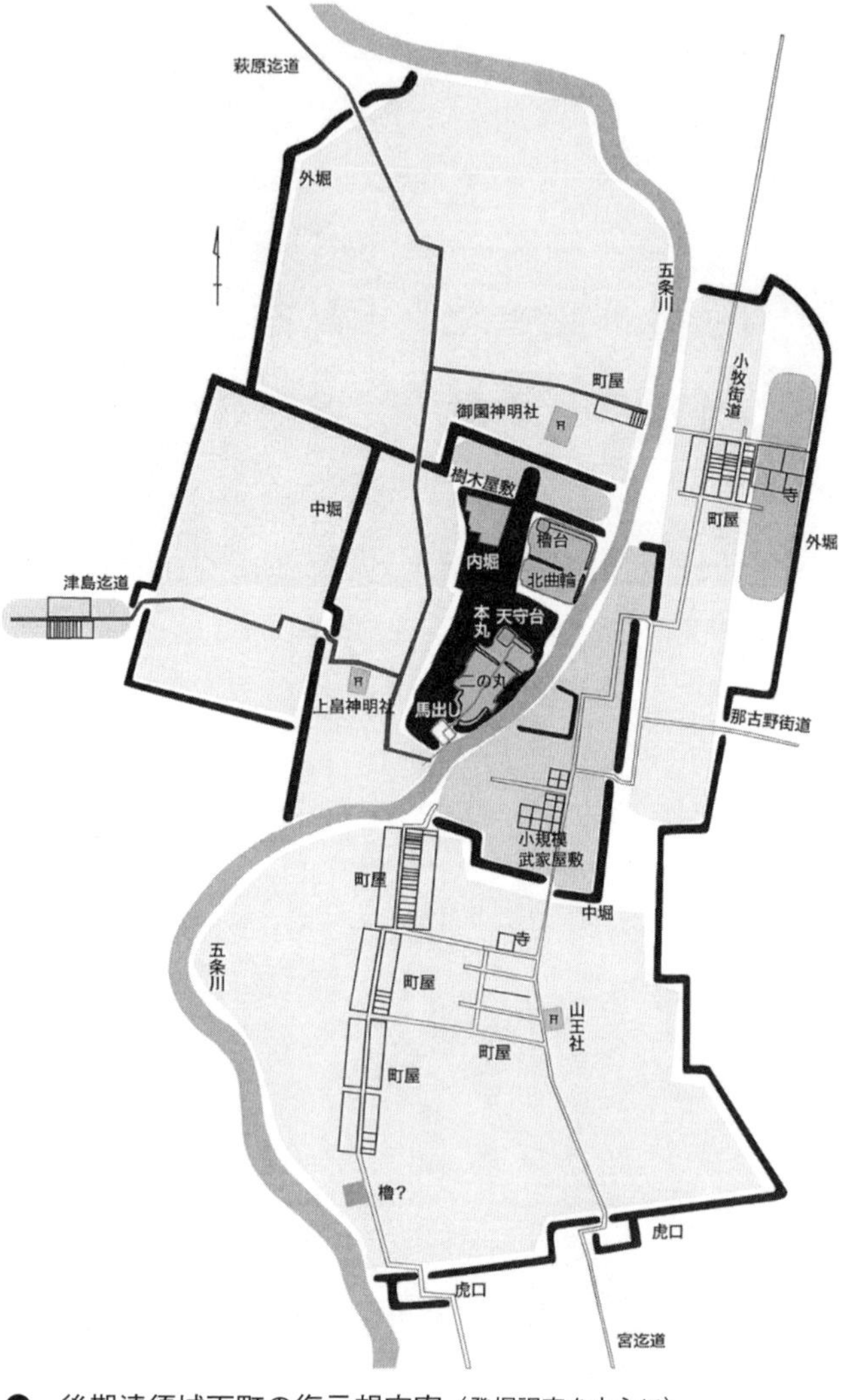

●—後期清須城下町の復元想定案（発掘調査を中心に）

【織豊系城下町としての清須城】　城郭と城下町は幅が一五〜四〇メートルの三重の堀で囲まれており、総構《そうがま》えが成立している。堀は現在も水路や細長い水田として痕跡を残すところもあり、北東部の愛宕《あたご》社や南端部の旧松蔭神社跡地では土塁《どるい》の残欠が存在する。内堀の内側では前述のように主郭と北曲輪が、中堀の内側では主に武家屋敷が、外堀の内側では主に町屋や寺社が展開したと考えられる。武家屋敷の様子はあまりわかっていないが、町屋では道路で長方形に区切られた街区の中に短冊型地割の屋敷が広く展開する様子が確認されている。信長期に鍛冶職人を集めた区域でも町屋が形成され、銅細工師や鋳物《いもの》師など多様な職種の商職人が集められた。城下町北部東端では堀を巡らせた寺院跡が並んでおり、城下町南部など総構えの外縁部に寺町が形成されていたと思われる。一七世紀初頭には、廻間地区の外堀の外側でも津島へ向かう道路沿いに短冊型地割の町屋が検出され、外町が成立していた。

【清須城の歴史的意義】　前期清須城は、足利将軍邸を模した守護斯波氏の館城を中心に方形居館群が展開し、それとは別に寺社とその周辺の町場が発展した尾張有数の中世都市であった。いっぽう、後期清須城は織豊系といわれる要素が多く存在する近世的な城郭と城下町であった。このように清須城は二つの顔をもつ国内有数の城郭であったことは間違いない。しかし、清須越で城郭は破却されたこともあり、現在明瞭な形でみえる遺構は少ない。それでも、よく見ればその痕跡を現在も多く残しており、再発見のしがいのある城郭と城下町といえる。

【参考文献】仁木宏・松尾信裕編『信長の城下町』（高志書院、二〇〇九）、鈴木正貴「後期清須城本丸考―臼杵市立臼杵図書館所蔵絵図を中心に―」『研究紀要第一三号』（愛知県埋蔵文化財センター、二〇一二）、鈴木正貴ほか『尾張の城と城下町―三英傑の城づくり・町づくり』（名古屋市博物館、二〇一九）

（鈴木正貴）

●―清須城　南部の外堀に伴う土塁跡

●―清須城　北部の外堀に伴う土塁跡

●知多半島の湊に構える城

大《おお》野《の》城《じょう》

〔常滑市指定史跡〕

〔所在地〕常滑市金山桜谷
〔比　高〕約四八メートル
〔種　類〕平山城
〔年　代〕不明　天正十八年（一五九〇）頃に廃城か
〔城　主〕一色氏、佐治氏、織田長益（有楽斎）
〔交通アクセス〕名鉄常滑線「西ノ口駅」下車、徒歩一五分。

【佐治氏の歴史】　大野城は別名、宮山城とも呼ばれ、有力守護であった一色《いっしき》氏の城であった。一五世紀後半ころ、一色氏の被官であった佐治《さじ》氏が台頭して城主に替わったと言われている。佐治氏の系譜をたどると元は近江国甲賀郡佐治郷（現滋賀県甲賀市）で応仁・文明の乱の際か乱後に一族の一部が知多半島に進出したと考えられている。

築城時期については、明瞭でないが、大野城の麓にある西の口神社の棟札《むなふだ》には「明応六年（一四九七）九月二十八日　奉再造当社天照大神宮」「大檀那宮山之城主佐治伊賀守為永」とあり、明応六年頃には佐治氏が大野城主だったことがわかる。

天文三年（一五三四）九月二十日から一〇日間にわたり、岩屋寺（現知多郡南知多町）で知多半島の天台・真言両宗一五ヵ寺が寄り添い千部経会がなされた。その時、一〇日間の経会に要する僧侶の食事や警固などの諸費用を提供する「大《おお》旦那《だんな》」と呼ばれる者が列記されている。佐治と名乗っている者を嫡出すると、①佐治左馬丞殿大野、②幡豆崎惣陣佐治八郎殿、③佐治亀千代殿、④佐治平八郎殿とある。①と②は拠点が記されている。①は大野城がある現常滑市大野を指し、②は知多半島最南端の羽豆岬《はず》（現知多郡南知多町）を指し、羽豆城と考えられる。「大旦那」は、他に水野氏、戸田氏等の、当時の知多半島を治めていた国人衆と考えられる名が確認され、天文三年当時の知多半島の統治状況を示す格好な資料といえる。

【連歌師宗牧が見た大野城】　この「大旦那」大野の佐治左馬《さまの》丞《じょう》は、織田信長に従った佐治左馬允為貞《ためさだ》と指摘される。為貞と大野城が記されている文献は、天文十三年（一五四四）に連歌《れんが》師宗牧《そうぼく》が尾張・三河の国人《こくじん》衆が催した歌会の際に、大野城に迎えた「左馬允」とその「息八郎」（『東国紀行』）に確認される。この時、宗牧は名古屋熱田より七里の海路をへて、大野の矢田川河口部にあったと思われる湊に到着した。その海路には「ふたがり」と呼ばれる海賊が出没するが、左馬允が派遣した警護役の侍が大勢舟に乗っていたので不安はなかったという。宗牧は大野城に宿泊し、翌朝、左馬允に城のあたりを案内され、石畳の段々坂にはチリひとつもなく、坂の中段にはさざ波が寄せるよう工夫した泉があって「天然の境地」と感心したと記している。大野城にあって佐治の数寄ぶりがうかがえる。

●—大野城縄張模式図（国土地理院航空写真を基に作図）

【佐治氏と織豊政権】　この佐治為貞は織田家とのかかわりも深く、子八郎は織田信長の妹お犬を娶《めと》り、信長の偏諱《へんき》を賜って信方を称している。さらに信方の子息一成は信長の姪で浅井長政三女であった江《ごう》（小督）を娶っている。織豊政権に深い関わりがあることがわかる。佐治氏

●—大野城からの眺望（大野の町と大草城が見える）

●—大野城全景（東から）

の重要度が高いのは、中世の主要湊である大野を掌握しており、織田・羽柴が伊勢湾海上交通を重要視していたからである。

織豊政権に太いパイプがあった佐治一成は、信長の次男、織田信雄《のぶかつ》に仕えることになるが、天正十三年（一五八五）頃に小牧・長久手の戦いの戦後処理に巻き込まれ、大野を退去させられる。この頃に江とは離縁したと考えられ、後に羽柴秀勝、次いで徳川秀忠へと嫁いでいった。大野城には佐治に替わって信長の弟の織田長益《ながます》（後の有楽斎）が入城した。しかし長益は大野城には飲料水が十分確保できない理由で大草城を築き廃城になったと伝えられている。

【城館の概要】　城跡は主要部が公園となっているが、それ以外は畑・竹藪・荒蕪地となっている。城域は東西五〇〇㍍にもおよぶ巨大な城だが、破壊された部分も少なくない。幸い名古屋市蓬左文庫《ほうさぶんこ》には江戸期に作成された「知多郡宮山村古城絵図」と「知多郡宮山村古城之図」が残されて往時の姿が推測できる。絵図と現状を比べると、主郭Ⅰには南端に櫓《やぐら》台《だい》を構えており主郭部分を横堀が巡っている。これは現在でも確認できる。主郭Ⅰの北側の東端には、高さ約二㍍の土塁《どるい》が残っている。東面が遊歩道で削り取られているが、城内ではもっとも明瞭な土塁遺構である。また高所である主郭Ⅰ北端には昭和五十五年に建設された模擬天守展望台が建っており最上階に登ると西方の伊勢湾の眺めが良く、かつての大野湊を見下ろす景観が広がる。佐治氏が他の知多半島の国人衆同様、海上を見張り続けた海の領主であったことがわかる。

大野城には、多くの曲輪の中に「天神尾《てんじんお》」と呼ばれる曲輪があり、別地に移った天満宮の故地と伝えられている。同じく城内には斉年寺があったとされ、現在は大野城跡から北西約四〇〇㍍の大野町内に移っている。同寺は初代城主の佐治為縄《ためなわ》（永）の菩提寺として、為貞が城内に建立したという。

【城散策のポイント】　全体的に大野城の曲輪配置は比較的単調で、虎口《こぐち》の位置がはっきりしない。先に述べた天満宮や斉年寺などの宗教施設も取り込んでいたことを考え、立地も含め中世的形態の典型的な城郭とわかる。それと対照的に、近くにある後続する大草城（織豊系城郭）を散策すれば、戦国時代の城の変遷が比較でき、理解しやすい。城を体系的に知るには、格好な散策フィールドである。

【参考文献】村岡幹生「知多半島に割拠した国人たち」（『愛知県史 通史編 中世二 織豊』愛知県、二〇一八）

（田中城久）

●知多半島の織豊系城郭

大《おお》草《くさ》城《じょう》

〔所在地〕知多市大草字東屋敷
〔比　高〕約一一メートル
〔種　類〕平城
〔年　代〕天正十年（一五八二）頃、天正十八年（一五九〇）以前改修か
〔城　主〕織田長益（有楽斎）
〔交通アクセス〕名鉄常滑線「新舞子駅」下車、南に徒歩一〇分。

【海上交通の要衝にある城】　大草城は、一色義遠《いっしきよしとお》によって築城されたとする説もあるが、明確でない。現在みられる城遺構は織田信長弟の織田長益《ながます》（後の有楽斎）によって築かれた。長益は甥で尾張・伊勢・伊賀を領した織田信雄の重臣として仕えていた。一説には天正十三年（一五八五）頃、近隣の大野城主であった佐治一成《さじかずなり》が退去した後、その所領と家臣団を受け継いだ。

江戸期の地誌類によれば当初大野城を居城としていた長益は、水が十分に確保できないとの理由で新たに大草城を築いた。ほぼ城郭が完成した頃、世が乱れたために廃城になったとしている。

大草城の築城は、大野城の水不足もあるが、近接する大野湊の支配をより直接的に掌握する目的があったことがうかがい知れる。特に長益は大野城に佐治一成が居城している時代も並行して大野を領しており、統治も佐治氏と併存関係にあったと考えられる。織田長益は天正十一年（一五八三）に織田信雄《のぶかつ》の命で尾張、伊勢、伊賀の全領国にわたる総検地を実施し、丹羽郡、葉栗郡、春日井郡、中島郡を担当した。この信雄の検地によって打撃を受けたのは所領安堵された寺社であった。それが検地によって没収され、再配分は少ない禄となった。大野湊も寺社が介入する中世形態から刷新されたと考える。その新たなシンボルが大野城より湊が近い大草城であろう。天下が統一されるにつれ、不安定ゆえの軍事中心だった城から自由経済と権威を示す城へと機能は変わっていっ

た。

【織豊系城郭の威容】　天正十二年（一五八四）、長益は一万三〇〇〇貫（『信雄分限帳』）の所領を与えられていた。しかし長益は同十四年（一五八六）には羽柴秀吉からも摂津国内に所領を与えられ、両属的な立場となっている。大草城の築城時期は明らかでないが、先の地誌で城郭が完成した頃に廃城となったことを考えて、天正十八年（一五九〇）の織田信雄の改易時が考えられる。

城は独立丘陵の上に立地している。城跡の主要部は大草公園となり、堀・土塁《どるい》がほぼ良好に残っている。江戸期に描かれた名古屋市蓬左文庫《ほうさぶんこ》所蔵の絵図（知多郡大草村古城絵図）によって、さらに失われた遺構を知ることができる。

南にある主郭は正方形に近いが、北側の塁線は折れ曲がっており横矢掛《よこやが》けを意識している。元は曲輪の四方は土塁が囲んでいたが、南側と西側は削平されている。北側の土塁は基底部こそ残しているが、高さは往時でないと考える。ほぼ完存する東側の土塁は、高さ六メートル、下幅一五メートル前後である。土塁上部はほぼ平坦で、上幅も六メートル前後と見ごたえがある。主郭内部には昭和五十四年に建設された模擬天守展望台が建っている。大草城が土木普請《ふしん》で終わった可能性もあり、歴史的考察にふさわしくない。

●―大草城主郭土塁（南西から）

●—大草城水堀（南東から）

主郭の南は台地端部となっている。台地の崖面の高低差を利用するが、台地裾に水堀を挟んで桝形《ますがた》状の曲輪が存在したことが絵図でわかり、馬出《うまだし》の可能性がある。現状は破壊を受け、わずかに痕跡を留める程度である。主郭と副郭《そえぐるわ》東側にかけては水堀が巡る。

主郭西側にも水堀が巡らされていたが、埋められて現在は宅地となっている。主郭と副郭を分ける堀はもともと空堀《からぼり》であったようだが、埋め立てられ、わずかに窪んでいる様相がわかる。

主郭の北に位置する副郭は東西に細くなった方形で、主郭の三方を土塁で囲んでいる。副郭の土塁の規模は主郭に準じたものになっているが、西側土塁は上幅が約一五メートルに及ぶ。さらに土塁の内側には平坦面をともなっている。北西隅は、曲輪側にへこんだ堀があり舟入の可能性があり天守台を築くにふさわしい形態となっている。

主郭と副郭の北・西・東側には外郭が存在する。絵図では北部分に堀が巡らされ、その内側に土塁が併走していた。土塁は平成十七年まで残っており、固くたたき締められ、極めて入念に築かれていたのが発掘調査で明らかとなっている。調査後、土塁は平坦にされ現在は宅地となっている。

外郭内部は長益の家臣団である武家屋敷が存在したと考え

られる。地割にも屋敷跡を思わせる方形区画が認められる。北東には桝形虎口《こぐち》があり、長益の一万三〇〇〇貫にふさわしい惣構《そうがまえ》が想定される。

●―大草城縄張模式図（国土地理院航空写真を基に作図）

【近世移行期の城】　大草城については、築城時期および築城主体はおおむねわかっている。織田信長一門による織豊系城郭の類では石垣を用いない特徴がある。これは近辺に石が採取できない地質と長益の一万三〇〇〇貫の禄を考慮すべきであろう。一方で、土の技術を駆使して、巧みに横矢掛けの防御性を高めているところは近世城郭につながる織豊系城郭の要素がある。近くには前時代の大野城があり、構造上の変遷を比較しながら散策することを勧めたい。

【参考文献】加藤益幹・谷口央「織田信雄・徳川家康と豊臣体制」『愛知県史 通史編 中世二 織豊』（愛知県、二〇一八）

（田中城久）

お城アラカルト

名古屋城本丸御殿

鈴木正貴

平成三十年に名古屋城本丸《ほんまる》御殿《ごてん》が忠実な形で復元され、現在一般に公開されており、近年の名古屋城への来訪者が急増したことの一因となっている。そもそも名古屋城は、昭和二十年五月十四日に空襲に遭い天守や本丸御殿などが焼失するまでは、日本を代表する城郭であり、屈指の観光名所でもあった。戦前の絵葉書に名古屋城のものが多いこともその証左である。

本丸御殿は、慶長十七年（一六一二）天守の工事と並行してその作事が開始され、慶長十九年にほぼ完成した。元和二年（一六一七）に二の丸殿舎が完成し、そこに藩主が常住して尾張藩の正庁として機能するようになったため、本丸御殿は将軍上洛途次の宿館《しゅくかん》にあてられた。寛永十年（一六三三）に上洛殿をはじめとする増改築がなされ、以降ほぼそのままの形で使用され続けた。

さて、焼失した本丸御殿の復元に際しては、多くの資料が用いられた。木曽山林を統括した山村家や大工頭であった中井家に伝来する文書類、普請《ふしん》割図などの絵図群、昭和初期に調査・計測された三〇九枚の実測図、戦前に撮影された約七〇〇枚の写真など先人たちが記録してきた第一級の史料が残されている。また、襖《ふすま》絵《え》や天井板絵など一〇四九面もの障壁画は戦時中に取り外されて大切に保管され、一〇四七面が国重要文化財に指定されている。焼け残った約二〇〇〇個におよぶ礎石《そせき》などの遺構は昭和五十四年までに測量調査されており、復元工事に先立って行われた発掘調査成果も重要な資料となっている。こうしたさまざまな資料を用いた忠実な復元は、総面積三一〇〇平方《メー》 《トル》、建物一三棟、三〇を超える部屋にまでおよんでおり、日本を代表する書院造の建造物として、ありし日の本丸御殿をいきいきと伝えている。

お城アラカルト

犬山城の天守の話

川島誠次

犬山城天守は、現存する天守のうちもっとも古い形式として国宝に指定されている。犬山城の天守のように、コンクリート造などで復元されたものではなく現存する天守は全国に一二あり、それぞれが明治六年（一八七三）の「廃城令」や、太平洋戦争による焼失など幾多《いくた》の危機を乗り越えてきた。なかでも犬山城は、明治二十四年（一八九一）に発生した濃尾《のうび》地震という大きな自然災害で被災して存続の危機に瀕し、それを乗り越えてきた経緯がある。

濃尾地震による被害は、天守の西側や付櫓《つけやぐら》が崩れるなど甚大なものであった。当時の所有者である愛知県は財政上困難を極め、県議会で取り壊しもやむを得ないという県知事の諮《し》問《もん》を協議した。これは篤志家の寄付を得て保存の方法を講じるべきという意見があり取り壊しは否決され、犬山町（当時）で修理のための寄付金募集が行われた。当初は体制不備のためあまり集まらなかったため、愛知県知事が旧城主の成瀬氏に交渉し、了承を得たうえで犬山町長を総代とした募金体制が成立し、全国にいた旧犬山藩士などからも寄付金を集めた。県知事は募金の進捗状況をみて、成瀬氏への有償払い下げを県議会に出し、県議会は無償譲渡に修正して可決し、成瀬《なるせ》氏に無償譲渡された。ここに、明治二十七年（一八九四）から成瀬氏個人が、平成十六年（二〇〇四）四月から公益財団法人犬山城白帝《はくてい》文庫が所有するという全国で唯一の形態もかたちづくられた。

また、直近では平成二十九年（二〇一七）七月十二日に、落雷により鯱《しゃちほこ》瓦二体のうち北側のものが破損する被害を受けた。これについても、市民などによる寄付金を受けながら、江戸時代の宝暦二年（一七五二）のものを基に新たに製作され、平成三十年（二〇一八）二月二十六日、天守に無事取り付けられた。

このように、犬山城天守は、成瀬氏はもちろんのこと、地域住民にも支えられながら残されてきたのである。

蓬左文庫所蔵の古城絵図群

鈴木正貴

名古屋市蓬左文庫《ほうさぶんこ》には、城郭を描いた図が全部で一八二点保管され、このうち「郡名＋村名＋古城絵図」と表題される絵図（以下古城絵図と略す）は全部で一七ある。丹羽郡重吉村（尾藤城）、葉栗郡黒田村（黒田城）、丹羽郡小口村（小口城）、中島郡勝幡村（勝幡城）、春日井郡上品野村（桑下城）、春日井郡小牧村（小牧山城）、春日井郡清須村（清須城）、春日井郡小幡村（小幡城）、愛知郡末森村（末盛城）、愛知郡鳴海村（鳴海城）、知多郡大高村（大高城）、愛知郡岩崎村（岩崎城）、愛知郡沓掛村（沓掛城）、知多郡大草村（大草城）、知多郡宮山村（大野城）、知多郡緒川村（緒川城）、知多郡河和村（河和城）が該当するが、これに「春日井郡上品野村山城絵図」（品野城）を含めた一八城の絵図は、他の絵図とは異質で表現方法や記載内容が共通する特徴があり、尾張国にある城郭のみを描いている。

これらの絵図群は、慶安三年（一六五〇）に完成した尾張北部を流れる木津《こづ》用水や承応二年（一六五三）に開発された浜新田など伊勢湾岸の新田開発の表現の有無などを検討すると、一六五〇年前後に描かれたものと特定できる。城郭は墨で線描きされ、空堀《からぼり》は黄色、水堀と川は水色、土居《どい》（土塁《どるい》）は茶色で色分けされ、曲輪の名称・東西南北の間数・堀の深さ・土居の高さ・作図当時の地目・街道・町家などが記されている。大半は二分一間すなわち三〇〇分の一の縮尺で、特に本丸など城郭の主要な曲輪については規模や形状が正確に描かれている。その反面、武家屋敷・寺院や町屋の表現はない。描かれた城郭は街道筋の拠点的な位置を占める古城跡に限定されることから尾張藩が有事の際に軍事的に利用可能な防御施設として城郭跡を把握するために、現地で計測しながら作成された可能性が高い。

廃城になって以来、半世紀から一世紀後に縄張を正確に測量した古城絵図群はその精度が高く、尾張の城郭研究にとって重要な資料となっている。

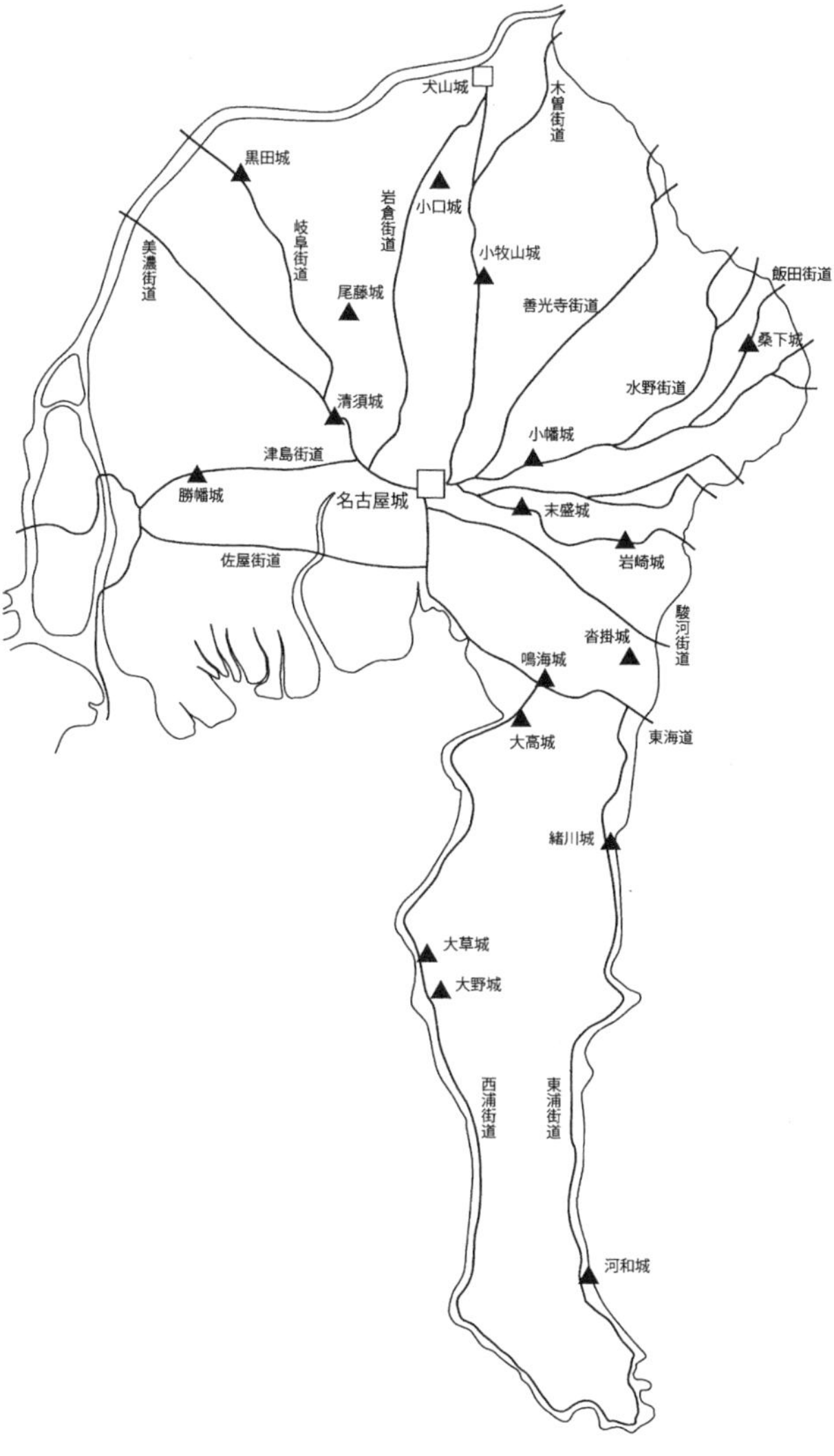

●—古城絵図群にある城の位置と街道

三河

松平城主郭

●畝状竪堀群と中心部の総石垣

市《いち》場《ば》城《じょう》

〔豊田市指定史跡〕

〔所在地〕市場城(大草城):豊田市市場町ほか、市場古城:豊田市市場町ほか
〔比　高〕市場城:約六〇メートル、市場古城:約二〇メートル
〔分　類〕市場城、市場古城:山城
〔年　代〕市場城:文亀二年?〜文禄元年、市場古城:応永年間〜文亀二年?
〔城　主〕市場城、市場古城:鈴木氏
〔交通アクセス〕名鉄三河線「豊田市駅」から名鉄バス藤岡線木瀬ゆき「木瀬」下車、村営おばらバス「小原大草」下車、徒歩一〇分。

【市場城と市場古城の立地と歴史】 市場城と市場古城は矢作《やはぎ》川の支流田代川右岸に連なる山地のうち、田代川に注ぐ二本の開析谷に挟まれた細長い丘陵にある。市場城は丘陵の頂部に立地し、標高は三九〇メートル(比高約六〇メートル)、市場古城はそこから東に延びた尾根の先端部に位置し比高は約二〇メートルである。

市場古城は応永年間(一三九四〜一四二七)に鈴木重勝が居城したといわれる。地元に残る『広円寺過去帳』『広円寺歴住僧宝並建置誌』などから、鈴木(鱸)氏の略歴が知られ、文亀二年(一五〇二)に鈴木親信《ちかのぶ》(初代)が市場城に移したと伝わる。親信は足助城主であった鈴木忠親《ただちか》の子である。四代城主鈴木重愛《しげのり》の時に、徳川家康から所領を加増され、本城郭の石垣を積むなどの改修を加えたが、豊臣秀吉に服従しなかったため、天正十八年あるいは文禄元年(一五九二)に城を退去させられ、破却されたという。重愛は流浪の末、慶長十六年(一六一一)に紀伊新宮(和歌山県新宮市)で没した。ただ、足助鈴木氏の一族である鱸《すずき》氏四代の居城であったという点で諸資料の記述は一致するが、廃城時期や廃城の経緯などについては諸説あり、正確なことは不明である。

【市場古城の構造】 市場古城は尾根先端部に東西約二〇〇メートル・南北約八〇メートルにわたって広がる。中でも東西に巨大な土《ど》塁《るい》が設けられた主郭が明瞭な城郭遺構と評価され、東西約九〇メートル、南北約六〇メートルの規模をもつ。北側は斜面を利用した切岸、南側は高さ二メートル前後の切岸《きりぎし》によって防御されている。東

●—市場城絵図（浅野文庫「諸国古城之図」のうち「三河 市場」広島市立中央図書館蔵）

側の土塁は、主郭からの高さが約七メートルあり、上幅は八メートル前後で曲輪に相当する規模をもつ。さらに東に底部幅が約一〇メートルの堀切《ほりきり》があり、土塁までの高さは約一〇メートルを測る。一方、西側の土塁は高さが約六メートルあり、上幅は九メートル前後、北端部で小規模な土塁が東西に延び、南側には土橋《どばし》状に延びた高まりと一見櫓台《やぐらだい》を思わせる土壇がある。

主郭南側中央の少し低い方形の平坦地と西側土塁の直下にある通路が虎口《こぐち》に比定できそうである。主郭の北西は平坦地が続くが、堀切は設けられていない。市場城側へ連絡する通路であったのかもしれない。

愛知県で丘陵上にある城郭のうち、この規模の曲輪と巨大な土塁を設ける類例は珍しく、築城者の地位・経済力・支配力の強さをうかがわせる。市場城跡より古く築かれたものの、同時併存していた可能性もある。

【市場城の構造】　市場城は山上の主郭をはじめとすると五つの曲輪で構成される。主郭は二つの土塁で区切られ、西面と南面には崩落しているが石垣が築かれている。東側と北側には石垣はみられない。主郭の南に曲輪があり、高さ約三メートルの石垣が残存し明瞭な出隅部をもつ。石垣は自然石を積み上げたもので、裏込《うらご》め石は確認できない。主郭西側の谷に居館と推定される曲輪があり、その北側に付属して家老の尾形三左衛門の屋敷跡と伝えられる「さんざ畑」がある。

●―市場城主郭の石垣

●―市場城主郭

さんざ畑の北端には櫓台とセットになった外枡形《そとますがた》が存在し、これは天正年間後半に改修されたものと考えられる。主郭北側と南曲輪南側には横堀が設けられ、城跡北部にも曲輪があり北側には二本の堀切、西側には畝状竪堀《うねじょうたてぼり》群が展開する。

城郭の東の山麓にある曹洞宗広円禅寺は、永正五年（一五〇八）に鈴木親信によって創建された鈴木氏の菩提寺である。付近の地名などから城郭の南側を抜ける道が主要道であり、それに添うように市場や本城郭に関わる屋敷などが設けられていたのではないかと考えられる。

本城郭を特色づける畝状竪堀群と中心部の総石垣の評価については諸説ある。千田嘉博は総石垣改修の時期を外枡形の年代観から天正十一年（一五八三）と考え畝状竪堀群はそれ以前とした。高田徹は畝状竪堀群を鈴木氏によるものとし総石垣改修は天正後期に織豊系城郭化や徳川氏の支城化に伴うものと理解した。

【参考文献】『愛知県史　資料編五　考古五　鎌倉〜江戸』（愛知県、二〇一七）、『新修豊田市史二〇　資料編　考古Ⅲ　古代〜近世』（豊田市、二〇一七）

（鈴木正貴）

●復元された足助鈴木氏の山城

真弓山城《まゆみやまじょう》（足助城《あすけじょう》）

（所在地）豊田市足助町須沢・真弓
（比　高）約一七〇メートル
（分　類）山城
（年　代）大永五年～?
（城　主）足助鈴木氏
（交通アクセス）名鉄三河線「猿投駅」から、とよたおいでんバス「一の谷口」下車、徒歩四〇分。

【城の立地と歴史】　城跡は豊田市足助《あすけ》市街地の東端部に位置する標高三〇一メートルの真弓山山頂部に立地する。信州、東濃、岡崎、名古屋に向かう街道を見下ろす要害の地にあり、足助川を挟んで北に城山城跡、西に飯盛城跡などが所在する。

平安時代末から南北朝時代にかけて足助地方に勢力を有した足助氏が、真弓山にも城を構えたといわれている。戦国時代には、西三河山間部に勢力を伸ばした三河鈴木氏のうちの足助鈴木氏が城を構え、足助鈴木氏は、忠親から康重まで五代が知られている。

本城郭が史料で確認されるのは大永五年（一五二五）で、岡崎の松平清康《きよやす》に攻められ、二代重政が松平氏の麾下《きか》に属した。これ以降、足助は交通の要地であるため戦国諸雄の攻防の地となるが、永禄七（一五六四）以降、足助鈴木氏はふたたび松平（徳川）氏の有力な国衆として働いた。そして、天正十八年（一五九〇）の家康関東入国にしたがって足助を離れ、本城郭は廃城となった。なお、天正初めの武田信玄西三河侵攻の際には、一時期武田氏が本城郭に入っている。

【真弓山城の構造と発掘調査成果】　城跡は山頂部の本丸を中心に、四方に延びる尾根を利用して段状に曲輪が構築される構造となっている。発掘調査は本丸、北腰曲輪一、北腰曲輪二、南物見台《ものみだい》、南の丸、西物見台、西の丸、西の丸腰曲輪一、本丸腰曲輪三、西の丸腰曲輪一で実施された。本丸では、高櫓《たかやぐら》と推定される掘立柱《ほったてばしら》建物と長屋と推定される掘立柱建物が検出され、これらは一六世紀後半と推定される。こ

●—復元された本丸の高櫓

れ以外にも時期が異なる建物の存在がうかがい知れる。南物見台では建物跡ははっきりしないが、本丸と南物見台の間の堀切《ほりきり》では小型掘立柱建物が二棟検出された。南の丸ではL字状の掘立柱建物と二×七間の掘立柱建物が存在し、石置き屋根に使用されたと推測される石材が多数出土した。西物見台では塀と櫓と想定される掘立柱建物が確認され、西の丸でも掘立柱建物一棟以上が検出された。北腰曲輪一と北腰曲輪二でも、平坦面全体に掘立柱建物が一棟ずつ存在する。

出土遺物には瀬戸・美濃窯産陶器、土師器《はじき》、常滑《とこなめ》窯産陶器、金属製品などがある。瀬戸・美濃窯産陶器大窯第一段階を中心に、古瀬戸後Ⅳ期新段階から連房式登窯第一小期までのもの、すなわち一五世紀後葉から一七世紀初頭までのものが存在する。土師器は一五世紀後葉から一六世紀中頃に位置付けられる。

【真弓山城の変遷と意義】 足助氏時代の遺構・遺物は検出されなかったが、真弓山山麓に所在する今朝平《だいら》村古屋敷の近くでは山茶碗《やまちゃわん》が数点採集されており、当時は真弓山のかなり低い位置に城が所在した可能性もある。

一方、発掘調査により戦国時代には足助鈴木氏の本城として機能していたことが確認された。出土遺物からみると、築城は応仁の乱前後である。当初は本丸に物見台程度の役割を

●—本丸・南物見台・南の丸を望む

持つ掘立柱建物があったと想定される（第一段階）が、戦国諸雄の活動が激しくなると、本丸に加えその他の曲輪にも居住性に富んだ建物や柵列などが建てられて本格的な城郭が形成されていった（第二段階）ことも明らかになった。

【復元された真弓山城】 真弓山城は「足助城再建事業」として発掘調査成果に基づいた復元が行われている。本丸に高櫓（検出された掘立柱建物三号）、南の丸に厨（検出された掘立柱建物二号）・長屋（検出された掘立柱建物七、八号）、西物見台に矢倉（検出された掘立柱建物一一号）などが復元され、平成五年五月に城跡公園足助城として開園された。

【参考文献】『愛知県史　資料編五　考古五　鎌倉～江戸』（愛知県、二〇一七）、『新修豊田市史二〇　資料編考古Ⅲ古代～近世』（豊田市、二〇一七）

（鈴木正貴）

●変遷を繰り返した加茂郡の支配拠点

挙《ころ》母《も》城《じょう》（七州城《しちしゅうじょう》・桜城《さくらじょう》・金谷城《かなやじょう》）

〔豊田市指定史跡〕

〔所在地〕金谷城：豊田市金谷町／桜城：元城町／七州城：小坂本町、常磐町
〔比　高〕金谷城：約一〇メートル／桜城：約一メートル／七州城：約二六メートル
〔分　類〕金谷城、桜城、七州城：平城
〔年　代〕金谷城：一四世紀初頭～一七世紀初頭／桜城：一六〇九～一七七九年／七州城：一七七九年～明治
〔城　主〕金谷城：中条氏、佐久間信直、余語久三郎正勝、平松氏／桜城：三宅康貞、天領、本多忠利、内藤政苗／七州城：内藤氏
〔交通アクセス〕金谷城：名鉄三河線「上挙母駅」下車、徒歩五分。桜城：名鉄三河線「豊田駅」下車、徒歩八分。七州城：名鉄三河線「豊田駅」、または「上挙母駅」下車、徒歩二〇分。

【歴史と位置】　挙母城（衣城）は、一四世紀初頭に豊田市金《かな》谷《や》町で築城されて以来、廃城と築城を繰り返し、城の位置も金谷城から桜城、七州《しちしゅう》城へと変遷した。金谷城は市街地南部にあり、矢作《やはぎ》川右岸の沖積低地に接する段丘下位面に立地する。桜城は金谷城の北側の沖積低地にひろがる自然堤防上に築かれ、七州城は桜城の北側の洪積台地上に所在する。

【室町幕府奉公衆の金谷城】　金谷城は、延慶年間（一三〇八～一三一〇）に高橋荘を支配し室町幕府奉公衆であった中《ちゅう》条《じょう》氏により築城されたと伝えられる。中条氏は明応二年（一四九三）の額田郡井田野合戦で敗北した後に勢力が急速に衰退し、永禄四年（一五六一）に織田信長により滅ぼされた。その後は佐久間氏、余語《よご》氏が入城したが、慶長九年（一六〇四）に衣に入った三宅康貞《やすさだ》が桜城を築いたのにともなって廃城となった。

　金谷城は三つの曲輪で構成されるが、その中央に名鉄三河線が敷設されたため、遺構の一部が破壊されている。現地形からみて、曲輪Ⅰでは台地を横切る切通《きりどお》し状の空堀《からぼり》が、曲輪Ⅱでは西側に空堀が、曲輪Ⅲでは南側を除く部分で空堀がそれぞれ巡っている。曲輪Ⅱでは発掘調査が行われており、曲輪Ⅱの空堀は一五世紀後葉に掘削されたことが明らかになり、一五世紀中葉から一六世紀前葉までの溝や掘立《ほったて》柱《ばしら》建物なども確認されている。いっぽう、築城と伝えられる一四世紀代の遺物は少量の土師器《はじき》や青磁があるに過ぎない。一五世紀後葉に掘削された堀は、松平氏の台頭に対抗するために設

置されたものとみることができよう。

【三度築城された桜城】　桜城は三回にわたって築城された複雑な歴史をもっている。一回目は三宅康貞が慶長十四年（一六〇九）に築いたもので、七町の城下町を持っていたといわれる。この城郭は寛文四年（一六六四）に衣藩が廃藩され天領となるにともない、三河代官鳥山牛之助により破却され、城跡には町蔵が造られて堀も埋め立てられたという。二回目は本多忠利が天和三年（一六八三）に城跡に陣屋を建造したものである。『挙母記』に「廃城の古堀を浚《さら》へ陣屋を建て屋鋪を唱ふ」とあり、陣屋は堀も含めて一町三反余、家中屋敷は三町八反と小規模であった。三度目は、城持大名の内藤政苗《まさなつ》が宝暦六年（一七五六）に築城を開始したが、まもなく矢作川が氾濫し被害が出たため、内藤学文《さとふみ》は安永八年（一七七九）に七州城への移転を決めた。

　地籍図や発掘調査で判明する桜城の遺構は、三回目の内藤氏が築城した二の丸に相当すると思われ、二の丸平櫓《ひらやぐら》台の石垣は市史跡に指定されている。現状の平櫓台は本来よりも最下部の数段が地表面下に隠れた状態である。平櫓台石垣北辺の石には「櫓建形」の銘文が残っており、その築造は宝暦

●—桜城の平櫓台の石垣（北東から）

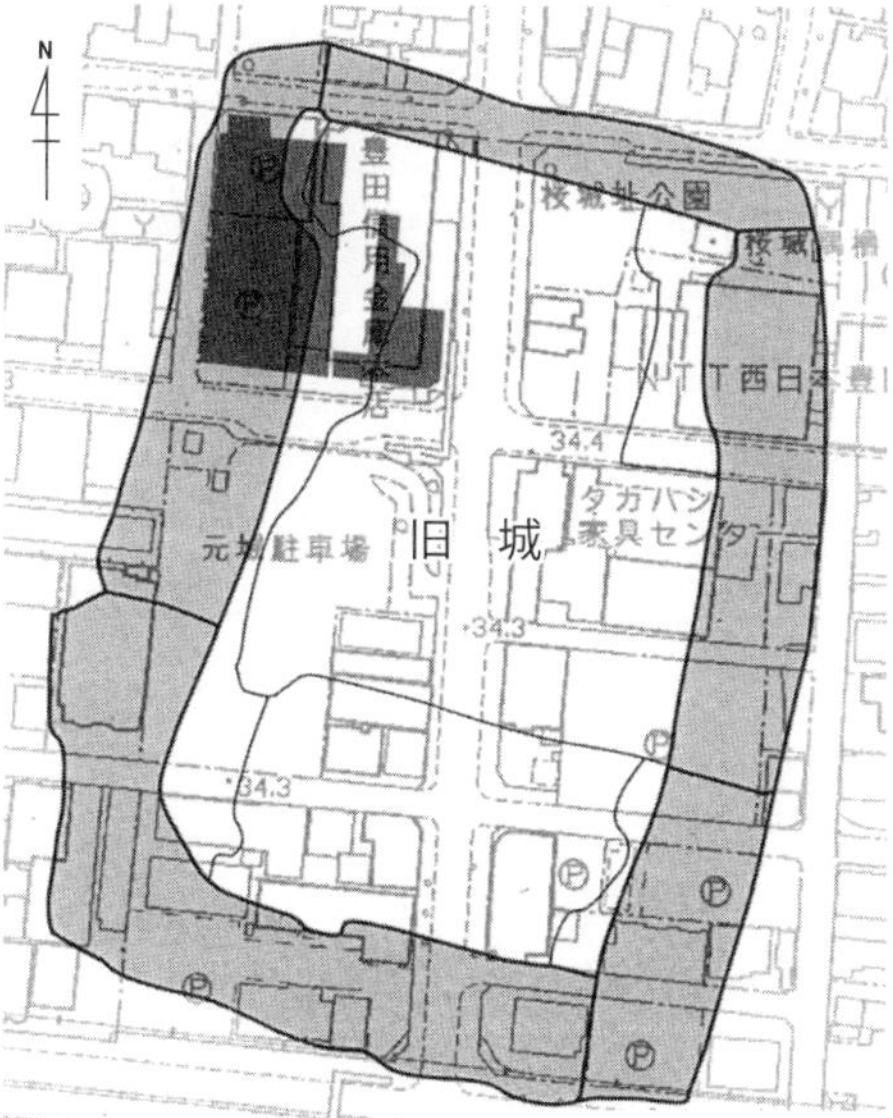

●—地籍図から想定される桜城二の丸の範囲と調査区の位置（鈴木ほか 2008 改変）

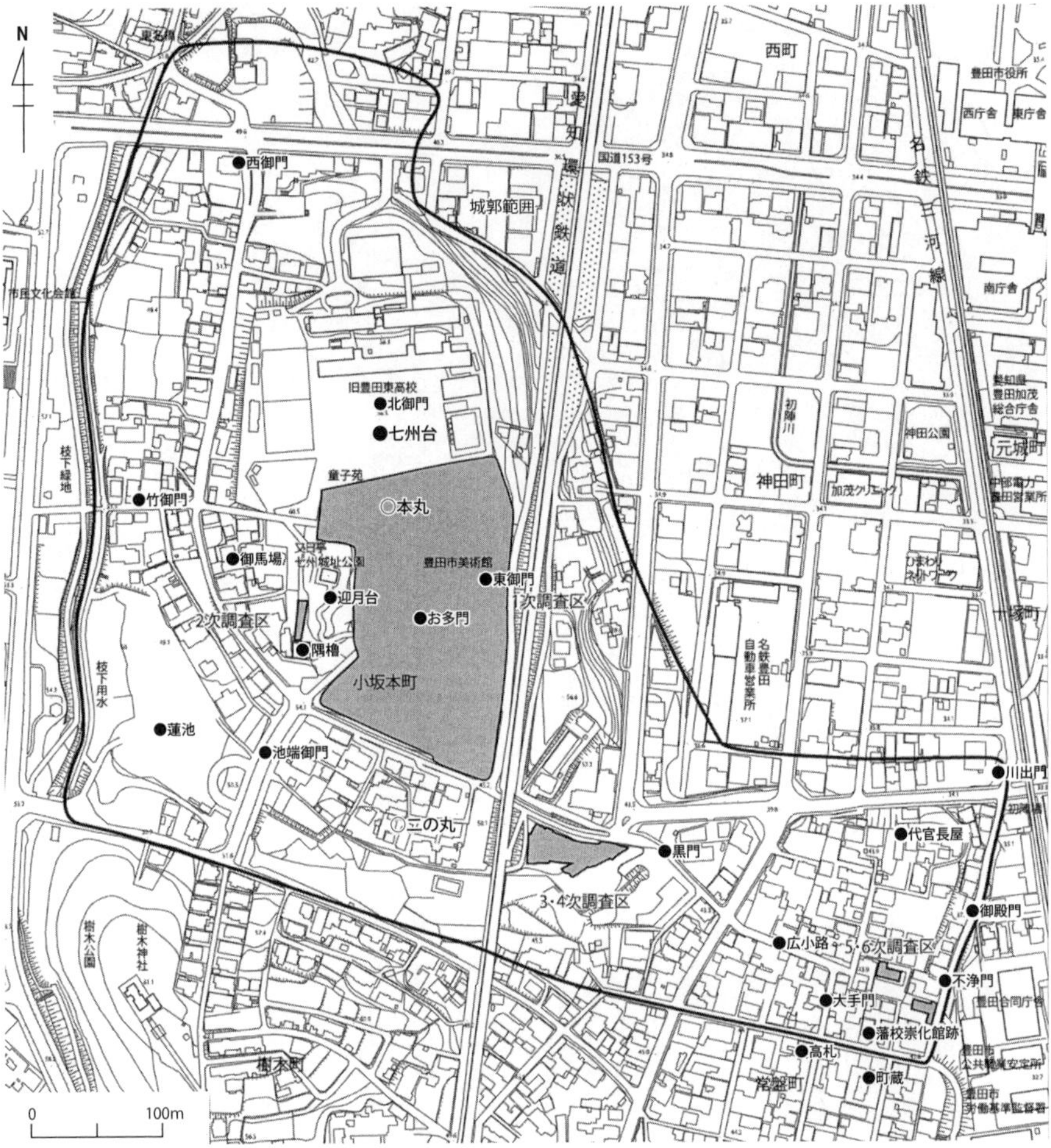

●—七州城の遺構の範囲と調査区位置図（飯塚ほか 2014 改変）

七年（一七五七）、櫓の建造は明和二年（一七六五）であることがわかる。

いっぽう、一回目の三宅氏と二回目の本多氏が築いた城郭については実態があまりわかっていない。内藤氏の城郭については、寛延三年（一七五〇）に幕府に提出した設計図の控えとみられる「三河国挙母城築絵図」に周囲を長さ四〇〇間（約七二〇メートル）の堀で囲まれた本丸には三重の櫓がそびえ、二の丸は本多氏段階の陣屋の堀を囲むように描かれている。そして、周囲に複数の曲輪を配しており、丸馬出《まるうまだし》や角《かく》馬出の配置や塁線の複雑な構成などに工夫がなされている。藩内の抗争などにより実際に工事を着手したのが遅れ、さらに洪水の被害などもあり、桜城の縄張がどこまで完成していたのかは不明な点が多い。発掘調査では二の丸北西角部で堀とその水際に構築された水敲《すいこう》石垣が確認されている。堀は堀障子《ほりしょうじ》と呼ばれる土手を有する障子堀で、その二の丸側（東側）に石垣、対岸（西側）に護岸施設が設けられていた。この結果、内藤氏の二の丸部分についてはほぼ計画通りに工事が進んでいたと推定される。

【水害を避けて造られた七州城】 七州城は、挙母藩二代藩主内藤学文により安永八年（一七七九）に築城された。矢作川の氾濫を避けるために本丸は独立丘上に縄張され、周囲は谷地形を利用して防御線とした。本丸南西隅に二重櫓を構え、南東と南西部に水を貯え、谷を隔てた南東側も城域に取り込んで、そこに大手門が設けられた。本丸内の御殿北側にある高台は、三河・尾張・美濃・信濃・伊勢・近江・伊賀を望むことができ、七州台と呼ばれた。

現在も残る遺構としては、豊田市美術館の敷地内に櫓台の石垣があり、上辺部の東西で約一〇・八㍍、高さは約六㍍あり、上部には一九七七年に復興された隅櫓が聳《そび》えている。

七州城の具体的な姿は、挙母藩士の子で南画家の牧野敏太郎が挙母城の情景を実見した記憶に基づいて明治二〇年代に描いた「七州城図及び図説」に詳しい。城郭中枢部の御殿の配置、建物の規模、地形の起伏、藩校崇化館、太鼓櫓、隅櫓なども細密に表現されている。

発掘調査では、本丸正面の石垣と多聞《たもん》長屋や本丸内の諸施設の基礎構造物が確認され、本丸南西の隅櫓北側の部分では高さ五㍍弱の石垣と塀の礎石列が検出された。上級家臣の居宅があった二の丸付近では、布堀の築地塀、土間状遺構、便槽、排水遺構などの遺構が検出された。また、城域東端部では屋敷跡や長屋門跡が確認された。これらの調査成果はおおむね「七州城図及び図説」に合致している。

【参考文献】 新修豊田市史編さん専門委員会『新修豊田市史二〇 資料編 考古Ⅲ 古代～近世』（豊田市、二〇一七）

（鈴木正貴）

●謎多き松平氏発祥の地

松《まつ》平《だいら》氏《し》館《やかた》

〔国指定史跡〕

〔所在地〕豊田市松平町赤原
〔比　高〕二メートル
〔分　類〕平城
〔年　代〕一四世紀～近代
〔城　主〕松平信盛・信茂・親氏など
〔交通アクセス〕名鉄「豊田市駅」下車、とよたおいでんバス「豊田市（東口）」から「下山・豊田線（大沼方面）」行きに乗り、「松平郷」下車。北へ徒歩一三分。駐車場は松平氏館西側にあり。

【松平氏の聖地】　松平氏館は、徳川家康の祖である松平氏初代親氏《ちかうじ》以来の松平発祥の地として、広く知られる。近世では旗本松平太郎左衛門家の居館となり、近代まで維持されるが、実は中世に遡る史料は確認されず、由緒書《ゆいしょがき》など江戸時代以降の編纂物でしか見出すことができない。それらの記述も極《ごく》わずかで、かつ信憑性も高くないが、概略を紹介したい。

　当館は親氏入部以前に、松平（在原）信盛《のぶもり》・信茂《のぶしげ》の館として機能していた。信茂の婿として親氏が当主となり、その死後、長男某（信広）が跡職を継ぎ、「本やしき」に入った。天文期になると、大給松平氏による焼き討ちのため、館内の「かミくら・本やしき」が焼失したという。慶長十八年（一六一三）には太郎左衛門家の伺栄が家康より当地を拝領し、「松平屋敷」に居住した。

　なお旗本松平太郎左衛門家の成立に関しては、村岡幹生による一連の研究に詳しいので、ご参照願いたい。

【「松平氏由緒書」にみる館の内部構造】　由緒書が成立したとされる一七世紀後半、当館は「中桐と中候屋敷」と呼ばれていた。この中桐屋敷内部は、中世の段階において、三つの空間に分かれていたという。「本屋敷」と付随する「外やしき」を中心に、東北に「井とのほら《（井戸の洞）》」、北西の五尺（約一・五メートル）高い場所には「神蔵《（かみくら）》」屋敷（経堂屋敷）があった。

　井戸の洞には「水神八幡」または「うふ神《（産）》」と呼ばれる氏神が祀られ、いくつかの井戸が存在した。

　神蔵屋敷は、六所《ろくしょ》神社や氏神への神米を納める場所である

●—松平氏館測量図（『史跡松平氏遺跡高月院・松平氏館跡保存整備事業報告書』より，記号加筆）

とともに、「かミ蔵六所於神前」連歌《れんが》会が催されていることから、六所大明神が分祀されていたようである。ちなみにこの連歌会で信茂と親氏が出会ったと記される。

【立地と眺望】 当館の所在する松平町は、豊田市街地東側の山間地にある。中世において、一帯は賀茂郡足助《あすけ》荘外下山《としもやま》郷《のごう》であった。六所山の西麓にあたり、同山からのびる支尾根の一小丘陵南裾に館跡が立地する。当所は入り組んだ谷あい地形を呈し、松平の中心集落や集落内を通る主要道（豊田—新城間）からは少し離れている。

このような立地ゆえに当館からの眺望範囲は狭く、極めて限定的である。最寄りの松平の中心集落ですら、全く視認できず、また東方の高月院に対しては仰ぎ見るかたちとなる。

立地上の特徴は、眺望という利点や地形的要害性がなく、かつ集落や道との関係性も希薄であると言わざるを得ない。中世の在地領主居館としては、不可思議な立地と言えよう。なお東方約三一〇メートルに松平氏所縁の高月院《こうげついん》、南方約五七五メートルに松平城跡（郷敷城）があり、大内町の大給城跡をあわせ、一括して国史跡に指定されている。

【館跡の現況】 当館は、東西約九〇メートル×南北約六七メートルの方形居館である。北から東は丘陵斜面を切り込み、西から南の半ばにかけては石垣をともなうL字状の水堀が、その続きは土《ど》塁《るい》を巡らし、館域を画している。

水堀は、谷開口部にあたる西面が幅広く造られ、また館外との比高差は約二メートルあり、館内のほうが高い。

館跡に出入りするための虎口《こぐち》は現在三ヵ所確認される。虎口aは南面した館の正門に相応しい幅の広い土橋《どばし》が設けられ、その東側には通用門となるbがある。北西のcは先述の神蔵屋敷へ直結する虎口であろうか。

館跡内部は、現在、松平東照宮などが建てられ、改変が著しいが、高低差等により大きく三つの区域に分けられる。①中央の松平郷館区域、②東側の曲輪四段からなり、当館最高所及び最奥部を占める八幡神社区域、③北側の①より若干高い東照宮区域である。これらの空間構成は、先述した由緒書にみる館の構造とも一致し、興味深い。石垣をはじめ、近世以降の改変が目立つが、基本構造は中世段階の遺構を踏襲しているものと考えられる。

【聖域との関係】当館の特徴として看過できないのは、八幡神や六所大明神などの神を祀る聖域との関係性である。三つの区域のうち、二つの区域は聖域であり、かつ屋敷地との高低差も考慮すると、館内で聖域の占める比重はかなり大きい。

これが松平氏の出自や権力基盤に起因するかどうかは、現時点で答えを出せないが、松平氏にとって最重要のファクターであったことは間違いない。となると、当館の不可思議な立地も制約を受けた結果である可能性が生じてくる。

以上のことを踏まえ、今後は多角的な視点から検討していくことが求められよう。

【参考文献】村岡幹生「「松平氏由緒書」の成立と旗本松平太郎左衛門家の形成」『豊田市史研究』第四号（豊田市、二〇一三）、同「旗本松平太郎左衛門家系図の成立」『豊田市史研究』第五号（豊田市、二〇一四）、空間文化開発機構編『史跡松平氏遺跡　高月院・松平氏館跡保存整備事業報告書』（豊田市教育委員会、二〇一四）、北村和宏「松平氏館跡」『新修豊田市史　資料編　考古Ⅲ』（二〇一七）

（中川貴皓）

●急峻な切岸と大規模な防禦ラインを持つ山城

松《まつ》平《だいら》城《じょう》（郷《ごう》敷《しき》城）

〔国指定史跡〕

〔所在地〕豊田市松平町三斗蒔
〔比　高〕六五メートル
〔分　類〕山城
〔年　代〕一四世紀後半ヵ〜一六世紀後半
〔城　主〕松平信光など
〔交通アクセス〕名鉄「豊田市駅」下車、とよたおいでんバス「豊田市（東口）」より「下山・豊田線（大沼方面）」行きに乗り、「松平郷」下車。北へ徒歩七分。駐車場有

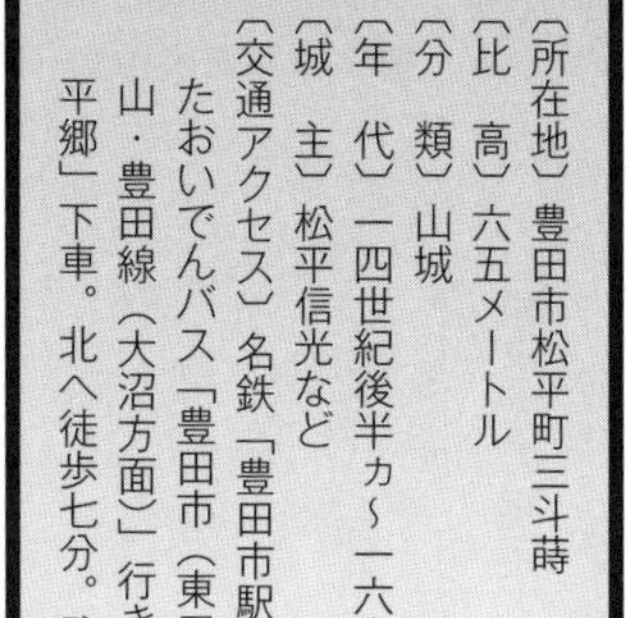

【謎に包まれた山城】　松平城は江戸時代以降の編纂物によれば、「松平村郷式ノしろ」「松平之郷式城」などと呼ばれ、松平氏館とは区別して認識されていた。しかし、松平氏館同様、中世に遡る明確な史料は確認されず、由緒書など近世の編纂物で断片的にしか見出すことができないため、当時の呼称や歴史は不明である。

ただ当城の存在をほのめかす同時代史料が一点残存している。大永四年（一五二四）正月に松平を拠点とした松平信長が道閲《どうえつ》（松平長忠）に宛てた売券《ばいけん》である（『高月院文書』）。信長は松平地域の土地をいくつか売り渡しており、そのうちのひとつの字《あざ》名が「城のこし」であった。当時その付近に何らかの城が存在していたことがわかるが、問題は具体的な場所であり、当城のことを指すかどうかである。

残念ながら、現在は該当する字名が残っていないが、明治十四年に刊行された『松平村誌』によれば、字「生塚《ナマヅカ》」のなかに旧字として「城《シロ》ノ腰《コシ》」があったという。そして「生塚（生《なま》ケ《が》塚《つか》）」は道を境に城域北西部と接しており、まさに字名のごとく、そのあたりが「城のこし」である可能性が極めて高い。以上から、当城が大永四年までに存在していたことはほぼ間違いないと言えよう。

【編纂史料にみる松平城】　寛政十一年（一七九九）成立の「先祖書」によれば、松平氏初代親氏《ちかうじ》が近隣村落を支配下に置いたのち、当城を築き居住したとあるが、一七世紀後半成立とされる「松平氏由緒書」では、親氏は松平氏館に居住し

ており、その死後は跡職を継いだ長男某が松平氏館に居たため、次男信光《のぶみつ》が当城に移ったと記される。このように当城の

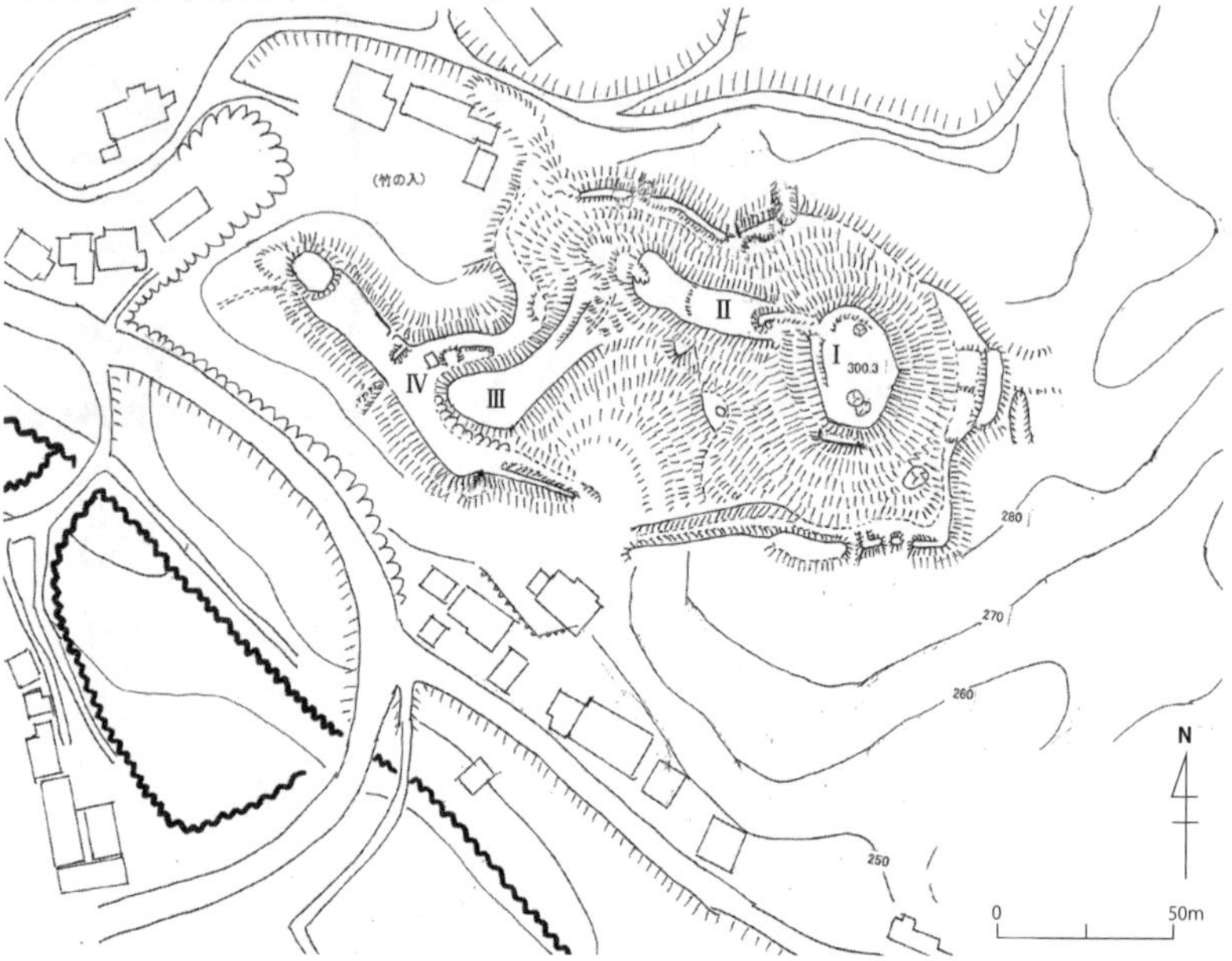

●—松平城縄張図（作図：石川浩治）

築城時期は編纂史料によって相違しており、定かでない。

天文年間になると、大給松平氏が当城に攻め寄せたが、落城は免れたという。

【松平を抑える立地】 当城の所在する松平町は、豊田市街地より東方約一〇キロの山間地にある。中世において、この辺り一帯は賀茂郡足助《あすけ》荘外《と》下山郷《しもやまのごう》であった。六所《ろくしょ》山の南西麓にあたり、同山から派生する支尾根先端の小頂部（標高三〇〇・三メートル）に城が築かれている。この支尾根は松平の中心集落東側に張り出し、集落に隣接するかたちとなる。

中心集落には国道三〇一号（旧挙母《ころも》街道）が通り、城の直下を経由する。この道は、東方へ進むと大沼・作手《つくで》をへて、新城《しんしろ》の中心部へ到り、西方は大給城北麓・九久平《くぎゅうだいら》を通過して、豊田市街地につながる三河山間部横断の主要ルートである。

つまり、この城は松平の中心集落と主要ルートを扼するために築かれたのである。

なお北方約五六五メートルに松平氏所縁の高月院、北西約五七五メートルに松平氏館跡があり、大内町の大給城跡（西方約三・二キロ）をあわせ、一括して国史跡に指定されている。

【松平城の眺望】 当城の機能や役割をより深く考えるにあたり、眺望という視点から分析を進めたい。眺望、つまり可視

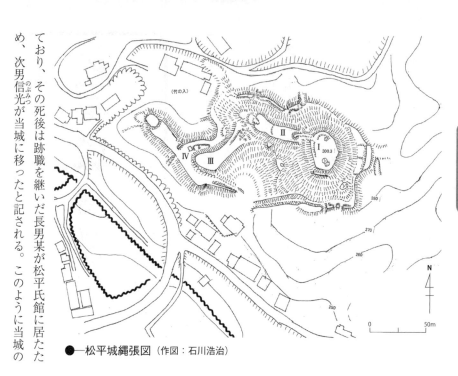

●—曲輪Ⅱと北側の横堀

●—曲輪Ⅱより主郭を望む

範囲をＧＩＳＭＡＰによりシミュレーションした結果（ベースマップは国土地理院数値地図五〇メートルメッシュによる）、次のことが判明した。

①遠方への見通しよりも、近辺（半径約八〇〇メートル範囲）における見通しに優れており、松平地域中心部をよく見渡すことができる。

②近辺ではあるものの、高月院および松平氏館は、稜線に遮られ視認できない。

③西方約三・三キロ地点の大給城は視認できない。

こうした眺望の分析により、当城は広域的な戦略拠点ではなく、松平地域の在地支配に重点が置かれていることがうかがえるとともに、松平氏館との関係性の希薄さが浮き彫りとなった。今後、両者を館と詰城という一体的な関係性で理解することは難しいだろう。

また一時期、大給城の支城として機能したという説があるが、互いに直接目視できないことがあきらかになった。その場合、両城の繋ぎとなる城の存在が必要不可欠となる。大給城の支城網を考えるにあたり、このような視点を踏まえて、再検討することが求められよう。

【縄張構造】 では松平城の縄張をみていきたい。当城は東西二二〇メートル×南北一二〇メートルにわたって遺構が展開する。城内最高所に位置する主郭を軸として、西方にのびる尾根筋に複数の曲輪を連ねて配置した連郭式の山城である。

主郭Ⅰは楕円形を呈し、城内でもまとまった面積を持つ。西側縁辺部は、一段低く造成することで通路状になり、スロープを通じて北西直下の曲輪Ⅱに接続する。Ⅰ内部は普請《ふしん》により、平坦地と通路に分けられ、機能分化していたことがうかがえる。Ⅱは東西に細長い曲輪で、地形に沿った形状となる。北西隅部には、現在、山麓より見学路が取り付くが、これは後世の改変である。本来の城道や虎口《こぐち》は定かでないが、南西直下の曲輪Ⅲに連絡したものと考えられる。ⅢはⅡとほぼ同規模の曲輪であり、北・西・南を取り巻くように曲輪Ⅳが造成されている。Ⅳは北西にのびる尾根上をも城域に取り込み、その先端は方形の櫓台《やぐらだい》状に一段高まる。この場所は城域西端にあたり、眼下には集落や主要ルートをおさめる絶好の地である。

いずれの曲輪も高低差のある急峻な切岸《きりぎし》を防禦の主体とし、複雑な虎口や塁線上の折れによる横矢《よこや》掛りなど技巧的な導入系防禦施設は一切確認されない、古式ゆかしい造りをみせる。

一方、Ⅰの背後となる東側尾根続きに対しては、鞍部の手前に底部の広い横堀を設け、尾根伝いからの侵攻に備えている。この横堀は一部帯曲輪になりつつも、南側山腹を囲むように大きく巡り、端部を竪堀《たてぼり》として落としている。またⅡ直下の山腹にも横堀を構築する。当城において特筆すべき遺構であり、城内最大の見所といえる。

これらの横堀は、Ⅰ・Ⅱを囲繞《いじょう》するように防禦ラインを形成するが、Ⅰ・Ⅱとは比高差が大きく、かつ曲輪塁線と対応しないことから、城域外縁部における単独の遮断線と評価すべきである。山城における横堀の出現は、戦国期以降であるため、先行研究で既に指摘されているように、時期差を想定できる。

【遮断性の弱い大手】 先述のように、当城は北・東・南の城域外縁部を横堀等による防禦ラインで強く遮断し、防禦を固めているが、集落に接する西側の大手方面に対しては、明確な遮断施設を設けていない。曲輪を重ねて配置するものの、比較して遮断性は弱いといえよう。つまり、西側に対しては何らかの理由で遮断性の強化を必要としなかったわけである。

大手であるため、ある程度の通行の便宜を図らなければならないという事情は想定しうるが、在地支配の拠点としての性格を踏まえると、城域に接して家臣あるいは軍勢が駐屯することにより、遮断施設に頼る必要性がなかったとも考えられる。在地性の強さのあらわれとも言えるだろう。

【参考文献】 千田嘉博「松平城」『図説中世城郭事典』第二巻（新人物往来社、一九八七）、奥田敏春・佐分清親「松平郷敷城・松平氏館」『定本・西三河の城』（郷土出版社、一九九一）、髙田徹「松平城跡」『新修豊田市史　資料編　考古Ⅲ』（二〇一七）、鈴木正貴「松平城跡・松平氏館跡」『愛知県史　資料編五　考古五』（二〇一七）

（中川貴皓）

●三河地域最大級の中世山城

大《お》給《ぎゅう》城《じょう》

〔国指定史跡〕

〔所在地〕豊田市大内町城下ほか
〔比　高〕約一三〇メートル
〔分　類〕山城
〔年　代〕天文二十一年？〜
〔城主〕長坂新左衛門・松平信光・大給松平氏乗元
〔交通アクセス〕名鉄三河線「豊田市駅」からとよたおいでんバス大沼「大内」下車、徒歩二〇分。

【大給城跡の立地と歴史】　城郭は矢作《やはぎ》川水系巴《ともえ》川支流滝川と山中川に挟まれた山地のうち巴川から東へ約一キロの地点にある標高二〇四メートルの山頂部に立地する。本城から滝川沿いに東へ上ると松平城などがある。

『三河国二葉松』によると長坂新左衛門が築城し後に岩津城主松平信光《のぶみつ》が攻略し大給松平氏の始祖松平乗元《のりもと》に与えたと伝えられる。大給松平氏はここを本拠に所領拡大を進めたとみられ、『観泉寺所蔵文書』によれば天文二十一年（一五五二）に松平忠茂《ただしげ》が「大給城北沢水手」で戦功を挙げるなど今川方に属して戦績をあげたという。永禄七年（一五六四）に徳川家康と和睦したのちは徳川氏の有力武将として活躍した。天正年間には本拠を岡崎市細川に移動し、その際に大給城は徳川氏の直轄的な支城として大改修されたと推定されている。

【大給城跡の縄張】　大給城は山頂部に主郭Ⅰと東側の曲輪Ⅱがあり、南側山腹の曲輪Ⅲ、東部に土塁《どるい》で囲まれた曲輪Ⅳと北側の水の手遺構群などから構成される。主郭Ⅰと曲輪Ⅱと曲輪Ⅳは東西を二本の堀切《ほりきり》で遮断され、東側が大手口とみられる。主郭Ⅰの北端に高さ四メートルの石垣が築かれ、主郭に櫓《やぐら》などの建物の存在が推定される。曲輪Ⅱは主郭よりもやや高いが、主郭東部にL字型の石塁を設けることによってその高低差を克服している。曲輪Ⅳは堀切、石垣、竪堀《たてぼり》などを用いて厳重に防御されており、周囲をめぐる土塁には櫓台状の幅が広くなった部分が複数確認されている。横矢《よこや》掛《が》けを強く意識

●―主郭にある石碑

した構造と思われる。水の手遺構群でも堀切などがあり、主郭北側直下にある谷への侵入に備えている。一方、曲輪Ⅲでは明瞭な虎口《こぐち》や櫓台が確認されず、浅野文庫所蔵『三河大給城図』では「ハジヤウ曲輪」と記されており、居館または家老屋敷などと推定できる。

【大給城跡の意義】 長坂氏や松平氏初期の城郭構造はまったく不明であるが、「北沢水手」の文言が記載される天文末期には現状と同規模の城郭であったと考えることができる。松平・織田・今川らが割拠する境目《さかいめ》の城として整備された可能性がある。

●―水の手遺構群の石垣

また、主郭Ⅰ北面の高石垣と大手口の外枡形《そとますがた》など大手に対する厳重な防備および水の手遺構群などについては、元亀二年から天正三年（一五七一～一五七五）におよんだ武田氏の三河侵攻と天正十二年（一五八四）の小牧・長久手の戦いなどにともなって改修されたものと推定される。この結果、三河地域で最大級の中世城郭といわれる規模となっており、当時の徳川氏が抱いた軍事的危機感を如実に感じることができる重要な城郭といえるだろう。

【参考文献】『愛知県史　資料編5　考古5　鎌倉～江戸』（愛知県、二〇一七）、『新修豊田市史二〇　資料編　考古Ⅲ　古代～近世』（豊田市、二〇一七）

（鈴木正貴）

●悌郭式の後堅固な城

刈《かり》谷《や》城《じょう》

〔所在地〕刈谷市城町
〔比　高〕約二メートル
〔分　類〕平城
〔年　代〕天文二年（一五三三）
〔城　主〕水野氏、深溝松平氏、久松松平氏、稲垣氏、阿部氏、本多氏、三浦氏、土井氏
〔交通アクセス〕ＪＲ東海道本線・名鉄三河線「刈谷駅」から公共施設連絡バスかりまる「刈谷市体育館」下車。

【海を見守る岬に建つ城】　刈谷城跡は南北に長い刈谷市域の中央西縁部に位置し、洪積台地の中位段丘に当たる碧海《へきかい》台地の西端部に位置している。城の西側を衣ケ浦、北側と南側を侵食谷に囲まれた要害地であった。刈谷城は東を正面として西に湾を控えた悌郭《ていかく》式の縄張をもち、後堅固な城であったといえる。

【築城以前の様子】　金ケ小路のほとりに刈谷城が築かれるまで、南側台地上に刈谷古城が存在し、緒川《おがわ》（小川）より三河へ進出してきた水野氏三代が半世紀余り在城したといわれている。地籍図ではそのような縄張がみられるが、これまで発掘調査では、主体部の調査はされておらず、城郭に関わる遺構は検出されていない。

【築城後の歴史】　本城は天文二年（一五三三）に築城したのが起こりで、江戸時代になって水野勝成を初代藩主として刈谷藩が成立した。以降九家二二人の藩主によって治められた。江戸時代中期までの城絵図によると、本丸の北西と南東の隅に二層の櫓《やぐら》があり、辰巳《たつみ》櫓（南東隅櫓）の両側には多門《たもん》櫓が石垣とともに表門・裏門へと続いていたことが確認できる。また、表門から戌亥《いぬい》櫓（北西隅櫓）をへて裏門までは土《ど》塁《るい》がめぐり、土塁上には土塀が築かれていたことがわかる。

明治四年の廃藩置県後、刈谷城は政府の所有となり、城郭建造物は城門や櫓、石垣にいたるまで、そのほとんどが取り壊された。昭和十一年（一九三六）に刈谷町に売り渡され、翌年には亀城公園となった。昭和四十年代、公園の再整備が

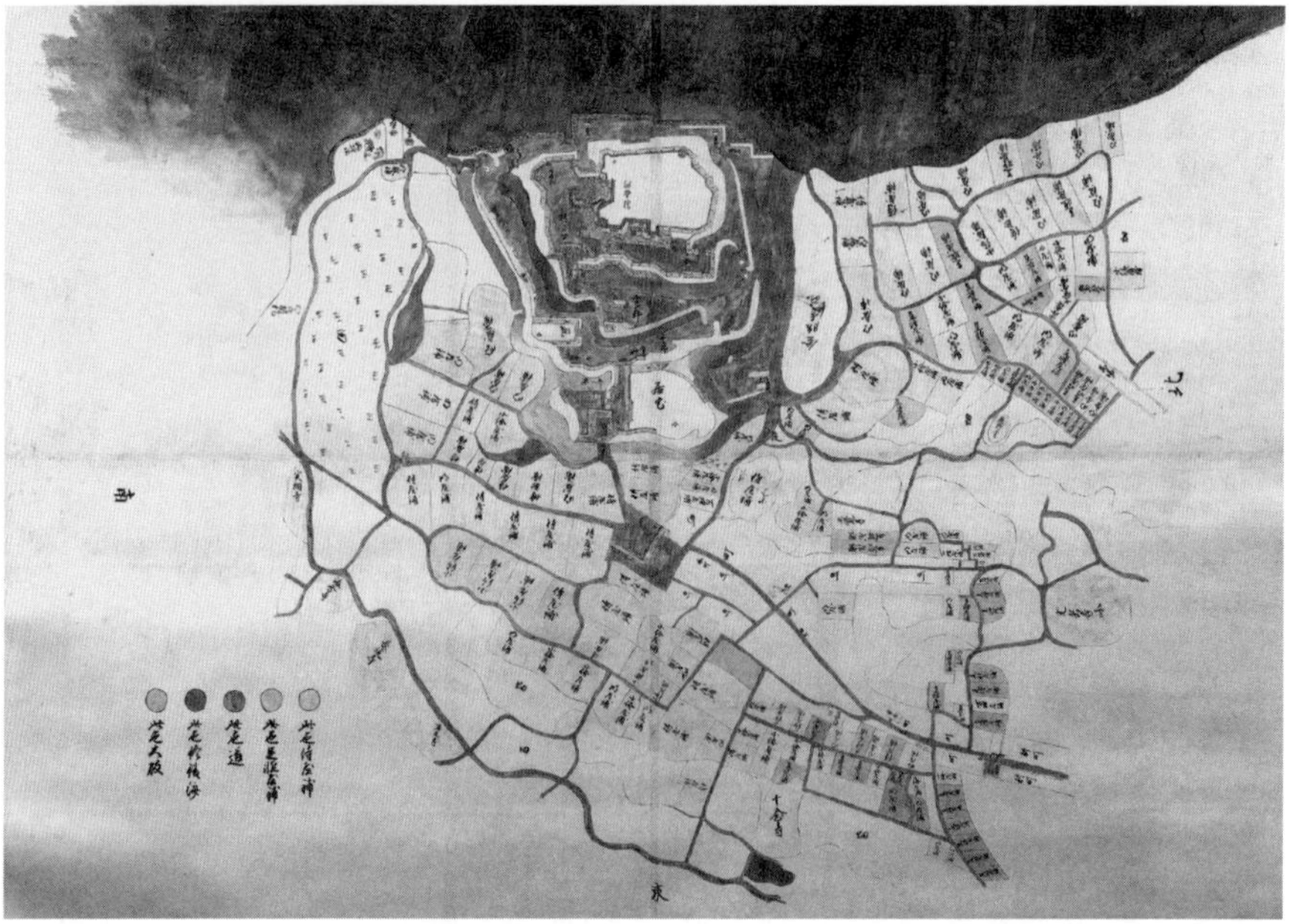

●―刈谷城絵図（部分）（刈谷市歴史博物館所蔵）

●―発掘調査風景　地固め遺構

進められ、堀跡である池の護岸や本丸内の庭園整備等が行われた。また、戌亥櫓の跡地には大正五年（一九一六）に刈谷士族会（現一般財団法人刈谷頌和会）によって十朋亭が建てられた。

【発掘調査の成果】　刈谷城跡の発掘調査は、亀城公園再整備事業の中で、刈谷城の復元整備に向けて行った。刈谷城本丸の表門や裏門、多門櫓、辰巳櫓、石垣等の現存しない城郭建造物に関わる遺構の残存状況及びそれらの広がりや配置について確認するため、平成二十一年から二十八年の間に六次にわたって調査を実施した。調査の結果、石垣等の築造にともなう痕跡と考えられる地固め遺構が検出さ

三河

れ、城絵図に描かれた配置とほぼ一致することが確認され、石垣や辰巳櫓、表門、裏門の位置をとらえることができた。また、表門と裏門付近で検出された礎石跡の配置により、表門・裏門とも櫓門の一部が櫓台石垣の外側で柱支えになる構造をもつと推定された。

●―刈谷城復元イメージパース（刈谷市提供）

●―刈谷城復元 CG（刈谷市歴史博物館提供）

遺物としては、江戸時代後期の瓦がもっとも多く出土しているが、慶長期の瓦も出土していることから慶長期にいわゆる近世城郭となったと考えられる。その他にも水野家の家紋瓦、江戸時代中期以降幕末までの藩主であった土井家の家紋瓦も出土している。また、内耳鍋《ないじなべ》や擂鉢《すりばち》、中国製陶磁器が少量出土している。

【今後の整備】 現在は堀の大部分が埋められてしまい、本丸の土塁と内堀の一部が亀城公園として残っているのみである。今後、隅櫓や城門、石垣等について、歴史資料や発掘調査の成果をもとに、できる限り史実に基づいた復元を行う。

【参考文献】愛知県史編さん委員会『愛知県史 資料編 考古五 鎌倉～江戸』（二〇一七）、刈谷市『刈谷城跡確認調査概要報告書』（二〇一五）、刈谷市教育委員会「あいちの考古学発表資料」（二〇一六）

（河野あすか）

●真宗寺院の名刹

本《ほん》證《しょう》寺《じ》境《けい》内《だい》地《ち》

〔国指定史跡〕

〔所在地〕安城市野寺町野寺
〔比　高〕―
〔分　類〕城郭寺院
〔年　代〕本證寺は鎌倉時代、堀は室町時代
〔城　主〕―
〔交通アクセス〕名鉄西尾線「南桜井駅」下車、あんくるバス北部線七番系統で約三分「野寺本證寺」下車すぐ。あんくるバス二番系統桜井線「野寺本證寺」下車すぐ。

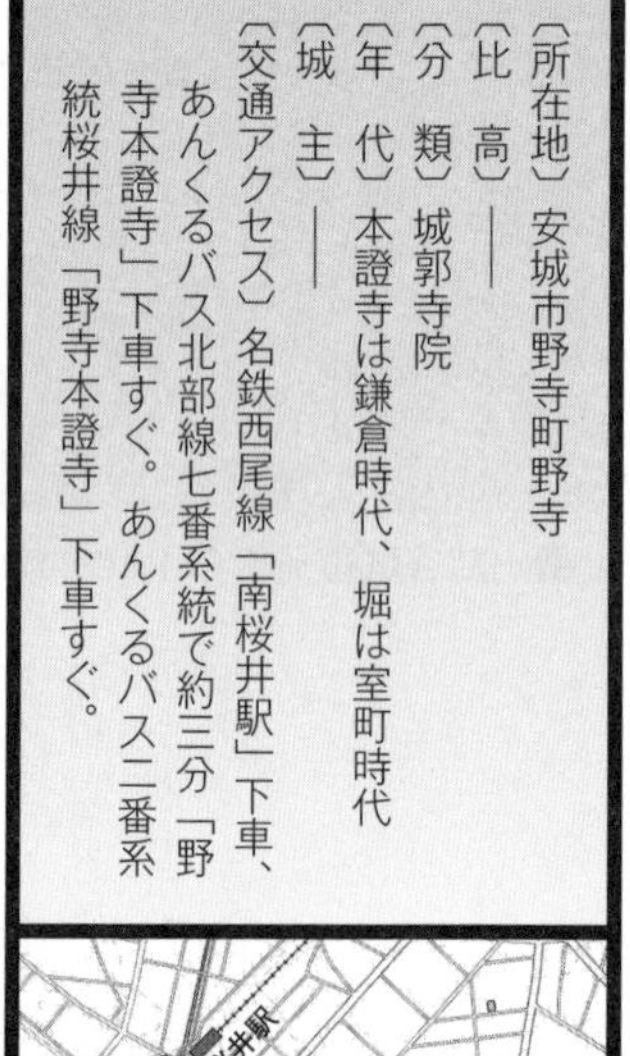

【環　境】　本證寺は、市南東部の開析谷《かいせき》に面していない碧海《へきかい》台地上に位置する。現在は南に江戸時代後期に開削された鹿《か》乗川《のりがわ》が西流するが、これ以前は河川から離れた立地であった。そして、周辺部は標高一三～一六メートルの低いながらも丘陵状地形であるのに対し、寺付近は約一一メートルと相対的に低くなっており、湧水が豊富である。周辺は古墳時代には桜井古墳群が盛行し、本證寺の北東一三〇〇メートルにも桜井古墳群の南限にあたる小川町加美《かみ》古墳が所在する。古代には、本證寺の東五〇〇メートルに碧海郡の中核的寺院である寺領町寺領廃寺が造営され、中世には小川町岩根城や藤井町藤井城が確認できる。

【創建までの経緯】　野寺本證寺は浄土真宗大谷派の寺院で、現岡崎市上佐々木町上宮寺、現岡崎市針崎町勝鬘《しょうまん》寺とともにに永禄六年（一五六三）から翌七年の三河一向一揆の拠点となった三河三ヵ寺の一つである。寺伝によれば、開基慶円《けいえん》（教円）は下野国小山（現栃木県小山市）の人物で、建久五年（一一九四）一三歳で比叡山に上り出家した。正治二年（一二〇〇）に三河国幡豆郡小島《おじま》村（現西尾市小島町）の醍醐山に一宇《いちう》を建立し、後に山頂より矢を放って落下した野寺の地に堂宇《どうう》を建立した。建永元年（一二〇六）に故郷へ戻り、翌年に越後の国府に出て、親鸞の教化を受けて改宗、名を慶円と改称し、文永九年（一二七二）に没とされる。その創建には不明な点が残るが、鎌倉時代末から室町時代初期成立とみられる真宗美術品、法宝物の数々から一四世紀中頃までには堂宇が整えられたと推察される。

【三河一向一揆の舞台】 天文十八年（一五四九）四月七日付け門徒連判状には、石川正成《まさしげ》を筆頭とした門徒一〇九名の署判がある。署判者は碧海郡南部から幡豆郡西部を中心に広い範囲に分布する。彼らは松平・今川・吉良・水野といった異なる国人《こくじん》領主に仕えながらも、本證寺を基点とした宗教的紐帯によるまとまりが成立していた様子がうかがえる。

そして本證寺は一六世紀までには他の三ヵ寺などとともに、寺内不入、諸役免除を獲得していた。このため多くの商工業者が集住し、高い中心地機能を発揮した。また、永禄四年（一五六一）には近江国堅田慈敬寺《かただじけいじ》（現滋賀県大津市）から来た空誓《くうせい》（蓮如の曾孫）が本證寺住職となり、本願寺宗主の血縁・親族である一家衆に列した。

●—内堀と土塁（安城市教育委員会提供）

三河一向一揆の発端は、永禄六年（一五六三）秋の本證寺でのいさかいで、その後に松平家康の守護不入への介入により戦闘が始まったともみられている。この時期には酒井忠尚《ただひさ》をはじめとする有力国人の離反が相次ぎ、家康直属の家臣の中からも三河三ヵ寺を拠点とする離反者が現れた。家康は小川の安政（現安城市小川町）における戦闘などで優位に進め、永禄七年に和議を成立させたのち、三ヵ寺に本願寺教団からの改宗を迫った。三ヵ寺が改宗を拒否すると坊主衆の領国追放を強行したため、空誓は賀茂郡菅田輪（現豊田市新盛町）へ逃れたとされる。それから二一年後の天正十三年（一五八五）十月、空誓は家康から還住《かんじゅう》を許されて再興を始め、慶長九年（一六〇四）には本證寺は石高六九・五七石であった。

【発掘調査の成果】 本證寺境内地は堀により囲まれた城郭伽《が》藍《らん》（城郭寺院）として著名である。平成九年（一九九七）の工事立会以降幾度となく発掘調査が行われてきた。調査地は現本堂などを囲む内堀とその北側に庫裏などを囲む内堀、その外側に大きく「寺内」を囲む外堀の内側がある。内堀は幅三・七㍍以上、深さ一・六㍍以上の規模をもち、内土塁《どるい》では版築工法が使用されていた（第四次調査）。外堀は一三ヵ所のトレンチ調査が行われ、検出面上端から薬研堀《やげんぼり》となるものと、上半部が緩傾斜となる薬研堀の二種が確認された。前者

●—内堀のハスと鼓楼（安城市教育委員会提供）

は幅四・六メートル以上、深さ二・八メートル以上を測り（第七次調査G区）、後者の上半部の傾斜は二〇度以下である（第五次調査B・D区）。本證寺では「隠宅《いんたく》」部分が調査され、一六世紀の土坑と中世瓦が確認された（第一次調査）。本證寺中では、角寺の「照護寺」部分が調査され、一六世紀中葉に意図的に廃棄され土坑などが確認された（第二次調査）。伽藍絵図には、外堀と本堂区画・庫裡区画に囲まれた東側の空間に「百姓家」が記されている。「百姓家」部分では溝などの遺構が確認され、三期に整理されている（第九～一三次調査）。戦国時代には区画溝で画された空間に、掘立柱《ほったてばしら》建物や鍛冶関連遺構が展開した。江戸時代後期には戦国時代とは異なる位置に区画溝が配され、居住域と林藪や畑地に使い分けられており、近代では若干土地利用のあり方が変化するなど、戦国期、江戸時代、近代の三時期に分かれる（鈴木 二〇一七）。

発掘調査の結果、鎌倉時代に慶円上人が創建したと想定される一四世紀前後の遺構は確認できておらず、中世瓦とわずかな陶器・土器類が確認される程度である。一五世紀代にも遺構、遺物の希薄さは継続され、遺構は認められず、遺物も瀬戸、常滑《とこなめ》窯産の遺物が確認される程度である。外堀の一部のものは江戸時代後期の再掘削・再整備が行われ、当初はすべて薬研堀（V字状）の堀と考えられる。一六世紀にはいると様相は一変し、多くの遺構から戦国期の土師器鍋釜類が出土することから堀などの主要な遺構は一六世紀前葉から中葉に属しており、三河一向一揆以前に成立していたといえる。

【城郭寺院】 本證寺寺内を特徴付ける景観として堀と土塁《どるい》が挙げられる。こうした景観によって「城郭寺院」ないし「城郭寺院伽藍配置」の代表的事例とされる。その中でも本證寺は、戦国期に本願寺教団や地域社会の動向に応じて変容を遂げた一群に属する可能性が高い。前述した発掘調査の成果からも、本證寺外堀の時期・形状は、戦国期に城塞化を遂げた寺院とするにふさわしいことが確認され、戦国期の本證寺は「城郭寺院」（寺院城郭）と位置づけることは妥当である。

【宝　物】 本證寺の重要な宝物として古くから認識されているのが、聖徳太子絵伝・善光寺如来絵伝・法然上人絵伝の三

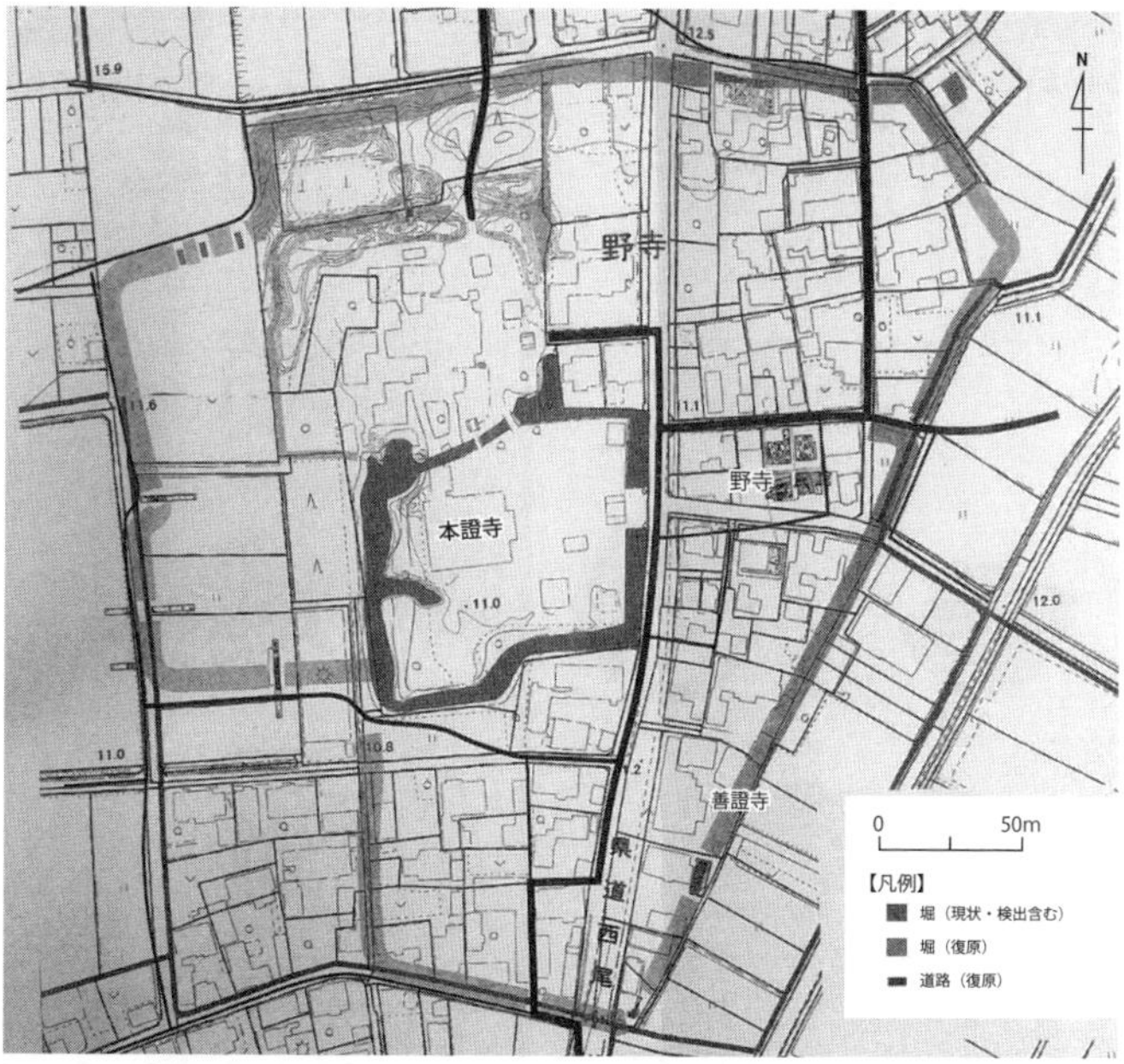

●—本證寺「寺内」の復元（安城市教育委員会提供）

種の掛幅絵伝である。聖徳太子絵伝と善光寺如来絵伝については国の重要文化財に指定されている。聖徳太子絵伝は、聖徳太子七〇〇回忌（元亨元年・一三二一）を契機として太子信仰が盛り上がった鎌倉後期以降に制作されたとみられ、調査の結果、真宗系では最古の作と考えられている。これらの作品以外にも県や市の指定となる典籍や工芸品を数多く有する寺院である。

【本證寺の再整備】 平成二十六年、保存・活用基本計画を策定し、ガイダンス施設等の整備を行う。また、平成二十七年三月には「本證寺境内」が国指定史跡となった。現在見ることができる本證寺の景観は、近世以降の伽藍整備によって形成されたものである。明治末期に撮影された写真や本證寺が発行した絵葉書には内堀の素面いっぱいにハスが写っており、景観の要素に「ハス」が存在したことがわかる。しかし、平成に入ってまもなく内堀からその姿が消えてしまう。平成二十一年度から「本證寺内堀ハス再生プロジェクト」事業が実施されたが、全く生育しなかった。平成二十三年度、生育に成功し、以後会員によって本證寺の景観ともいえる内堀のハスが守られている。

【参考引用文献】愛知県史編さん委員会『愛知県史　資料編五　考古　鎌倉～江戸』（二〇一七）、安城市教育委員会『雲龍山　本證寺調査報告』（二〇一四）、安城市教育委員会『本證寺境内地Ⅰ』（二〇一二）、安城市教育委員会『本證寺境内地Ⅱ』（二〇一四）

（河野あすか）

●家康生誕の徳川家本城

岡《おか》崎《ざき》城《じょう》

〔岡崎市指定史跡〕

〔所在地〕岡崎市康生町
〔比　高〕約一〇メートル
〔分　類〕平山城
〔年　代〕享徳元年（一四五二）～康正元年（一四五五）
〔城　主〕松平氏、田中氏、本多氏、水野氏
〔交通アクセス〕名鉄名古屋本線「東岡崎駅」下車、徒歩一五分。

【立　地】　岡崎城は南流する矢作《やはぎ》川と西流する乙《おと》川の合流点へ突き出した半島状地形の先端に立地する。城は甲山（標高六五メートル）から南西に下る舌状丘陵が菅生川で切断された先端部に築かれ、周辺は龍頭山と呼ばれる。矢作川と東海道が交差する位置にあり、付近には中世矢作宿が存在したとみられ、古くから交通の要衝であった。

近世岡崎城は本丸のほかに約一〇ヵ所の曲輪を有する城郭である。岡崎城の中心部である本丸は、南西端に位置し、本丸の北側に持仏堂曲輪、本丸・持仏堂曲輪の北側に二の丸、二の丸の北東には三の丸が位置する。さらに本丸の東側に菅生曲輪、西側に白山曲輪が位置するが、現在は本丸周辺の持仏堂曲輪、隠居曲輪、風呂谷等の曲輪と石垣、堀などを残すのみである。

【築城以前の歴史】　岡崎城跡の発掘調査では、遺物として旧石器時代の細石核をはじめ縄文時代～中世まで各時代の土器類が出土し、弥生時代の土坑や鎌倉時代の鍛冶遺構が確認されており、河川に近い安定した段丘上で人々の営みが連綿と続いていたことがうかがわれる。周辺の遺跡として、菅生川（乙川）南岸の西郷氏の居城と推定される平岩城跡では古代の集落が確認されている。北方には矢作川左岸の段丘西縁に足助・信州へつながる足助《あすけ》街道（中馬街道・塩の道）に沿い、松平譜代の酒井氏居城の井田城跡をはじめ能見城跡、松平氏の勢力拡大の拠点となった岩津城他の岩津七城といわれる城館群、細川城山城などの中世城館が展開している。

●—岡崎城絵図（水野時代）（岡崎市美術博物館所蔵）

【城下町形成の萌芽（松平清康〜徳川家康段階）】

岡崎城の創建については、「龍城古伝記」によれば、西郷頼嗣《よりつぐ》が享徳元年（一四五二）に築城したとされる。西郷氏は当時、明大寺の居館を本拠としており、このときの城は砦程度の簡単なものであったと考えられる。頼嗣は入道して清海《せいかい》と号し、本丸の北に廻る堀に「清海堀」の名が残る。享禄三年（一五三〇）頃に松平清康《きよやす》が本拠を移し、城を拡張・整備したことで、中世城郭化の端緒となった。その城域は本丸付近から二の丸にかけてが想定されている。

天文十一年（一五四二）岡崎城において徳川家康が誕生した。幼少期の家康は人質として他国で過ごすが、永禄三年（一五六〇）の桶狭間合戦を契機に自立し、岡崎城に復帰した。ここを拠点として永禄八年には三河統一を果たした。家康は嫡子信康を岡崎城主とし、元亀元年（一五七〇）に浜松城へ本拠を移すが、岡崎城は天正十八（一五九〇）に家康が関東移封となるまで徳川領国三河の他の城を束ねる本城であった。本丸・持仏堂曲輪の北側に位置する二の丸は、家康が生まれた場

●―天守空撮（天守台発掘時）（岡崎市教育委員会提供）

所であったため、御《お》誕生《たんじょう》曲輪とも称され、近世には城主が居住する御殿が置かれていた。天正期には周辺の松平氏の城郭研究から、軍事的機能が本丸に集約され、居館機能は二の丸へと機能分化されたと考えられ、城域としては二の丸の虎《こ》口《ぐち》にあたる三日月堀周辺までを含める考えが示されている（奥田　一九九四・二〇〇〇）。

【近世城下町の原型（田中吉政段階）】　家康の関東移封後は、豊臣家臣の田中吉政《よしまさ》が入城し、田中吉政により、東国の家康に備える重要拠点として岡崎城郭の整備・拡張が進められた。城郭の拡張整備、天守の築造、石垣の構築、総堀の創出など、織豊系城郭化した。城下町整備では、城北の天神山を伐り開いて城西の沼田を埋め、田町・板屋町・材木町など新しい町と、城東にすでに存在した連尺・六地蔵町などと繋げ、一大城下町を造成した。また、城下町の外周に堀を掘削して総堀で囲む総構《そうがまえ》とし、乙川左岸にあった東海道を右岸の城下に引き入れるなど都市機能の移転が行われ、近世城下町の基礎がつくられた。

【近世岡崎城下の最終整備（本多康重以降）】　慶長五年（一六〇〇）の関ヶ原合戦の後、家康が征夷大将軍となり江戸幕府を開くと、家康ゆかりの岡崎城には、江戸時代を通じて代々譜代《ふだい》大名が配置された。慶長六年（一六〇一）に田中吉政が転封されると、代わって譜代大名の本多康重が入封した。

本多氏四代によって近世城郭としての形がほぼ整えられる。本多氏の城郭整備の内、城東の馬出《うまだし》、矢作橋架橋、東海道の整備などは田中氏からの継承であるが、城西の整備（白山曲輪、西馬出、搦手門《からめて》）は西方＝豊臣氏を意識した整備といえる。また、大林寺と城内の境を通っていた東海道に対して城内防衛を図るために、家康の命により大林寺南に巨大な堀を開削している。

城下町では、慶長十二年（一六〇七）の矢作川の大洪水により中世以来の旅宿であった八町が壊滅的な被害を受けたことから、城東の台地上に伝馬町を創設し、東海道ルートの変更が行われ、伝馬・旅宿街としての機能が城下に吸収された。

正保二年（一六四五）、本多氏よりも家臣団を多く抱える水野忠善《ただよし》の入封により、侍屋敷の拡張、郭内での士庶混住の解消が行われた。また、東海道の城下への出入口である籠田・松葉総門の整備や、侍屋敷町と町屋境に木戸八ヵ所を設けた。さらに、城下周辺の郭外地に下級武士の組屋敷を設けるなど、近世岡崎城下町の最終整備が行われ、近世城郭としての形態が完成された。忠善の城下町整備以降、近世を通じて城郭整備はほとんどされることはなかった。

【交通の要衝地としての近世の城下繁栄】　城下町には江戸と上方を結ぶ主要ルートである東海道が通っていた。さらに信州へと向かう矢作川の河川交通も制する場所であり、物資の輸送に矢作川と菅生川（乙川）が利用できた。主要都市を結ぶ東海道の陸上交通と、三河湾から上がってくる矢作川を利用した河川交通は広い商圏をもった。岡崎城周囲のまちは、中世には矢作宿と結ばれることによりその繁栄を引き継ぎ、近世には城を中心にして城下町が造られ商圏が発達し、岡崎城下は名古屋に次ぐ商業都市となっていった。

岡崎の名産品・主要産物として、矢作川の水運と伏流水を利用した八丁味噌、豊富な花崗岩を使用した燈籠や手水鉢といった石製品、三河木綿と呼ばれた木綿製品などがあり、遠く江戸や上方へも売られていった。こうして、東海道の宿場としての機能のみならず、商工業の中心としての機能も果たしており、現在でも魚町、材木町、花崗町など職人町の名残がみられる。

【近代の岡崎公園整備から現代の史跡公園へ】　明治二年（一八六九）に本多忠直《ただなお》が城主となる。しかし、明治維新後の廃藩置県により、明治四年（一八七一）に岡崎城内に額田《ぬかだ》県庁が置かれた。以後、旧郭内には裁判所をはじめとした公的機関が設置されていった。明治五年に旧城内は、家康誕生地に

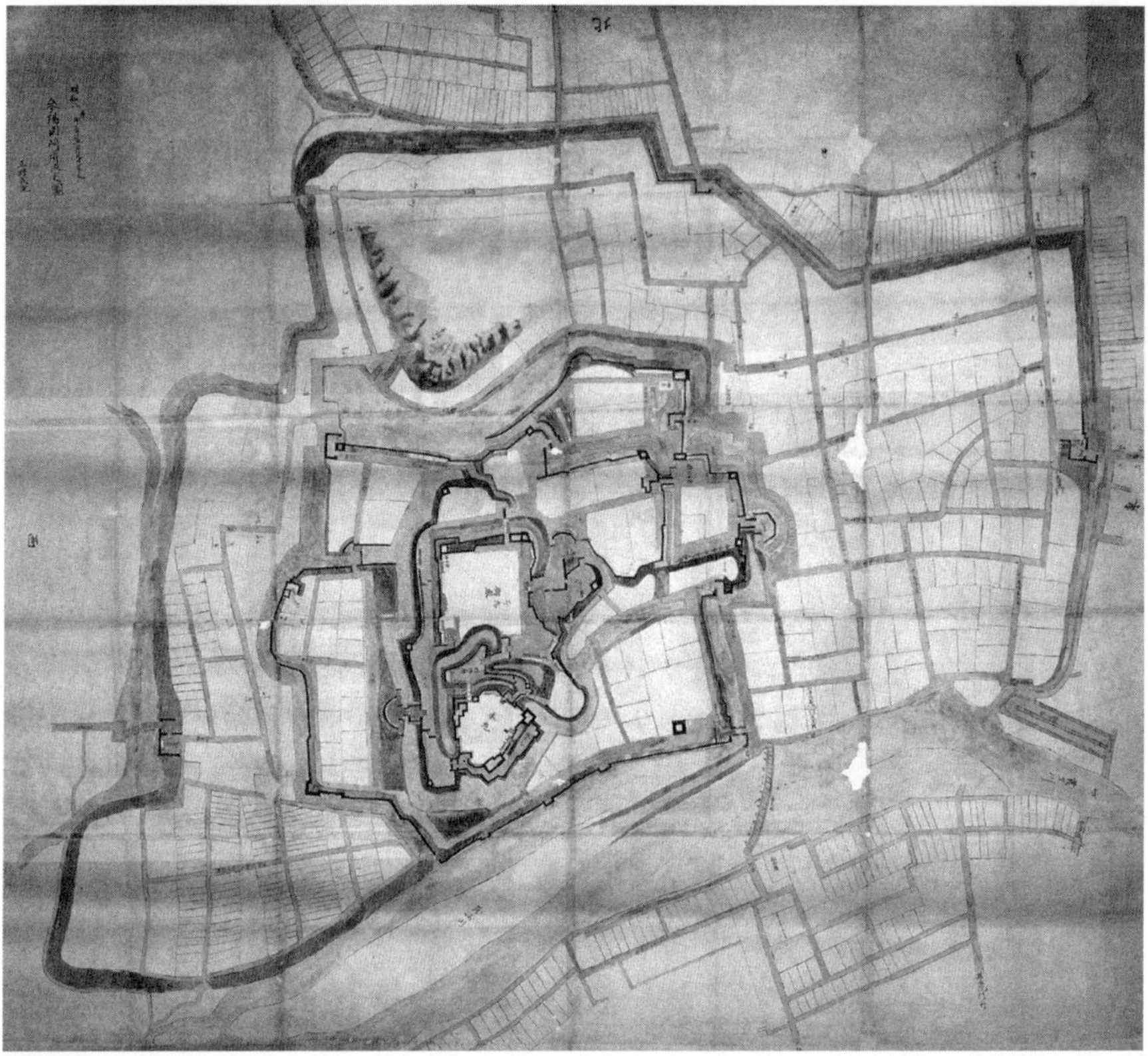

●—『参陽岡崎府内之図』（水野時代）（岡崎市美術博物館所蔵）

ちなみ康生《こうせい》町と名付けられた。明治六年に廃城令が出されると、同年から七年にかけて岡崎城は天守をはじめ、建造物は取り壊しを受け、払い下げられた。このため、現在では城内に近世以前の建物は残されていない。

明治八年、岡崎城の荒廃を憂えた多門伝十郎を始めとした旧藩士達による保存運動が起き、県の許可を受けて本丸・二の丸跡は城址公園となった。

大正六年（一九一七）の本多静六博士による岡崎公園設計案は、公園整備の先駆的役割を担うマスタープランとして位置づけられ、岡崎公園の価値を高める要素となっている。二の丸には大正十二年に市立図書館が開設されたが、昭和二十年に空襲で焼失した。昭和三十二〜五十七年には動物園も設置されていた。また、昭和三十四年（一九五九）に三層五階の鉄筋コンクリート造で復興天守が建てられ、内部は歴史資料館となっている。本丸・二の丸等の城郭中心部の遺構は良好に残存しており、本丸北側の空堀（清海堀）などは中世の形態をよく残しているといわれる。また、昭和

●—岡崎城 清海堀（岡崎市教育委員会提供）

五十七年（一九八二）に二の丸西側に建てられた「三河武士のやかた家康館」では家康と三河武士に関する資料が展示されている。最近では、岡崎公園として平成元年七月に日本都市公園一〇〇選に、平成二年四月には日本さくら名所一〇〇選に選定され、平成十八年には岡崎城が日本一〇〇名城に選定されている。また、平成二十五年四月には「岡崎城天守」が岡崎市の景観重要建造物第一号に指定された。

【岡崎城の石垣】　岡崎城の石垣は、天正十八年（一五九〇）に入城した田中吉政により導入されたと考えられる。中世以来の縄張を残して石垣化されたことにより、堀に沿って湾曲する特徴的な石垣が見られる。天守台をはじめ本丸周辺には城内でも古い段階の石垣が分布している。天守台は城内の石垣で最初期の段階に位置付けられ、築石・隅石に未加工の自然石、間詰石に円礫を用いることを特徴としている。天守台の北・東面には鏡石を配する。本丸大手口は切石積、また本丸搦手口《からめて》、坂谷門には大規模な自然石を用いることで門として意匠的な積み方を志向している。また、岡崎城の南側を流れる菅生川には城郭南岸の防御・治水のため、川沿いに長さ約四〇〇メートルにわたって石垣が築かれている。城内では自然石積・割石積・切石積の変遷と積み直しの痕跡が見られる。

石垣の石材は岡崎城の北東約一キロ以北の山地を中心に分布

する武節花崗岩が大部分を占め、その他に岡崎城の東約六キロ以東の菅生川上流に分布する領家変成岩類の片麻岩、珪質片岩などが若干みられる。築石の間の間詰石には川原石や花崗岩の端材が用いられている。岡崎城周辺が花崗岩帯であり、石材入手が容易であったためか墓石等の転用石は数が少ない。現在も良質な花崗岩の産地であり、近世から現在まで続く石工業の発展につながっている。

【発掘調査の成果】最初の調査は、昭和五十五年（一九八〇）に二の丸で実施された三河武士のやかた家康館の建設にともなうもので、近年は「岡崎城跡整備基本計画」にもとづき、史跡指定範囲内の城郭中心部に加え、近世の城下町範囲を含めた総構《そうがまえ》全体で調査が進められている。

平成二十九年の本丸月見櫓《つきみやぐら》の発掘調査では、本丸南端に位置する月見櫓とこれに連なる脇多門《わきたもん》櫓、平櫓、風呂谷門の調査が行われた。月見櫓・脇多門櫓の基礎石積が発掘され、櫓の外周には排水用と考えられる石組溝が巡る状況が明らかとなった。

平成三十年には本丸天守台の発掘調査が実施され、天守台石垣の南面では地表面から約一メートル掘り下げた地点で石垣の根石が確認された。また、石垣から南へ一・二メートルの地点で礎石二石が確認され、天守台南側の本丸内に建物の存在を示唆する貴重な遺構といえる。さらに、天守台北面では表土直下で三つ葉葵紋の金箔瓦が出土した。瓦は棟に装飾として付けられる小菊瓦で直径一一・〇センチを測り、製作年代は江戸時代初期頃（一七世紀前半）と推測される。この時期は本多家が城主であった時期であり、徳川家の家紋である三《み》つ葉《ば》葵《あおい》紋の金箔瓦が使われたのは、家康を祀る東照宮や将軍上洛の御殿となった二の丸御殿など徳川家に関わりのある場所であったと推定される。

【参考文献】岡崎市教育委員会「あいちの考古学発表資料」（二〇一六）、岡崎市教育委員会『岡崎城跡整備基本計画―平成二八年度改訂版―』（二〇一七）、愛知県史編さん委員会『愛知県史　資料編　考古5　鎌倉～江戸』（二〇一七）、奥田敏春「岡崎城」『愛知県中世城館跡調査報告Ⅱ（西三河地区）』愛知県教育委員会（一九九四）、奥田敏春「中世岡崎城の形成と構造」『岡崎市史研究』二二（岡崎市教育委員会、二〇〇〇）

（河野あすか）

●平時にも有事を忘れぬ親藩の陣屋

奥《おく》殿《との》陣《じん》屋《や》

〔所在地〕岡崎市奥殿町雑谷下
〔比　高〕一〇メートル
〔分　類〕平城（陣屋）
〔城　主〕大給松平氏
〔年　代〕正徳元年（一七一一）～文久三年（一八六三）
〔交通アクセス〕ＪＲ東海道本線「岡崎駅」下車、名鉄バス「奥殿陣屋」下車、約五〇分。または名鉄名古屋本線「東岡崎駅」下車、名鉄バス「奥殿陣屋」約三〇分。または、伊勢湾岸自動車道豊田東ＩＣから約一〇分。駐車場有

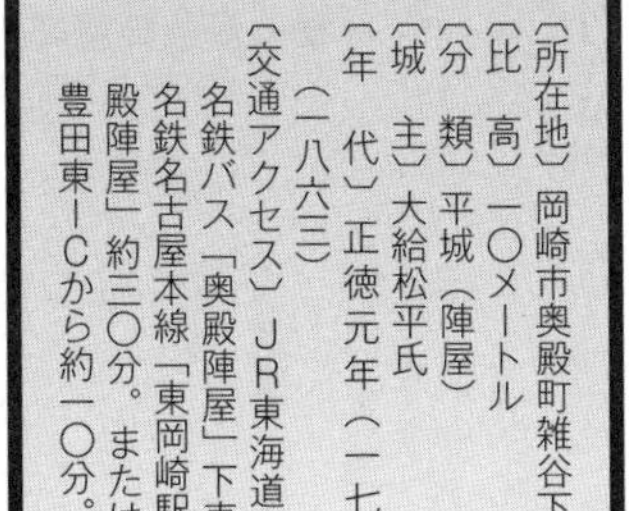

【概　要】奥殿陣屋は、岡崎市の北部、巴川《ともえ》の左岸にあり、巴川とその支流の郡界川を隔ててすぐ北に豊田市という、加茂郡と額田《ぬかだ》郡の郡界に位置している。奥殿（藩の藩祖）は、大給松平家第五代真乗《さねのり》の二男真次《さねつぐ》である。奥殿藩は、三河に四〇〇〇石、信州佐久に一万二〇〇〇石を領する親藩大名であった。

【藩祖松平真次】松平真次は、天正五年（一五七七）に大給《おぎゅう》城で生まれた。天正十八年に家康の関東移封にともない、兄家乗にしたがい上野国那波《なわ》（現在の群馬県伊勢崎市）に移る。真次は優れた武人で、上州飯塚では、十数人の盗賊団を家臣数人とともに退治したとの逸話も残している。秀忠にしたがい参戦した大坂の陣では、兜首二首を挙げて一〇〇〇石を拝領し、続いて寛永4年（一六二七）には大番頭に進み、同じ上野国で二〇〇〇石を加増され所領三〇〇〇石となった。この時、真次は先祖以来の三河国の地を望み、その申し出が許される形で、奥殿とその周辺への領地替えとなった。その後も加増が続き、次代乗次の代には大給の地も含む合計一万六〇〇〇石を領する大名へと成長していった。

【奥殿陣屋への移転】正徳元年（一七一一）、奥殿藩四代乗真は、それまで大給にあった陣屋を奥殿に移した。これは、それまで勤めていた大坂定番の任を解かれ、大坂にいた多くの家臣が大給に引き上げたため陣屋が手狭になったこと、また、大給の地に比べ、奥殿が東海道や巴川など主要交通路に近かったためといわれる。奥殿陣屋は、文久三年（一八六三）

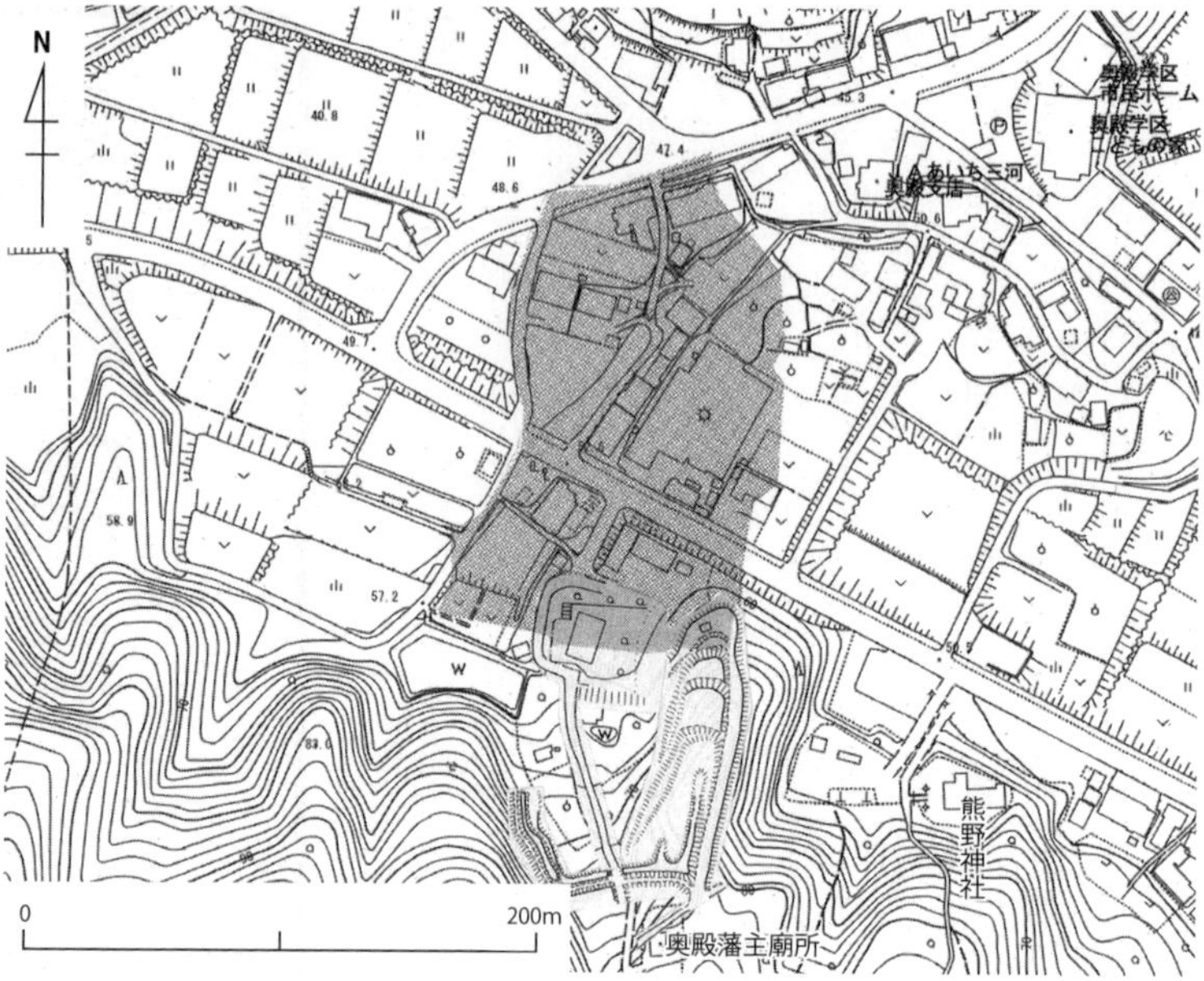

●—奥殿陣屋縄張図（岡崎市都市計画基本図（2017）に『中世城館跡調査報告書Ⅱ』愛知県教育委員会 1994 の縄張図を合成）

に信濃国田野口《たのくち》（現在の長野県佐久市）に陣屋を移すまで存続し、幕末の頃の絵図によると、築地塀に囲まれた二㌶ほどの敷地に、表御殿、書院、藩主の住居、地方役所、学問所、道場、代官士分の住居など、三三棟もの建物が建てられていたことが分かっている。

【奥殿陣屋を歩く】　現在の奥殿陣屋は、かつての屋敷地中央を県道三三八号線が貫通しており、南側部分が公園として整備されている。公園内の書院は、田野口移転後に桑原町の龍渓院《りゅうけいいん》に一度移築されて庫裏として利用され、昭和六十年に公園整備にあたり再度移築されたものである。敷地内には資料展示室もあり、歴代藩主について詳しく知る事ができる。公園から山側に向けて歩を進めると、歴代藩主の廟所への途中、道の両側に土塁《どるい》状遺構を確認できる。コの字状に一〇〇㍍ほど残存しており、陣屋の背後にあたる尾根筋からの地形を遮断する働きがあったものと思われる。土塁状遺構の続く北側の尾根筋には、曲輪状の平坦面も見られ、『奥殿亀崖公伝』内の奥殿陣屋図では物見《ものみ》場と記されている。現在も東屋《あずまや》があり、公園内から階段で登ることができる。平穏な江戸の世にあっても、有事に備える武家の心構えが感じられる遺構といえる。

【参考文献】城殿輝雄「奥殿陣屋」（一九八九）、『新編岡崎市史近世三』（新編岡崎市史編さん委員会、一九九二）、奥田敏春「奥殿陣屋」『中世城館跡調査報告Ⅱ（西三河地区）』（愛知県教育委員会、一九九四）

（松田　繁）

●県内最大級の山上要塞

山《やま》中《なか》城《じょう》

〔岡崎市指定史跡〕

〔所在地〕岡崎市羽栗町、舞木町
〔比　高〕一〇〇メートル
〔分　類〕山城
〔年　代〕大永四年（一五二四）
〔城　主〕松平信貞　今川氏　松平氏
〔交通アクセス〕名鉄名古屋本線「名電山中駅」下車、徒歩約一五分。または、車で国道一号線「山中小学校北交差点」から県道三二四号線を南西に約三分。駐車場有

【大動脈東海道を押さえる】　東名高速道路の音《お》羽《と》蒲《わ》郡《がまごおり》インターチェンジを降りると、すぐに国道一号に出る。かつての東海道で、古代以降、日本の大動脈として、畿内と東国を結ぶ東西交通の要であった。三河では、矢作《やはぎ》川を越えて岡崎市内を抜けてから、豊川の国府《こう》で豊橋平野が開けるまで、低丘陵の山間エリアを直線的に走っている。左右から山が迫るこの付近は街道を押さえる事が容易であり、それがゆえに、この地域の人びとにとってこの道の支配権は非常に重要であった。山中城は、東海道と吉良街道の分岐点を見下ろす南の山上に立地している。この山は、古くは医王《いおう》山、岩尾山とも呼ばれていた。城に関わる遺構の範囲は、山頂を中心に東西約四〇〇メートル、南北二〇〇メートルにおよび、山城としての大きさは県内でも最大規模を誇る。城域の裾部から東海道までは、直線で五〇〇メートルと離れておらず、街道を押さえるには格好の位置にあった。

【築城について】　山中城の築城については諸説ある。一五世紀半ばに西郷氏によって築かれたとするもの、もう一つは大永四年（一五二四）に岡崎松平信貞《のぶさだ》が、松平清康《きよやす》による夜襲を受けて落城する前に築いたとするものである。西郷氏は、岡崎城を築城した西郷頼嗣《よりつぐ》の一族である。近くの大草（額田郡幸田町）が本貫地《ほんがんち》と伝わり、松平信光《のぶみつ》の五男光重《みつしげ》が配されて始まる岡崎松平家が、二代目親貞《ちかさだ》の早世の後、三代目に立てたのが西郷頼嗣の子信貞（昌安）といわれる。信貞は、名を岡崎松平から西郷に復し、一円に勢力を保持していた。山

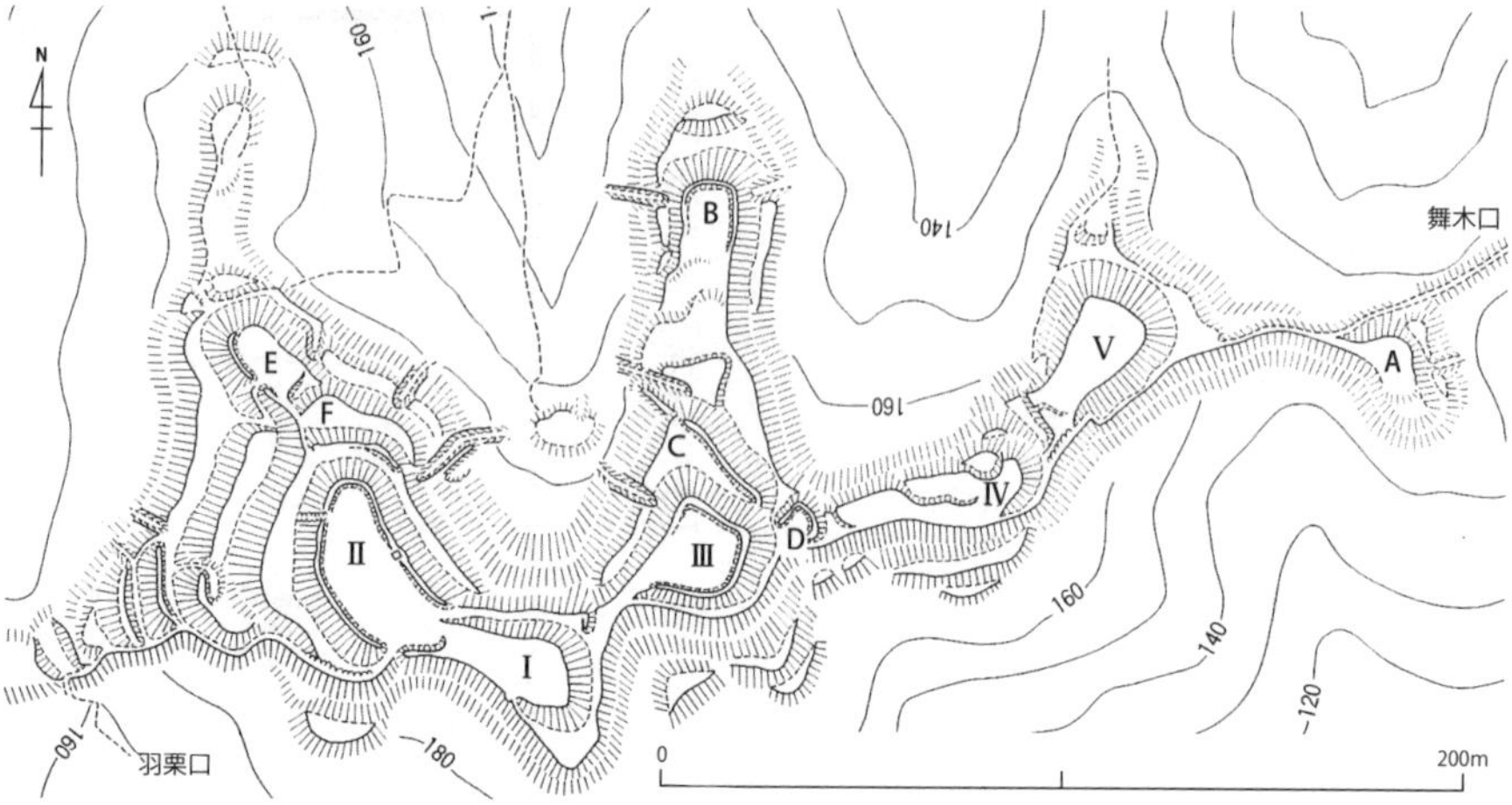

●—山中城縄張図(『中世城館跡調査報告書Ⅱ』愛知県教育委員会 1994 から転載)

中城は、こうした西郷氏の支配体制の中で築かれたものであろう。西郷氏はその後、安城の松平清康と次第に対立を深めていく。東西三河の交通の要を押さえる山中は、三河平定を目指す清康にとっても重要な場所であった。大永四年、清康は「山中村に砦《とりで》を構へ、近郷を押領し」(「朝野旧聞裒藁」)ていた信貞を攻め、山中城は陥落する。攻め手は配下の大久保忠茂《ただしげ》であった。城を追われた信貞は岡崎、山中の所領を清康に明け渡し、自らは大草へと退いたとされる。

【山中城を巡る攻防】 天文四年(一五三五)、松平清康が尾張国守山で家臣に殺される(守山崩れ)と、東三河の大部分は今川義元の支配下に置かれるようになる。山中城は、西三河との接点に当たることから、義元の西三河攻略の拠点として機能した。天文十七年(一五四八)に起こった織田信秀《のぶひで》との小豆《あずき》坂の戦いの前後、「医王山(山中城)」としてたびたび史料上に記載があり、義元が西から勢力を広げる信秀に対し、周辺の城とともに山中城を防衛拠点の一つとしていたと考えられる。義元は、小豆坂の戦いに勝利し、織田の勢力を西に後退させる事に成功する。以降、岡崎城、山中城、長沢城など周囲の城に今川の城代を置き、三河全域をその領国に組み込んでいくのである。

永禄三年(一五六〇)、桶狭間《おけはざま》の戦いで義元が織田信長に討たれると、今度は三河独立を目指す松平元康が今川方の山中城を攻め落としている。元康は、登屋ヶ根城、岩略寺城など周辺の城も落とし、永禄七年(一五六四)頃には家臣の酒井忠次《ただつぐ》が山中郷を所領としている。織田氏と同盟を結び、今

●—堀切の様子

川氏の勢力も三河から駆逐されている時期で、すでに軍事的拠点としての役割は薄れていたと考えられる。元亀、天正年間には武田氏との抗争が起こるが、山中城については記録が乏しく動向は不明である。天正十八年（一五九〇）、家康の関東移封にともない廃城となった。

【山中城を歩く】 登城口は城の東西にあり、それぞれ舞木口、羽栗口と呼ばれる。現在入口には山中城の解説文と地図が掲示されており、柵を開けて進むと整備のされた遊歩道が続く。

　山中城は、これまで本格的な発掘調査は行われていないが、その規模と残存状況の良さから、縄張について数多くの論考が発表されている。これらの成果より、山頂の主郭を中心に東、北、北西に伸びる尾根状に曲輪を配し、堀切《ほりきり》、竪《たて》堀《ぼり》を設けて城域を画する連郭《れんかく》式の山城とされている。主郭は山のもっとも高い場所に設けられ、南東から北西方向に細長い。南東側（Ⅰ）が〇・五《メートル》ほど高く、一段下がる北西側（Ⅱ）は周囲に土塁《どるい》をめぐらせている。Ⅰ郭から下がったⅢ郭からは東尾根と北尾根が派生する。東尾根の付け根に当たるD郭は小規模な馬出《うまだし》になっている。その先のⅣ郭とⅤ郭の間は片堀切を設け、土橋《どばし》で繋いでいる。北尾根ではC郭北面に土塁を設け、さらに先端部のB郭の北には城内最大の堀切で尾根を完全に断絶している。尾根筋の中でもっとも防御効果が高く、北尾根の重要度が垣間見える。それに対し、Ⅱ郭の下に形成される北西尾根は、尾根筋にE郭、F郭を配するほかは山の斜面に帯郭《おびくるわ》を展開させており、趣が異なる。こうした構造上の違いから、Ⅰ郭とⅢ郭の間を境に西と東で段階差（Ⅰ・Ⅱ郭を中枢部、Ⅲ郭を外縁部）がある、という考え方もある。それを築造時期の差と捉えるかも含め、今後も検討が必要であろう。

●―馬出

【周辺には】　山中城の北に、山中八幡宮がある。「朱鳥十四年」（六九九）創建と言われる大変古い八幡宮だが、拝殿の南側斜面に「鳩ヶ窟《はとがくつ》」と呼ばれる洞窟がある。永禄六年（一五六三）に起こった三河一向一揆の際、戦いに敗れた家康がこの洞窟に身を隠した。追っ手が洞窟の中を探そうとした時、二羽の白い鳩が洞窟中から飛び立ち、「人間が居る穴から鳥など飛び立つはずはない」として命拾いをしたと言われている。そのため、以後この洞窟を鳩ヶ窟、八幡宮のある山は御身隠《おみかくし》山と呼ばれるようになった。三河平定のため、東奔西走する若き家康にまつわるエピソードの舞台である。

【参考文献】『新編岡崎市史　中世二』（新編岡崎市史編さん委員会、一九八九）、「山中城跡」『新編岡崎市史　史料考古下』（新編岡崎市史編さん委員会、一九八九）、奥田敏春「山中城」『中世城館跡調査報告Ⅱ（西三河地区）』（愛知県教育委員会、一九九四）、高田徹「山中城」『愛知の山城ベスト五〇を歩く』（サンライズ出版、二〇一〇）

（松田　繁）

●六万石の城下町

西《にし》尾《お》城《じょう》

〔西尾市指定史跡〕

〔所在地〕西尾市錦城町
〔比　高〕五メートル
〔分　類〕平山城
〔年　代〕承久年間
〔城　主〕足利義氏以降一二名
〔交通アクセス〕名鉄西尾線「西尾駅」下車、徒歩一〇分。六万石くるりんバス右回りコース「歴史公園西」下車、徒歩三分。

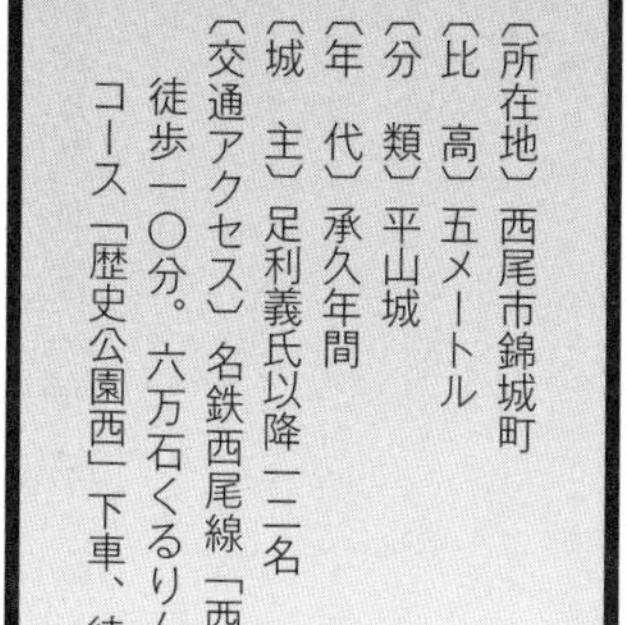

【立　地】　西尾城は、碧海《へきかい》台地の南部に位置し、舌状に伸びる台地の先端部に立地する。標高は約八㍍、城郭域は東西約二〇〇㍍、南北約四〇〇㍍におよぶ。

【西条城から西尾城へ】　西尾城は、江戸時代の史料であるが『三州幡豆郡西尾城主由来書』によると承久の乱（一二二一）の戦功によって三河国守護に任じられた足利義氏《よしうじ》が築城した西条《さいじょう》城が始まりと伝えられている。義氏の庶子である長氏は吉良荘を継いだが、その子満氏《みつうじ》の創建した実相寺は、西尾城の西方に位置し、実相寺《じっそうじ》付近には長氏が隠居したと伝えられる丸山御所や屋敷地名が多く存在することから、初期の西条城は現在の場所ではなく、その西方の西野町地区にあった可能性も考えられる。

その後、吉良氏と名を改め、吉良荘を統治するが、戦国時代には、城主が牧野成定《なりさだ》、酒井正親《まさちか》、酒井重忠《しげただ》や田中吉政《よしまさ》（一般的には田中吉政は岡崎城主。『藩翰譜』によると田中吉次が西尾城主とするが、『慶長見聞録』によると岡崎城主は田中吉次、西尾城主は田中吉政とある）と入れ替わり、これにしたがって城域も拡大した。戦国期の西尾城の様相については明らかではないが、『家忠日記』の天正七年八月の記事には西尾城には「本城」の他に「北橋城」と呼ばれる区画があったことが知れる。『家忠日記』『三河物語』によると、天正十三年（一五八五）、家康の命により「三河の人夫を挙げて」城が修築され西尾城の基礎となる城が完成した。このとき、西条城（当時も西尾城とよばれていた）としての屋敷の集合体の縄張から、馬出《うまだし》を持つ求心的な縄張を有する近世城郭としての西尾城へと転換したと考えられる。さらに田中氏の時代に三之丸が造営され、城郭が確定した。

　慶長六年（一六〇一）に本多康俊《やすとし》が西尾二万石の藩主として入城し、その後も松平氏、本多氏、太田氏、井伊氏、増山氏、土井氏、三浦氏と城主は譜代大名の間で次々と代った。六万石の西尾藩となったのは、明和元年（一七六四）に山形藩から大給松平《おぎゅうまつだいら》氏が入城してからとなる。松平氏は代々老中などの幕府の要職を務め、以来、廃藩となるまで五代続くが、明治維新を迎えると城は天守をはじめほとんどが取り壊しを受けた。

【西尾城の天守】西尾城の特色は、天守が本丸ではなく二之丸にあり、城下を堀で囲む総構《そうがまえ》があることだろう。実は初期には、他の大部分の城郭同様、本丸に天守が築造されていた可能性がある。

　天守の位置は当初から二之丸にあったかは不明で、「三州西尾城図」（西尾市岩瀬文庫蔵）では、本丸丑寅櫓《うしとらやぐら》は二層で描かれているが、天守を含むその他の櫓は一層で描かれているため、本丸説の根拠の一つとされている。しかし、絵図は昭和初期の写しで、新門が描かれ、喰違門《くいちがいもん》が描かれていないことなど、新しい要素も認められることから、絵図の信憑性には検討が必要である。

　製作年代が明らかな絵図の中で、もっとも古いものは正保年間に描かれた「三河国西尾」（国立公文書館内閣文庫蔵）である。この絵図には土塀で囲まれた二之丸北西隅に三層の天守が描かれている。絵図によると天守は黒板下見張り三層で、高さは五二尺である。二之丸に天守が築かれた理由の一つに本丸には西尾城の鎮守である御剣八幡宮《みつるぎはちまんぐう》があり手狭であるため、近世城郭としての天守に見合う場所が確保できないためとされている。本丸丑寅櫓は三間二尺四方であったのに対し、天守台は九×七間と大きく、近世城郭に見合った天守を築くために、二之丸に天守を築いたと考えられる。

【総構と五門の築造】『鶴城記』によると寛永十五年（一六三八）年西尾城主太田資宗《すけむね》が城下町を包含する総構の築造を企て、正保二年（一六四五）に太田にかわって城主となった井伊直之《なおゆき》が工事を受け継ぎ、起工より前後一五年を費やして明暦三年（一六五五）に完成した。この囲郭は城下町すべてを包含して土塁《どるい》、水濠をめぐらしたもので、これに城下町と外部とを結ぶ主要個所に、五つの門を設け、番卒を置き、その開閉をつかさどらせ警戒にあたらせた。

　東海道藤川へ通ずる主要道路には天王門、かつて東条城のあった吉良地方や南部一帯、および平坂港《へいさか》へ通ずる個所には須田門を設けた。いずれも高麗門（高麗門かどうか不明であり、薬医門《やくいもん》の可能性がある）で、外堀に面した門先きにかなりの広場を有し、門内は土塁による桝形《ますがた》が築かれていた。天王門と須田門の間に丁田《ちょうだ》門、西部への唯一の通路には鶴ヶ崎

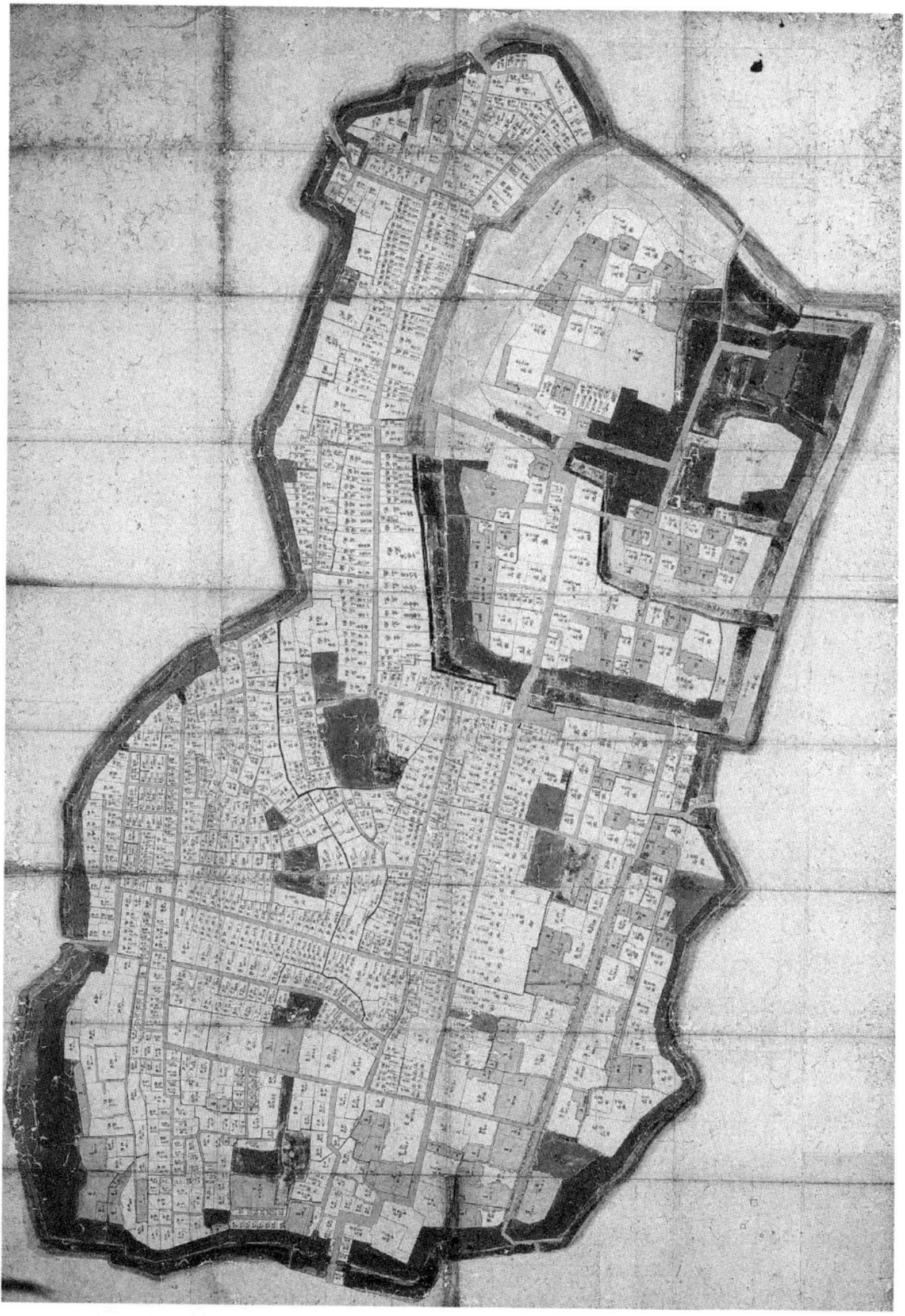

●—明治10年西尾郷地籍図（西尾市教育委員会所蔵）
この頃まで堀の一部が残っている。二之丸跡は説教所がなく，「草生」と記されている。

門が設けられ、いずれも木戸門である。

城下町の表玄関ともいうべき北部には西尾城最大の、楼門《ろうもん》式の追羽《おっぱ》門があって、知立《ちりゅう》方面に通じていた。門の左右に低い石垣があり、土居《どい》と接続し、土居と追羽門の間には柵を築いていた。門の内側道路沿いに長屋風の武家屋敷があり、門の内部に桝形の空間があり四度曲がって中町に通じていた。

以上が城下町と在方へ通じる、いわゆる五ヵ所御門であるが、もう一つ門があった。新屋敷から城内に入るために、元治元年（一八六四）馬場町の道路突き当たりの土居を切り割り土橋《どばし》を設け、木戸門を馬場町側へ造り、その傍らに番小屋を設けた。これ以後城外へ通ずる門は六つとなったが、この門の名称はつけられなかった。

【発掘調査の成果】　発掘調査は、一九八四年に小学校運動場拡張工事にともない、東之丸地点で行われて以来、九次にわたり実施された。本丸・西之丸・東之丸など面積は合計七四〇〇平方メートルとなっている。戦国時代の城郭構造は不明な部分が多いが、近世西尾城は本丸を中心に、北東側に西之丸と三之丸、南東側に姫丸と東之丸が配置され、城下町が惣堀《そうぼり》によって囲まれる構造となっている。本丸では、丑寅隅櫓台の部分が発掘調査された。櫓台の上面は約六・五メートルの方形となり、八ヵ所の礎石跡が確認された。石材は幡豆石《はずいし》と呼ばれる花崗岩が多く用いられていた。

二之丸では南半部、北東端部と北西端部が調査された。南半部では戦国時代の溝で区画された屋敷地A・B・C・Eと、それらを廃棄して構築された堀が確認された。堀は両者とも湾曲しており、その配置からみて（本丸の北の虎口《こぐち》の前に位置することから）丸馬出を構成していたと考えられる。屋敷地が展開するのは一六世紀前葉から中葉、丸馬出を構成するのは一六世紀後葉と位置付けられる。北東端部では、戦国時代の区画溝と江戸時代の石垣の裏込め、建造物の基礎構造が検出された。北西端部では、戦国時代から織豊期の障子堀と近世の石垣基礎構造が確認された。障子堀《しょうじぼり》は台地縁辺を北東から南西方向に沿うように検出された。従来あった堀を拡張する際に、地山を削り残し障壁を築いている。障子堀は短期間で埋められたようで、そのうえを整地し、天守台を築いている。また、天守台は台地から張り出すように構築されていたことが判明した。丸馬出や障子堀は一六世紀後葉に掘削されたと推定され、『家忠日記』に記された西尾城改修の記録との関連性が想定される。また、台地下から発見された石垣遺構は低湿地上にマツ材の胴木を敷き、その上に花崗岩を積み上げたもので、石垣最下段に設けられた腰巻石垣と想定される。裏込めから出土した瓦から江戸時代前期以降に設置されたと推定されるが、絵図等には描かれておらず、検討が必要である。

二之丸の鍮石門《ちゅうじゃくもん》前の広場となる部分では、中世の火葬施設一基、戦国時代の屋敷を囲む溝と塀、江戸時代の長蔵基壇の石組みの痕跡と溝、方形土坑が存在する。

東之丸では南部と北西部と北東部が調査された。戦国時代の溝が三条あり、屋敷を区画したものとみられる。江戸時代の遺構は漆喰槽九基、井戸六基、土坑、溝などが確認され、特に幅約三〇㌢の浅い溝によって区切られた五区画が認められ、これが侍屋敷であったと想定される。この区画は元治元年（一八六四）の「西尾城屋敷割図」にみられる区画に合致している。

江戸時代の遺構はおおむね各種の絵図に描かれた内容が確認された。

出土遺物は大きく中世前期から中期、中世後期、江戸時代の三期に分けられる。

中世前期から中期では、山茶碗《やまちゃわん》、白磁小壺、伊勢型鍋、内湾形羽釜が出土しているが、一二世紀中葉から後葉のものが多い。中世後期では、瀬戸・美濃窯産陶器、中国産磁器などが多量に出土した。江戸時代では、瀬戸・美濃窯産陶磁器、肥前産陶磁器、関西系陶磁器などがある。

【整備計画】 昭和五十九年に西尾城再建友の会により、『西尾城天守調査報告書』が発行され、名古屋工業大学教授を中心とした西尾城天守の再建計画書が作成される。その後、平成六年に市教育委員会により、『西尾城跡公園整備報告書』がまとめられ、本丸丑寅櫓・二之丸鍮石門などが復元され、西尾市歴史公園として整備された。また、昭和五十九年より天守再建を目的として集められた基金を活用し、天守台と二之丸丑寅櫓台等の復元が行われている。広島大学名誉教授らを中心に『西尾城二之丸跡整備計画書』が作られて、現在では、二之丸丑寅櫓及び屏風折れの土塀五〇㍍の復元工事が計画されている。今後は天守及び建造物の復元のみならず、市内の文化・観光の拠点として整備していくために、西尾城と城下町を含んだ保存活用が進められるだろう。

【参考文献】 愛知県史編さん委員会『愛知県史　資料編　考古五　鎌倉～江戸』（二〇一七）、西尾市教育委員会『西尾城シンポジウム一』（二〇一四）、西尾市教育委員会『西尾城シンポジウム五』（二〇一八）、西尾市史編さん委員会『西尾市史　古代中世近世上』（一九七四）

（河野あすか）

●若き家康と激闘を繰り広げた名族の城

東《とう》条《じょう》城《じょう》

〔所在地〕西尾市吉良町駿馬城山
〔比　高〕二五メートル
〔分　類〕平山城
〔年　代〕承久年間～天正十八年（一五九〇）
〔城　主〕足利義氏─義継（東条吉良氏）─義貴─松平家忠（東条松平）
〔交通アクセス〕名鉄西尾線「上横須賀駅」下車、北東に徒歩三〇分。または、車で県道42号線「寺嶋」交差点を東に五〇〇メートル。駐車場有

【立　地】　東条城は、西尾市の東部、幸田町との市境にある茶臼山《ちゃうすやま》からのびる吉良町北部の丘陵先端部に所在する。丘陵の南側を矢崎川、西側を炭焼川が流れ、城の南で合流して矢作古川に繋がっている。川のある東、南、西は東深、西深の地名の通り深田であり、川とともに城の防御力を大いに高めたと考えられる。元々は、北側から続く丘陵と一連の城館であったといわれるが、県道三一八号により南北に分断されたために独立丘陵のようになっている。城跡は、平成元年に古城公園として整備され、平成四年には主郭部分には物見櫓《ものみやぐら》や門、柵等が復元されている。

【抗争の歴史】　承久年間（一二一九～一二二一）に、足利義氏《よしうじ》が吉良荘の地頭となり、息子の長氏に西条城、義継に東条城を築かせたのが東条城の始まりといわれるが、よく分かっていない。その後、足利から吉良と名を代えて、西条と東条の吉良氏が領する時代が戦国まで続く。応仁の乱では、それぞれ東西に分かれて争っており、『今川記』では、「東条西条つねに御仲よからず」と記されている。両氏の抗争は、東条吉良持広《もちひろ》が、西条吉良義堯《よしたか》の子義安《よしやす》を養子に迎えるまで続き、衰退した吉良家はその後の今川氏の三河侵攻に耐えられず敗北、義安は駿河国藪田村に幽閉され、代わって弟の義昭が傀《かい》儡《らい》的に当主とされたのである。

　桶狭間《おけはざま》の戦いの後、義昭は三河で独立を目指す松平元康と対立し、永禄四年（一五六一）四月（弘治二年（一五六六）との説もあり）に善明堤《ぜんみょうつつみ》の戦いが起こる。この戦いで、義昭

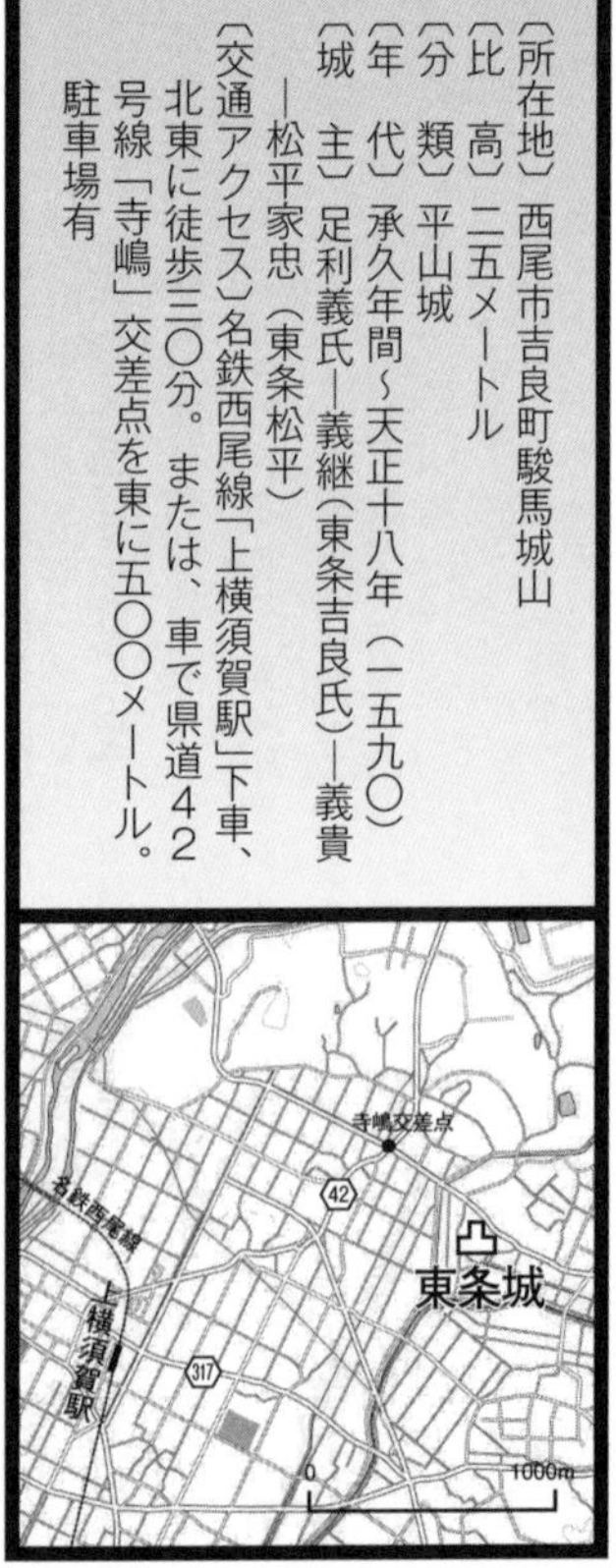

は計略を持って松平方の深溝松平好景を討ち取り、松平軍を撃退している。しかし、同年九月に起こった藤波畷《ふじなみなわて》の戦いでは、家臣富永伴五郎が討死するなど敗北し東条城は降伏、家康の支配下に置かれることとなった。永禄六年、義昭は西三河で起こった一向一揆に併せて再起を図るもふたたび家康に敗北、この時も東条城は戦火に見舞われている。東条城は、若き日の家康にとっては幾度も刃を交えた難儀な城だったといえるかもしれない。その後、東条城は松平家忠に与えられ、城代として松井忠次が入り、以降は東条松平家の居城として存続、天正十八年（一五九〇）、家康の関東移封にともない廃城となった。

●—東条城測量図（『旧法応寺墓所』西尾市教育委員会 2013 から転載）

【東条城を歩く】　城の縄張は、主郭を中心に副郭《ふくかく》、帯曲輪《おびぐるわ》を配する連郭《れんかく》式の平山城である。東条城は、周囲は開墾等の改変を受けているものの、城そのものは当時の様子をよく留めている。東条城が描かれた絵図は、現在三枚（浅野文庫「諸国古城之図」・川越市光西寺蔵「三州東條絵図」・同「参州東篠古城図」）が知られているが、これらに描かれた縄張は現況と比較してもほぼ正確である。城の西側には石畳で舗装された散策路があり、案内板も設置されている。この道を進むと左手に登城口が見えてくる。急坂の道を登ると左右に帯曲輪が置かれ、副郭Ⅱと副郭Ⅰに至る。

副郭Ⅰには、建長年間（一二四五～五六）創建と言われる八幡社がある。副郭Ⅱからは、北西に藤波畷の戦場が一望で

●―副郭Ⅱより主郭を望む

きる。副郭Ⅱを抜けると、喰違《くいちがい》虎口《こぐち》とともに復元された門が姿を現し、主郭へと至る。城内最大の大きさを持つ主郭は、一辺約五〇メートルの方形で、東西に虎口を持ち、北から南に三段の平坦面が作られている。北東隅には、絵図にも描かれた櫓《やぐら》があったものと考えられている。西虎口は、平成五年に発掘調査が行われた。土塁内側の排水路と思われる溝と、ピット、土坑が確認され、一五世紀代の陶器類、一六世紀前葉～中葉の土師器皿、鍋、釜などが出土している。いっぽうの東虎口は、山の西麓から城の南側に配された帯曲輪を通って回り込むルートが想定されている。

【参考文献】石川浩治「東条城」『中世城館跡調査報告Ⅱ（西三河地区）』（愛知県教育委員会、一九九四）、『吉良町史』（吉良町史編さん委員会、一九九九）、三田敦司「旧法応寺墓所」（西尾市教育委員会、二〇一三）、鈴木正貴「東条城跡」『新編西尾市史　資料編一考古』（西尾市、二〇一九）

（松田　繁）

三河

●常に戦火にさらされた要衝の城

吉《よし》田《だ》城《じょう》

〈所在地〉豊橋市今橋町ほか
〈比　高〉八メートル
〈分　類〉平城
〈年　代〉明応年間、永正二年（一五〇五）
〈城　主〉牧野古白、戸田氏、牧野氏、今川氏城代、酒井忠次、池田輝政、（譜代大名）
〈交通アクセス〉ＪＲ東海道本線「豊橋駅」から豊橋鉄道市内線「市役所前」「豊橋公園前」下車。豊橋公園内に駐車場有

【立　地】 吉田城のある豊橋市は、愛知県の南東部に位置する中核市で、東三河の政治、経済、文化の中心地である。特に、市内中心部にある吉田城の周辺は、古くから南信州、奥三河の山間部から三河湾に通ずる豊川と、主要街道である東海道が交わる交通の要衝であった。現在でも、東海道新幹線をはじめとする多くの鉄道が発着する豊橋駅を中心に、市内を国道一号が貫通し、国内有数の貿易港である豊橋港（三河港）を有し、周辺自治体の首長的存在として発展している。

【要衝の地】 吉田城は、もともとは今橋城と呼ばれていた。築城される以前は、この付近は飽海《あくみ》と呼ばれ、平安時代には伊勢神宮の所領（神戸《かんべ》）が設けられている。応永五年（一三九八）に、三代将軍の足利義満発給文書の中で「今橋《いまはし》御厨《みくりや》」の名が現われ、室町時代には今橋と呼ばれていた。また、三河湾から豊川に入る海路と陸路の接点であり、今橋宿として宿場の機能も有していたことも、同時代の文書から分かっている。古くから、ヒトとモノが行き交う経済拠点であった。

【抗争のはじまり】 今橋の地に城を築いたのは牧野古白《こはく》である。当時の東三河は、豊川北部に勢力を持つ牧野氏と、田原の戸田氏が東三河平野部の覇権を争っていた。明応二年（一四九三）、戸田宗光《むねみつ》が東三河へ勢力を伸ばそうと二連木《にれんぎ》城を築いたことに対して、古白が今川氏親の命を受け、永正二年（一五〇五）に築いたのがそのはじまりと言われている。ただし、同時代の資料から、牧野氏が少なくとも一四九〇年代の後半には今橋を統治していた可能性が高いと言われてお

●—豊橋公園南辺の土塁

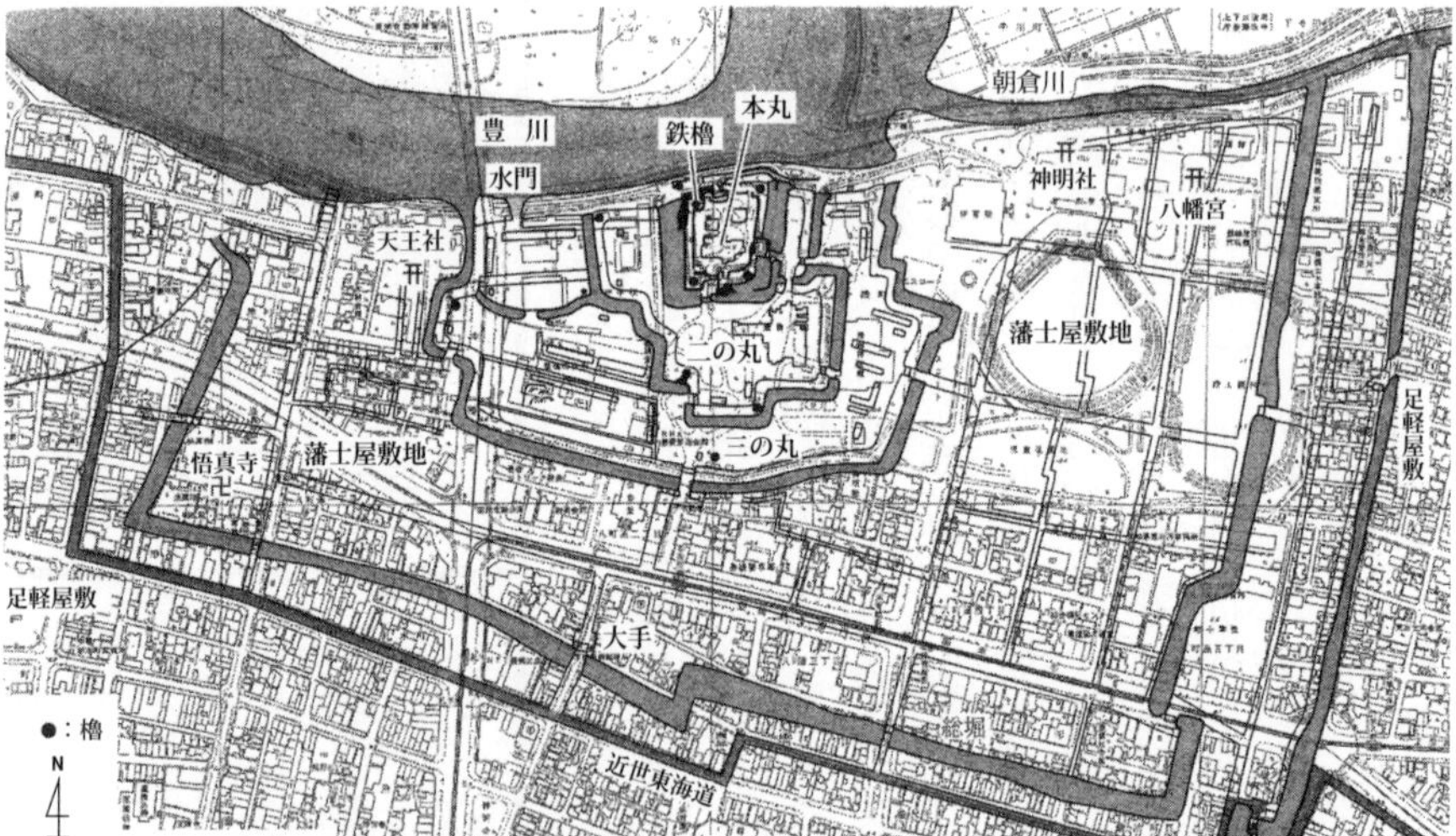

●—吉田城周辺図（『愛知県史 資料編５ 考古５ 鎌倉〜江戸』より引用）

り、最近では明応年間（一四九二～一五〇一）には築城されていたという説が提示されている。両城の間は二キロほどしか離れておらず、まさに勢力のぶつかる最前線であった。永正三年には、今度は今川に攻められて今橋城が落城、古白は討死を遂げる。原因については、勢力が増した牧野氏に対するために戸田氏から要請を受けた、また西三河の松平氏が攻めてきた際に、松平氏に寝返った古白を討った、など、様々な説が存在するがよく分かっていない。落城後の今橋城には戸田氏が入るが、その後の今橋城は戸田氏、牧野氏に加えて今川氏、松平氏の介入もあり、目まぐるしく城主が入れ替わる。

●―金柑丸に残る土塁

　天文十五年（一五四六）、今川義元は家臣の天野景貫《あまのかげつら》に命じて今橋城を攻め取っている。今川氏は、これまで牧野氏や戸田氏を介していた今橋を直接支配するために城代を置いた。周辺寺社への寄進や造営、伝馬制の実施など都市整備を進め、今橋は経済、交通のほか軍事面でもさらに発展したと考えられる。なお、この今川統治時代に、今橋は名を吉田に改められている。

【酒井忠次と吉田城】桶狭間《おけはざま》の戦いを経た永禄七年（一五六四）、徳川家康は三河全土の平定を目指し、吉田城を攻めた。城代の大原資良《すけよし》は、九ヵ月におよぶ籠城戦を展開、最終的には兵糧攻めにより開城するのだが、要塞としての吉田城の堅牢ぶりが伺える。吉田城主には重臣酒井忠次《ただつぐ》が任じられ、この後、酒井氏による東三河統治は、天正十八年（一五九〇）の関東移封まで続く。忠次は、豊川に土橋《どばし》を架けて交通の便を改良、豊川下流域の治水工事、新田開発の奨励など、吉田城下の産業の発達に尽力した。

　また軍事面では、吉田城の大きな改修を行った。発掘調査の成果によると、近世に築かれた吉田城の二の丸、三の丸、藩士屋敷地におよぶ範囲で、酒井期の堀が見つかっている。それまでの本丸、金柑丸《きんかんまる》付近を中心としていた城域が現在の豊橋公園の敷地を越えた南方まで広がっていることが確認されている。天正三年（一五七五）、武田勝頼配下の山県昌景《やまがたまさかげ》

●—鉄櫓下に残る池田期の石垣

が二連木、吉田を攻めているが、この時の様子を記した書状の中で、吉田城に追い入れた徳川軍を二〇〇〇人と表現している。吉田城が、その規模の兵員を収容できる城であったことが分かる。なお、武田軍は吉田城を攻略できずに反転、長篠城を攻めることとなり、これが設楽原《したらがはら》の戦いにつながっていく。

【池田照政の入国】　家康の関東移封後、豊臣秀吉の命で池田照政《てるまさ》（在城時、晩年に輝政と改名）が入城する。東海道の諸城には、家康に対する守りのため、秀吉子飼いの家臣が清須城の秀次付として配された。その中でも照政は、石高一五万二〇〇〇石、諸将の中で一番の大身であった。照政は、これまでの土づくりの城から、新たな時代を知らしめるべく織豊系城郭へ大改修を行った。現在、城内に残っている石垣のうち、鉄櫓《くろがねやぐら》下の高石垣に当時の様子を見ることができる。

近年の発掘調査では、鉄櫓下の西側において、この高石垣に耐えうる強固な基礎工事が施されていることが確認された。本丸周辺に展開する石垣も、積み直しや石材の入れ替えはあるものの、照政の時期から大きな位置の変化はないものと考えられている。また、発掘成果から、それまでの酒井期の堀を埋め、新たに堀を設けていることも確認されている。吉田城は、照政によってまさに一新された。そして、この時の城が現在まで続く吉田城の原型となったと考えられている。江戸に入り、照政が播磨姫路に転封すると、吉田藩は三〜八万石で譜代大名が務めた。歴代藩主により、吉田の城下町、宿場町は整備されて発展するが、広大な城域、幾度かの大震災など、城の維持管理には苦労したと言われている。

【吉田城を歩く】　吉田城は広大である。現在、主要部は豊橋公園として整備されているが、最盛期の城域は、東西約一四〇〇《メートル》、南北約七〇〇《メートル》、東海道筋では岡崎城に次いで広く、名古屋城よりも広大であった。北は豊川、東は二重の堀を配し、南は総堀の外側を東海道が、西には総堀と段丘崖を

●—川手櫓付近（重層的な石垣群）

利用した二段構えの防衛ラインを有していた。現在、総堀は市街地に埋没しているが、それにともなう土塁《どるい》の一部が、城の北東に当たる豊橋刑務支所敷地内に約一〇〇㍍に渡って残存している。また、東八町交差点にある秋葉山常夜灯付近には東の惣門《そうもん》があった。城の表玄関である大手門は、現在の豊橋市公会堂の南、豊橋市役所前郵便局付近に所在し、郵便局から東西に延びる道路が総堀ラインと重なる。この一つ南の道は東海道で、傍には豊橋市道路元標が残る。近世以降も、豊橋の都市計画において基準に当たる場所であったことが分かる。なお、湖西市の本興寺にある山門は、延宝二年（一六七四）に城門を移した吉田城唯一の現存建物とされ、現在、湖西市指定文化財となっている。

　総堀から城内に進むと、土塁で囲まれた三の丸に至る。現在の豊橋公園の南辺を区画する土塁が三の丸外縁にあたり、南接する道路が堀跡となる。東に進むと、豊橋市美術博物館駐車場で北に曲がり、その後三の丸会館付近で直角の折れを連続させている。西側は、ＮＨＫ豊橋支局で切断されているが、本来は国道一号まで続いて北に折れ、土塁は豊城中学校北辺を回りこみ、堀は豊川に接続していた。豊城中学校の北側には、堀とは別に水門跡があり、豊川から直接城内への進入が可能であった。吉田城は、豊川との関わりを抜きに語ることはできない。近年、豊橋市では豊川河床の水中調査が進められており、これらの調査成果によっては、吉田城の評価がさらに深まるものと期待されている。

【二の丸から本丸へ】　二の丸は、本丸南西部を囲むように配置されており、東側に藩主の生活する二の丸御殿、西側には庭園や矢場などが設けられた花畑が存在した。現在は整地されているが、かつては石垣や土塀、堀等で区画された空間で、二の丸の東側、南北に延びる土塁が唯一の遺構として残存している。二の丸南側に築かれた評定《ひょうじょう》櫓の跡には、石碑が残っている。二の丸の北東には金柑丸がある。南北に細長く、北と東に土塁を設けている。本丸、二の丸、三の丸に連結する中継的な位置関係で、その性格は本丸の馬出《うまだし》との説もある。

金柑丸を抜けると本丸である。本丸の北西に位置する鉄櫓は、昭和二十九年の産業文化大博覧会に合わせて模擬再建された。天守に近い機能を果たしていたと考えられるが規模が小さく、天守台を含めて検討の余地を残している。本丸には、西を除く三方に虎口《こぐち》が、四隅には櫓が設けられていた。虎口は、桝形《ますがた》虎口で櫓門を備えていたが、鉄櫓を除く櫓と同じく、石垣を残すのみである。中央の広場には本丸御殿があり、家康や秀忠、家光など、上洛等の際に将軍が宿泊した記録が残っている。本丸周辺の石垣には、刻印の刻まれた石が含まれている。刻印を記した石は天下《てんか》普請《ふしん》でのみ見られるもので、慶長十七年（一六一二）に藩主となった深溝松平忠利《ただとし》が、参加していた名古屋城普請の残石を貰い受けて使用したといわれている。これらの石は本丸南北の多門付近で多く見ることができる。北の多門を降りると、豊川沿いの腰曲輪《こしぐるわ》に出る。東西に入道櫓、川手櫓が築かれ、下見板張りの櫓群が重層的に配されたその姿は、多くの浮世絵にも描かれ、東海道の名所の一つであった。

【参考文献】　豊橋市教育委員会『検証吉田城』（二〇〇六）、岩原剛「吉田城」『愛知の山城ベスト五〇を歩く』（サンライズ出版、二〇一〇）、岩原剛「吉田城跡」『愛知県史　資料編五』（愛知県史編さん委員会、二〇一七）、岩原剛編『三河吉田城』（戎光祥出版、二〇一八）

（松田　繁）

●三河湾を支配した海の城

田《た》原《はら》城《じょう》

〔所在地〕田原市田原町
〔比　高〕一三メートル
〔分　類〕平山城
〔年　代〕文明十二年（一四八〇）頃
〔城　主〕戸田氏、今川氏、本多氏、池田氏
〔交通アクセス〕豊橋鉄道渥美線「三河田原駅」下車、徒歩約一五分。田原市博物館に駐車場有

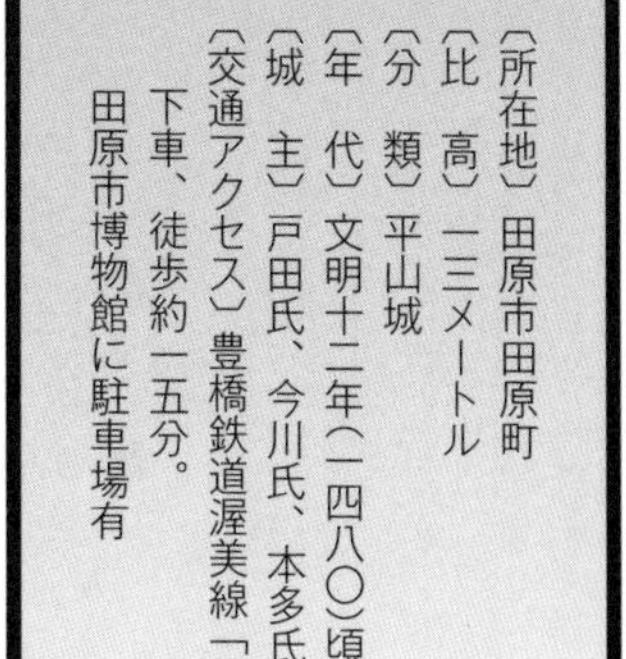

【海に浮かぶ城】　田原城のある田原市は、渥美半島の大部分を占める。二〇〇〜三〇〇メートルほどの山地が東西に長く続き、西の端は伊良湖《いらご》水道をへて伊勢湾から太平洋へ、そして東は、蔵王《ざおう》山を最後に一端山並みが途切れる。蔵王山の南側の台地は、侵食によっていくつもの谷で分割されており、かつてはその谷筋に葦原や干潟が迫っていた。田原城と田原の城下町は、蔵王山の南麓に展開する。現在は新田開発により城の東南部は干拓されているが、戦国時代、満潮時には城の手前まで海が迫っていたと考えられ、その形が巴文《ともえもん》に似ていることから巴江《はこう》城とも呼ばれた。

【三河湾を支配する】　田原城は、文明十二年（一四八〇）に戸田宗光《むねみつ》によって築城された。宗光は、碧海《へきかい》郡上野荘（豊田市上野町）から大津（豊橋市老津町）に進出し、その後、田原城を築いたとされる。上野荘が京都三條家の所領であったことから、宗光は三條家の庄官であったと考えられている。田原を拠点にした宗光は、渥美半島に勢力を広げる一方で、今川氏の勢力が弱まると東方へも進出、明応二年（一四九三）には田原を嫡男の憲光に譲り、自身は豊橋の二連木《にれんぎ》に城を構えた。

さらに、渥美半島を手中に収めた宗光は、海を渡り知多半島の南部にもその勢力を広げている。明応八年（一四九九）、遠江《とおとうみ》国境に近い今川方の船形山城を攻め落としたことで今川氏の怒りを買い、宗光は掛川城を発した今川家臣朝《あさ》比《ひ》奈《な》泰《やす》以《もち》に攻められて同地で討死してしまう。しかし、宗光によっ

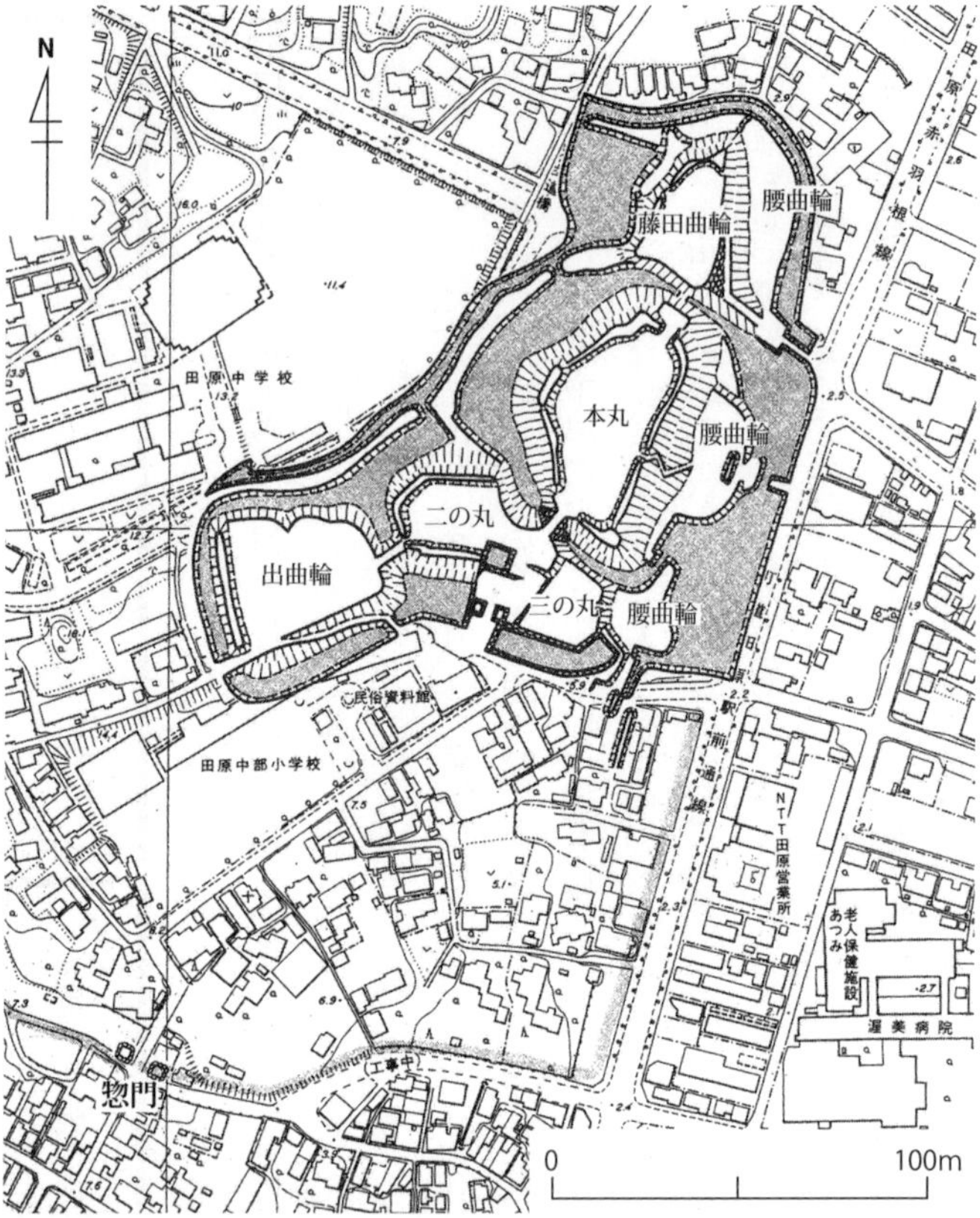

●―田原城縄張図（『愛知県史 資料編5 考古 鎌倉～江戸』より引用）

て広げられた戸田家の支配地は三河湾岸の南半一帯におよび、以後、憲光《のりみつ》、政光《まさみつ》、宗光《むねみつ》（康光）、尭光《たかみつ》と五代に渡って、文字通り海を支配する三河有数の国人《こくじん》領主へと成長するのである。

【竹千代強奪事件とその後の田原城】 天文十六年（一五四七）、四代戸田宗光が、松平広忠《ひろただ》嫡男の竹千代を強奪し、尾張の織田信秀に送り届ける事件が起きる。戦国史上でも大変有名な出来事だが、最近の研究では、信秀が岡崎を一時的に支配し、これに降った広忠が竹千代を人質として差し出した、強奪としたのは神君家康を神格化するため、とする報告がされている。真相については更なる議論を要するが、戸田氏はその年、義元から攻撃を受けて田原城は落城、当主の宗光、尭光親子をはじめ一族の多くが討死してしまう。

平成五年に藤田曲輪の発掘調査が行われているが、この時期の遺構面からは焼土面、焼土塊とともに、東海の城では数が少ない貿易陶磁が大量に出土している。貿易陶磁の中には、当時でも骨董的価値の高い元様式の染付が含まれており、戸田氏の海上交易による強大な経済力と、そして今川氏による苛烈な攻撃の様子が、発掘成果からもうかがい知ることができる。落城後の田原城には今川氏の城代が交代で入り、三河支配の拠点の一つとなった。桶狭間《おけはざま》の戦いで今川氏の勢力が衰退すると、今度は三河統一に乗り出した徳川家康によって、永禄八年（一五六五）三月に吉田城が陥落、同年五月には田原城も囲まれている。城代朝比奈《あさひな》元智《もととも》が開城すると、城攻めの先鋒を担った徳川家臣本多広孝《ひろたか》・康重《やすしげ》親子が入城、天正十八年（一五九〇）家康の関東移封までの二五年間在城、田原を治めた。

【近世城郭へ】　家康が去った後、東三河には豊臣秀吉の家臣池田照政（晩年輝政と改名）が一五万二〇〇〇石で吉田城に、田原城には家臣の伊木清兵衛が城代として入った。家康を危険視していた秀吉は、東海道沿いの各城に子飼いの将を配置し、それぞれ大規模な改修を命じている。支城の田原城も同様の改修が考えられるが、具体的な改修場所については慎重な評価が必要とされる。慶長六年（一六〇一）、前年の関ヶ原の戦いを受け、池田照政が播磨姫路へ加増転封となると、田原には戸田尊次《たかつぐ》が伊豆下田から一万石で入った。かつて三河湾を支配した戸田家の子孫が、今度は初代藩主として田原に戻ったことになる。戸田家は、尊次、忠能《ただよし》、忠昌《ただまさ》と三代続き、寛文四年（一六六四）に一万石の加増を受けて肥後天草に転封となった。田原城には、三河挙母から三宅康勝《やすかつ》が一万二〇〇〇石で入城、以後幕末までは一二代に渡り三宅家が治めている。

●—惣門

●—本丸北辺の土塁

【田原城を歩く】　田原城は、城域の最高所に本丸を設け、北に藤田曲輪、南に二の丸、三の丸、出曲輪を配し、それぞれを土橋《どばし》で繋ぐ連郭《れんかく》式の城である。現在は直線的だが、かつての通路は、塀や門の組み合わせで桝形《ますがた》を造り防御力を高めていた。明治五年の廃城時に本丸殿舎、二の丸櫓《やぐら》を始め建造物は解体され、その後各曲輪では施設の建設、公園の整備が行われた。改変著しい中にあって、二の丸と本丸を隔てる空堀《からぼり》は、今も戦国期の様子を留めている。また、本丸内西側にある富多満留《ふたまる》稲荷の千本鳥居裏手には、高さ二メートルほどの土塁が状態よく残されている。この土塁は本丸東側にも一部残存しており、南北に比べ東西に曲輪を展開できなかった中世期の田原城の様子をうかがうことができる。その後、藤田曲輪、本丸、三の丸の東側にはそれぞれ腰曲輪が配され、西側の池とともに防御効果が高められている。三の丸の南には大手にあたる桜門があり、入城すると正面に二の丸櫓が威圧的に現われる。桜門外の両脇の水堀は、東はL字状に、西はやや奥に配され、東からの景観を意識した造りになっている。桜門の手前まで続く大手道も、門の正面から少し東にずれた配置となっており、これも、大手道からまっすぐ城には進めないという防御効果とともに、桜門と二の丸櫓を重層的に見せる効果も与えている。大手道の入口には、城の外郭部である惣門《そうもん》が残る。残存する東側の石垣は、発掘調査で一七世紀中ごろ、三宅氏の手によるものと分かっている。

●—桜門と二の丸櫓

【田原藩士渡辺崋山】　江戸時代、田原藩は様々な自然災害を受けた。特に、三宅家が藩主の時期は、絵図や藩日記などの記録書が多く残されており、十数回の被害が知られている。田原藩士で家老だった渡辺崋山《かざん》は、苦しい藩の財政の中「報《ほう》民倉《みんそう》」という食糧備蓄庫を整備、天保の大飢饉の際には、藩内に一人も餓死者を出さなかった。惣門の脇には現代版報民倉があり、実際に災害用資機材が保管されている。田原市博物館では崋山ゆかりの作品が多数展示されており、付近には崋山を祀る崋山神社、墓のある城宝寺がある。

【引用文献】　高橋延年「田原城」『定本東三河の城』（郷土出版社、一九九〇）、増山禎之他「田原城跡（一）」（田原町教育委員会、一九九五）、鈴木利昌「田原城」『中世城館跡調査報告Ⅲ（東三河地区）』（愛知県教育委員会、一九九七）、増山禎之「田原城」『検証吉田城』（豊橋市教育委員会、二〇〇六）、増山禎之「田原城」『愛知の山城ベスト五〇を歩く』（サンライズ出版、二〇一〇）、岩原剛「田原城」『愛知県史　資料編五』（愛知県史編さん委員会、二〇一七）

（松田　繁）

●東西三河の境目を抑える一大山城

岩《がん》略《りゃく》寺《じ》城《じょう》

〔豊川市指定史跡〕

〔所在地〕豊川市長沢町御城山
〔比　高〕一〇〇メートル
〔分　類〕山城
〔年　代〕長禄二年（一四五八）
〔城　主〕長沢松平氏
〔交通アクセス〕名鉄名古屋本線「名電長沢駅」下車、徒歩約二〇分。
または、車で、国道一号線「長沢交差点」から南に約五分。駐車場有

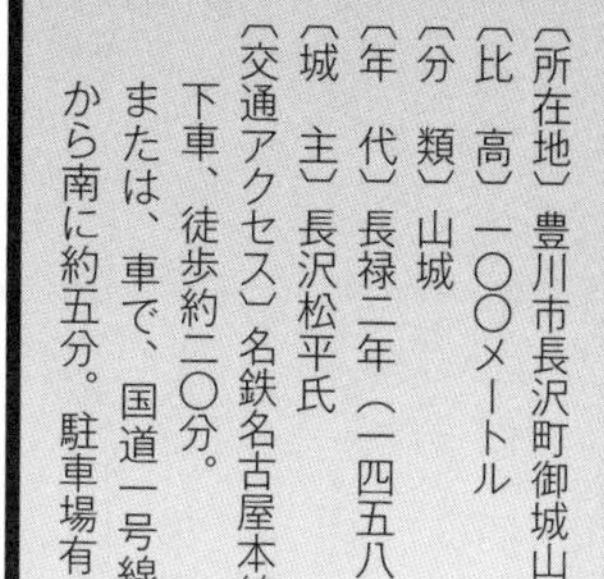

【立　地】岩略寺城は、別名長沢山《ながさわさん》城とも呼ばれる。長沢とは、文字通り長い沢の地形を表しており、現在も、東海道と音羽川を通す幅しかないほどの隘地《あいち》になっている。周辺には、東海道を挟んだ北側に長沢城、西に登屋ケ根《とやがね》城、鰻塚《うなぎづか》城が築かれており、要地として認識されていたことが伺える。

【歴　史】岩略寺城のある長沢は、今川氏の一族で奉公衆の一人である関口氏の所領であったと言われる。長沢八王子神社の応永十年（一四〇三）の棟札《むなふだ》に源則興《のりおき》、嶽《たけ》神社の宝徳元年（一四四九）の棟札に源教兼《のりかね》と、ともに関口氏の一族の名が記されていることから、少なくとも一五世紀には関口氏が一帯に勢力を持っていたことが考えられる。

長禄二年（一四五八）、松平宗家三代信光《のぶみつ》の時に長沢城を奪い、子の親則《ちかのり》に与えた（『長沢松平家譜』）とあることから、一五世紀半ばになると松平氏が勢力を伸ばしたようである。ただ、先述の通り、長沢には東海道を挟む南北に城があり、この長沢城が岩略寺城を指しているかどうかは不明である。この親則から始まる一族は、長沢松平家としてその後松平宗家を支える存在となっていく。松平家の勢力が拡大する中、天文四年（一五三五）に松平清康《きよやす》が尾張国守山で家臣に殺害されると、情勢が大きく変化する。駿河の今川氏が勢力を伸ばし、次第に三河での支配力を強めている。天文十五年（一五四六）、今川家軍師の太原雪斎《たいげんせっさい》が敵対する田原城攻略のために、牛久保に一〇〇名、長沢に五〇名、それぞれ四交代で

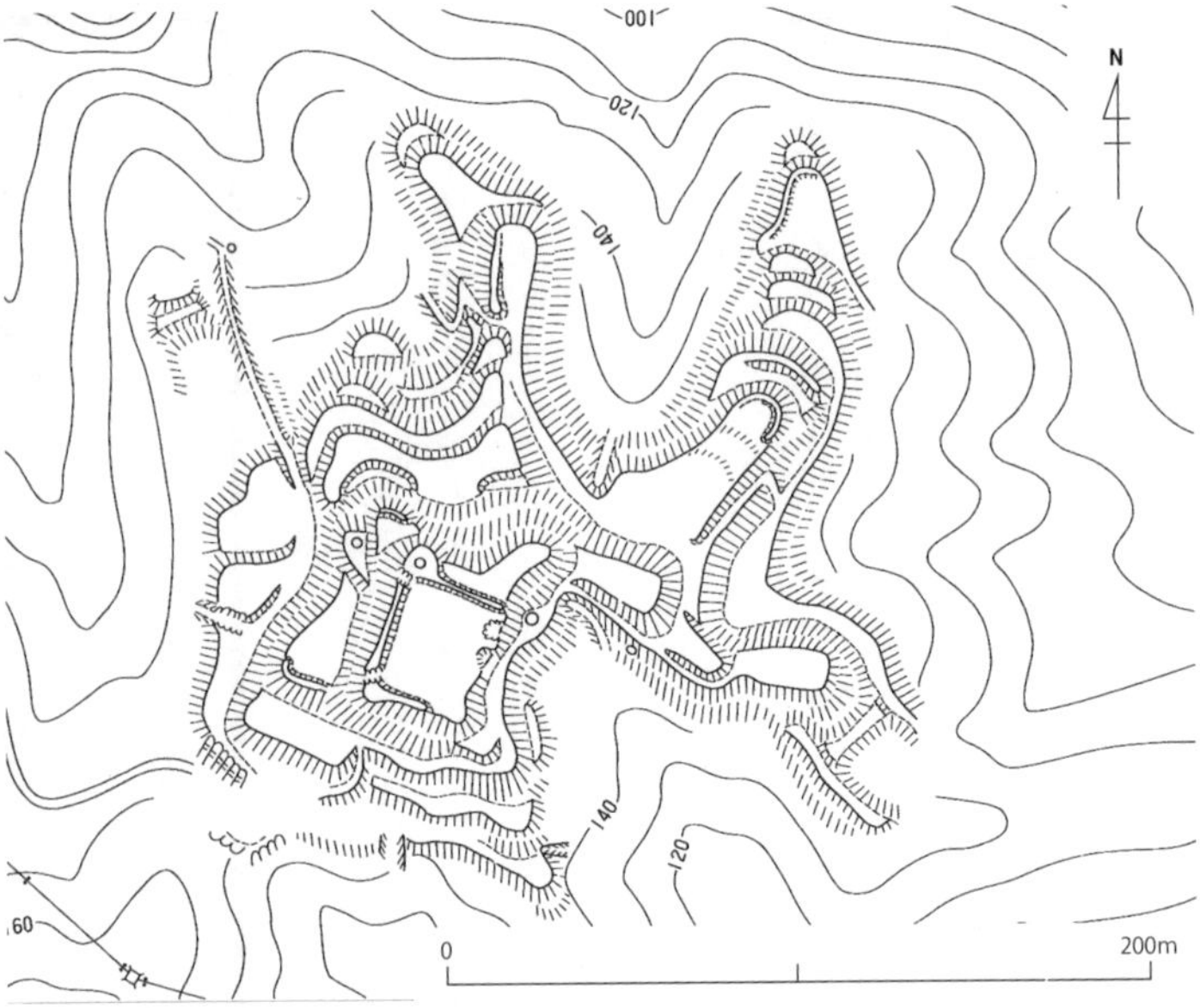

●―岩略寺城縄張図（『中世城館跡調査報告書Ⅲ』愛知県教育委員会 1997 から転載）

合計六〇〇名配置するように命じ（『雪斎宗孚書状』）、また同二十年（一五五一）には匂坂六兵衛門に長沢在城とその普請《ふしん》を命じている（『匂坂文書』）。

永禄三年（一五六〇）、今川義元が桶狭間《おけはざま》の戦いで織田信長に討たれると、三河国内では独立を目指す松平氏と今川氏の戦いが始まる。永禄四年、松平元康が今川方城代糟谷《かすや》善兵衛の長沢城を攻め落とす（『松平記』）。この時、長沢松平家は八代康忠であったが、翌年に元康から宝飯郡に領地を与えられており、長沢城には深溝《ふこうず》松平家が、永禄六年から在城を命じられている（『長沢松平家譜』）。

●―東海道側から城跡を望む

天正十四年（一五八六）、家康は長沢城に普請の命令を出す（『家忠日記』）。先々年、家康は小牧《こまき》、長久手《ながくて》で豊臣秀吉と戦っており、未だに対立が続く時期であった。前年には岡崎城、西尾城も普請が行われ、秀吉の三河侵攻に備え、三河の各所で防御体制の強化が図られた。その後、家康が秀吉に臣従すると、天正十八年（一五九〇）の小田原の役では、関東に向かう豊臣秀長の軍勢が長沢に入っている（『旧岡崎市史』）。

【岩略寺城を歩く】　岩略寺城へは、国道一号の長沢交差点から南に向けて、舗装された林道が整備されており、比較的容易に行く事ができる。なお、林道入口には簡易な柵が設けられており、登城にはその柵を開閉する必要がある。林道を進むと、通行止めの表示とやや開けた駐車場があり、石碑と城跡全体の曲輪配置図が記された案内板が設置されている。なお、駐車場は、城の南西から派生する尾根と城域を断ち切る堀切《ほりきり》部に当たる。

●—本曲輪内に残る土塁

　駐車場からは遊歩道が伸びており、それに沿って登城することになる。南曲輪、腰曲輪から見下ろされる形で南側を進むと、東に折れて本曲輪へ進む急坂と、その先に、主郭北西裾部に造られた三日月堀が現われる。三日月堀の直上に腰曲輪があるので、切岸《きりぎし》に角度をつけ、より高く見せるための堀と考えられる。急坂を上ると本曲輪に出る。本曲輪は約三〇㍍の方形で、北西南の三辺に土塁《どるい》を巡らせている。東側中央部には虎口《こぐち》がある。北西隅の土塁の外に井戸があり、井戸曲輪と明示されている。岩略寺城には井戸が六ヵ所確認されており、これも城の特徴の一つに挙げられる。

　本曲輪からは、北、北東、南東に向けてのびる尾根上に曲輪を配している。このうち、北尾根では喰違《くいちがい》虎口が、北東尾根では武者隠《むしゃがく》しが、南東尾根では先端部に掘切が確認できる。これら城の施設の多くには、名前の書かれた杭が打設されているので、迷うことなく見学することができる。

【参考文献】奥田敏春「岩略寺城」『中世城館跡調査報告Ⅲ（東三河地区）』（愛知県教育委員会、一九九七）、『音羽町史　通史編』（音羽町史編さん委員会、二〇〇五）

（松田　繁）

●地域支配の拠点

牧《まき》野《の》城《じょう》

〔豊川市指定史跡〕

〔所在地〕豊川市牧野町大藪、丁畑
〔比　高〕四メートル
〔種　類〕平城
〔年　代〕応永年間～永正二年（一五〇五）
〔城　主〕田口成富、牧野古白、能成
〔交通アクセス〕ＪＲ飯田線「豊川駅」、名鉄豊川線「豊川稲荷駅」下車、徒歩三〇分。東名高速道路豊川ＩＣから国道一五一号経由五分。

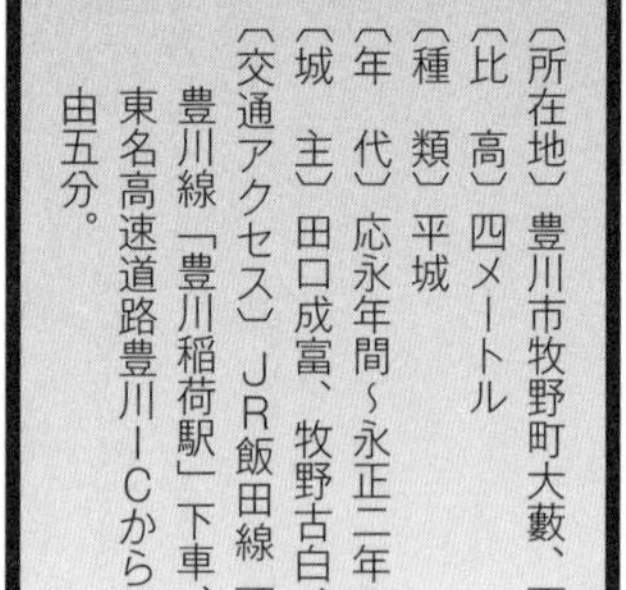

【牧野氏の拠点】　牧野城は応永年間（一三九四～一四二七）に、四代将軍足利義持《よしもち》の命により讃岐からこの地に移り住んだ田口成富《しげとみ》が築城したとされる。また、明応二年（一四九三）、成富の子、成時《しげとき》（古白《こはく》）の時に地名の「牧野」に改称したという。

現在、この周辺地には「横町」や「市場」などの地名が残ることから、家臣や職能民の居住地や庶民の経済活動の場があったことが推測され、支配領域の拠点として牧野城が位置づけられていたものと考えられる。さらに、牧野氏はこの南方に所在する三ツ橋《みつはし》城や瀬木《せぎ》城に一族を住まわせて、中世前半期から続く周辺地一帯を治めたとされる。

これら集落は一級河川豊川の旧流路によって形成された低位段丘上に位置し、その周囲には農地となる低湿地が広がっていたようである。その中で牧野一族が各集落の縁辺部に城郭を築いていたという状況は、地域の生産と流通に軸を置いた支配基盤作りを行ったためではないか、という指摘がある。さらには、豊川の河川交通を利用・掌握するという側面もあったであろう。

永正二年（一五〇五）、牧野古白が今橋城（後の吉田城）に移ったことで牧野城は廃城になったとされる。しかしながら、牛久保《うしくぼ》城、市田村《いちだむら》古城を始め、一六世紀代も牧野一族は当地域に残り、地域支配の継続・拡大を図ったのであった。

【遺　構】　牧野城は単郭方形の館城で、現在は主郭西側と南東角地付近に土塁《どるい》の一部が認められ、特に南西角部の土塁は残存状況が良く、高さ三メートル、幅一三メートルとなっている。ここでは櫓台《やぐらだい》があったことも推測されている。これら遺構は保護の対象となり、牧野城跡は平成七年に市の史跡に指定されている。

牧野城跡では平成四、五年に豊川市教育委員会によって発掘調査が実施された。調査によって、南北一〇二メートル、東西七

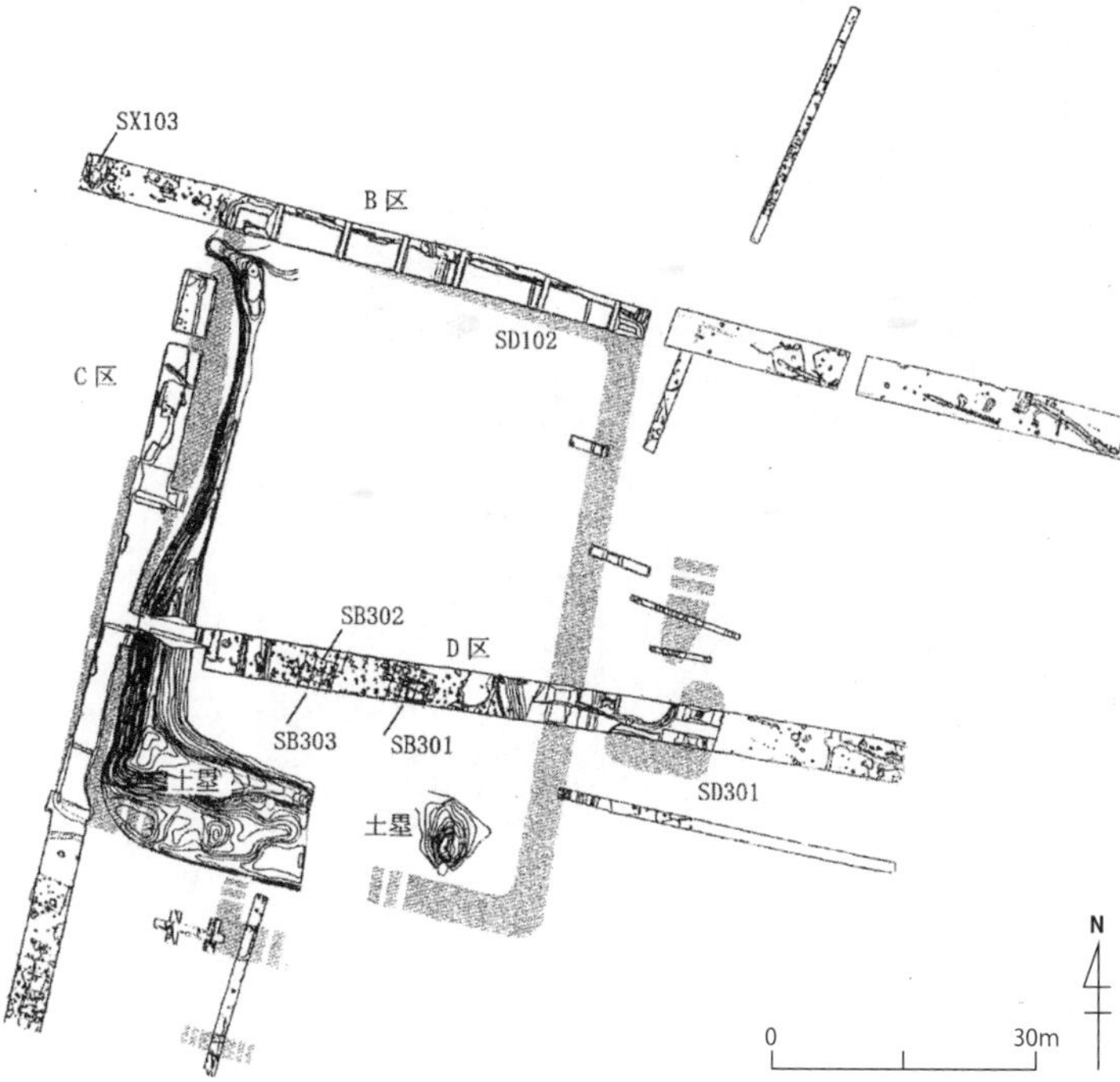

●—牧野城縄張図（調査区全体　林 1994 を一部改変）（作図：岩山 2017）

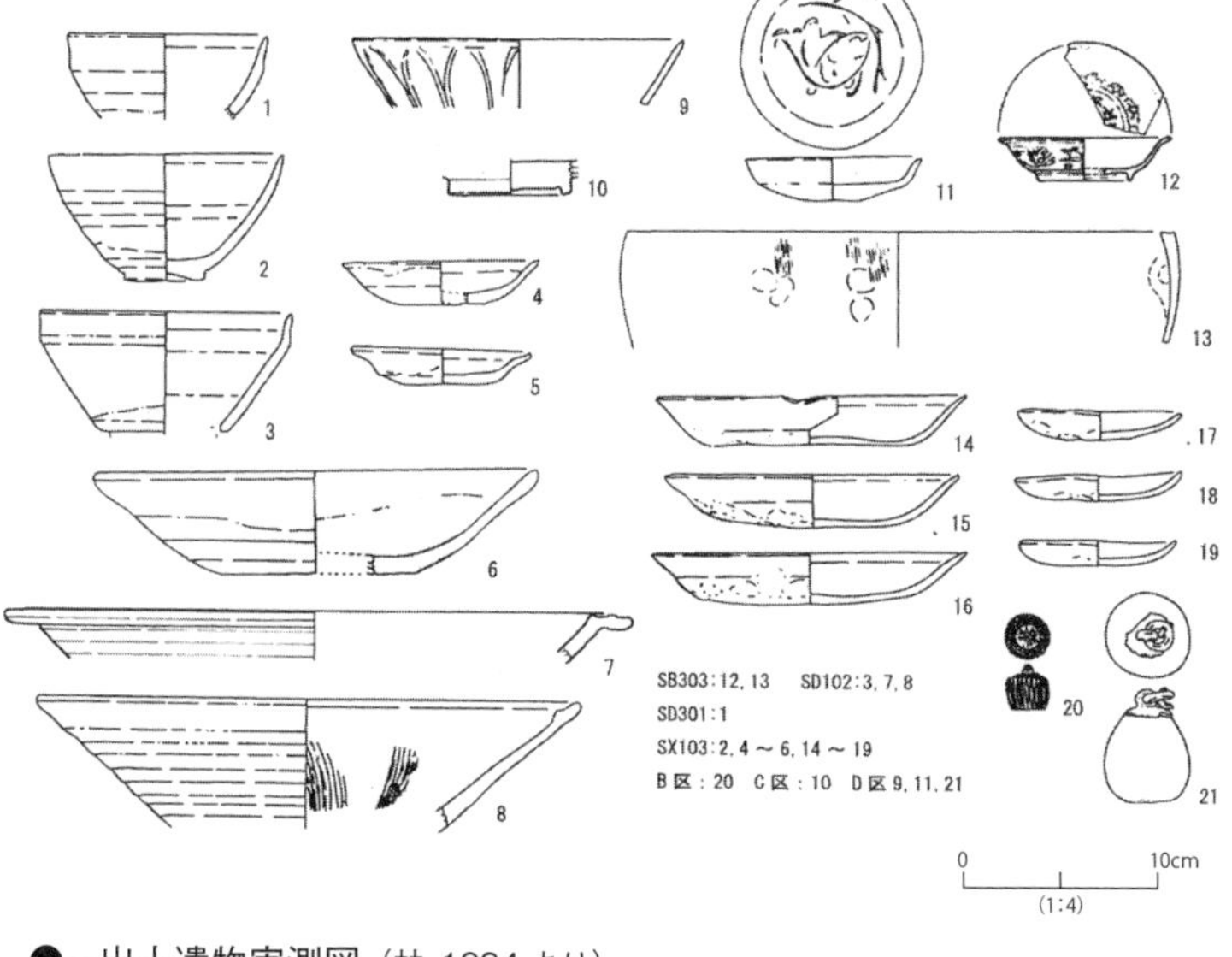

●—出土遺物実測図（林 1994 より）

●—牧野城跡（東から）

二～八四メートルを測る、いびつな矩形《くけい》を呈する単郭方形の居館であった姿が明らかとなった。周囲を土塁と堀で囲み、堀は幅三・五～一〇メートル、深さ二～二・七メートルを測り、土塁は最大幅一三メートル、最大高三メートルで堀の掘削土を利用したいわゆる「掻《か》き上《あ》げ」によって構築されていたことが判明した。また、曲輪内から六棟以上の掘立柱《ほったてばしら》建物、二〇〇枚を超える完形の土師《はじ》器《き》皿が廃棄された特殊な遺構などが確認され、文献資料に見られる城の存続期間と出土遺物の年代観が一致する成果を得ている。

しかしながら、城郭の東側で確認された堀跡から一六世紀後葉に比定される大窯第四段階の天目《てんもく》茶碗が出土したことから、一六世紀末頃に牧野城が外枡形《そとますがた》の虎口《こぐち》を有する城郭に改修された可能性がある。現況は、周囲をビニールハウスで囲まれた農業地帯となっている。その中で、土塁上に生育する木々が、城地への目印となっている。曲輪は道路面より七〇センチほど高くなっているが、道路に面して史跡の説明看板が建てられているので、容易に現地を訪れることができる。

【参考文献】林弘之『牧野城跡』（豊川市教育委員会、一九九四）、奥田敏春「第十一章　中世の城と館」『新編豊川市史　第一巻通史編　原始・古代・中世』（豊川市、二〇一一）

（岩山欣司）

●中世山城の好例

宇《う》利《り》城《じょう》

〔愛知県指定史跡〕

〔所在地〕新城市中宇利字仁田
〔比　高〕九〇メートル
〔種　類〕山城
〔年　代〕文明五年（一四七三）以降～享禄二年（一五二九）、～戦国末
〔城　主〕熊谷重実・実長、菅沼定則、近藤康用
〔交通アクセス〕JR飯田線「新城駅」下車後、徒歩二〇分。または新城駅口からSバス「中宇利」下車。東名高速道路豊川ICから国道一五一号経由二〇分。

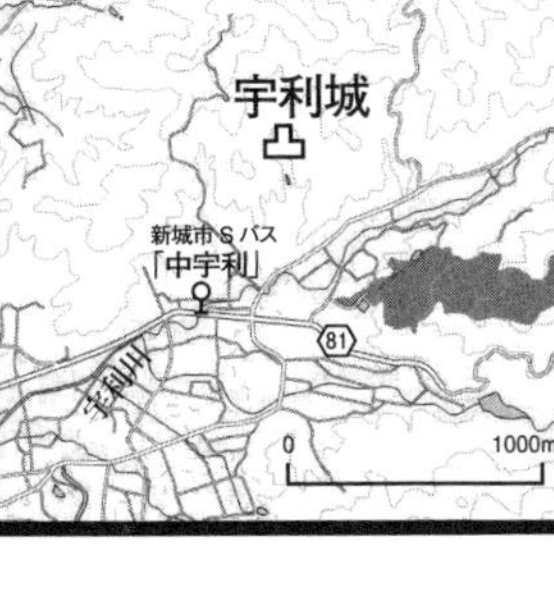

【宇利城を築く】　文明五年（一四七三）、熊谷兵庫頭重実《くまがいひょうごのかみしげざね》は管領《かんれい》職を退いた畠山遠江守義統《はたけやまおとうみのかみよしむね》に付きしたがって、八名郡宇利に移住したという。畠山義統の死後、熊谷重実がその遺領三〇〇〇貫を領したことで宇利城の城主となったものと推測される。宇利城の築城者は伝承等もなく詳細は不明であるが、宇利城は文明五年以降に築城されたものと考えられている。

【宇利城をめぐる戦い】　宇利城は山裾の沼地と南側を除く三方を山地に囲まれた天然の要害地に築かれた難攻の堅城で、ここでは二度の戦いが知られる。

　最初の戦闘は、今川方であった宇利城主熊谷重実の子、実長《さねなが》に対して、西三河の松平清康《きよやす》が三河統一を目指して仕掛けた、いわゆる「宇利城の戦い」である。一般的には享禄二（一五二九）、今橋城や田原城を次々と落城させて勢いに乗った清康軍三〇〇〇人が、野田の菅沼定則《さだのり》、作手《つくで》の奥平貞勝《さだかつ》らとともに宇利城を攻めたという。この戦いで、松平右京亮親盛《ちかもり》が討死し松平勢は大いに手こずっていたが、かねてから菅沼定則と内通していた城中の岩瀬庄右衛門が、定則のあげた狼煙《のろし》を合図に城に火を放ったことで、城主は城を明け渡したとされる。

　次いで、永禄五年（一五六二）、今川家家臣の朝比奈助十郎は今川から徳川方に寝返った野田城主菅沼定盈《さだみつ》率いる宇利城を攻撃し、勝利したという。今川氏は新たな宇利城主に宇利在住の土豪近藤信用《のぶもち》を据えたことが、永禄六年（一五六三）

●—宇利城遠景（南から）

九月に三河国不動堂へ寄進された鰐口《わにぐち》の刻銘から判明している。

永禄十一年（一五六八）、信用は徳川家康の遠江侵攻の際に今川から徳川に帰属を変えた。翌年、武田氏の攻撃を守り抜いたことから、家康より偏諱《へんき》を賜って「信用」から「康《やす》用《もち》」に改めることとなった。

家康による遠江平定後、康用は柿本城に居城を移したと言われ、これ以降の宇利城の状況は伝承もなく廃城については不明である。

【立地と縄張】　本城は標高一六五メートルの山頂部に所在し、麓との比高差は九〇メートルである。北側の背後は尾根続きとなり、東西両側に開析《かいせき》谷が形成され、山麓南側は田んぼなどの平地が広がる。

また、南側対面の山地には比丘尼《びくに》城があり、本城と挟まれた地域には「市場」、「城屋敷」、「御屋敷」、「馬場」と呼ばれる地名が残り、領主の館や集落が存在した可能性がうかがえる。

さらには遠江国境に近く、静岡県浜松市に通じる峠を西方と南方地に抱える交通の要所地に立地している。

本城の中心地である山頂部には主郭とその東側に「姫御殿《ひめごてん》跡」と名付けられた曲輪が並列に置かれ、堀状の登城道が両

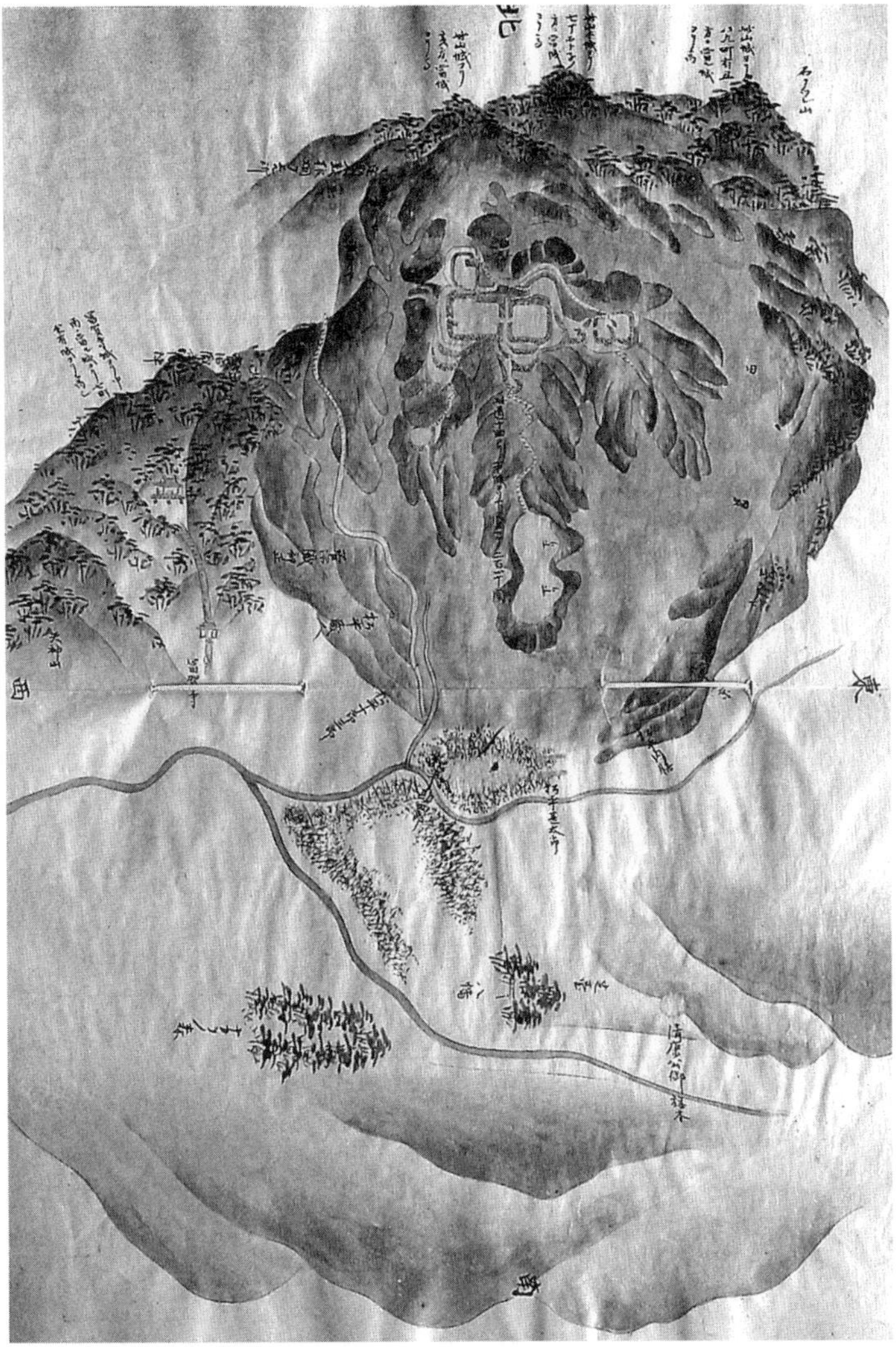

●―宇利城（『菅沼家譜』所収）

曲輪を隔てている。

主郭は東西四〇メートル×南北三六メートルの矩形《くけい》で、南面を除いた周囲に土塁《どるい》を巡らす。北端部には幅二〇メートル、高さ一・五メートルの櫓《やぐら》跡と考えられる高まりがあり、その北側は切岸《きりぎし》状の崖地となる。

その崖下には東西二五メートル×南北二〇メートルの「納所平《なんしょだいら》」と呼ばれる方形を呈する平坦地が広がる。その南北の両端部に横堀があり、北側の横堀は背後に続く裏山への連絡路を遮断している。

姫御殿跡は主郭部より高く、三七×一九メートルの長方形を呈する。虎口《こぐち》にわずかに土塁状の高まりが認められる。

この曲輪の南東斜面下には主郭と姫御殿に通じる通路を抑えるべく、前衛的な曲輪の機能を有しているものと考えられる曲輪がある。ここから南方に六〇メートル離れた場所に宇利城の戦いで戦死した松平右京亮の墓碑が建つ。

ここから東側にさらに

●—宇利城石垣

●—宇利城　石碑

延びた尾根上に「御馬屋平《おんまや》」と呼ばれる曲輪がある。ここの南側に土塁状の高まりが認められ、東から北側にかけての斜面下には堀が設けられ、斜面地の傾斜を強める工夫と思われる。

宇利城は北側と東側の防備を意識した縄張で、戦国時代以前の山城の姿を今に伝える遺跡と評価されている。合わせて、土塁基底部や曲輪斜面など随所に見られる石積みも見所のひとつとなっている。現地へは、愛知県道八一号豊橋下吉田線の中宇利交差点に駐車場があり、そこから徒歩で向かう。駐車場の案内看板を頼りに、宇利城への登城道入口のある山裾へ一〇分ほど進み、そこから一本道で主郭まで一五分程度かかる。散策道は整備されていないが、比較的緩やかな尾根線であるため、ハイキング感覚で歩いて行けるだろう。また、石垣遺構を見るには、主郭の手前で分岐する登城道を西側（山頂に向かって左側）を進み、井戸を経由して行くことができる。

【参考文献】新城市誌編集委員会『新城市誌』（新城市、一九六三）、安形伊佐男ほか『宇利城と中宇利』（中宇利区、一九九五）

（岩山欣司）

●武田信玄、最後の城攻めの地

野《の》田《だ》城《じょう》

〔新城市指定史跡〕

〔所在地〕新城市豊島字本城
〔比　高〕一八メートル
〔種　類〕平山城
〔年　代〕永正十三年（一五一六）～天正十八年（一五九〇）
〔城　主〕菅沼定則―定村―定盈
〔交通アクセス〕ＪＲ飯田線「野田城駅」下車、徒歩二〇分。または、東名高速道路豊川ＩＣから国道一五一号経由二〇分。

【信玄の侵攻】　元亀三年（一五七二）、武田信玄は遠州・三《み》方《かた》ケ《が》原《はら》で徳川家康に大勝し、その翌年、さらに西へ進軍して徳川方の野田城に攻め入った。この時、城主の定盈《さだみつ》は籠城戦で応戦したが、武田軍によって野田城の水道が絶たれると、ついに城を明け渡した。

この「野田城の戦い」でも勝利した武田軍であったが、戦いの最中、信玄の持病が悪化したため、甲斐へ引き返すこととなった。途中、鳳来寺山へ立ち寄り、そこで薬師如来に病気平癒を願ったが、その願いも叶わず信州・駒場で息を引き取ったという。一方で、新城市には「信玄砲」と呼ばれる火縄銃の銃身があり、次のような逸話が伝えられている。「野田城の戦いのある夜、城内から響く篠笛の音に聞き入っていた敵陣の人影に向かって、火縄銃が放たれた。直後、敵陣中が騒がしくなり、信玄が撃たれた」とする伝承である。さらに野田城跡の西側隣接地に所在する法性寺には、この時とされる場所も伝えられている。そのため地元では、信玄最後の城攻め地となった野田城の見学のポイントとして案内している。

【築　城】　野田城の築城者は、奥三河地域で国人領主として活躍した「山家三方衆《やまがさんぽうしゅう》」の田峯《だみね》・菅沼家からこの地に入った菅沼定則《さだのり》である。定則は、はじめ南東方向に約一キロ離れた場所にあった野田館に居住していたが、たびたび水害を被り、防備の備えも不十分であったことから、永正五年（一五〇八）に新たな城郭を築くことを計画し、永正十三年（一五

●―野田城跡東側面（北から）

一六）に野田城を完成させたとされる。城主には定則以後、定村、定盈の親子三代が務めた。

はじめ今川氏親に属した菅沼定則は享禄二年（一五二九）、松平清康の東三河侵攻の際にその配下に加わり、天文四年（一五三五）の清康の死後、今川方にふたたび帰属を変更したが、永禄三年（一五六〇）に義元が桶狭間《おけはざま》で戦死すると、翌年またもや徳川方に寝返った。

その後、天正三年（一五七五）までの一四年間に今川や武田軍から四度の攻撃を受けたが、城主の定盈は帰属を変更することはなかった。

【改修と廃城】 天正三年（一五七五）四月、七〇〇《メートル》東にある大野田城に居城していた定盈は、武田勝頼に攻撃を仕掛けられた。二年前の元亀四年の野田城の戦い後、武田側から破却を命じられたともされる野田城であったが、定盈は大野田城に臨時の居を構えて、損壊した野田城の修理を行っていたと伝えられる。

この時、大野田城では武田軍との籠城戦ができないと考えた定盈は、城に火を放って退却したという。その後、武田軍が長篠城へ向かうと、定盈は野田城に戻って、長篠・設楽原《したらがはら》の戦いに織田・徳川軍として参戦したのであった。

天正十八年（一五九〇）に城主の移封に伴って廃城となったと伝えられた野田城は、七五年間にわたって存続したこととなる。

野田城跡は本宮《ほんぐう》山から派生したなだらかな丘陵の一部が舌《ぜつ》状《じょう》に張り出した先端部に立地する。北側を除く三方は比高差約一八メートルの段丘崖となり、東西を川（沼地）に挟まれた天然の要害地的な地形が形成されている。

【縄張の特徴】　城郭の構造は、南北に延びる丘陵地に沿って三つの曲輪を配した連郭《れんかく》式を基本とする。丘陵先端部の南方に主郭を構える。その縄張の現況は、広島市・浅野文庫所蔵の諸国古城之図や延宝五年（一六七七）に成立した「菅沼家譜」にある野田城を描いた絵図と近似している。なお、菅沼家譜は野田城主の菅沼家の子孫で新城陣屋の初代領主となった菅沼定実《さだざね》が編纂した一族の系譜を記した記録である。

主郭は東西約六〇メートル、南北約四七メートルでその周囲を高さ一メートル前後の土塁《どるい》が囲み、内側には井戸が一基認められる。古図では虎口《こぐち》が三ヵ所描かれているが、西側虎口付近は道路敷によって旧状が失われている。南東角の虎口はその前面に馬出《うまだし》状の広場を設け、土塁からの横矢掛《よこやが》けを意識している。この登城道は、主郭の南側崖下に広がる家臣の屋敷推定地とを連絡しているが、途中、主郭南側の斜面地に堀と土塁状の高まりが設けられ、ここからの侵入を意識した防御の工夫が見られる。

次いで、主郭前方の曲輪とを繋ぐ正面虎口は、土塁を乗り越えて出入りする格好で、その東側の土塁は「かぎ型」に屈曲して北側に張り出し、ここでも横矢掛けを意識した造りと

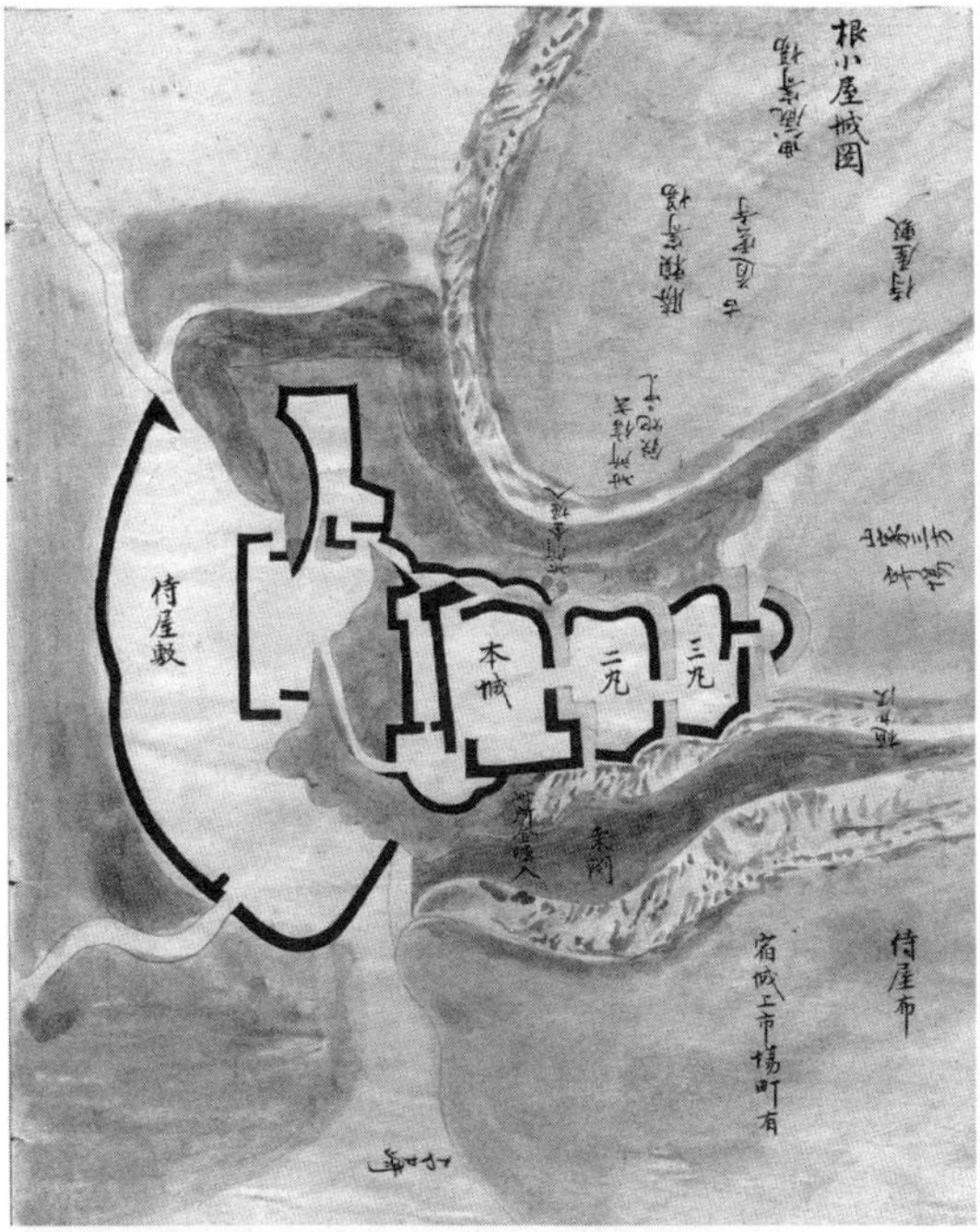

●—野田城（「菅沼家譜」所収・宗堅寺蔵）

●—野田城　土塁

●—野田城　石碑

●—野田城　井戸

なっている。

中央に所在する曲輪（二の丸）は約五〇㍍四方の方形を呈するが、全体的に後世の開墾等で著しく地形が改変されている。

もっとも北側に位置する曲輪（三の丸）は、約四〇㍍四方で北東部が突出した形状となる。曲輪の北側では土塁状の高まりが認められ、その外側には溝状の窪みを持つ。この窪みは、近世絵図から丸馬出《まるうまだし》の堀と推測されている。

これら野田城の防備は、長篠・設楽原の戦い後の一六世紀後半以降に整備されたもので、きわめて軍事性が高い縄張であったものと考えられる。このことは、武田勢の撤退による徳川方による東三河地域の支配強化のための拠点城郭化、もしくは武田軍の再来に備えた防備の強化などの理由がその背景にあったものと推察される。

野田城跡の現況は、私有地となっている。二の丸や三の丸は杉林の山林地のような状況で、曲輪内を見学するには容易ではない。また、駐車場や遺構説明板なども未整備な状況である。二の丸と主郭を繋ぐ付近で道路に面した場所に説明看板が設置され、そこから階段を利用して主郭に入ることができる。

この時、横矢掛けとなった虎口を土橋で渡り、土塁状の高まりを超えて主郭に入っていく。土橋から主郭内部を見通すことができない点は見学時のポイントとなっている。主郭内部は間伐がされ、井戸や土塁などの遺構を見学することができる。

【参考文献】新城市誌編集委員会『新城市誌』（新城市教育委員会、一九六三）、愛知県史編さん室『愛知県史』資料編Ⅱ　織豊一（愛知県、二〇〇三）、柴裕之『戦国・織豊期大名徳川氏の領国支配』（岩田書院、二〇一四）

（岩山欣司）

●奥三河の拠点城郭

長《なが》篠《しの》城《じょう》

〔国指定史跡〕

〔所在地〕新城市長篠字市場、岩代
〔比　高〕約五〇メートル
〔種　類〕平城
〔年　代〕永正五年（一五〇八）～天正四年（一五七六）
〔城　主〕菅沼元成、奥平定昌
〔交通アクセス〕ＪＲ飯田線「長篠城駅」下車徒歩八分。または、新東名高速道路新城ＩＣから国道一五一号経由五分。

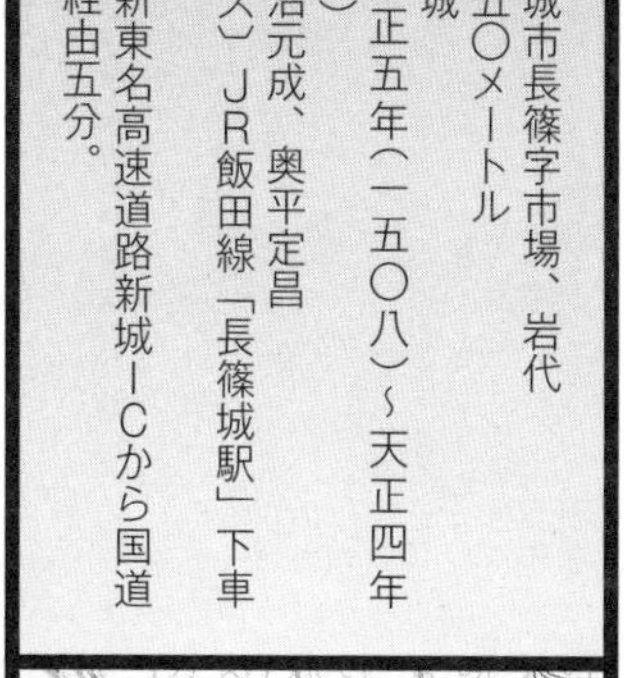

【交通の結節点】 長篠城跡は、愛知県東部で奥三河地域の玄関口と呼ばれる地域に所在する。この辺りから、東三河南部に拡がる平地が急に狭まり、左右の視界には山地が迫ってくる景観の変化を感じることができる。

地形変化の境目《さかいめ》となるこの場所は、東三河平野部と長野県方面と、静岡県と岐阜県方面の各所に至る陸上交通や東三河の中心地と一級河川の豊川で結ぶ水上交通などが交わる古くから交通の要所として重要視されてきた。

【長篠城の築城】 長篠城は、永正五年（一五〇八）に菅沼元《もと》成《なり》が築城したと伝えられる。

元成の長篠・菅沼家は、田峯《だみね》・菅沼氏、作手《つくで》・奥平《おくだいら》氏とともに「山家三方衆《やまがさんぽうしゅう》」と呼ばれた国人《こくじん》領主として地域を治めた一族である。元成は初め今川氏親《うじちか》に属し、豊川と宇連《うれ》川との合流点で比高差約五〇メートルを測る岩盤が露出した急峻な断崖地に囲まれた場所を城地に選定した。自然地形を巧みに利用した後ろ堅固な城を築き、ここを地域支配の拠点としたのであった。

元成以後、長篠城では俊則《としのり》、元直《もとなお》、貞景《さだかげ》、正貞《まささだ》が城主を務めている。貞景は永禄三年（一五六〇）、今川義元の死後、西三河の徳川家康の下に属し、その子正貞は元亀三年（一五七二）、この地に侵攻した武田信玄に降った。このように、一族の存亡を担う城主は時勢の戦況に応じて「風になびく葦《あし》」のように、帰属先を転々としたのであった。

【長篠・設楽原の戦い】 天正元年（一五七三）、信玄の死後、

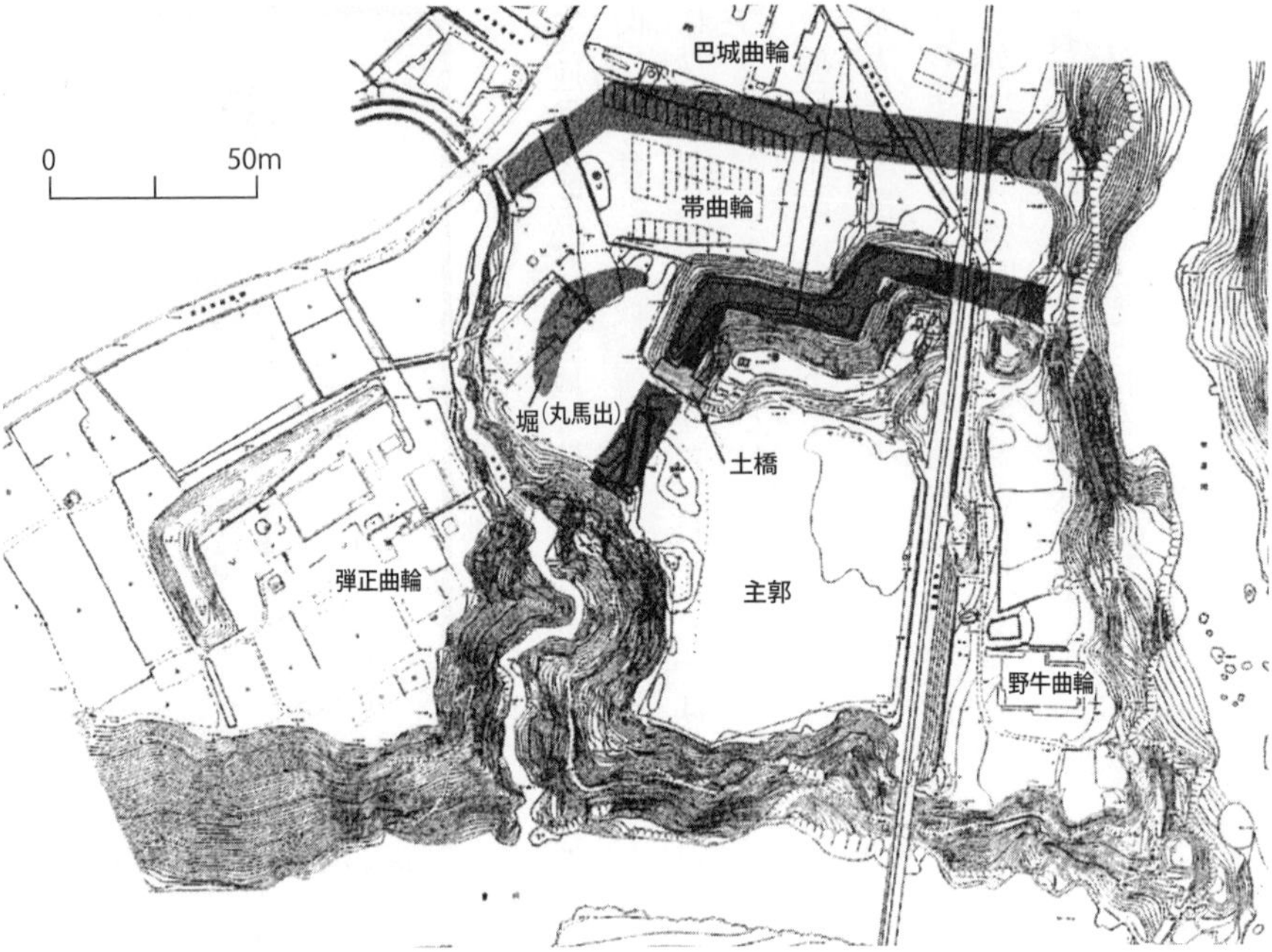

●—長篠城概要図（作図：岩山欣司　2017）

●—長篠城遠景

●—長篠城跡 内堀

家康軍はふたたび長篠城に攻め入り、城主正貞らは退却して城を明け渡したという。

長篠城を手に入れた家康はここに城番を置いて三河地域の平定のための足がかりを固めつつ、天正三年（一五七五）二月、武田家から徳川方に寝返った奥平貞昌《さだまさ》を長篠城主に任命した。同年五月、武田勝頼率いる総勢一万五〇〇〇人の軍勢が奥三河の拠点城郭であった長篠城を取り込んだことによって、「長篠・設楽原《したらがはら》の戦い」の火蓋は切られた。籠城戦を強いられた長篠城では、城主奥平定昌ら五〇〇人で武田勢の猛攻を耐え抜き、後詰《ごづめ》として駆けつけた織田信長・徳川家康の援軍による多数の火縄銃と延長二キロにもおよぶ馬防柵《ばぼうさく》を用いた設楽原の決戦によって、城主の奥平らは勝利を勝ち取ったのである。

この戦いの翌年、家康の長女・亀姫と婚姻した奥平定昌が新城城《しんしろじょう》を築城したため長篠城は廃城となったとされる。

【城地の現況】 長篠城は、二本の河川の合流点の段丘端部に南北約七五メートル×東西約六〇メートルの主郭を置き、その北面に帯曲輪、東面に野牛《やぎゅう》曲輪、西面に家老の屋敷地と伝承される弾《だん》正《じょう》曲輪を扇を広げたような形状に配す。

長篠城の主な遺構は、主郭北東部の「横矢掛《よこやが》け」を意識した土塁《どるい》とその堀、野牛曲輪では物見《ものみ》櫓《やぐら》跡、厩《うまや》跡とされる窪地や井戸があり、ＪＲ飯田線の鉄道は主郭とこの曲輪を画する土塁の上に敷設されている。また、弾正《だんじょう》曲輪には後世のものとされるL字形の土塁と主郭とを隔てる滝が流れる深い谷地形などが現存している。

【縄張復元】　平成十一年～平成十八年にかけて八回の発掘調査を鳳来町（現新城市）教育委員会が実施した。その調査成果は、主郭並びに野牛曲輪の河川に面した場所では土塁が作られていなかったこと、帯曲輪の外周に堀と土塁が設けられていたこと、主郭から帯曲輪に至る通路は幅三㍍以上の盛土造成による土橋《どばし》がかけられていたこと、またその前面には半円状を呈する三日月《みかづき》堀があったことなどを明らかにした。

そのため、長篠城では前方の開けた平坦地に対して土塁と堀を巧みに配し、後方では崖地や河川といった自然地形を利用することで防備性の優れた縄張であったことが判明した。

また、三日月堀は長篠城址史跡保存館建物の直下に所在し、天明二年（一七八七）に写しとして描かれた長篠城絵図との一致をみている。

この三日月堀は主郭前面での攻防に備えた防備施設であり、主郭とを結ぶ盛土の土橋と合わせて「丸馬出《まるうまだし》」として構築されたものと考えられた。また、現存する主郭北東土塁で主郭側の土塁基部の下層から堀状遺構が、帯曲輪内では薬《や》研堀《げんぼり》がそれぞれ確認されており、築城当初の長篠城は、現況よりもひと周り小さな規模であったことも分かり、この城郭の改修は一六世紀後半以降に行われたものと考えられている。

ここに立ち寄った際には、武田軍が砦を築いた東側の山並みと主郭との位置関係に注意しながら『攻める側』と『守る側』の視点に立った見学をぜひ、行っていただきたい。

【参考文献】　愛知県史編さん室『愛知県史　資料編一四　中世・織豊』（愛知県、二〇一四）、東京大学史料編纂所『大日本史料　第十編之二十九』（東京大学出版会、二〇一七）、岩山欣司『史跡長篠城跡』Ⅲ―Ⅵ（鳳来町教育委員会、二〇〇四―二〇〇七）（岩山欣司）

●築城者が注目されるテクニカルな縄張

古《ふる》宮《みや》城《じょう》

〔新城市指定史跡〕

〔所在地〕新城市作手清岳字宮山
〔比　高〕三〇メートル
〔分　類〕平山城
〔年　代〕一六世紀後半
〔城　主〕武田氏、徳川氏
〔交通アクセス〕ＪＲ飯田線「新城駅」から豊鉄バス「鴨ヶ谷口」下車、徒歩一〇分。または、新東名高速道路新城ＩＣから車で三〇分。

【幻の城】　三河国の北東部に位置する作手《つくで》高原には古宮城、亀山城、賽ノ神《さいのかみ》城など興味深い城跡が点在している。なかでも古宮城は戦国時代後半の非常に発達した縄張を有する城跡として知られている。だが残存遺構に対して文献史料がほとんど残されておらず幻の城でもある。

【城の構造】　さて、古宮城跡は四周を山に囲まれた作手のわずかに広がる平野部に突出した小丘陵に構えられている。周囲の水田は湿田となる要害の地である。城の構造であるが、比高約三〇メートルを測る小丘陵をまるごと城郭として利用している。その最大の特徴は小丘陵を中央で二分する巨大な堀切《ほりきり》Ａであろう。堀切Ａの東側頂部が主郭Ⅰとして構えられている。周囲を土塁《どるい》によって囲繞《いにょう》する構造からもこの城が戦国時代後半に築かれたことを示している。この土塁は東辺、西辺で折を設けて横矢《よこや》を効かせている。西辺の折からは堀切Ａを登る敵に対してその正面を狙えるように設けられている。東辺の折もその下部を竪堀《たてぼり》としている。

堀切Ａとともにこの城で注目されるのが、主郭Ⅰの南辺中央に構えられた虎口Ｂである。内枡形《うちますがた》状を呈するもので、虎《こ》口《ぐち》開口部そのものは平虎口であるが、その前面の両側に土塁が設けられ、虎口に至った敵を正面と両側面の土塁上から十字射撃できるようになっている。両袖《りょうそで》枡形虎口と称されるもので、躑躅《つつじ》が崎《さき》館跡や新府《しんぷ》城、諏訪原城などに認めることができる。これらの諸城は武田信玄や勝頼が築いたものから、両袖枡形虎口が武田氏の築城の大きな特徴であるとされ

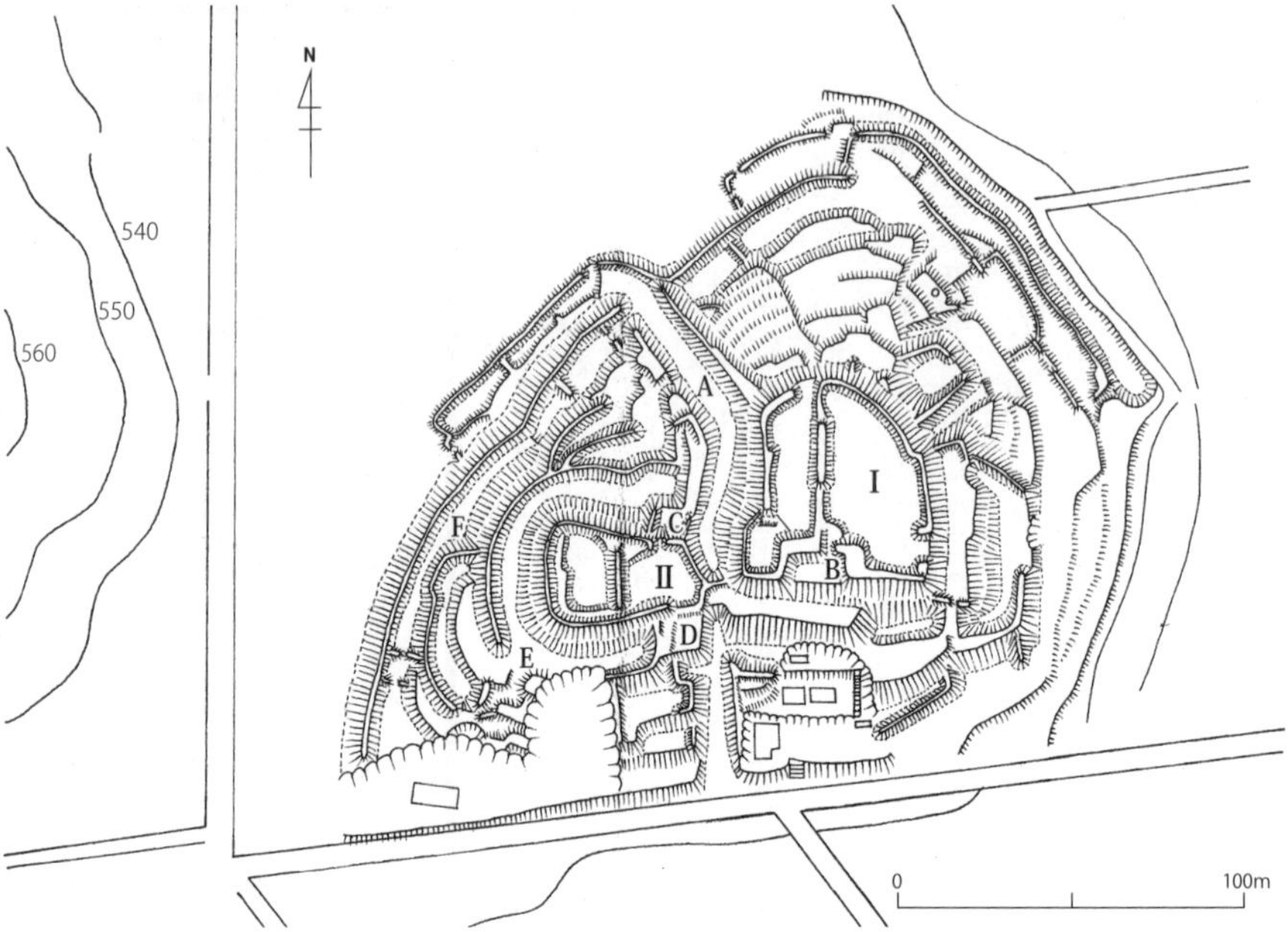

●—古宮城縄張図（作図：中井均）

●—古宮城堀切A

てきた。

堀切Aの西側に構えられている曲輪Ⅱも周囲に土塁を巡らせている。通常であれば主郭Ⅰに対する副郭《ふくかく》として配されるものであるが、この曲輪Ⅱは西辺を丸く収め、曲輪の外側には横堀を巡らせる構造となっている。さらに曲輪Ⅱへの虎口は曲輪東端の北辺にC、南辺にDの二ヵ所を設けている。そして虎口Dの外側は堀切Aに対して土橋《どばし》となり、帯曲輪を通って主郭Ⅰの虎口Bに至る。丘陵を二分する堀切Aはこの土橋によってのみ主郭Ⅰと曲輪Ⅱを連結しており、ここが大手から主郭Ⅰに至る主要城道であったことはまちがいない。

さらに虎口C、Dの外側を詳細に見てみると両袖に土塁が突出しており、小規模ながら主郭Ⅰの虎口Bと同様の両袖枡形虎口となっている。ところでやや歪《いびつ》ではあるが半円形の曲輪でその外側には横堀が巡らされ、曲輪の末端両サイドに虎口を構える構造は丸馬出《まるうまだし》そのものである。古宮城の中心部は主郭とその前面に丸馬出を構えた構造ということができる。この丸馬出の存在から古宮城は古くより武田氏による築城といわれてきた。しかし近年の発掘調査により丸馬出を構える諏訪原城や興国寺城では徳川家康による築城の可能性が指摘され出した。かつては丸馬出イコール武田氏築城といわれていたが、近年の発掘調査の成果より必ずしもイコールでないことが明らかとなっている。

●─古宮城遠望

　丘陵頂部は主郭Ⅰと曲輪Ⅱのみによって構えられているが、丘陵の山腹部は裾部に至るまで全域に曲輪を配置している。特に西側部は切岸《きりぎし》を施し土塁を設けた腰曲輪や帯曲輪が累々と構えている。いっぽう、東側山腹部も段々に曲輪を配置し、土塁も設けられてはいるが、概して北側の削平は甘い。おそらく西側の帯曲輪は曲輪というよりも複雑な登城道として構えられたもので、迷路としていたのであろう。

【山麓部】　山麓部に目を移すと、注目されるのが南西隅部の虎口Eである。この虎口も平虎口であるが、その外側に蟹挟《かにばさ》み状に両側に土塁が構えられる両袖枡形虎口となっている。ここではさらに両袖の土塁が下方に向かって伸びており城道の導線としている。このような構造より虎口Eが古宮城の大手と見てよいだろう。虎口Eより主郭虎口Bに至る城道は非常に複雑でさまざまなルートが想定できるのであるが、いずれも曲輪Ⅱから俯瞰されており、古宮城において曲輪Ⅱが馬出として非常に重要な曲輪であったことがわかる。

　山麓部でもっとも重要な構造として古宮城が構えられた小丘陵をすべて囲い込む山裾部の横堀Fがある。堀は山麓北側では二重に巡らされている。さらに横堀内には直交する土塁が認められ、横堀内の移動を封鎖する目的で構えられた仕切の土塁と見られる。南山麓ではかろうじて一重の横堀の痕跡が残るが、これは後世に破壊されたもので、築城当初は二重に巡らされていた可能性が高い。この横堀だけは部分的に破壊を受けているが、その姿は圧巻である。両袖桝形虎口、丸馬出などで丘頂部に発達した構造の城を構えただけではなく、丘そのものを囲い込む遮断線として横堀を巡らせたのである。

さて、こうした見事な構造を有する古宮城であるが、その歴史を記す文書はほとんど残されていない。唯一とも言える同時代史料としては『当代記』に「元亀四年四月、信州通皈陣、長篠在陣中、作手へも人数を遣有普請《ふしん》、被番手入」とある。従来この文書と現存する遺構、とりわけ丸馬出や両袖桝形虎口が認められることより、元亀四年に武田氏によって築かれた城として捉えていた。しかしここでは古宮城と記されてはおらず、あくまでも状況証拠として古宮城と捉えていたのである。さらに江戸時代になると、『三河国二葉松』という地誌に「甲州馬場氏縄張リニテ築之、小幡《おばた》又兵衛、甘利《あまり》左右衛門、大熊備前守等住ス」とあり、ここでは武田氏の家臣である馬場美濃守信房《のぶふさ》(信春)による縄張としている。

歴史的にも不明な古宮城跡が注目されることはなかったのであるが、中世城郭の縄張から築城主体などを想定できるようになると、古宮城の縄張も注目されるようになる。それは主郭Ⅰに対して堀切を隔てて構えられた副郭Ⅱが丸馬出であり、さらに地誌に記載された内容より典型的な武田氏築城の城という評価によるものである。ここで今一度遺構を分析すると、山上部の見事な縄張もさることながら、もっとも注目される山麓部の横堀Fについてはこれまでほとんど評価されることはなかった。城が構えられた山全体を囲い込む横堀の構築は武田氏築城では他には認められない。さらに近年では丸馬出も武田氏だけではなく、徳川家康の築いた城にも用いられていることが明らかにされつつある。

古宮城の構築主体は従来通り武田氏によるものも否定はできないが、横堀の存在からは天正三年(一五七五)に武田氏が作手より撤退した後に徳川家康によって築かれた可能性が高い。

【参考文献】佐伯哲也「古宮城」愛知中世城郭研究会・中井均編『愛知の山城ベスト五〇を歩く』(サンライズ出版、二〇一〇)

(中井　均)

●国人領主の居城

田峯城《だみねじょう》

〔設楽町指定史跡〕

〔所在地〕設楽町田峯字城
〔比　高〕三〇メートル
〔種　類〕山城
〔年　代〕文明二年（一四七〇）～天正十八年（一五九〇）
〔城　主〕菅沼定信、定忠、定広、定継、定忠、定利
〔交通アクセス〕ＪＲ飯田線「本長篠城駅」下車、豊鉄バス田口行「田峯」徒歩一五分。新東名高速道路新城ＩＣから国道二五七号経由三〇分。

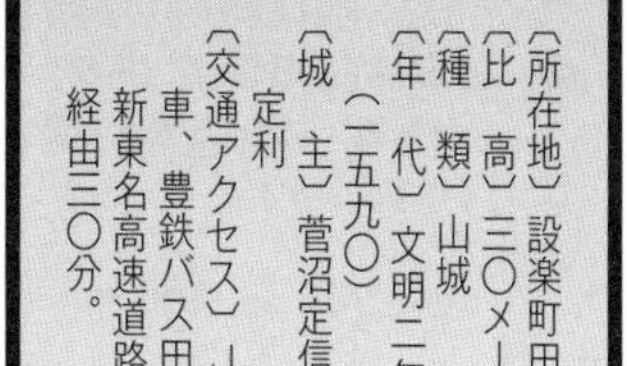

【田峯に城を築く】　新城市作手《つくで》の北部地域に土着して「菅沼」に改称した美濃・土岐氏支流の一族から田峯・菅沼家を興した菅沼定信《さだのぶ》は、文明二年（一四七〇）に自身の居城として田峯城を築いた。この田峯・菅沼家はやがて、長篠・菅沼氏、作手・奥平《おくだいら》氏とともに「山家三方衆《やまがさんぽうしゅう》」と呼ばれた国人《こくじん》領主として、この地を治めるまでに成長したのであった。

【謀反、生き延びるために】　天正三年（一五七五）、長篠・設楽原《したらがばら》の戦いで大敗を喫した武田勝頼とともに田峯城に逃げ帰った五代城主菅沼定忠《さだただ》は、城の留守を預かっていた叔父の定直《さだなお》や家老・今泉道善《いまいずみどうぜん》らが起こした謀反の憂いに遭った。この決戦の勝敗を事前に察知していた城中の者は、織田・徳川軍の追撃を恐れて勝頼や定忠らの入城を拒否したのであった。

この屈辱的な仕打ちに復讐を誓った定忠は、翌年、夜襲をかけて老若男女問わず九六名を惨殺し、中でも首謀者の今泉道善を生きながらに鋸引《のこぎりび》きの刑に処したという。

天正十年（一五八二）、勝頼が自害すると、定忠は家康に帰順を懇願したが叶わず、信州で家康家臣に誅《ちゅう》された。そして、定直《さだなお》の子・定利《さだとし》が家康の命により田峯城主となり、田峯・菅沼家の遺蹟を継いだのであった。

家康が関東に移封されると、定利はこれにしたがって上野国に移ったため、田峯城は廃城となったと伝えられる。しかし、家康の関東移封後、東三河地域を治めた池田輝政《てるまさ》は、家臣の土井弥八郎に田峯の地を治めさせたことから、田峯城の

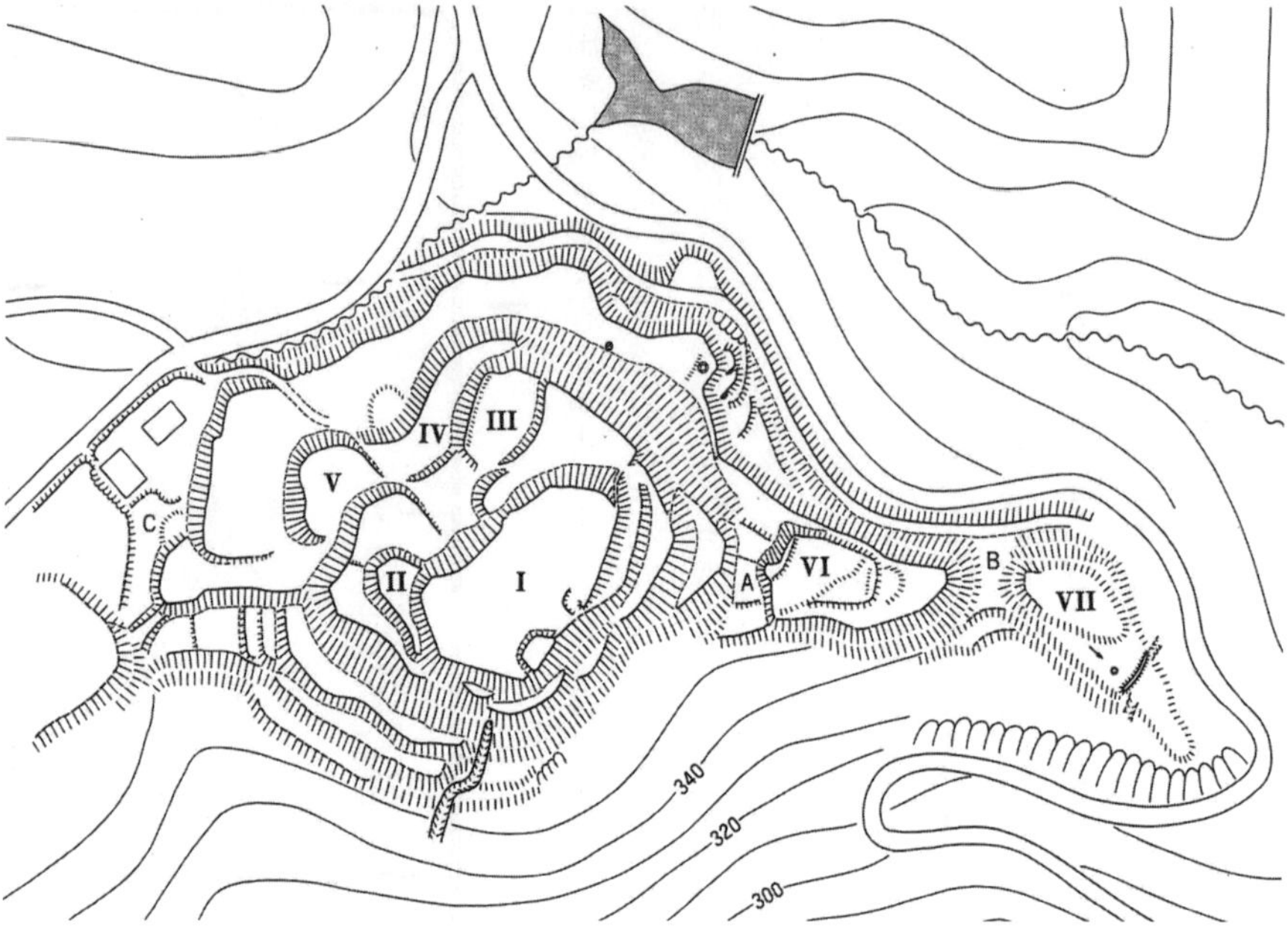

●—田峯城跡縄張図（原図：石川浩治）（1997　愛知県中世城館跡調査報告書Ⅲ（東三河地区）より転載）（愛知県教育委員会提供）

●—主郭と建物群（北から）

廃城時期については判然としない。

【復元整備された建物群】　田峯城は、奥三河山岳地帯の山頂頂部で、一級河川の豊川を眼下に見下ろすことができる場所に立地する。豊川を通じて長篠方面、田口方面に通じるほかに、足助方面への道もあり、交通の要でもあった。

　平成五年、町の事業として田峯城跡の主郭に当時の武家屋敷を忍ばせる書院造りの建物をはじめ、大手門、物見櫓《ものみやぐら》、厩《うまや》、木橋《きばし》や柵などの建造物を復元する整備を実施した。しかし、これら建物の復元にあたっては、発掘調査や城郭絵図などの調査研究成果に基づかず実施されているため、戦国時代の田峯城が整備されたということではない。

【城郭の構造】　城内へは、北西部に位置する最大幅二〇メートルで深さ約二・五メートルを測る空堀《からぼり》に架けられた木橋を利用して大手門のある広場に入る。ここから、緩やかな直線状の上り傾斜の通路を通って主郭（Ⅰ）の北側直下に至る。主郭北側へ至る通路は、現況は整備された搦手《からめて》門を通ってそのまま主郭に入るが、元来、ここで曲がって主郭の東側に派生する尾根上に設けられた曲輪を経由して主郭南側へ回り込み、内桝形虎口《うちますがたこぐち》となった大手門から入城する構造となっている。

●―木橋と大手曲輪（北西から）

【屋敷地と曲輪群】

　大手口と主郭を結ぶ登城道の両側には大小九つの曲輪が配されている。さらに、その場所は大きく上下二段の平場に区分でき、上段で主郭に近い場所から順に、御台様《みだいさま》屋敷（Ⅱ）、帯曲輪、道寿《どうじゅ》曲輪（Ⅲ）、蔵屋敷（Ⅳ）、井戸曲輪（Ⅴ）があり、曲輪規模は比較的小さい。下段には無名《むみょう》曲輪、大手門広場、表曲輪、裏曲輪が山麓を巡るように直線的に配置され、曲輪の面積は前者よりも大きくなる。

　前者の曲輪では小屋程度の建物が数棟建つ程度の敷地しかなく、ここのでの屋敷の想定は難しいと思われる。さらには、城地の北方に家臣団の屋敷に関する伝承地や根小屋《ねごや》が変化して「根古」となったと考えられる小字《こあざ》名が伝えられることからも、家臣の屋敷地については再検討を行う必要があると思われる。

　主郭では南東角に高さ一メートルほどの櫓台が認められるものの、ほとんどの曲輪には土塁《どるい》や堀などの防御施設を有していない。主郭への防備については、南側の急峻な崖地と東側に延びる尾根に二本の堀切《ほりきり》（A、B）に加え、山頂の自然地形を巧みに利用した曲輪群とその切岸《きりぎし》状の斜面に注目して、見学していただきたい。

【参考文献】北設楽郡史編纂委員会『北設楽郡史　原始―中世』（北設楽郡町村会、一九六八）、石川浩治「田峯城」『愛知県中世城館跡調査報告Ⅲ』（東三河地区、一九九七）

（岩山欣司）

●中世前期の山城

設楽《したら》城《じょう》

〔愛知県指定史跡〕

〔所在地〕東栄町大字中設楽字北城市
〔比　高〕約四〇メートル
〔種　類〕山城
〔年　代〕平安末期～戦国末
〔城主〕設楽重清、伊藤左京
〔交通アクセス〕JR飯田線「東栄駅」下車後、町営バス東栄線「本郷」、町営バス月線・御園線・豊根村バス「中設楽」と乗り継ぎ徒歩一〇分。または、三遠南信自動車道「鳳来峡IC」から国道一五一号を経由して約二五分。

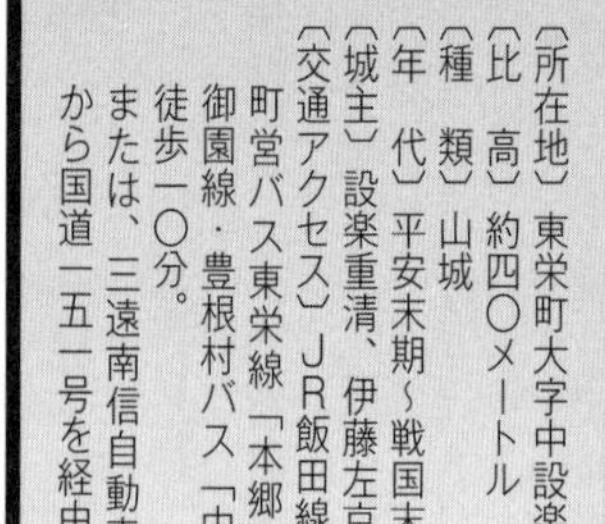

【郡司による築城】　寛弘六年（一〇〇九）、設楽郡の郡司に伴助高《とものすけたか》が任命され、その後は伴氏一族が代々この地の郡司職を務めたという。助高の四代孫の資時《すけとき》は、文治五年（一一八九）に源頼朝の下で藤原泰衡《やすひら》方への追討戦で戦功を挙げた人物で、鳳来寺《ほうらいじ》へ納めた大般若波羅密多経の奥書《おくがき》によって、建久四年（一一九三）には振草《ふりくさ》荘設楽《したら》郷の領主であったことが知られている。

　築城者の明らかではない設楽城であるが、鎌倉幕府との結びつきを持つ設楽郡郡司の伴氏によって、平安時代から鎌倉時代の頃に築城された可能性が高いと考えられる。

【城主 菅原（設楽）氏と伊藤氏】　資時の子、資継《すけつぐ》が知多郡大野郷の地頭職に転じた後は、菅原重清《しげきよ》が設楽城主として知られている。伴氏の跡を受けて設楽城に入城したのか、もしくは、伴氏の移封後もそのまま在地に残り城主を務めるようになったのか、菅原氏の入城に関する歴史事象は不明である。しかしながら、正和二年（一三一三）、重清が設楽郡振草荘設楽郷から設楽郡岩瀬郷（現 新城市川路）に移住した際に菅原氏から設楽氏に改称したといい、この頃に設楽城が廃城となったとされる。

　その後、永正年間（一五〇四～二一）に伊豆国下田より振草郷の地頭として、伊藤貞久《さだひさ》がここから東へ一キロ離れた場所に別所城を構えたという。伊藤氏は「山家三方衆《やまがさんぽうしゅう》」の長篠・菅沼氏の家臣として有力土豪となり、今川・徳川・武田と帰属を変えながら天正三年（一五七五）の長篠・設楽原の戦いでは武田方として参戦し、最後は甲斐国へ落ち延びたと伝えられる。設楽城主に伊藤氏が知られている理由は、設楽城のあった地域も勢力下に置かれていたためと思われる。

【立地について】 設楽城は愛知県東部の奥三河地域の山間地に所在し、昭和四十年に愛知県指定史跡となった城跡である。

城地の南方を別所街道が通り、北は長野県飯田市、南は長篠城や吉田城が所在する東三河地域、西は静岡県浜松市の各方面に通じる山岳地帯の交通の要所地となっている。

【天然の要害地を利用した縄張】 設楽城跡は、山地から派生した南北方向に半島状に延びる丘陵頂部の標高二九四メートル地点に所在し、そのもっとも奥まった北端に形成された平坦地に立地する。城地の周囲は南側を除く三方を大きく蛇行した大《おお》千瀬《ちせ》川（振草川）がU字状に流れている。この河川によって主郭周囲は比高差約四〇メートルの断崖絶壁が形成され、天然の要害地に設楽城は築城されていると言える。

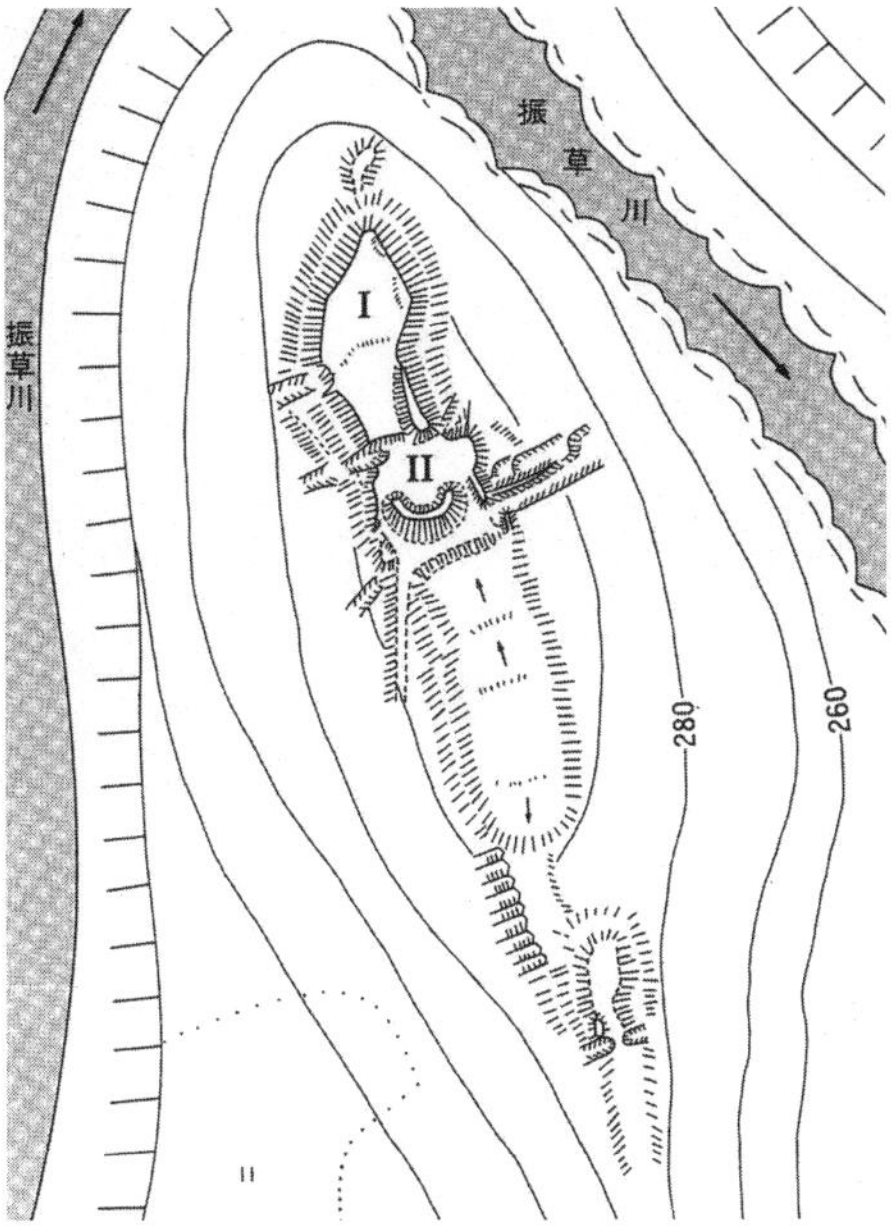

●—設楽城跡縄張図（原図：石川浩治）（1997 愛知県中世城館跡調査報告書Ⅲ（東三河地区）より転載）（愛知県教育委員会提供）

●—主郭虎口と主郭を望む（南から）

城郭は南北一五〇メートル、東西三〇メートルほどの規模である。主郭（Ⅰ）は幅約三〇メートル×奥行約九〇メートルの不整形な長楕円形を呈し、南東角地の虎口《こぐち》付近に土塁《どるい》の一部が、主郭中央部西側と虎口両側には竪堀《たてぼり》

●—堀切（西から）

がそれぞれ確認される。

また、主郭南側の一メートルほど低くなった場所には幅約四五メートル×奥行約六〇メートルの矩形《くけい》の曲輪（Ⅱ）が認められる。ここは、尾根線を遮断する幅五メートルで土塁頂部から堀底までの比高差五メートルの深い堀切《ほりきり》と高さ約二メートルの半円状を呈する土塁が残存していることから、主郭の馬出《うまだし》としての機能を有した曲輪と考えられる。

さらに、主郭から約三〇〇メートル離れた地点に設けられた尾根上の通行を遮断する堀切と先述の曲輪との間には城郭遺構は認められないが、比較的平坦な地形となっている。その丘陵東側斜面地に「湧き水」があることと併せ、ここが城兵たちの駐屯地として使用された可能性も指摘されている。

【城郭の改修】 築城した伴氏やその後の菅原氏の遺構は確認できない。現在見える土塁・竪堀などの遺構は伊藤氏によるものであろう。東三河地域に所在する長篠城、野田城や古宮城では、一六世紀後半以降に馬出が出現することが考えられている。そのため、伊藤氏が治めていた戦国時代、徳川と武田の勢力地争いに関係した軍事的要因などによって、設楽城が改修されて使用されていたことは十分に考えられる。

【参考文献】 北設楽郡史編纂委員会『北設楽郡史　原始―中世』（北設楽郡町村会、一九六八）、石川浩治「設楽城」『愛知県中世城館跡調査報告Ⅲ』（愛知県教育委員会、一九九七）、夏目利美「文献にみる平安・鎌倉・室町の設楽氏」『設楽原歴史資料館研究紀要』（新城市設楽原歴史資料館、二〇〇八）

（岩山欣司）

お城アラカルト

城館から出土する「かわらけ」

鈴木正貴

戦国時代の城館遺跡を発掘調査すると、陶磁器類の他に少なからず素焼きの土師器皿《はじき》（かわらけ）が出土する。当時の日常的に使用された食器は、瀬戸《せと》・美濃《みの》窯で生産された陶器の天目《てんもく》茶碗や灰釉《かいゆう》小皿、中国産の青花や白磁の碗や皿、あるいは遺跡から遺物としてあまり出土しないが漆器椀などであったと思われる。そうであるにも関わらず、東海の戦国時代の名城から大量に土師器皿が出土している。

砦など一時的に利用された山城では土器や陶磁器はほとんど出土しないことが多いが、大名や家臣らが居住したと思われる曲輪や館からは土師器皿の出土事例がみられ、中枢部にいくにつれて多くなる場合もある。戦国時代の清須城や岩倉城では、居館＝主郭で出土遺物全体の九割以上が土師器皿と

●—清須城下町遺跡における土師器皿出土状況（愛知県埋蔵文化財センター提供）

なる部分がある。武家屋敷で七割程度、城郭の外縁部で五割以下となっており、組成の違いは歴然としている。この場合、土師器皿は饗宴などの武家儀礼で使用されたものと考えられ、その儀礼により主従関係を確認したのだろう。

この土師器皿は、京都産の土師器皿を模倣して地元で生産されたものと考えられている。伊勢、尾張、西三河、東三河のそれぞれで模倣のあり方が異なっていて個性的であるが、大きさが五種類または七種類と多くなっている点は共通している。中枢部であるほど多種類の土師器皿が使用される傾向があり、複雑な武家儀礼が行われていたことが推定される。

こうした土師器皿の使用のあり方は、安土城築城以降すなわち織豊期の城郭ではあまりみられなくなっている。おそらく茶の湯など別の形で主従関係の紐帯《ちゅうたい》を深めたものと想像される。そこに京都すなわち室町幕府を中心に行われていた武家儀礼から脱却していった姿をみてとることができよう。

三重

北畠氏館跡第5次調査石垣 SA25・28（津市教育委員会提供）

●発掘調査が進む北伊勢最大規模の城

田《た》辺《なべ》城《じょう》

〔いなべ市指定史跡〕

〔所在地〕いなべ市北勢町田辺
〔比　高〕約六五メートル
〔分　類〕山城
〔年　代〕一六世紀
〔城　主〕田辺氏か、木造氏か
〔交通アクセス〕東海環状自動車道大安ＩＣから自動車で約一五分。

【城の歴史】　田辺城はいなべ市北部の標高二四四メートルの丘陵上に立地する。

室町、戦国時代の伊勢国北部には、有力な大名がおらず、員弁《いなべ》郡を中心とする「北方一揆」や、朝明郡を中心とする「十カ所人数」とよばれる中小領主の連合が存在していた。田辺氏も、このような領主のひとりで、伊勢から近江、美濃への交通路近くに位置するこの地を抑えていたと考えられる（田辺氏については、員弁郡東員町中上付近の領主であったとする説もある）。『信長公記』天正元年（一五七三）十月八日条には、長島の一向一揆を攻めるため桑名の東別所に陣を敷いた織田信長に、北伊勢の領主たちが、人質を出して恭順を示したという記事があるが、その領主たちの中に「たなべ」、「田辺九郎次郎」の名がみえる。

江戸時代以降の軍記物や地誌の中には、田辺城の城主を織田信雄《のぶかつ》の家来、木《こ》造《つくり》長政《ながまさ》とするものもある。

【城の構造】　城は主郭を中心とする防御遺構が顕著な部分（「城郭」部分）と、その北側にあり、小規模な土塁《どるい》などで区画されている部分に分かれる。四日市市の伊坂城などの発掘調査により、このような区画は、城主の家来などが住む「屋敷地」であることがわかってきている。さらに北には大規模な土塁や堀があり、この部分までが「総構《そうがまえ》」になると思われる。このように防御遺構が顕著な「城郭」と、それを取り巻く「屋敷地」から構成され、大規模な堀や土塁でそれらを包摂するような形態の城は、北伊勢を中心に伊勢国に多く分布している。

城郭部分の中心は、標高二四四メートルの丘陵上にある曲輪Ⅰである。四方に土塁と堀が巡っており、土塁と堀の隅部は南、西、東で屈曲する。この部分では土塁の幅も広くなっている。

虎口《こぐち》は南西、南東、北西にあり、それぞれに土橋《どばし》が設けられている。南東側の虎口は、堀の外側にある土塁と組み合わされており、こちら側からの進入に対し制限を加えている。

南西側の虎口も、堀外側の土塁と組み合わされている。これに対し北西側の虎口は平入りに近い。曲輪の北東側には竪堀《たてぼり》が施される。

曲輪Ⅰの南には、曲輪Ⅱがある。この部分では、部分的な土塁の消滅が考えられており、さらに複雑な構造をしていた可能性がある。曲輪Ⅰほどではないものの、大規模な土塁と堀が屈曲して設けられ、南西端には虎口が設けられている。さらに西には土塁で囲まれた長方形の曲輪Ⅲがある。

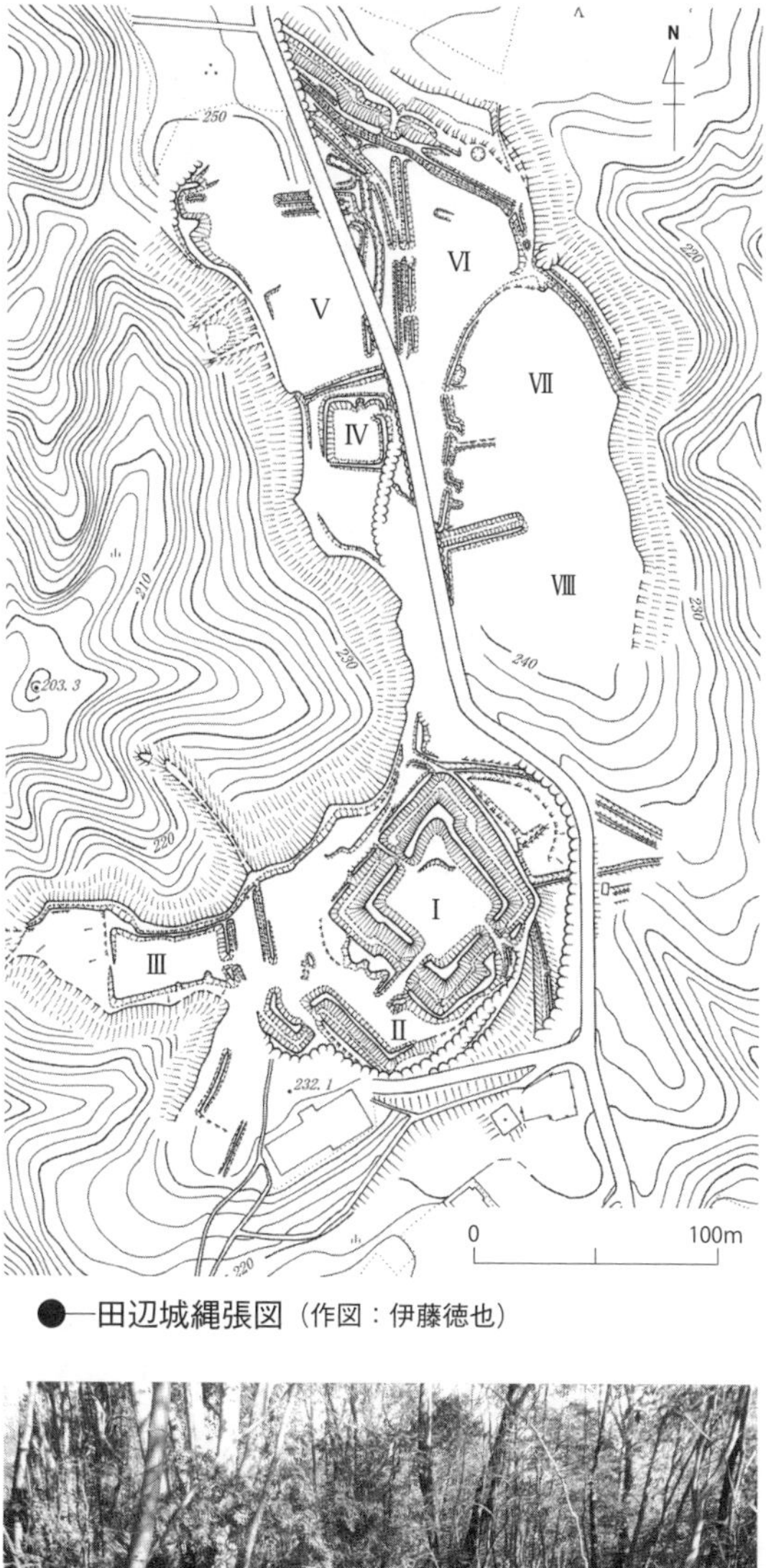

●—田辺城縄張図（作図：伊藤徳也）

●—田辺城跡堀

●—田辺城跡 石敷遺構・礎石建物（三重県埋蔵文化財センター提供）

【発掘調査の成果】 城郭部分の北の谷を隔てた屋敷地部分では、平成二十九年から発掘調査が行われている。城を南北に貫く県道の西側で行われた調査では、三つほどの区画がみつかっており、建物跡も確認されている。

もっとも南側の区画には、二〇メートル四方で、小規模な土塁に囲まれた部分がある。内部には柱穴や石列（いずれも建物になるかもしれない）、石敷の蔵《くら》が確認された。土塁の外側も含めると、東西約三五メートル、南北六〇メートル以上の区画であったと思われる。南から二つめの区画では、東西に長い大型の礎石建物と石敷の蔵《くら》が確認された。礎石建物と蔵の間には「踏石」になるような石畳があり、礎石建物から蔵への通路にあたるのではないかと思われる。区画の大きさは四〇メートル四方ほどであろうか。南から三つめの区画では、掘立柱《ほったてばしら》建物と区画に入る「木戸」が確認された。この区画からは石敷の蔵は確認できていない。

いずれの区画も城郭部分にいた城主の家来の屋敷地と考えられる。いずれの屋敷地も台地を削り込み、平坦地を造成して内部に建物を設けている。削り残した部分は低く緩やかな土塁状となる。

出土遺物には、天目《てんもく》茶碗、擂鉢《すりばち》などがあるが、遺物の出土量は極めて少ない。ほぼすべてが一六世紀第四・四半期頃のものである。

県道の東側には、小規模な土塁で囲まれた区画や道路状の遺構、城の北を固める「総構」の部分もある。この部分の発掘調査が進み、さらに多くのことが判明すると期待したい。

【参考文献】伊藤徳也「田辺城」『再発見 北伊勢の城』（東海出版、二〇〇八）

（竹田憲治）

●徳川家を支える北伊勢の要城

桑《くわ》名《な》城《じょう》

〔三重県指定史跡〕

〔所在地〕桑名市吉之丸
〔比　高〕〇メートル
〔分　類〕平城
〔年　代〕一六世紀、慶長年間～
〔城　主〕伊藤氏か、一柳氏か、氏家氏か、本多氏、松平氏
〔交通アクセス〕JR関西本線、近鉄、養老鉄道「桑名駅」下車、徒歩二〇分。

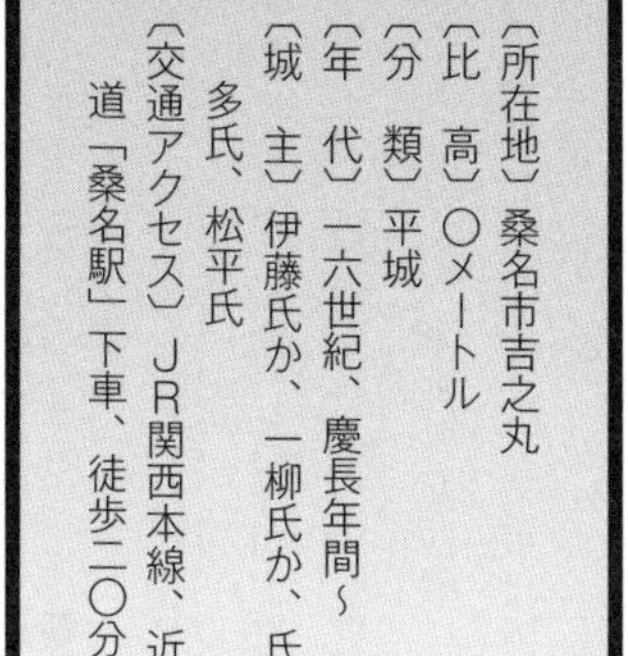

【城の歴史】　桑名城は、桑名市の東部、揖斐《いび》川河口近くに築かれる。京と江戸とを結ぶ東海道の海路である、宮（熱田）～桑名間の「七里の渡し」にも近く、伊勢の玄関を守る要城といえる。

　中世の桑名は、伊勢湾と木曽三川、員弁《いなべ》川河口の港町として栄え、美濃・尾張などからの商品を陸揚げし、八風《はっぷう》峠や千《ち》草《ぐさ》峠などの鈴鹿越えの山道に運ぶための起点となっていた。この地に城が築かれたのは織豊期になっていたとされる。一柳直盛《ひとつやなぎなおもり》、氏家行広《うじいえゆきひろ》が城主であったと伝えられるが、明確な史料は確認できない。

　関ヶ原の戦いの翌年、慶長六年（一六〇一）、本多忠勝《ただかつ》が城主となり、桑名城を築き、城下の町割りを行ったとされる。同年には東海道の宿駅も定められ、桑名と宮を結ぶ七里の渡しが設定された。桑名城、城下町の整備は、東海道の整備と一定的に行われたのである。

　元和三年（一六一七）、本多氏に代わり久松松平氏の定勝《さだかつ》が遠江《とおとうみ》掛川から、寛永十二年（一六三五）に定勝の子定綱《さだつな》が美濃大垣から、宝永七年（一七一〇）に奥平松平氏の忠雅《ただまさ》が備後福山から、文政六年（一八二三）にふたたび久松松平氏の定永《さだなが》が陸奥白河から入るなど、城主は変転するが、桑名城は一貫して東海道の要城としての地位を守り続けた。

　幕末になると、京都守護職となった会津藩松平容保《かたもり》の実弟であった桑名藩主の定敬《さだあき》が京都所司代となり、桑名藩は会津藩とともに佐幕の中心的な藩となった。

戊辰《ぼしん》戦争では、桑名城は開城されたが、藩士のなかには北関東や越後で薩長と戦った者も多い。このころの藩士からは、のちに陸軍大将となった立見尚文も輩出している。

明治維新を迎えると、城内の建物は取り壊され、石垣も失われた。本丸跡には明治四十年（一九〇七）に鎮国守国神社が設けられ、現在に至っている。

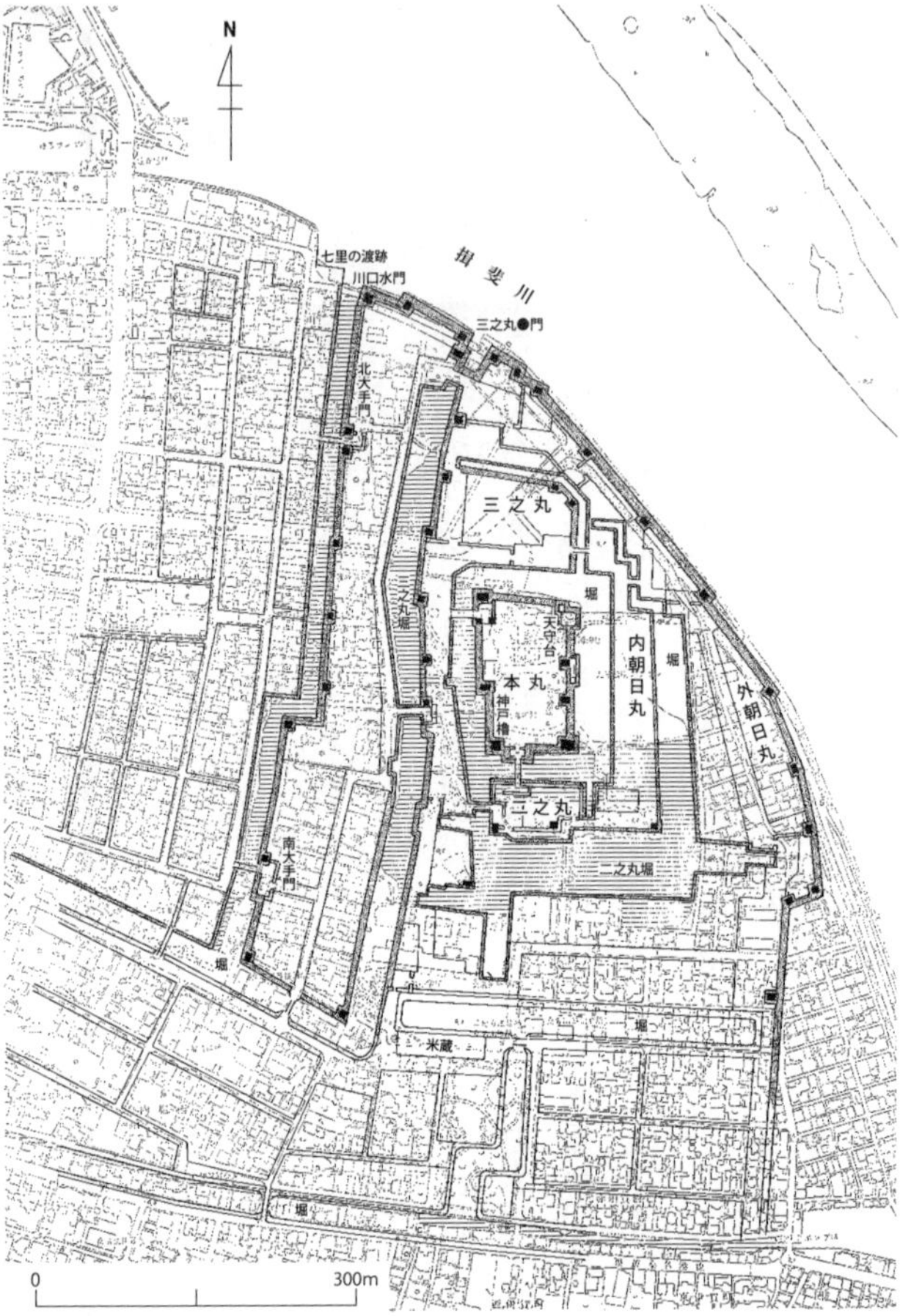

●—桑名城復元図（『三重の近世城郭』より）

【城の構造】 今は見る影もないが、中心部の本丸とそれを囲む二之丸、三之丸、内朝日丸、外朝日丸には多くの櫓《やぐら》がそび え立っていた。現在、御殿の一部は、浄泉坊（三重郡朝日町小向）に残るとされている。

現地の残りが良くないため、江戸時代以前の桑名城を知るには、事前に絵図などを用意し、それを手に訪れた方がよい。いくつかの絵図の複製は、桑名市博物館で購入できる。また、国立公文書館のデジタルアーカイブには、『正保城絵図』のひとつである「伊勢桑名城中絵図」が収められている。

本丸は現在「九華公園」となっている。鎮国守国神社の奥、本丸の東北隅には天守台跡が残っている。天守台上には、松平定敬による石碑が建てられているので、そちらも見学したい。

本丸の北西隅には三重の櫓があった。その南には本丸虎口《こぐち》があり、厳重な桝形《ますがた》が設けられ、土橋《どばし》が架けられていたことが絵図からわかる。本丸南西隅には神戸櫓の高まりがある。

●—桑名城跡石垣

この櫓は、伊勢神戸城の三重櫓を移築したものと伝えられる。神戸櫓の東にも桝形があり、二之丸とは土橋でつながれていた。本丸南東隅には、辰巳櫓跡の高まりがある。

城の北側と東側の堀は埋められており、往時を偲ぶことは難しい。南側、西側の堀は比較的残されており、二之丸からは本丸の櫓跡を見渡すことができる。

さらに西に向かうと、城北西隅の外側に「七里の渡し跡」がある。東国から上方に向かう人は、熱田神宮近くの「宮」から乗船し、ここから伊勢国に入った。東海道は渡しから堀端を南下するが、この部分には城の石垣が残っている。春日神社の参道も東海道に面しており、県指定の銅鳥居が建っている。

【参考文献】『三重の近世城郭』（三重県教育委員会、一九八四）

（竹田憲治）

●明治元年に櫓、堀を新たに設けた小藩の陣屋

菰《こも》野《の》陣《じん》屋《や》

〔所在地〕菰野町大字菰野
〔比　高〕〇メートル
〔分　類〕平城
〔年　代〕慶長六年（一六〇一）築城
〔城　主〕土方氏
〔交通アクセス〕近鉄湯の山線「菰野駅」下車、徒歩一〇分。

【城の由来】　天正十一年（一五八三）に羽柴秀吉によって北伊勢が制圧されると、滝川一益《かずます》は北伊勢五郡を差し出し、織田信雄《のぶかつ》領となった。この年に信雄の家臣土方雄久《ひじかたかつひさ》に菰野七〇〇〇石が与えられ、菰野城が築かれた。この菰野城は旧版の『菰野町史』によれば、「菰野字力尾今ノ見性寺山即　砦址《とりであと》ナリ故《ゆえ》ニ往時ハ見性寺《けんしょうじ》山ヲ城山ト称ヘシト云」と記しており、菰野陣屋の南方の丘陵先端に位置する力尾城であるとしている。陣屋は平地に位置しており、菰野城の跡地とは考えられず、力尾城こそが菰野城であった可能性は高い。

【菰野藩の誕生】　翌天正十二年の小牧長久手《こまきながくて》合戦で雄久は信雄方に与し、合戦後には戦功として犬山城を与えられ、四万五〇〇〇石を領した。ところが信雄が改易されると秀吉の家臣となり、さらに慶長四年（一五九九）には徳川家康暗殺事件に連座したとして改易、常陸の佐竹義宣《よしのぶ》にお預けとなる。慶長五年（一六〇〇）の関ヶ原合戦に前田利長《としなが》を家康側につけた功績により雄久の子雄氏は菰野一万二〇〇〇石を与えられ、菰野藩が立藩された。

江戸時代の大名は、国持、准国持、城主、城主格、無城主に分けられ、一～二万石の小大名の大半は無城主大名であった。これらの大名はその名の通り城が持てず、その居所は陣屋と称し、石垣、堀、天守などを構えることは許されなかった。こうした陣屋を居所とした無城主大名は三〇〇諸侯のうちの百家を占めていた。

土方氏も外様の無城主大名でその居所として築いたのが菰

野陣屋で、以後土方氏は転封なく一二代続いて明治維新を迎えた。雄氏は京都の屋敷に住しており、陣屋は滝川一益が構えていた代官所を利用したに過ぎなかった。菰野に新たな陣屋が築かれたのは二代藩主雄高が寛永十二年（一六三五）に家督を継いでからである。このとき御殿、書院、藩庁、料理部屋、勝手方長屋などが造営された。陣屋は南方に金渓川が、北方には三滝川が流れ、二つの河川に挟まれた河岸段丘の低位面に立地している。

●—菰野陣屋から移築された櫓（現在は解体されている）

　さらに三代雄豊《かつとよ》は万治三年（一六六〇）に藩邸の全面改修を行い、このとき御殿の門も完成した。延宝二年（一六七四）には陣屋を縦貫する道の北、南、東に三城戸を設けて番所を置いた。城戸部分は石垣によって構えられた喰違《くいちがい》となっていた。

【城の構造】　その構造であるが、三城戸内に武家地を配置し、その西端に御屋敷と呼ばれる藩邸と御殿が置かれた。御殿の西側には堀と土塁が巡り、背面を守っていた。この陣屋西側の土塁《どるい》は菰野小学校の背面に残されていたのであるが、北西隅部が平成九年に道路工事にともない発掘調査が実施されている。調査の結果高さ約四メートル、頂上部（馬踏）幅約一メートル、基底部幅約九メートルの台形を呈する土塁の構造が明らかとなった。土塁の外側に取り巻く堀は深さ約四メートル、上幅約八メートル、堀底幅約二・五メートルの断面逆台形の構造であったことも明らかとなった。なお、この陣屋の西側を巡る堀は昭和三十年代頃は水深一・五メートルほどの水堀であった

　御殿南側は広小路と呼ばれ馬場が置かれていた。この広小路に面して陣屋の表御門と御馬部屋がL字状に配されてお

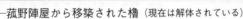

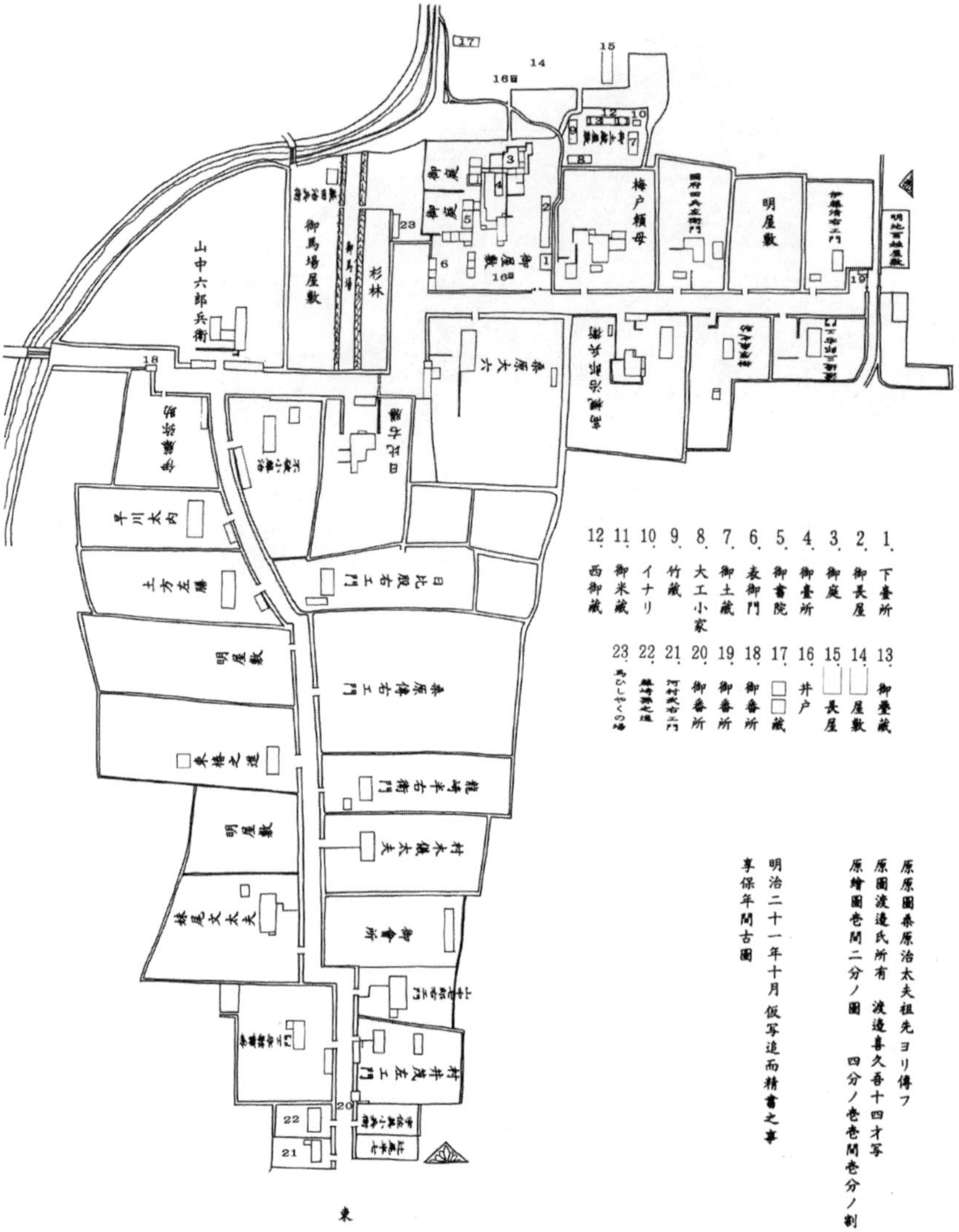

●—菰野陣屋御殿および家臣屋敷建屋図（参考文献による）

り、明治二年（一八六九）に写された古写真が残されている。

『菰野御屋敷表御殿図』は安政元年（一八五四）の地震による建て替えを描いた絵図とみられる。そこには陣屋に表御門、御物見《ものみ》、御馬部屋、御長屋、裏御門に囲まれた屋敷地内に御殿と御物置、御土蔵のあったことが描かれている。御殿は御玄関、御代官詰所、御目付詰所《めつけつめしょ》、御坊主詰所、御台所、御次祝日御札所、御表書院、内勤宿直、内勤詰所、御次、表御居間などの部屋があった。

明治元年（一八六八）に一二代藩主雄永《かつなが》が公家の竹屋光有の娘益子姫を正室に迎えるにあたり、藩内の領民の協力を得て堀と櫓《やぐら》の増築工事が行われた。東西九二間、南北七三間、幅四間の堀が掘られ、堀と振子川が合流する西南に二重の角《すみ》櫓が造営された。櫓は翌二年に完成した。そのときに写された写真が残る。それによると漆喰壁《しっくいかべ》の二重櫓で上重が入母屋《いりもや》屋根となっているが、それ以外には破風《はふ》を持たない単純な二重櫓構造であった。

●—菰野陣屋跡地に建つ石碑

陣屋は明治二年の版籍奉還の後に菰野藩庁となり、明治四年の廃藩置県により菰野県庁となるが、同年十一月には菰野県が廃止され。明治六年の廃城令により建物はすべて取り壊された。

陣屋の跡地は現在菰野小学校の校地となり遺構は残されていないが、学校の西南隅に鷹野城跡の石碑が建てられている。西南隅櫓は明治十三年に民家（菰野町池底）に移築され、近年まで残されていたが現在は解体され、旧材は保管されている。また、隅櫓の櫓台の石垣がかろうじて残されている。

櫓以外にも移築された建物があり、御馬部屋は四日市市の民家（四日市市赤永）に移築されており、鬼瓦には土方氏の家紋である左三巴紋《ひだりみつどもえもん》が施されている。陣屋の書院と玄関の唐破風は禅林寺（菰野町下村）に移築されている。寺側の記録では明治六年（一八七三）に移築されたと記されている。藩邸の門としては金蔵寺《こんぞう》（菰野町小島）の山門がある。扉には土方氏の家紋である左三巴紋が施されていたと伝えるが現存しない。また陣屋西裏御門が光徳寺（いなべ市大安町石榑東）に移され現存している。

【参考文献】川瀬聡『菰野城跡発掘調査報告』（三重県埋蔵文化財センター、一九九八）

（中井　均）

保《ほ》々《ほ》西《にし》城《じょう》

●完成された桝形虎口と方形区画群をもつ城

〔所在地〕四日市市西村町字城下、谷口
〔比　高〕一六メートル
〔分　類〕平山城
〔年　代〕一六世紀
〔城　主〕朝倉氏
〔交通アクセス〕三岐鉄道三岐線「北勢中央公園口駅」下車。野球場裏の入口まで約二・五キロ。

三重

【立地と歴史】　保々西城は朝明《あさけ》川左岸（北岸）、半島状に突き出た標高六〇メートルの丘陵上に位置する。朝明川は員弁《いなべ》川とともに北伊勢の主要河川で、流域における城の分布密度は非常に高い。

地誌等によると、城は朝倉詮眞《あきざね》の居城であった。朝倉氏は朝明川流域に勢力を張ったが、永禄十一年（一五六八）に信長に攻められると、同族の茂福家や南部家とともに滅んだという。保々西城の東方にある市場城は朝倉詮眞の支城とされ、城域東端の大樹寺には詮眞の墓がある。

【明瞭な城道と規格化された曲輪群】　丘陵南端にⅠ郭（主郭）を設け、その東から北にかけて方形を基本とした曲輪群が展開する。大手は東方の小谷部分で、低土塁《どるい》で挟んだ虎口《こぐち》前には井戸が残る。北上方には武者隠《むしゃがく》し状の窪みがみられる。土塁間の通路を西へ進むと、方形区画群への通路と主郭北虎口への通路、主郭東虎口への通路が分岐する。方形区画群内への通路は北進した後、西に折れ城域北端の虎口に至る。メインルートが複数あり、それぞれが非常に明瞭であることが保々西城の特徴でもある。

主郭は五〇メートル四方の方形である。東から北にかけてと西の一部に高さ三メートルほどの土塁がめぐり、高さ、上幅ともに安定した造りである。北西隅は櫓台《やぐらだい》となり、堀に張り出している。南側に土塁はなく、この地域の一般的なスタイルをとる。南東隅にはⅡ郭が付随する。堀は東から北にかけてめぐり、上幅一五メートル前後、深さは土塁上から五メートル以上の規模を誇る。虎口は二ヵ所に開く。東虎口は桝形虎口《ますがたこぐち》で、土橋《どばし》に対してⅡ郭から横矢《よこや》がかかる。北虎口は平入りであるが、土塁と堀にわずかながら食違いがみられる。

主郭の北に残る方形区画は、それぞれ高さ一《メートル》弱の土塁で囲み、一ヵ所ないし二ヵ所の虎口をもつ。中には小規模ながら内桝形《うちますがた》を形成し、堀をともなうものもある。また、多くは土塁で囲んだ区画を中央の低土塁によって二分する二区画一ユニットの構成となる。現状では広場の様相を示す西方のⅢも、一部に土塁が残ることから本来は区画されていたのかもしれない。ただ、北東に残るⅣはそうであったとしても規模が大きい。田辺城や大井田城（いなべ市）にも同様の区画がみられることからすると、駐屯地など特別の役割があったのかもしれない。

北方の丘陵続きは土塁と堀で遮断する。ともに二ヵ所で折

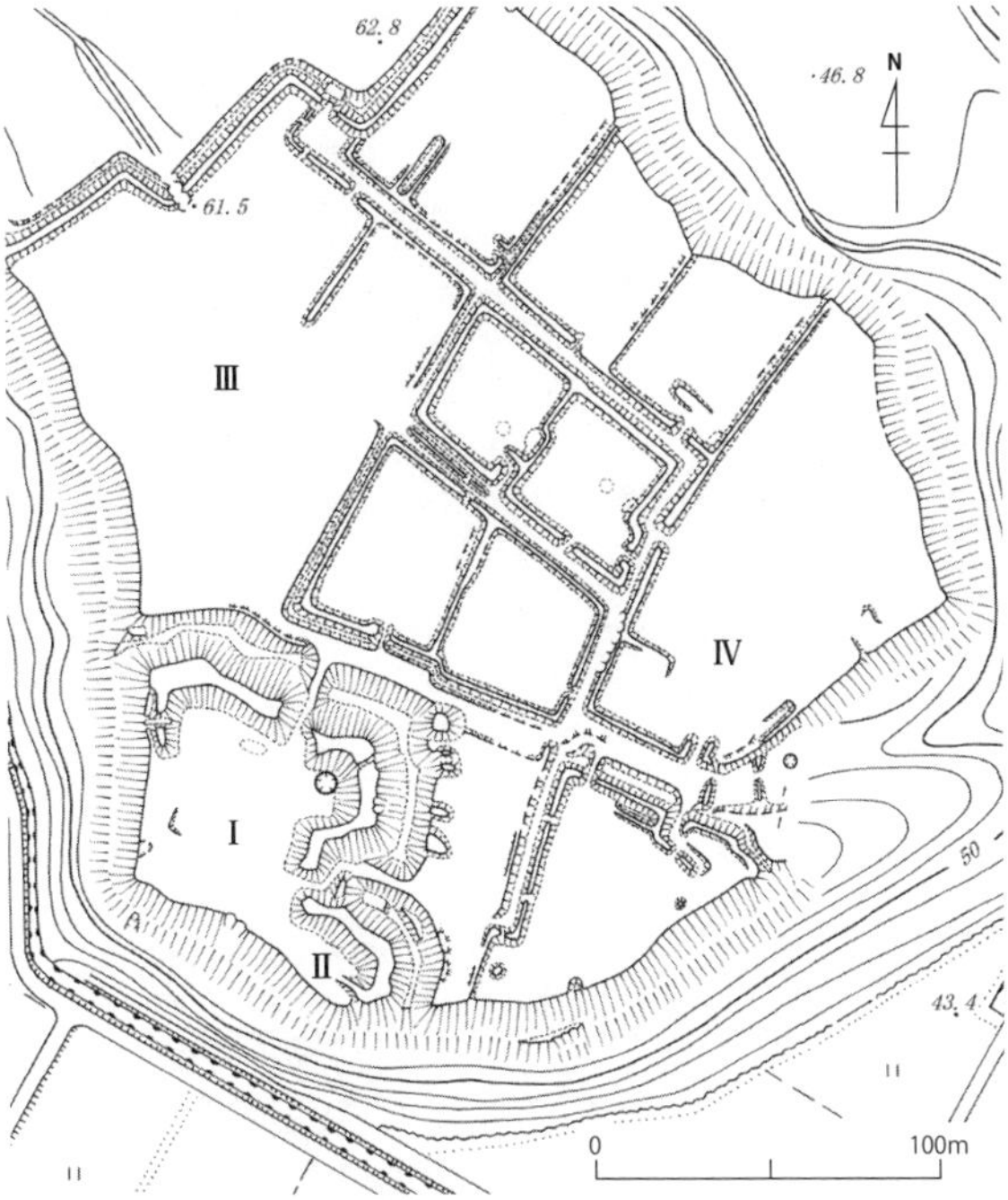

●―保々西城縄張図（現況図）（作図：伊藤徳也）

●―市場城主要部（現況図）（作図：伊藤徳也）

三重

●—保々西城主郭北虎口

れ、横矢がかかる構造となっている。

【市場城との関係】 保々西城の曲輪配置にはきわめて強い規格性が現れている。これは、保々西城が改修、拡大を繰り返した結果の姿ではなく、当初よりの計画に基づいて築城したものであることを示唆している。主郭桝形虎口はもちろんのこと、丘陵を横断する土塁と堀による明瞭な城域設定など、この地域の創造物であるならば、非常に完成度の高い城といえる。

●—保々西城主郭北堀

従来より主郭の形状が市場城（四日市市）と類似していることは指摘されていたが、主郭だけではなく、城道の配置や方形区画群においても、その構成パターンは同一であることが分かってきている。市場城の方形区画群は、残っている遺構からは雑然とみえるが、詳細に比較してみると非常に多くの共通点が見出せる。さらに、市場村の地籍図をみると主郭の北に方形区画帯が確認でき、保々西城の状況と酷似する。保々西城は、市場城の中枢部を発展的に独立させたということがよく分かる。織豊の影響は別におくとして、保々西城の築城には市場城と同一の築城者が関わったことは間違いない。

【参考文献】三重県教育委員会『三重の中世城館』（一九七六）

（伊藤徳也）

●丘陵一帯を城塞化した四日市南部最大の城

采《うね》女《め》城《じょう》

（所在地）四日市市采女町字北山
（比　高）五〇メートル
（分　類）平山城
（年　代）文治年間（一一八五〜一一八九）
（城　主）後藤氏
（交通アクセス）「近鉄四日市駅」から三重交通バス「笹川テニス場」行きで「波木南台二丁目」下車。南麓まで約六五〇メートル。

【立地と歴史】　内部川と足見川《あしみ》の合流地点の左岸（北岸）、標高七〇メートルの丘陵上に位置する。北には丘陵が続き、南には内部川を挟んで水田地帯が広がる。尾根は複雑に入り込む谷により三つに分岐し、そこに十余の曲輪を連続して配置している。

　地誌等によると、文治年間に後藤基清《もときよ》が築城したという。基清は承久の乱で京方に属したが、一族の中には幕府方にしたがった者もいた。元弘の変に際しては後醍醐側に味方し、十五代采女正まで当地に居城した。永禄十一年（一五六八）、織田氏の侵攻により城は落とされ、廃城になったという。落城の際、城主の息女が井戸に身を投げたという伝説があり、夜中に南麓の内部川沿いを歩いた際、木立の中に幼子を抱いた女性が浮かび上がるのを見た者がいるという話まで残っている。城の西方には采女正の墓があり、的場《まとば》の地名は城主後藤氏の弓の稽古場とも伝えられている。

【深い堀に分断された曲輪群】　大きく入り込んだ東の谷から西が城域となる。曲輪は方形を意識しつつも地形に合わせた形状で、深い堀で分断しているため一見すると独立性が強く感じられる。

　大手は中央の谷筋と考えられ、ほぼ直線状に進んでⅠ郭（主郭）下のⅨ郭に突き当たる。ここから西へ進むとⅡ郭をへて主郭に至り、東へ進むと南東尾根を分断する堀切《ほりきり》へ続く。Ⅱ郭虎口《こぐち》は桝形《ますがた》を形成する。主郭とは堀切で分断するが、東端に細い土橋《どばし》が削り残される。

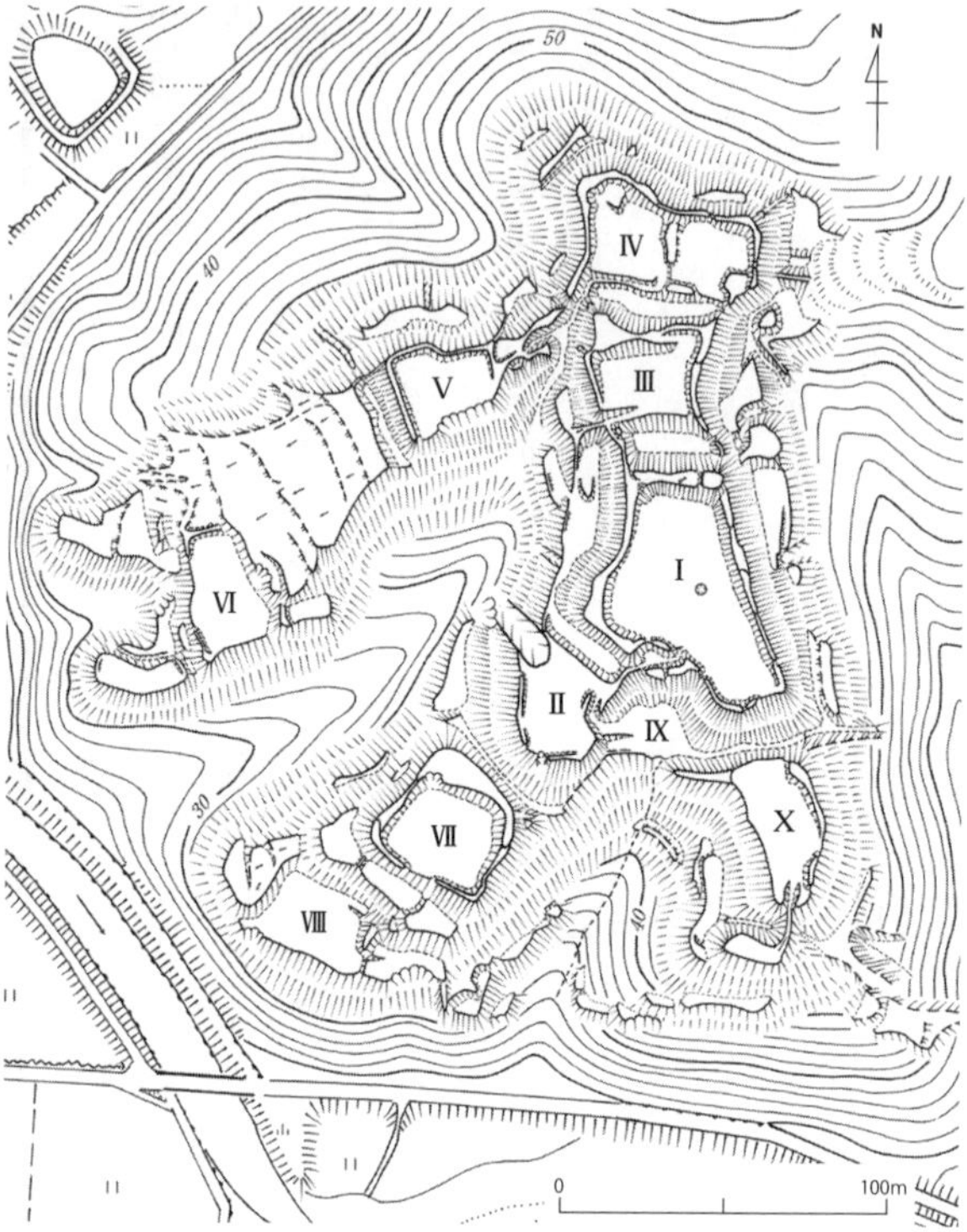

●—采女城（現況図）（作図：伊藤徳也）

主郭は圧倒的な規模を誇り、四方に土塁《どるい》がめぐる。高さは二メートル前後であるが、北以外は上幅とともに安定しない。Ⅱ郭から入る南の虎口は桝形を意識した構造となるが、土塁の規模は小さく付け足した感が否めない。

主郭の北は二本の堀切で分断し、Ⅲ郭とⅣ郭が続く。Ⅲ郭は方形で、南以外に土塁がめぐり、土塁の北西端は最大一〇メートル幅の櫓台となる。Ⅰ・Ⅲ郭間の堀切も完全に掘り切らず、両端を細く残している。Ⅰ郭からは西端の土橋を経由し、南中央に開く虎口から入ることになる。土橋から左折すると下方の帯曲輪《おびくるわ》を経由し、Ⅰ・Ⅱ郭間の堀切につながる。

Ⅳ郭はおおよそ方形で、南以外に土塁がめぐる。内部は中央の低土塁で二分している。北端に位置し、北西へ張り出した尾根は堀切で遮断する。虎口は南中央に開き、Ⅲ郭と同様の入り方となる。

●—采女城主郭土塁

Ⅳ郭から南西へ延びる尾根上にはⅤ、Ⅵ郭を設ける。Ⅴ郭へは土塁で挟まれた坂虎口から入るが、ここは西の谷筋ともつながっている。Ⅴ郭とⅥ郭の間はⅠ郭に匹敵する面積をもつが、遺構らしきものが確認できない。いくつかの段をもつものの、全体に傾斜しながらⅥ郭まで下っていく。城内で唯一、不明瞭な区域である。

Ⅱ郭から南に延びる尾根上にはⅦ、Ⅷ郭を設ける。Ⅶ郭は土塁が四方にめぐるが、北は最大幅一〇㍍と規模が大きいのに対し、南は低く途切れている。Ⅱ郭とは深さ八㍍の堀切で区画する。南はⅧ郭との比高差が大きいためか堀はなく、中段に三つの腰《こし》曲輪をつないでいる。

南東尾根上にはⅩ郭がある。Ⅰ郭とは堀切で区画し、東にのみ土塁を設ける。南端に虎口が開き、大手道を監視する下方の小曲輪群へとつながっている。

●―采女城Ⅱ郭虎口

【采女城の見所】 采女城にはいくつかの特筆すべき特徴がある。まず、規模の上では北勢有数のものであること。次に、各曲輪は圧倒的な規模の主郭を中心に展開していること。一見、深い堀切で分断しているため独立性に富んでいるようにみえるが、堀切はほとんどが完全には掘り切らず、端部を残し土橋とする。特に主郭より北では顕著にみられる。しかも、Ⅱ～Ⅳ郭にはⅠ郭側に土塁はなく、反対側に設けている。堀切で遮断したⅩ郭でさえ同様である。このことからも主郭を中心に曲輪群を構成していることがよく分かる。

次に、谷筋への備えが厚いこと。中の谷に面してはⅩ郭下方と対岸のⅦ、Ⅷ郭下方に削平段を設けているが、同様に西の谷に面してはⅠ、Ⅱ、Ⅶ、Ⅷ郭下方とⅥ郭下方に、東の谷に面しては全ての郭の下方に、特にⅢ、Ⅳ郭の東下方の備えは厚い。

そんな中、中の尾根上のⅦ、Ⅷ郭にはやや異なった様相がある。Ⅱ郭とⅦ郭を分断する堀切は完全に掘り切り、Ⅶ郭の土塁はⅡ郭側、即ち主郭側に堅固に設けている。そもそも、Ⅶ郭はⅧ郭とともにこれだけで完結した城になるといってもよい。現在残る曲輪の全てが、一時期に築かれたわけではないのかもしれない。

【参考文献】三重県教育委員会『三重の中世城館』(一九七六)

(伊藤徳也)

●小牧長久手、関ヶ原の戦乱でも使用された城

新《しん》所《じょ》城《じょう》

〈所在地〉亀山市関町新所
〈比　高〉五三メートル
〈分　類〉山城
〈年　代〉一六世紀
〈城　主〉関氏
〈交通アクセス〉ＪＲ関西本線「関駅」下車、徒歩二〇分。

【城の歴史】　亀山市関町は、近江・伊賀から伊勢に入る街道の宿場であり、東海道、大和街道、伊勢街道が合流する要衝の地である。この地の重要性は古代でも注目されており、不《ふ》破《わの》関、愛発《あらちの》関とならぶ三関のひとつ、鈴鹿《すずかの》関が置かれていた。

新所城の築城に関する同時代史料はなく、詳細は不明である。しかし近世の地誌類には、戦国時代に関盛信《もりのぶ》が築いたという所伝がある。しかし前記の地勢から、この地は東西の軍の衝突時の戦略上の要地とされ、「小牧長久手《こまきながくて》の戦」では羽柴方の浅野長政《ながまさ》らが、「関ヶ原の戦」では吉川広家《ひろいえ》らが、鈴鹿峠を越え、この城に籠ったという史料がある。

【城の構造】　城は、標高一五三メートルの山頂を中心とするⅠ群、東のピークにあるⅡ群、Ⅲ群、西のピークにあるⅣ群と、独立丘陵上にある四つのピークに展開している。

Ⅰ群は独立丘陵の最高所にある。この郭群の中心は、曲輪ａである。曲輪は単純な平坦地のみのシンプルなものである。曲輪ａの南側斜面には、二本の竪土塁《たてどるい》と竪堀《たてぼり》が、Ⅱ群・Ⅲ群がある尾根との境には堀切《ほりきり》がある。曲輪ａの東には、曲輪ｂがある。曲輪ｂの東側には虎口《こぐち》がある。虎口の外側には小土塁と堀により進入路を屈曲させている。曲輪ａの西、曲輪ｂの東にもいくつかの平坦地があるが、いずれも削平が甘い。

Ⅰ群と谷を挟んでⅡ群がある。この部分の中心は、曲輪ｃである。この曲輪の周囲には一メートル程の土塁がある。土塁は北

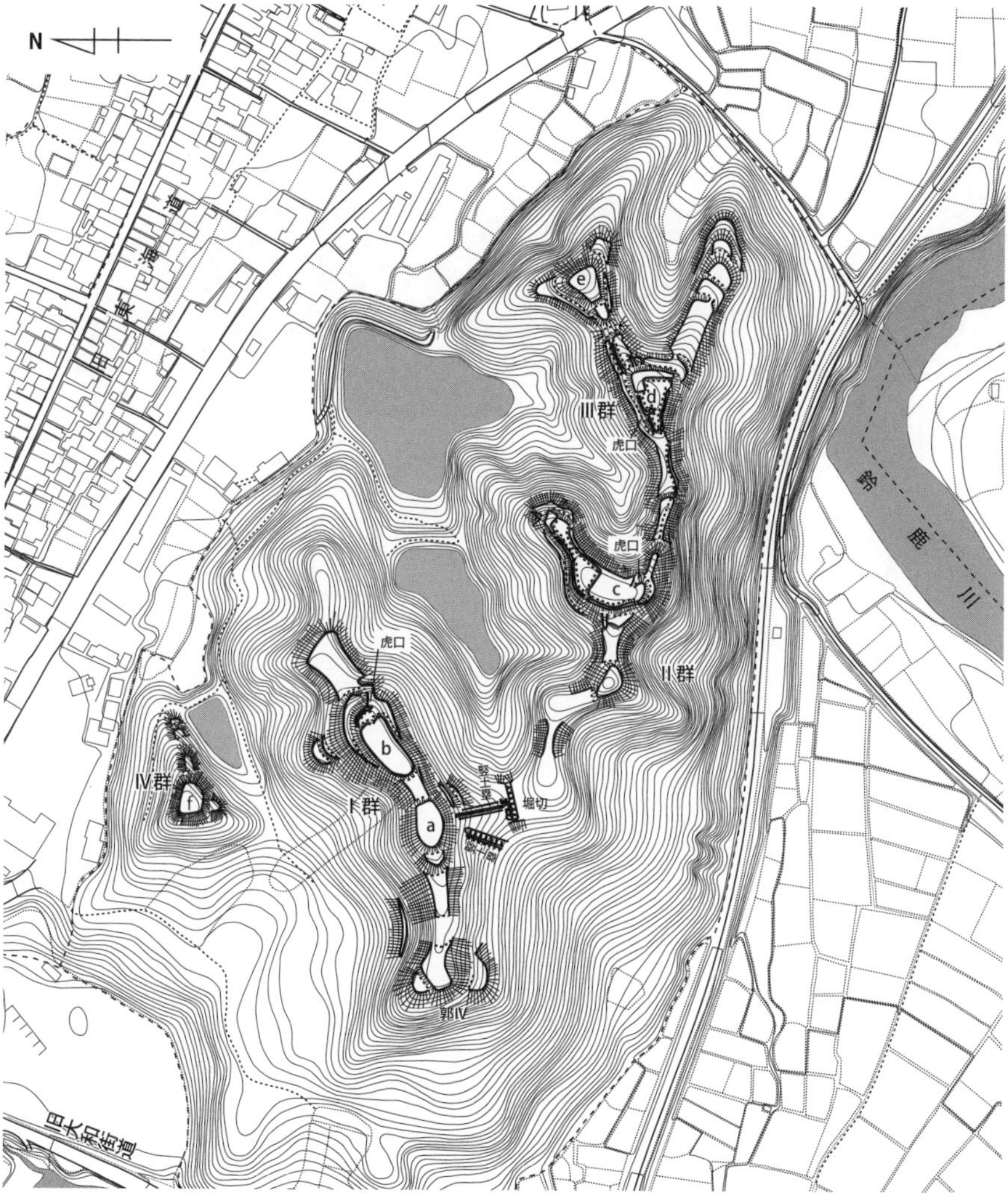

●―新所城跡概要図（亀山隆作図のものを改変）

に伸びる尾根に沿って平行に築かれ、尾根の先端では幅広になっている。曲輪cの南東隅近くには虎口がある。西の尾根から虎口に入るには、曲輪の南裾を回り込まなければならない。

細尾根を下り、ふたたび登ると、Ⅲ群に入る。この郭群は城のもっとも東にあり、東からの敵に向かう最前線に当たる。郭群の中心となるのが曲輪dである。曲輪の東側の土塁は城内ではもっとも大規模で、幅も広い。外側の切岸《きりぎし》も厳重である。西から曲輪に入ろうとすると、小規模な土塁に阻まれて直進することができない。曲輪の東で尾根が二つに分かれるが、北東に伸びる尾根には土塁が築かれ、

●—新所城写真（撮影：亀山隆）

その先には堀切が掘られる。さらに先には曲輪eがある。東に伸びる尾根にも平坦地と堀切が掘られる。

城の北西側のピークにあるⅣ群は、小規模な曲輪fと数か所の平坦地からなる小規模な郭群である。

新所城は、鈴鹿郡の国衆、関氏の城だけでなく、小牧長久手の戦い、関ヶ原の戦いという日本史上の大事件に関わった城である。歴史に「たら」、「れば」は禁物だが、決戦がこの地で行われていたなら、ここが「関ヶ原」になったかもしれない。

（竹田憲治）

【参考文献】『三重県の地名』（平凡社、一九八三）

三重

●石垣を備えた加太越え最強の城

鹿《か》伏《ぶ》兎《と》城《じょう》

〔三重県指定史跡〕

〔所在地〕亀山市加太市場
〔比　高〕一〇〇メートル
〔分　類〕山城
〔年　代〕正平年間（一三四六〜一三七〇）
〔城　主〕鹿伏兎氏
〔交通アクセス〕ＪＲ関西本線「加太駅」下車、神福禅寺西の上り口まで約三〇〇メートル。

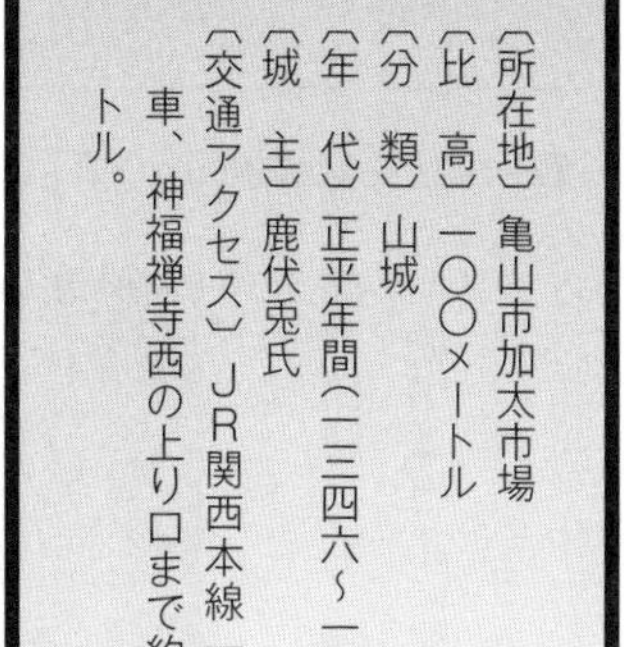

【立地と歴史】　鹿伏兎（加太）城は、加太川の蛇行部へ北から張り出した山地の尾根上に位置する。標高二六〇メートル付近を中心として尾根は複雑に入り組み、至る所に入った鞍部は堀《ほり》切《きり》の代用となるほどに深い。東には南流する牛谷川が加太川に合流し、谷筋が東方を分断する。

　城は正平年間（一三四六〜七〇）、関盛政《もりまさ》の子、盛宗《もりむね》が分家して牛谷山の地に築いたのが始まりで、牛谷城と称していたものを定好《さだよし》の代に修築して鹿伏兎城に改めたという。また、天文十一年（一五四二）、定長が室町幕府将軍足利義晴《よしはる》に白鷹を献上したことから白鷹城といわれるようになったともいう。信長に降った天正以降、鹿伏兎氏の所領の多くが信孝に与えられ、鹿伏兎定義は加太の地のみを支配することになった。信長死後、秀吉に敵対した定義《さだよし》が信雄に攻められ敗走すると、城は織田信包が支配するところとなったが、定義の子、定基は信包配下となり、ふたたび加太の地を支配することとなった。山麓には居館があったという。

【城の構造】　城は頂部稜線上と、その一段下方の曲輪群からなる。南麓に延びる尾根上は自然地形ながら、平坦面があり城域に含めることも不可能ではない。

　稜線上にはⅠ郭を頂点にⅡ郭、Ⅲ郭、Ⅳ郭が続く。それぞれ地形に合わせた形状で、土塁《どるい》はない。南斜面は全体に急峻であるが、Ⅰ郭から西へ下る支尾根の一つには小規模な堀切を入れている。北へ延びる尾根は細く削り出し、下方のⅤ郭土塁となり、虎口《こぐち》を形成する。Ⅰ郭とⅤ郭の比高差は六〜七

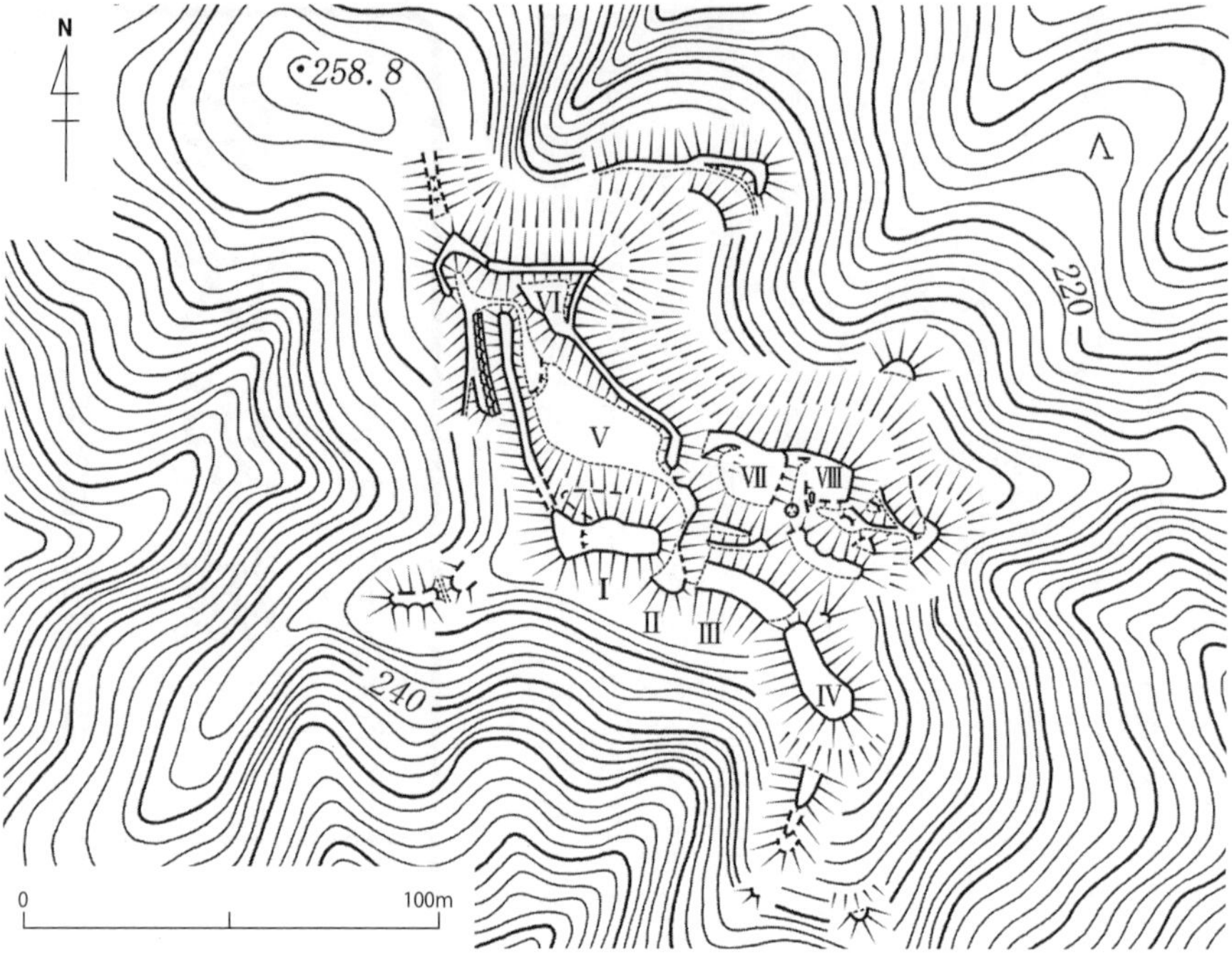

●―鹿伏兎城縄張図（作図：伊藤徳也）

●―鹿伏兎城Ⅴ郭内

《メートル》あり、直接にはつながらずⅡ郭を経由する。

Ⅴ郭は土塁を備えた唯一の曲輪となる。東から北にかけては高さが一定せず傾斜する。西はⅠ郭から延びる細尾根が土塁となるが、見方によってはⅠ郭を巨大な土塁、あるいは櫓台《やぐらだい》と捉えることもでき、Ⅴ郭が主郭の役割を果たした曲輪と考えてよい。

虎口は南北に開くが、北に開く虎口はかなり複雑である。Ⅴ郭の西側を南から上ってきた城道は、土塁で塞がれた突き当たりの手前を右折する。すぐに一段上がった三角形状の小郭、Ⅵ郭にぶつかりふたたび右折する。Ⅰ郭から延びてきた西土塁を回り込み、一段下がってⅤ郭内に入る。喰違《くいちがい》虎口に小空間をともなった、変則的な外桝形《そとますがた》虎口となっている。西土塁の外側基底部に高さ二メートルほど築かれた石垣は、城内でもっとも注目できる場所である。

●—鹿伏兎城石垣

いっぽう、南の虎口は南東隅に開く単純な開口部であるが、ここからⅡ郭とⅦ郭に接続する。土の流れ、崩落により判然としないが、Ⅶ郭へはスロープを下り北西隅へ入るようである。石組井戸が残るⅧ郭へも同様に北西隅へ入る。その先は小削平地で反転し、北の小谷へ下っていく。

【加太越え】 名張、柘植から加太峠を越え関へ通じる道は、かつては大和と東国を結ぶ幹線道であった。鈴鹿峠を越える鈴鹿越えが東海道となってからも、折に触れ重要な道として登場する。

もちろん、山地が続く加太越えの道のりは険しいものではあるが、天正二年（一五七四）、鹿伏兎勢は向井から柚木峠を越え、安濃郡の雲林院氏を攻めている。また、鹿伏兎城の脇から坂下へ抜けるバンドウ越えは、東海道へのショートカットして利用されている。本能寺の変に際しては、家康が三河へ戻る時に利用したことにより、加太越えは一躍有名となった。山深く人里遠いとはいえ、加太の地が重要な地であったことはよく分かる。

【参考文献】 三重県教育委員会『三重の中世城館』（一九七六）、関町教育委員会『鈴鹿関町史　上巻』（一九七七）、福井健二編『三重の山城ベスト五〇を歩く』（サンライズ出版、二〇一二）

（伊藤徳也）

●中近世を通じた拠点城郭

亀《かめ》山《やま》城《じょう》

〔三重県指定史跡・有形文化財建造物〕

〔所在地〕亀山市本丸町、東丸町、西丸町
〔比　高〕四五メートル
〔分　類〕平城
〔年　代〕一六世紀～
〔城　主〕関氏、岡本氏、松平(奥平)氏、本多氏など
〔交通アクセス〕ＪＲ関西本線・紀勢本線「亀山駅」下車、徒歩一五分。

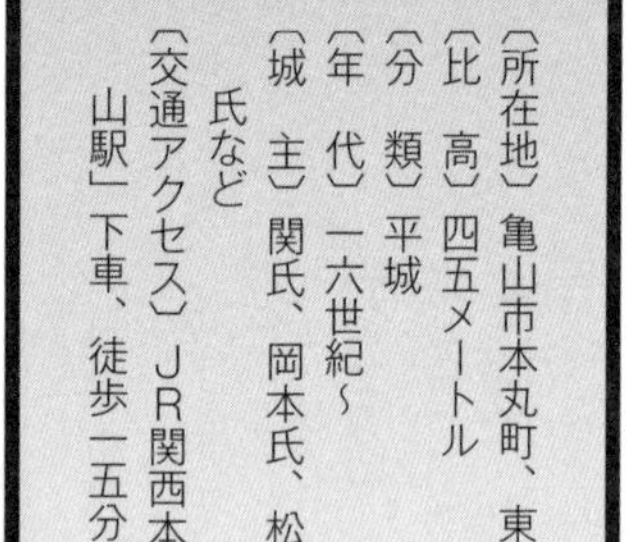

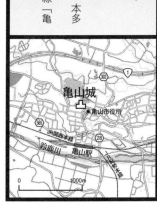

【城の歴史】　亀山城は鈴鹿川左岸の河岸段丘上に立地する。この地には戦国時代以前から、関氏による城が築かれていたらしく、亀山市が行った発掘調査でも近世城郭の下層から、戦国期に遡ると考えられる大規模な堀などが見つかっている。

天正十一年（一五八三）の羽柴秀吉と柴田勝家、滝川一益《かずます》による騒乱（「賤《しず》ケ《が》岳《たけ》の戦い」）では、滝川方の城となり、羽柴方が「惣町《そうまち》」・「端城《はじろ》」に放火し、「かねほり」を入れて「東西之櫓《やぐら》」を掘り崩したという史料がある。当時の亀山城には、複数の櫓があり、城の周りには「惣町」があったことがわかる。

天正十八年（一五九〇）峯城から亀山城に入った岡本良勝《よしかつ》は、城の改修を行い、織豊城郭としての亀山城が成立する。その後、寛永期に本多氏により改修が行われ、現在の姿になったとされている。

幕末の嘉永七年（安政元年、一八五四）に起こった安政地震により亀山城の大きな被害を受けたが、石垣などの修理が行われ、現在に至っている。

【城の構造】　城の建物のほとんどは失われ、現在は江戸時代後期の本丸東南隅櫓《すみやぐら》のみが残る。

本丸は南面と東面の石垣がよく残っている。平石、隅石ともに自然石が用いられ、部分的に石塔の基礎や台座が転用されている。このあたりの石垣は、一五九〇年頃の岡本良勝の改修によるものと考えられる。内側の石垣は、安政地震後に

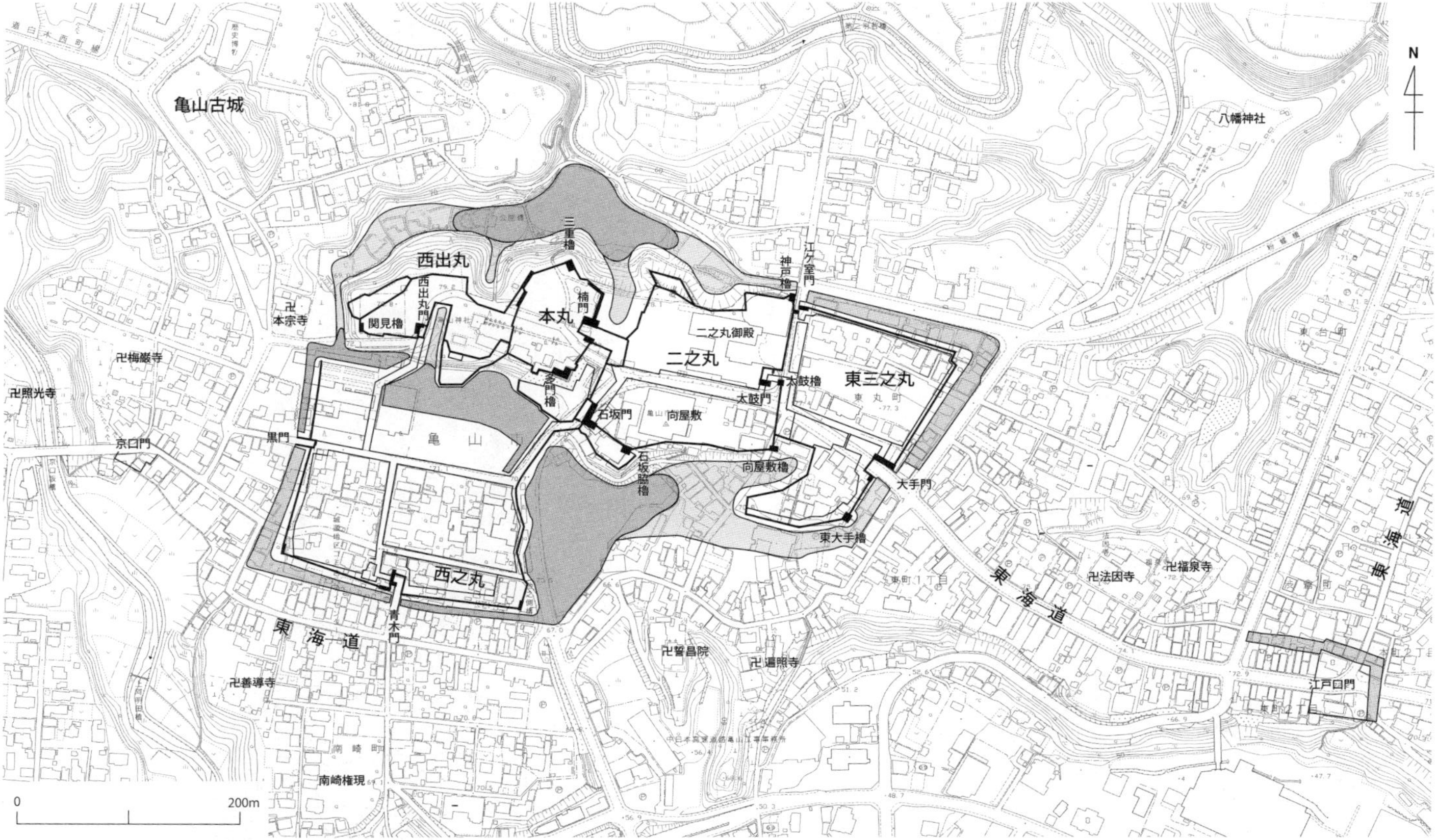

●—亀山城跡復元概要図（作図：亀山隆）

三重

●—本丸内側の石垣

●—東南隅櫓と本丸石垣

積み直されたものである。大きな自然石が使われており、古い石垣の石材を再利用したのかもしれない。石垣の外側（織豊期）と内側（幕末）を比べると、野面積《のづらづみ》から落し積という、江戸時代を通じた石垣構築技術の変遷を知ることができ、とても面白い。

石垣上には三重県指定有形文化財建造物の東南隅櫓が残っている。建物は江戸時代後期のもので、近年、復元工事が行われ、創建当時の白壁が再現されている。

本丸の東西には段丘を横断する堀切《ほりきり》が、南北には水堀があった。本丸東には、二之丸から入る虎口《こぐち》（楠門《くすのき》）があったが、現在は残っていない。

本丸の東、現在、小学校になっているところは、二之丸御殿があった部分である。北東隅には隅櫓（神戸櫓）、江ケ室門があり、東には太鼓櫓、太鼓門があった。さらに東の東三之丸の東端には東海道に向けて大手門が開いていた。東三之丸に外側には、大規模な空堀《からぼり》があり、東からの攻撃を防げるようになっていた。現在小学校北の二之丸北帯曲輪《おびぐるわ》が復元整備されており、当時の様子をうかがい知ることができる。

江戸から京都に向かう東海道は大手門の東で南に折れ、その後も複雑に屈曲しながら城下町を通り、京口門から西に出るようになっていた。

本丸の西、現在、亀山神社境内となっているところは、西出丸と呼ばれていた。東南隅櫓から亀山神社に向かう部分にある石橋が本丸と西出丸の境の痕跡である。西出丸は堀を挟んで東西に分かれており、堀の西には西之丸から入る西出丸門が、丘陵の西端には関を望む関見櫓があった。テニスコートの駐車場となっている部分には、土塁《どるい》の痕跡が残っている。神社境内には、櫓台の痕跡と思われる高まりが残っている。

丘陵を下り、現在、中学校や住宅地となっているところには、西之丸があった。西之丸の南には、東海道に向けた青木門があった。

亀山城は、東海道の宿駅、亀山宿と一体となった近世城郭であるが、下層には戦国期の関氏による城郭が埋まっている。天正期には戦乱の舞台となりながらも、中・近世を通じて地域の拠点であり続けた重要な城郭である。

なお亀山市歴史博物館には、亀山城と城下町の精巧な模型が展示されているので、これも見逃せない。

【参考文献】三重県教育委員会『三重の近世城郭』（一九八四）、笠井賢治「峯氏・嶺領・峯城」『ミエヒストリー　一四』（二〇〇三）

（竹田憲治）

●天正の騒乱の舞台

峯《みね》城《じょう》

〔三重県指定史跡〕

三重

〔所在地〕亀山市川崎町
〔比　高〕四〇メートル
〔分　類〕平山城
〔年　代〕一六世紀
〔城　主〕峯氏、岡本氏、滝川氏、堀尾氏
〔交通アクセス〕東名阪自動車道鈴鹿ＩＣから一五分。

【城の歴史】　峯城は亀山市川崎町の丘陵上に立地する。城がある丘陵は、安楽《あんらく》川と八島《やしま》川の合流点や、近江と伊勢を繋ぐ峠道の「安楽越え」と、中伊勢から北伊勢に向かう交通路（近世「巡見道」）の近くである。麓は現在、水田となっているが、近代はじめごろまでは深田がひろがっていたとのことである。

戦国時代の峯氏は、亀山を根拠としていた関氏の一族と伝えられ、亀山市北部から鈴鹿市西部を根拠としていた。当初は約一キロ東にある古城《ふるしろ》を居城としていたが、一六世紀になって峯城を築いたと考えられている。

峯城を巡る攻防は、天正十一年（一五八三）と同十二年（一五八四）に行われた。

天正十一年には、羽柴秀吉と柴田勝家・滝川一益《かずます》間での騒乱（「賤ヶ岳《しずがたけ》の戦い」）時に使用される。峯城は、戦乱の当初は羽柴方であったが、滝川方のものとなり、奪還を目指す羽柴方との間で激しい戦いとなった。羽柴方は羽柴秀長《ひでなが》、筒井順慶《じゅんけい》、蒲生氏郷《がもううじさと》が城を攻め、付城《つけじろ》を築いたが容易には落城しなかったとされている。

翌天正十二年の羽柴秀吉と織田信雄・徳川家康間での騒乱（「小牧長久手《こまきながくて》の戦い」）では、信雄方の岡本良勝《よしかつ》が籠ったが、短期間の戦いで羽柴方のものとなったとされている。

峯城にはその後も岡本良勝が在城する。岡本は天正十八年（一五九〇）に亀山城に移るが、そのころよりやや新しい時期の瓦も出土しているので、その後も城は機能していたよう

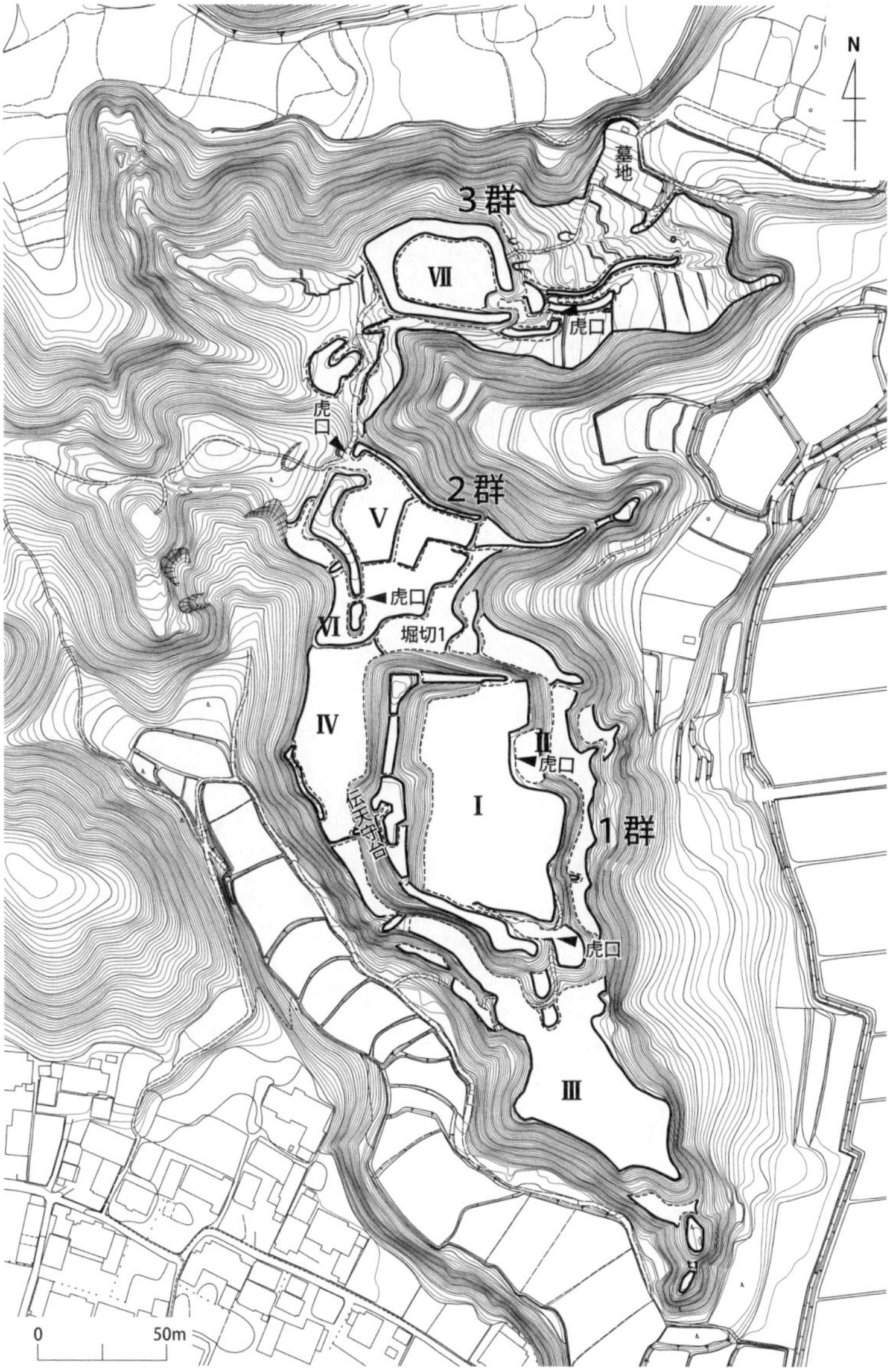

●—峯城跡地形測量図（作図：亀山隆）

である。

【城の構造】　城は曲輪Ⅰを中心とする1群、曲輪Ⅴを中心とする2群、曲輪Ⅶを中心とする3群に分かれる。

一群は主郭となる曲輪Ⅰ、周囲の曲輪Ⅲ、Ⅳからなっている。曲輪Ⅰの南、西、北には土塁《どるい》が築かれる。外周の切岸《きりぎし》も厳重で、曲輪Ⅳとの比高差は六㍍程もある。南端部には虎口《こぐち》

●―峯城跡遠景

●―峯城Ⅶ郭虎口

が設けられている。虎口の周辺では土塁が屈曲し、幅も広くなっており、桝形《ますがた》状を呈している。東にも小規模な虎口状の凹部がある。土塁の西側には櫓台《やぐらだい》（「伝天守台」）が設けられる。この付近には石垣の部材とも思える石や栗石が散乱し、瓦も採集されている。曲輪Ｉの裾にある帯曲輪《おびぐるわ》には、竪《たて》土塁や段差が設けられている。

曲輪Ｉの北には、大規模な堀切《ほりきり》を挟み２群がある。郭群の中心は曲輪Ｖである。曲輪内部は数段に分かれ、西側には土塁がある。南北に虎口が開く。北側の虎口では土塁が屈曲する。曲輪Ｖの裾にある帯曲輪にも竪土塁が築かれる。

２群から谷を挟んだ丘陵の最高所には３群がある。郭群の中心は曲輪Ⅶである。この曲輪は四方に土塁が築かれ、南東端には桝形虎口を持つ。

峯城は、天正十一年・十二年の騒乱で使用されたことが同時代史料で確認できる貴重な城である。諸勢力による峯城攻防戦は、この地が伊勢国支配のうえで不可欠であったことを示している。

【参考文献】藤岡英礼「伊勢国における織豊期―鈴鹿郡峯城を中心として―」『中世城郭研究　八』（一九九四）、笠井賢治「峯氏・嶺領・峯城」『ミエヒストリー　一四』（二〇〇三）

（竹田憲治）

●コンパクトながら戦闘的な縄張

神《かん》戸《べ》城《じょう》

〔三重県指定史跡〕

〔所在地〕鈴鹿市神戸
〔比　高〕約一〇メートル
〔分　類〕平城
〔年　代〕文明年間?～
〔城　主〕神戸氏、織田信孝、本多氏ほか
〔交通アクセス〕近鉄「鈴鹿市駅」下車、徒歩一五分。

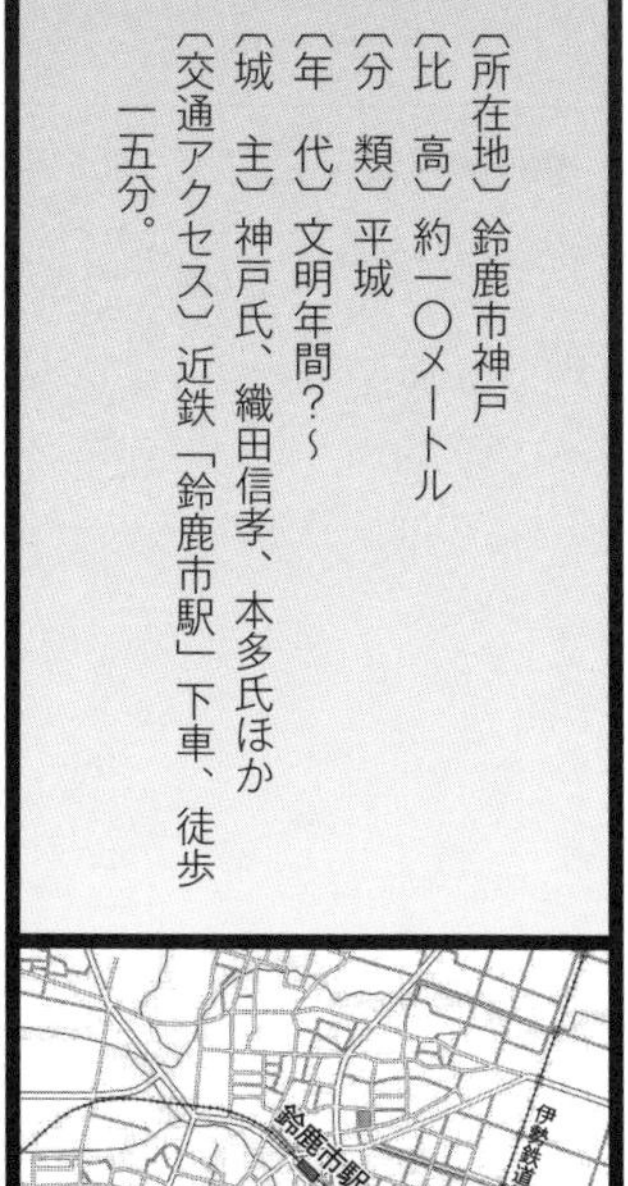

【城の歴史】　応仁・文明の乱に端を発した騒乱は、地方にも波及する。その最中の文明十一年（一四七九）、北畠氏が「神部之城」に籠城したという記録がある（『大乗院寺社雑事記』）。ここに記された城が神戸城を指すとまでは言えないが、すでに一五世紀後半に神戸に城があったことは確かである。

　永禄十年（一五六七）・十一年（一五六八）、織田信長の伊勢国侵攻後、神戸氏は、信長三男の三七（後の信孝《のぶたか》）を養子に迎え入れ、織田氏に併呑されていく。信孝は天正八年（一五八〇）に神戸城の修築を行い、石垣を持つ城を完成させた。

　織田信孝の後、小島兵部、水野、瀧川、一柳《ひとつやなぎ》と短期間に城主が代わり、寛永十三年（一六三六）に一柳直盛《なおもり》が伊予西条に転封となると、慶安四年（一六五一）に石川総長《ふさなが》が入封するまで城主不在となる。その後、享保十七年（一七四五）に本多忠統《ただむね》が城主となり、明治維新まで本多氏が城主と務める。

【城の構造】　現在、城の遺構が残っているのは本丸周辺である。ここには天守台と土塁《どるい》が残る。天守台の石垣は自然石積の古風なもので、石塔の基

●—神戸城跡天守台（鈴鹿）

三重

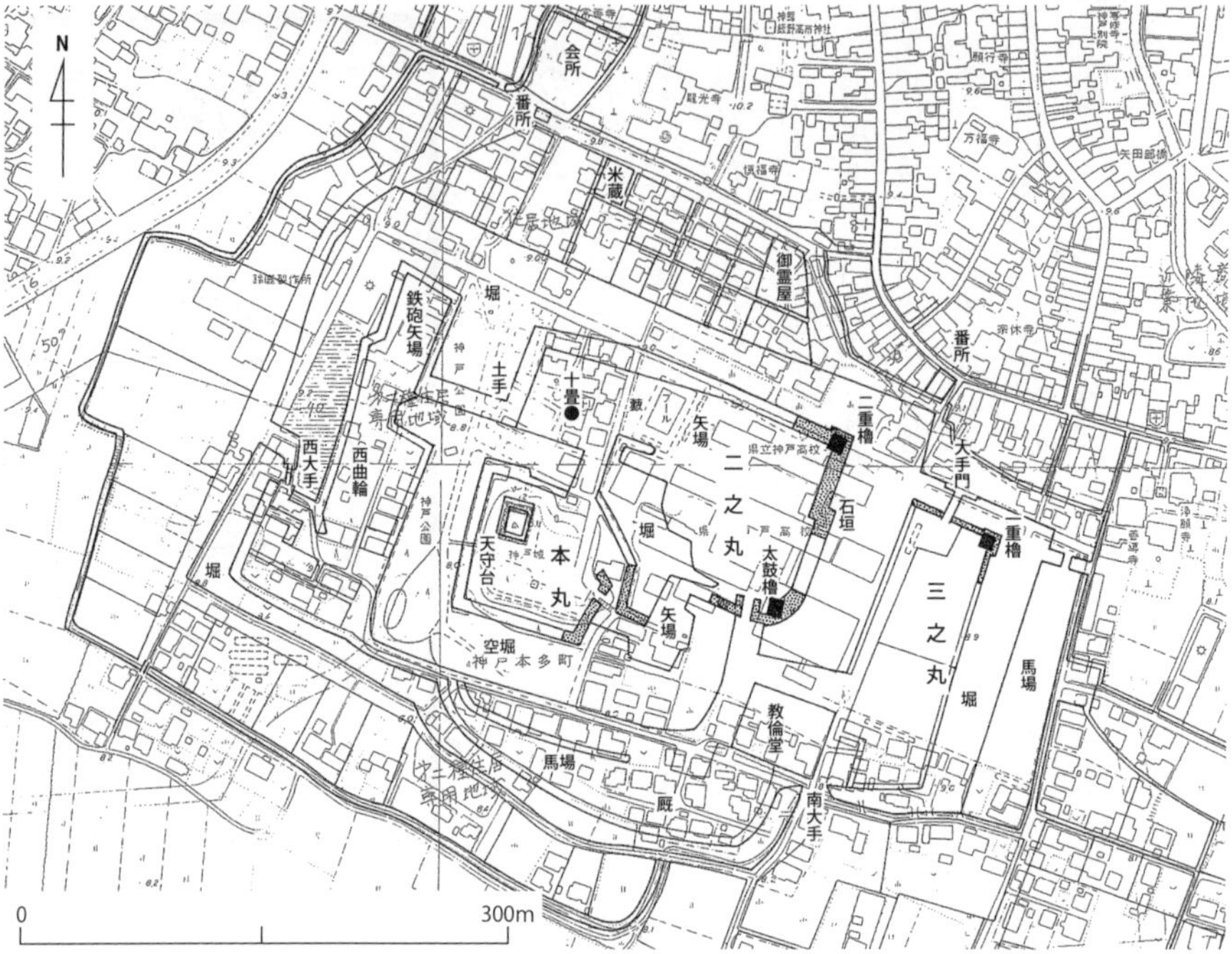

●—神戸城復元図（『三重の近世城郭』より）

●—神戸城跡水堀（鈴鹿）

礎や台座などの転用石材も目立つ。周囲からは瓦が出土しているが、中には金箔を貼った痕跡があるものや松坂城、清須城と同一の文様のものもある。

本丸の周囲には水堀があり、北に二之丸、東に三之丸、西に西曲輪があったが、現在は学校敷地や住宅地になっている。

【参考文献】三重県教育委員会『三重の近世城郭』（一九八四）

（竹田憲治）

●全山を要塞化した長野氏分家雲林院氏の本城

雲《う》林《じ》院《い》城《じょう》

〔所在地〕津市芸濃町雲林院字城山
〔比　高〕九〇メートル
〔分　類〕山城
〔年　代〕元弘一年（一三三一）
〔城　主〕雲林院氏
〔交通アクセス〕近鉄「津新町駅」から三重交通バス「市場」行きで終点下車、林光寺墓地脇の城山入口まで約一五〇メートル。

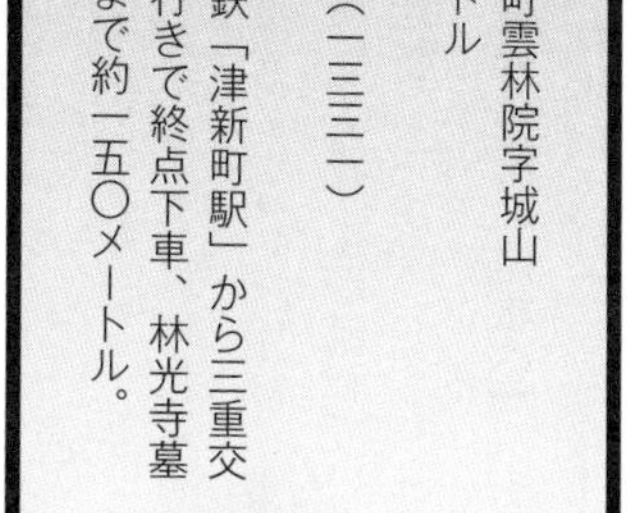

【立地と歴史】　雲林院城は安濃川の流れが山中から平地へ移る辺りの右岸（南岸）、標高一七五メートルの山頂から尾根筋一帯に展開する。北麓に流れる安濃《あのう》川沿いは断崖となり、南から西にかけては急峻な山嶺が続く。

戦国期、三重県中部以北は安濃郡と奄芸郡を長野氏（工藤氏）が、鈴鹿郡と河曲《かわわ》郡を関氏が、北勢地域は「北勢四十八家」といわれる国人《こくじん》層が支配していた。長野氏は五つの分家をもち、雲林院《うじい》氏はその中でも本家と並ぶほどの勢力を誇ったという。雲林院の地はもともと美濃夜といわれていたが、元弘一年（一三三一）、雲林院祐高《すけたか》（祐尊）がこの地に築城し、歴代が居住したことにより雲林院といわれるようになったという。

興国年間（一三四〇～一三四六）、雲林院出羽守は北畠氏とともに本家長野氏を滅ぼすが、長野氏が再興されるとふたたびしたがうことになる。永禄十一年（一五六八）、北畠氏から迎えていた具藤《ともふじ》（北畠具教次男）に替え信包《のぶかね》（信長弟）を迎えると、雲林院氏は織田配下となった。祐基《すけもと》の時代の天正八年（一五八〇）、信包が野呂館（津市芸濃町椋本）に拠る家臣、野呂兵衛尉を殺害すると祐基は城を逐われるが、『信長記』天正十年五月条には安土二の丸御番として雲林院出羽守の名がみえる。溝淵社（現、美濃夜神社）の永禄十三年十一月の上梁文《じょうりょうぶん》には雲林院藤保、弘治元年十一月の棟札《むなふだ》には雲林院工藤高均の名がみえる。

【主郭へのルート】　山頂部からは東と南に尾根が延びる。東

●—雲林院城遠景

●—雲林院城堀切

の尾根は北東へも分岐し、南の尾根は鞍部を挟んだピークから東へ折れる。そのため頂部のⅠ郭（主郭）へ向かい東から二つの谷が入り込むことになり、これを守備すべく三本の尾根の先端付近にまで段状の曲輪が続くことになる。

　東麓には居館があったと伝えられているが、詳細は分からない。麓から中央の尾根上Ⅳへの道は明瞭で、その先も本来のものかどうかは分からないが、段状の曲輪を伝っていく道が確認できる。ただ、Ⅲから上方は極小段となるうえ、傾斜がきつくなることから、Ⅲ付近のどこかから谷側を進み、堀切《ほりきり》Aに入ったようにもみえる。

　堀切Aからは主郭の北東隅へ入ったと想定できるが、虎口《こぐち》ははっきりしない。主郭の東端はなだらかに傾斜しており、堀切側にかなり土が流れているようで、一層分かりにくくなっている。

【山頂部から南の尾根へ】　主郭となるⅠは城内最大の曲輪である。内部を区画する中央付近の土塁《どるい》は小規模であるが、一段上がると幅広となり、櫓台《やぐらだい》状に北西方向へ張り出している。これは直下のⅡとともに、北から西への備えとなっている。南東隅からはいくつかの小段が下っていくが、これらは堀切Aおよび谷への備えとなる。

北東隅とは対照的に、南西隅の虎口は明瞭に開く。ここから南の尾根を下ると、その先には堀切兼通路を設け、鞍部にかけて複雑な構造となる。鞍部を越えると標高一六五メートルのピークにあるⅤに至る。谷側を除いて土塁で囲み、西から南は帯段と腰曲輪《こしくるわ》で固めている。東へ下る尾根は堀切Bで分断し、さらに下った最先端には土塁をともなったⅥを設け、Ⅲ〜Ⅳとともに谷筋を監視する。

明瞭な南西虎口とその先の複雑な構造からは、こちらが大手口のようにみえるが、南の尾根を進んでも下り口が見あたらない。連続した曲輪の配置と麓からのはっきりした城道の存在から考えると、やはり主郭から東へ延びる尾根筋に大手道を想定する方が妥当であろう。

主郭から南の尾根にかけてはかなり荒れており、詳細な観察が難しいのが残念である。

●—雲林院城縄張図（作図：伊賀中世城館調査会）

【参考文献】三重県教育委員会『三重の中世城館』（一九七六）、芸濃町教育委員会『芸濃町史』（一九八六）、福井健二編『三重の山城ベスト五〇を歩く』（サンライズ出版、二〇一二）

（伊藤徳也）

●中伊勢の国衆長野氏の城

長野氏城《ながのしじょう》・長野城《ながののじょう》

〔国指定史跡〕

〔所在地〕長野氏城：津市美里町
〔比　高〕長野氏城：約三六〇メートル／長野城：約一〇〇メートル
〔分　類〕山城
〔年　代〕一六世紀
〔城　主〕長野氏
〔交通アクセス〕伊勢自動車道津ICから三〇分。

【城の歴史】　軍記物などによると、長野氏は工藤氏の一族で、中世には安濃郡から奄芸郡に勢力を持っていたとされる。長野氏は、両郡内に雲林院《うじい》氏、草生《くさわ》氏、細野氏、分部《わけべ》氏などの一族を配し、それぞれが大規模な城館を持っていた。

長野城の名は、古くは『太平記』にも記されており、すでに南北朝時代から、長野氏城の原型ができあがっていた可能性もある。

室町・戦国期には北の関氏、南の北畠氏と抗争を繰り広げたが、一六世紀後半になると、北畠氏と和睦し、北畠具教《とものり》の子の具藤《ともふじ》を養子に迎える。

織田信長の伊勢国侵略に際して、具藤に替えて、信長の弟の三十郎（信包《のぶかね》）を後嗣とすることで和睦し、これより後、長野氏は織田氏に併呑されていくことになる。

【長野氏城】　長野氏城は、津市美里町北桂畑の標高約五四〇メートルの山頂に築かれた山城である。麓から歩くとするとかなりの覚悟がいる。

城の中心は最高所にある曲輪Ⅰである。曲輪の三方には「コ字」形の土塁《どるい》が築かれる。ここに立つと遠く伊勢湾まで見下ろすことができる。曲輪Ⅰの周囲には数段の平坦地があり、周囲の斜面には切岸《きりぎし》が施される。西に向かうと二本の堀《ほり》切《きり》がある。かなり荒れているが、堀切のすぐ西まで林道がつけられており、道が整備されていればここまで車で行くことができる。

【長野城】　長野城は津市美里町北長野の独立丘陵状に立地す

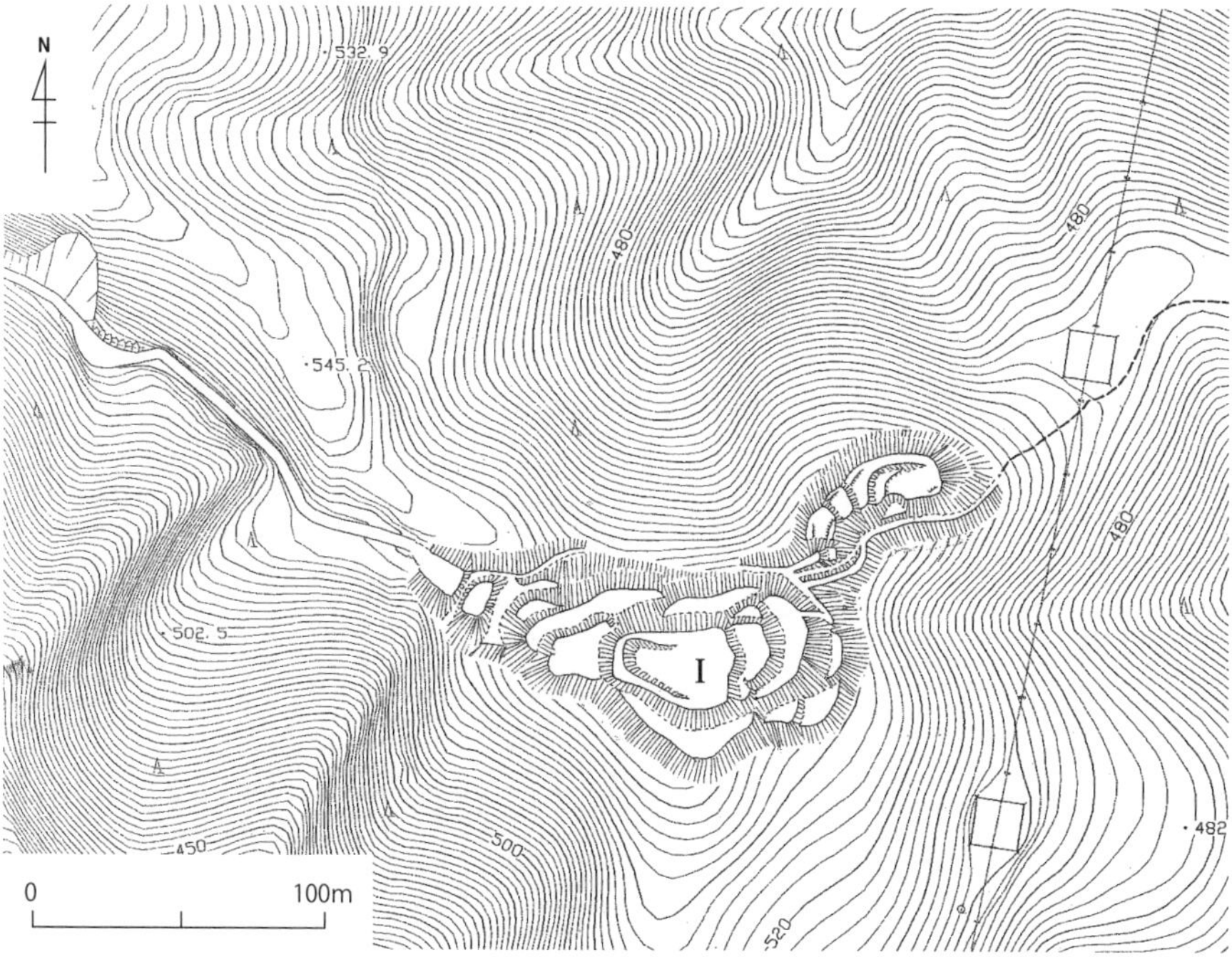

●―長野氏城縄張図（作図：伊賀中世城館調査会）

●―長野氏城からの眺望

る。城は「東の城」、「中の城」、「西の城」という三つの曲輪群からなっている。

南東にある「東の城」の中心部は標高一八五㍍にある曲輪Ⅱである。曲輪の周囲には切岸が施され、その裾には帯《おび》曲輪がある。東に伸びる尾根にも小規模な土塁を持つ平坦地が続く。

その西にある「中の城」の中心は標高一六九㍍にある曲輪Ⅲである。曲輪Ⅲは台状の平坦地があり、北には二重の堀切がある。南には多くの平坦地があるが、防御遺構が顕らかではない。

もっとも北にある「西の城」の中心は、標高二二二㍍にある曲輪Ⅳである。また、曲輪群の南端にある曲輪Ⅴは、背後を土塁で固められ、「中の城」との間にある谷を睨んでいる。

長野氏領域の城には、長野城のように、丘陵上に多くの平坦地を設けたものが多い。このような形態の城は、南の北畠氏領域や北の関氏領域には少なく、長野氏の防御の考え方や、領域内の支配の様子などが、城の形態に反映されているのかもしれない。

【参考文献】『三重県の地名』（平凡社、一九八三）、三重県教育委員会『三重の中世城館』（一九七七）

（竹田憲治）

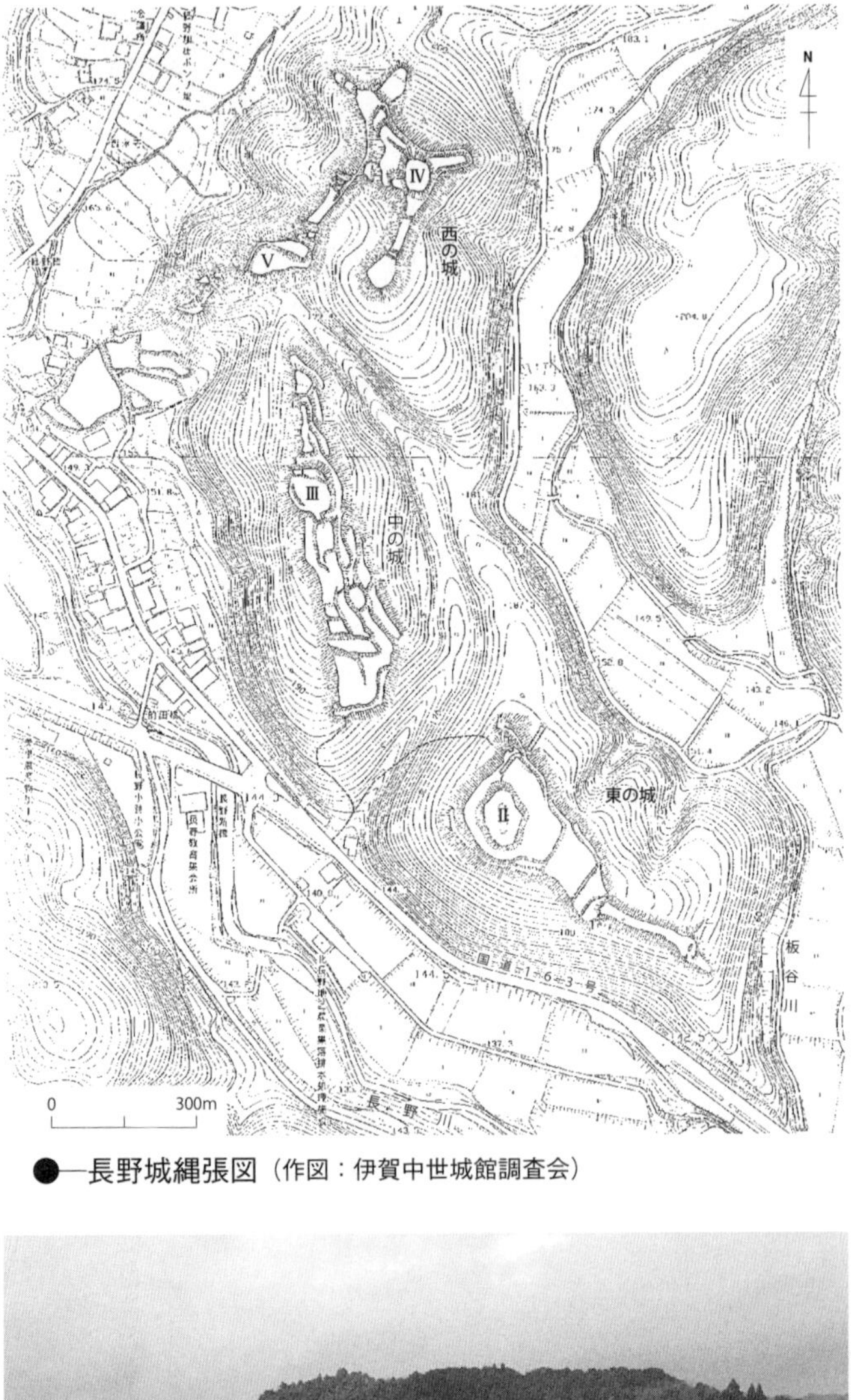

●—長野城縄張図（作図：伊賀中世城館調査会）

●—長野城遠景

●天正の騒乱の舞台

津《つ》　城《じょう》

〔三重県指定史跡〕

〔所在地〕津市丸之内ほか
〔比　高〕五メートル
〔分　類〕平城
〔年　代〕天正年間以降
〔城　主〕織田氏、富田氏、藤堂氏
〔交通アクセス〕近鉄「津新町駅」下車、徒歩一五分。

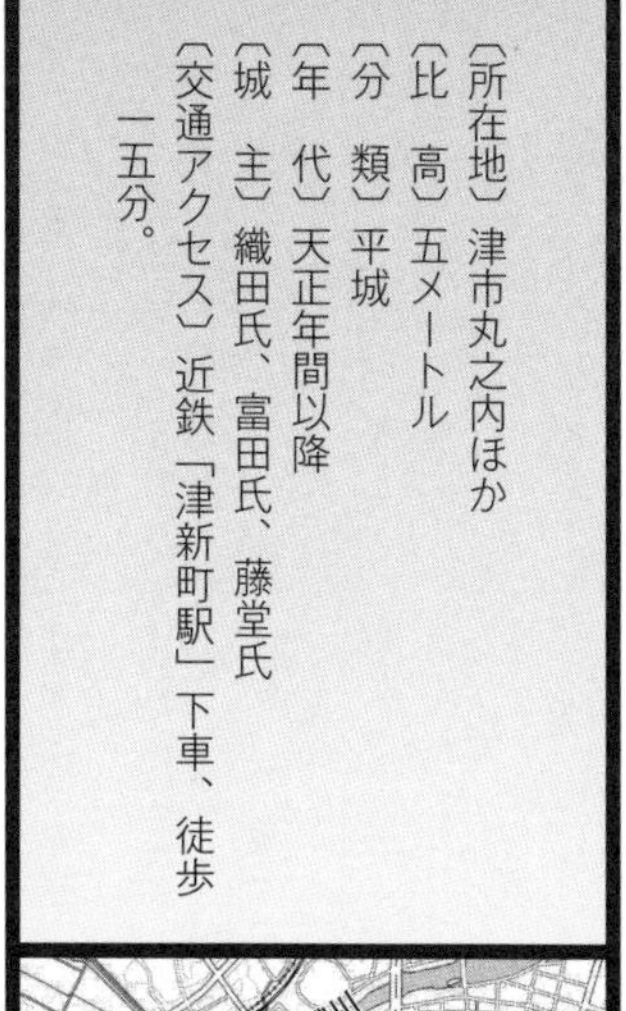

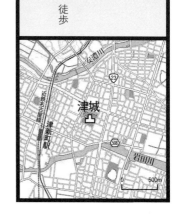

【城の歴史】　中世伊勢湾岸の重要港湾であった安濃津《あのつ》は、現在の津市街地の南部にあった。天正年間に織田信長の弟、織田信包《のぶかね》は、岩田川の北に津城を築城し、領域支配の拠点とした。その後、富田氏が城主となり、関ヶ原の戦いの前哨戦では、富田方と西軍の籠城戦が行われた。

その後、慶長十三年（一六〇八）に藤堂高虎《たかとら》が伊予から入国し、大改修が行われたとされる。藤堂氏は江戸時代を通じて伊勢・伊賀の大名として存続し、津城は伊賀上野城とともに藤堂氏の城郭として藩政の中心地であり続けた。現在、私たちが目にする津城は、この改修以降のものである。

【城の構造】　城の中心は方形の本丸である。本丸の周囲には石垣が巡り、東西には桝形《ますがた》虎口《こぐち》があった。本丸の南西隅には天守閣が、他の三隅には隅櫓《すみやぐら》が築かれていた。天守閣は江戸時代前期に失われた後、再建されなかったが、隅櫓など本丸外周の諸施設は、後世まで残っており、指図や古写真も残っている。

かつては本丸の周囲には八〇メートルもの幅を持つ水堀があり、東西に出丸が設けられていたが、現在は堀の大部分が埋められ、本丸の北や西にわずかに残るのみである。

【参考文献】　三重県教育委員会『三重の近世城郭』（一九八四）

（竹田憲治）

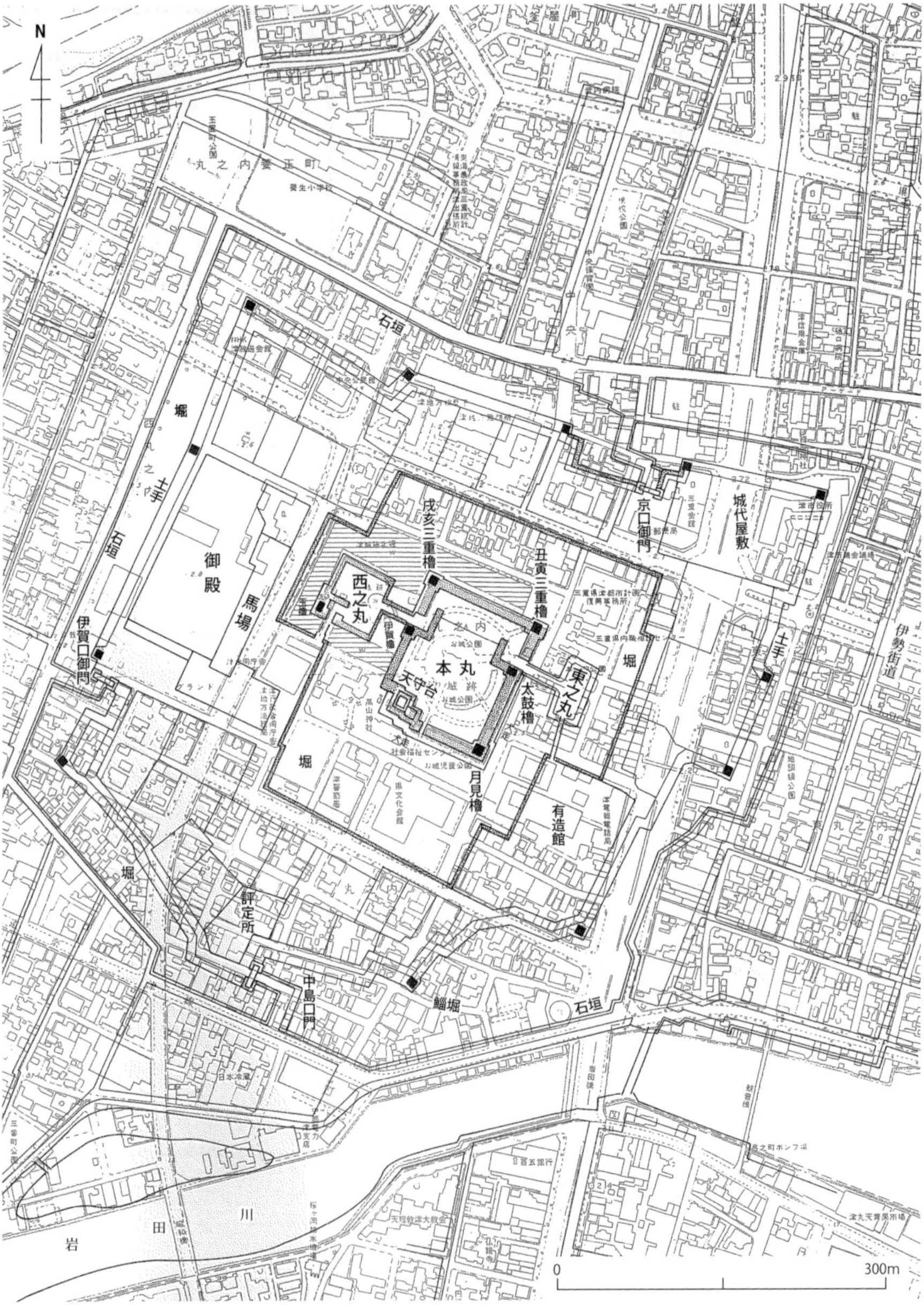

●―津城（『三重の近世城郭』より）

●折れと横矢を組み合わせた技巧に富む城

宮山城《みややまじょう》・城山城《しろやまじょう》

〔宮山城：津市指定史跡〕

〔所在地〕津市戸木町
〔比　高〕宮山城：二五メートル、城山城：八メートル
〔分　類〕平山城
〔年　代〕天正期
〔城　主〕宮山城：木造氏、蒲生氏、城山城：不明
〔交通アクセス〕近鉄久居駅前から三重交通バス「榊原車庫前」行きで「戸木神社前」下車、約二〇〇メートルで敏太神社（宮山城）「戸木口」下車、約八〇メートルで風早池下（城山城）

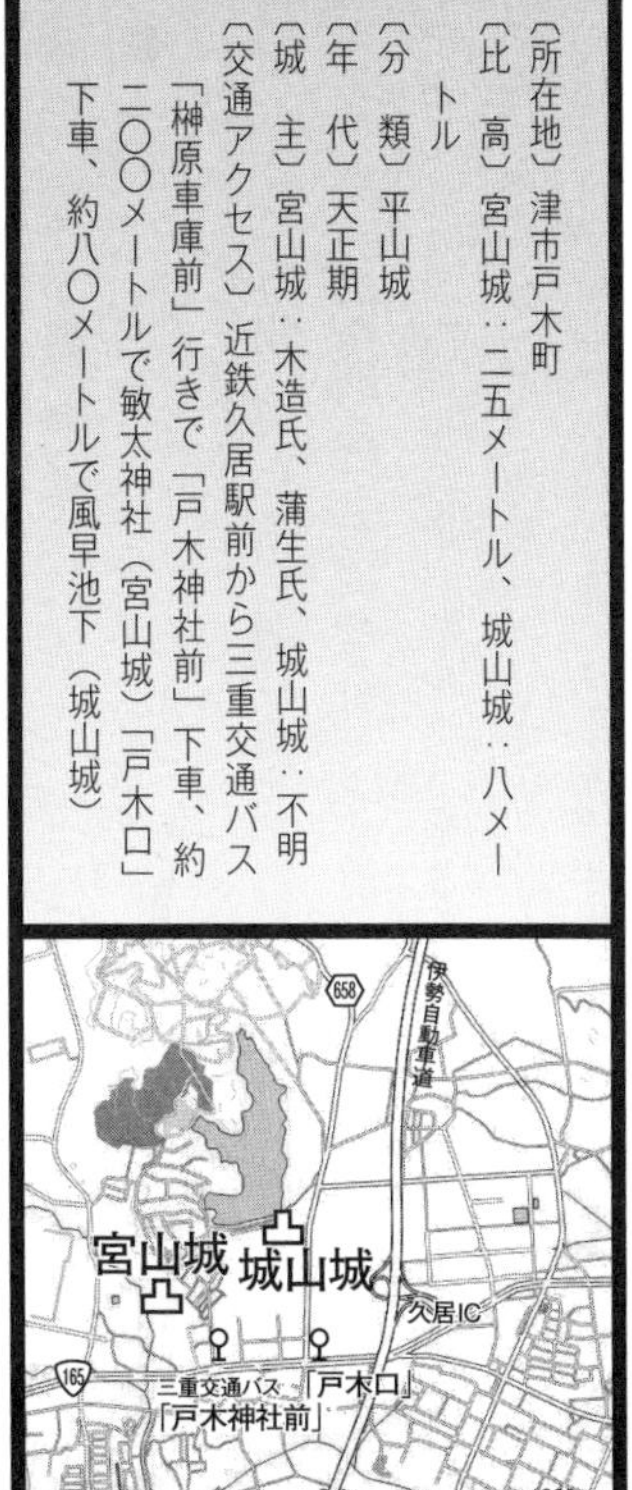

【立地と歴史】　宮山城は雲出《くもず》川左岸（北岸）、戸木の集落を見下ろす丘陵尾根南端の標高四九メートルに位置する。西方には南から谷が入り込み、ここを大谷川が南流して雲出川に合流する。城の南麓には敏太《とした》神社があり、戸木集落まで大谷川沿いより九メートルほど高くなっている。

城山城は丘陵尾根南端の標高三二メートル、宮山城の北東七〇〇メートルほどに位置する。宮山城との間には大きな谷が入り込み、津市内最大のため池、風早池となっている。

室町時代、南伊勢を勢力圏とする北畠氏は、織田信長の次男信雄《のぶかつ》を養子に迎え織田氏に併合された。信長没後、秀吉が南伊勢を蒲生氏郷《がもううじさと》に与えると、氏郷は松ヶ島（松阪市）を拠点とする。やがて秀吉と信雄が不和になる中、戸木の木造《こづくり》氏と安濃津《あのつ》の上野氏は信雄方であったため、氏郷は付城《つけじろ》を築き戸木城包囲網を敷いたという。『木造記』などによると、風早池の西には家所氏が、東には分部氏が、その北に信孝《のぶたか》が陣を敷いている。また、『木造軍記』によると、木造方は味方の牧、河方（川方）の両城、並びに宮山の出張を攻め取られて無念、とある。これらのことから、宮山城は木造方の城であったものを氏郷が落とし改修したもので、池の東にある城山城は分部氏が入った付城であったのかもしれない。

【宮山城の構造】　東西五〇メートル、南北八〇メートルという小規模な城ながら、土塁《どるい》と堀が方形にめぐる。どちらも規模は小さいが、至る所に折れが入り複雑な構造となっている。

Ⅰ郭（主郭）内には現在、社が祀られているが、虎口《こぐち》部分

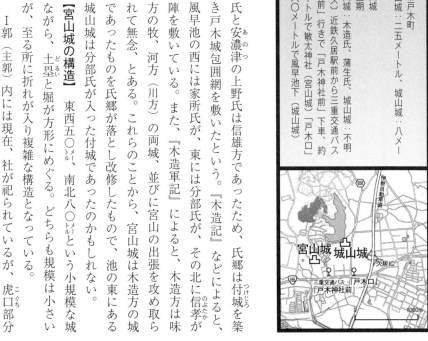

を除くと土塁の改変は少ない。土塁は高さ一・五メートル程度で、北西隅がやや幅広となっている。外側にめぐる堀は土塁からの深さが二メートルほどで、現状では西側は埋没しているようである。平入の虎口を出ると正面をⅡ郭が遮り、通路は左右に分岐する。Ⅱ郭は堀で囲み、東の南北両隅は僅かながら堀に張り出している。堀は深さ二メートル前後で、さらに南へ延び、中枢部を囲むことになる。

主郭から出て左ルートをとると、土塁と堀による桝形《ますがた》通路をへて、北麓へ下っていく。右ルートはおそらく大手道で、Ⅲ郭、Ⅳ郭を通り、南端で突出したⅤ郭が守備している。

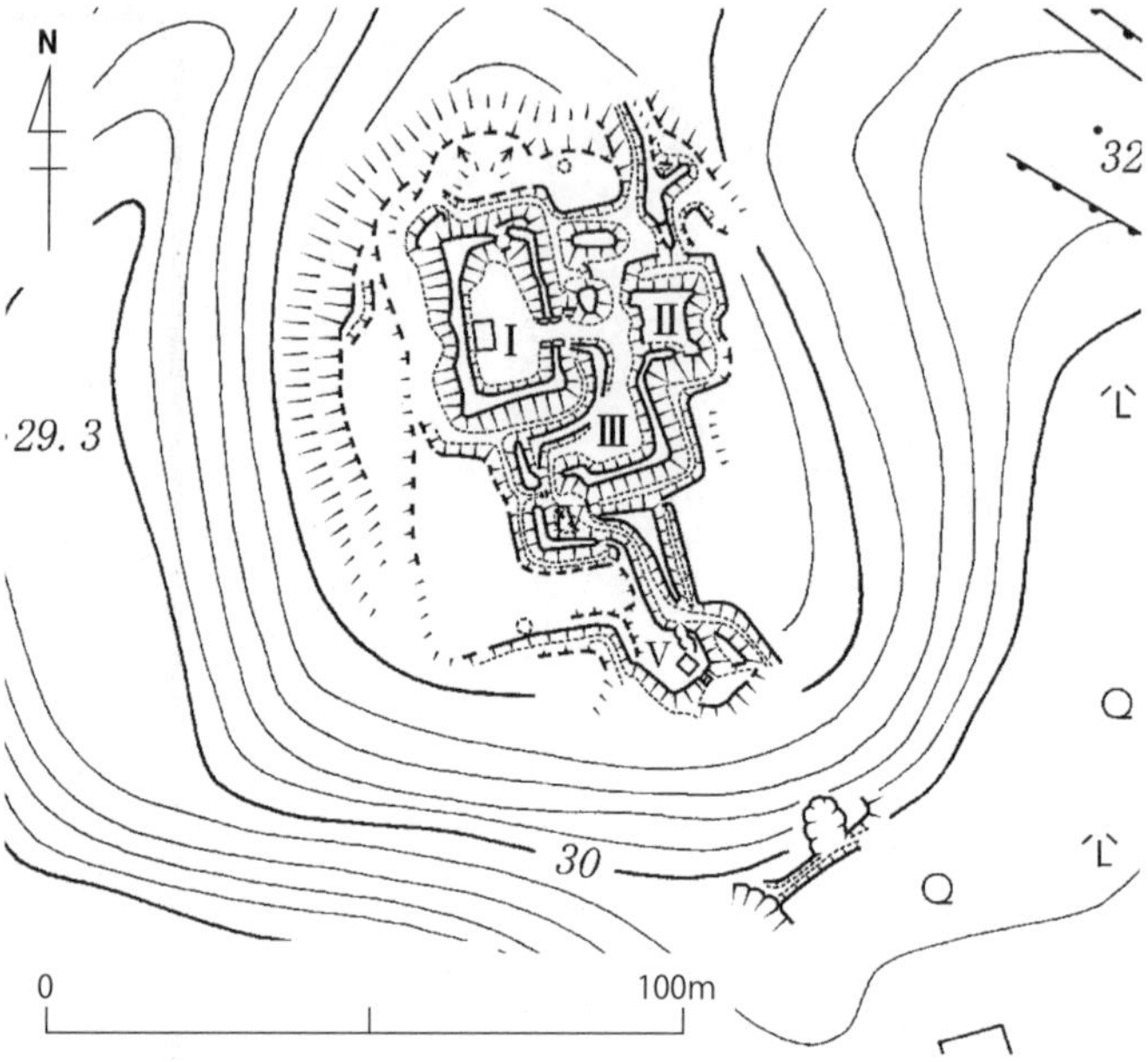

●―宮山城縄張図（作図：伊藤徳也）

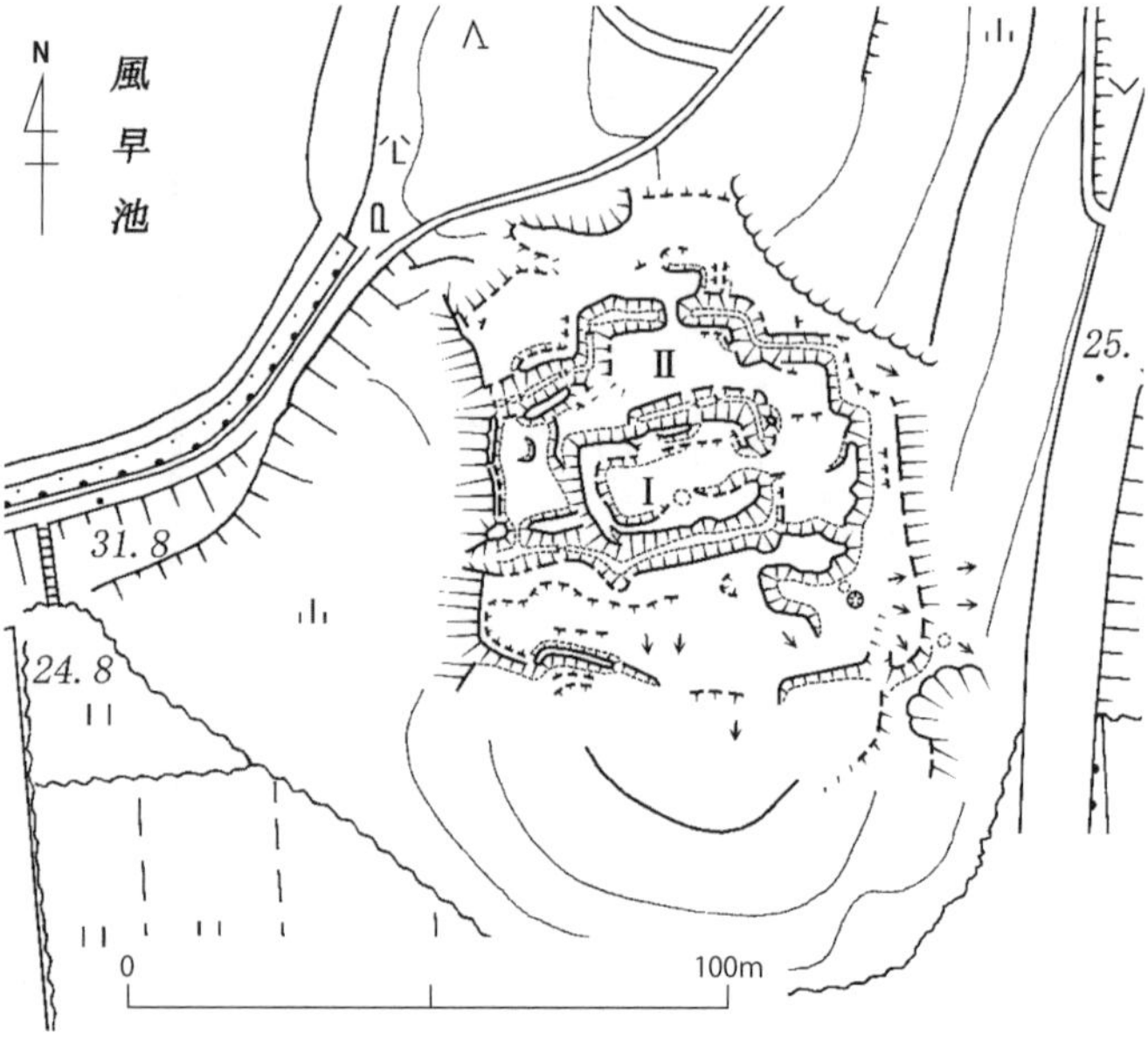

●―城山城縄張図（作図：伊藤徳也）

宮山城は、折れを多用した堀のラインで全体を囲み込み、その内側を巧妙に土塁で区画した城といえる。

【重構造の城山城】　方形を基本に構成しており、平面図をみる限り均整のとれたきれいな城である。しかし、実際のところは堀の深さは二メートル程になるところもあるが、ほとんどは一メートルまでで、土塁の高さは五〇センチ以下である。土の流れや埋没を考慮しても、内部には起伏や傾斜があり、形状の洗練さと内部の完成度がちょっとミスマッチな感を抱かせる。急拵《きゅうこしら》えか臨時の城を思わせる造りといってもよい。堀内のあちこちにみられる僅かな段差は、堀内障壁の可能性もあるが、今のところ不明というしかない。

土が流れて締まりのない状態になってはいるが、平面プランはよく練られている。方形のⅠ郭（主郭）は四方に土塁がめぐり、東に虎口を開く。堀はところどころ途切れているが、南側はしっかりしている。

主郭の外に広がる曲輪も方形を基本とし、東西南北の四区画に分かれる。土塁が外縁の一部に残り、北側には堀も入る。何ヵ所かで折れがあり、特に北半では中央部分が突出する。Ⅱの北には虎口が開き、外堀中央の土橋《どばし》を渡ると、その先には馬出《うまだし》を想起させる僅かな凹みが回っている。

風早池の隣にあり、堤から入れば数分で到達できるありがたい城である。

●—宮山城主郭虎口

●—宮山城主郭南堀

【参考文献】三重県教育委員会『三重の中世城館』（一九七六）、『久居市史』（久居市役所、一九七二）

（伊藤徳也）

●伊勢を代表する戦国の山城と中世都市

北畠《きたばたけ》氏《し》館《やかた》・霧《きり》山《やま》城《じょう》

〈国指定史跡・名勝〉

〈所在地〉津市美杉町上多気
〈比　高〉約二四〇メートル
〈分　類〉山城
〈年　代〉一五～一六世紀
〈城　主〉北畠氏
〈交通アクセス〉伊勢自動車道久居ICから自動車で約一時間、駐車場有。伊勢奥津駅からレンタサイクルで北畠神社へ。

【北畠氏と中世都市多気】　南北朝時代に伊勢に入国した北畠氏は当初、度会《わたらい》郡の田丸城を根拠としていたが、興国三年（一三四二、北朝康永元）に北朝方により陥落させられ、坂内城をへて多気《たげ》に入ったと考えられている。その後、北畠氏は室町・戦国期を通じて多気を根拠とし、南伊勢の大名となっていった。

北畠氏館は、津市美杉町上多気の平地に築かれた館跡で、現在は北畠神社の境内になっている。館内には、「北畠氏館跡庭園」があり、往時の北畠氏の繁栄を留めている。

背後の丘陵上には詰城《つめじろ》、さらに山頂には霧山城がある。これらをあわせた城郭群は、「北畠氏城館跡」として、国の史跡に指定されている。

多気の盆地では、地元教育委員会による学術調査が続けられている。発掘調査では、北畠氏館、霧山城のほか、多くの寺院跡や工房跡が残っていることが分かってきた。寺院跡には広大な平坦地や石垣などの遺構が残っているものや、戦国時代の瓦が出土したものがある。工房跡では金属滓《さい》や刀装具の型が出土しており、この地は、政治上の中心だけでなく、宗教・生産上も拠点として機能していたことが判明してきた。

【北畠氏館】　北畠氏館は、東・南・北を小河川、西を山に囲まれた、東西約一一〇メートル、南北約二〇〇メートルの規模を持つ平地居館である。館では昭和五十七年（一九八二）から、美杉村教育委員会、津市教育委員会により、継続的な発掘調査が行

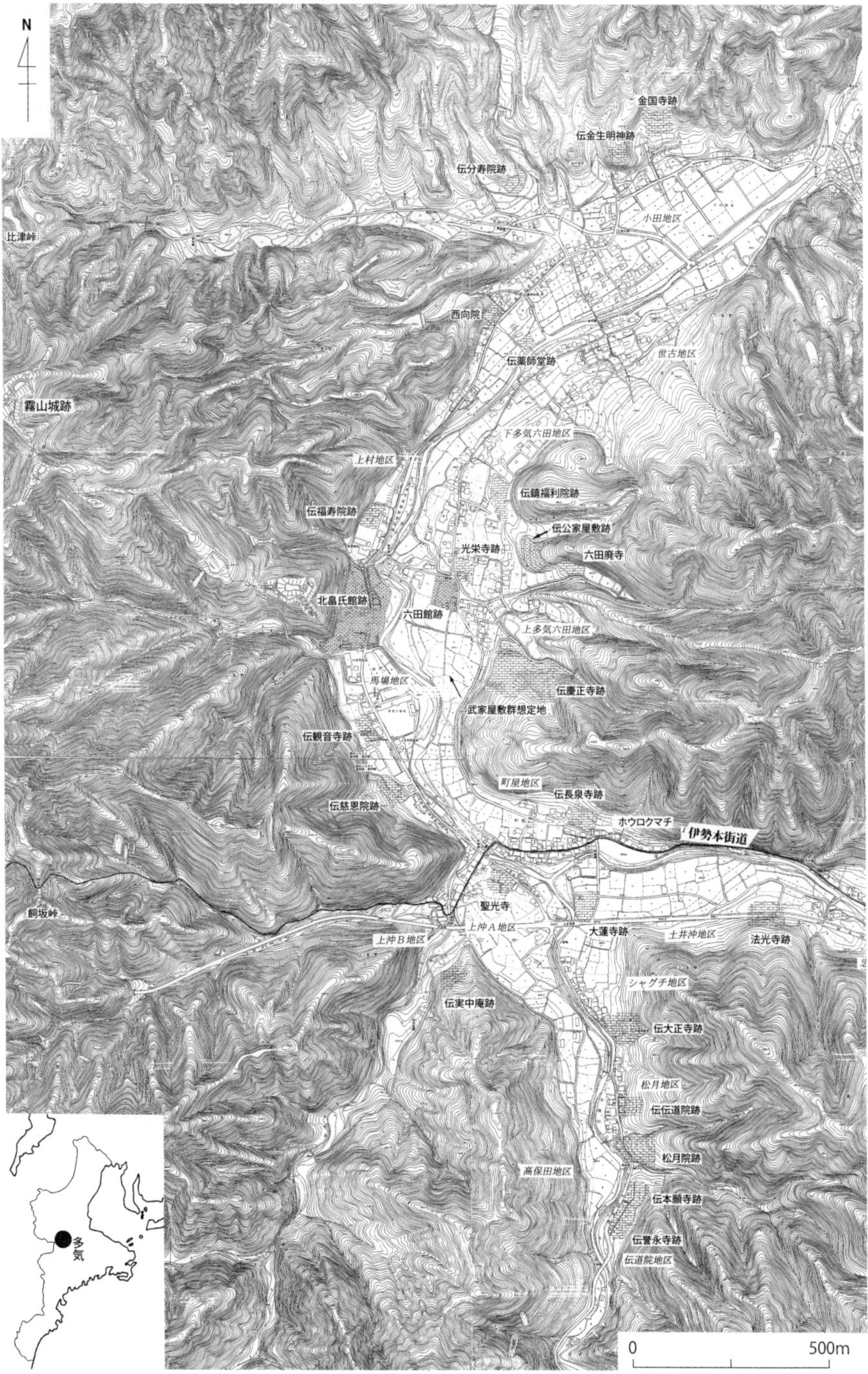
N
金国寺跡
伝金生明神跡
伝分寿院跡
比津峠
小田地区
西向院
伝薬師堂跡
世古地区
霧山城跡
下多気六田地区
上村地区
伝鎮福利院跡
伝福寿院跡
伝公家屋敷跡
光栄寺跡
六田廃寺
北畠氏館跡
六田館跡
上多気六田地区
馬場地区
伝慶正寺跡
武家屋敷群想定地
伝観音寺跡
町屋地区
伝長泉寺跡
伝慈恩院跡
ホウロクマチ
伊勢本街道
聖光寺
飼坂峠
上沖A地区
大蓮寺跡
土井沖地区
法光寺跡
上沖B地区
シャグチ地区
伝実中庵跡
伝大正寺跡
松月地区
伝伝道院跡
松月院跡
高保田地区
伝本願寺跡
伝誉永寺跡
伝道院地区
多気
0
500m

●—多気の中世遺跡（作図：美杉村教育委員会）

●—北畠氏館跡庭園

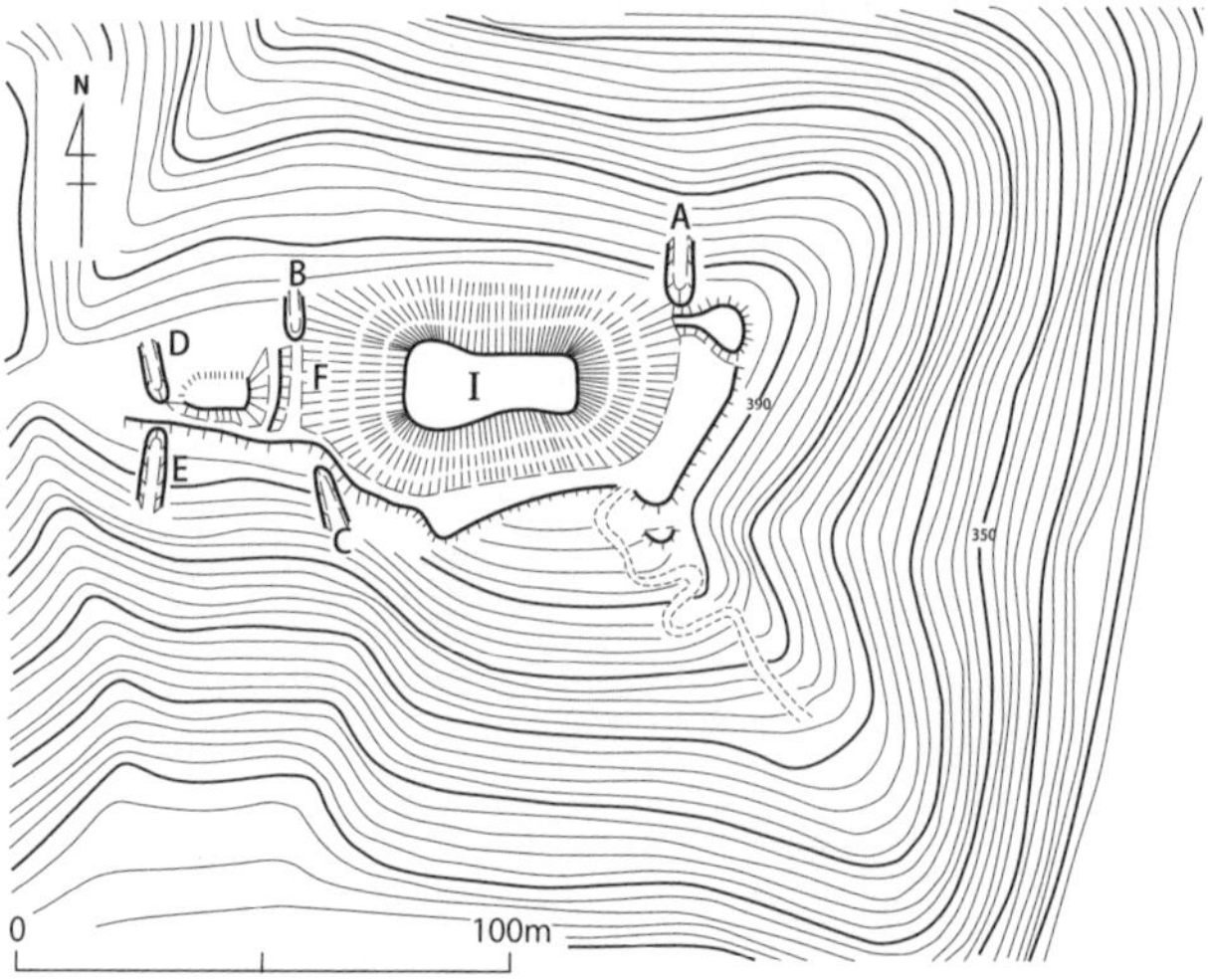

●—北畠氏館詰城

われている。その結果、館には前期、後期があることがわかってきた。

前期の館は、一五世紀前半頃に造営され、高さ約二・六メートル、長さ約二五メートルの石垣や、石垣に取りつく出入口、礎石建物が確認されている。後期の館は、一五世紀末から一六世紀初頭に、前期の館を埋める「大造成」により造営されている。一○棟程の建物が確認されているが、最大の特徴は国名勝となっている庭園であろう。庭園は約二八○○平方メートルの面積を持っており、池泉や築山、枯山水が残る。

【詰　城】　北畠氏館の直上、標高約四一四メートルの尾根上に立地する。館との比高差は約九○メートルである。「詰城」の呼称は最近のものであるが、近世に描かれた多気の城下絵図の中には、この部分を「御城」、「御本丸」と記すものがあり、江戸時代には城館群の中心と考えられていたようである。城の中心は山頂を削平して造成された曲輪Iである。曲輪の周囲は、切岸《きりぎし》で囲まれ、帯《おび》曲輪や竪堀《たてぼり》（A～E）、堀切《ほりきり》（F）がよくわかる。

【霧山城】　詰城からさらに山を登った、標高約五六○メートルの山頂に立地する。館との比高差は約二四○メートルである。城は、北

●―霧山城　南曲輪群（撮影：前野謙一）

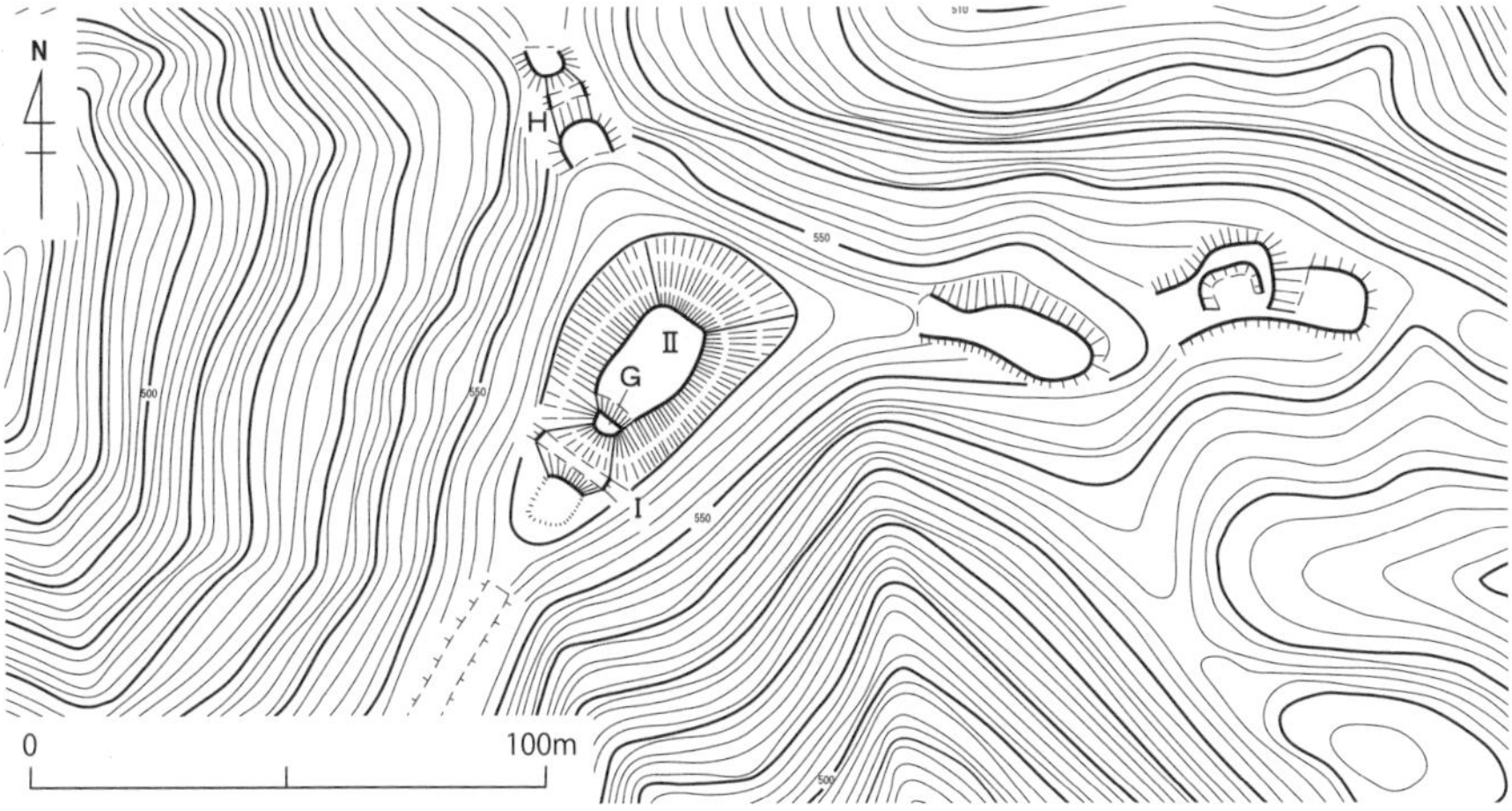

●―霧山城　南曲輪群

曲輪群と南曲輪群に分かれる。

　南曲輪群は山頂の南側に築かれている。山頂部を削平した曲輪Ⅱと背後の土塁《どるい》（G）、堀切（H、I）からなる単純な構造である。

　北曲輪群は山頂の北側に築かれている。中心となる曲輪Ⅲの周囲は土塁で囲まれ、東西に虎口《こぐち》（J・K）を持っている。曲輪Ⅲの北東の大規模な堀切《ほりきり》（L）をはさみ、曲輪Ⅳがある。さらに北東

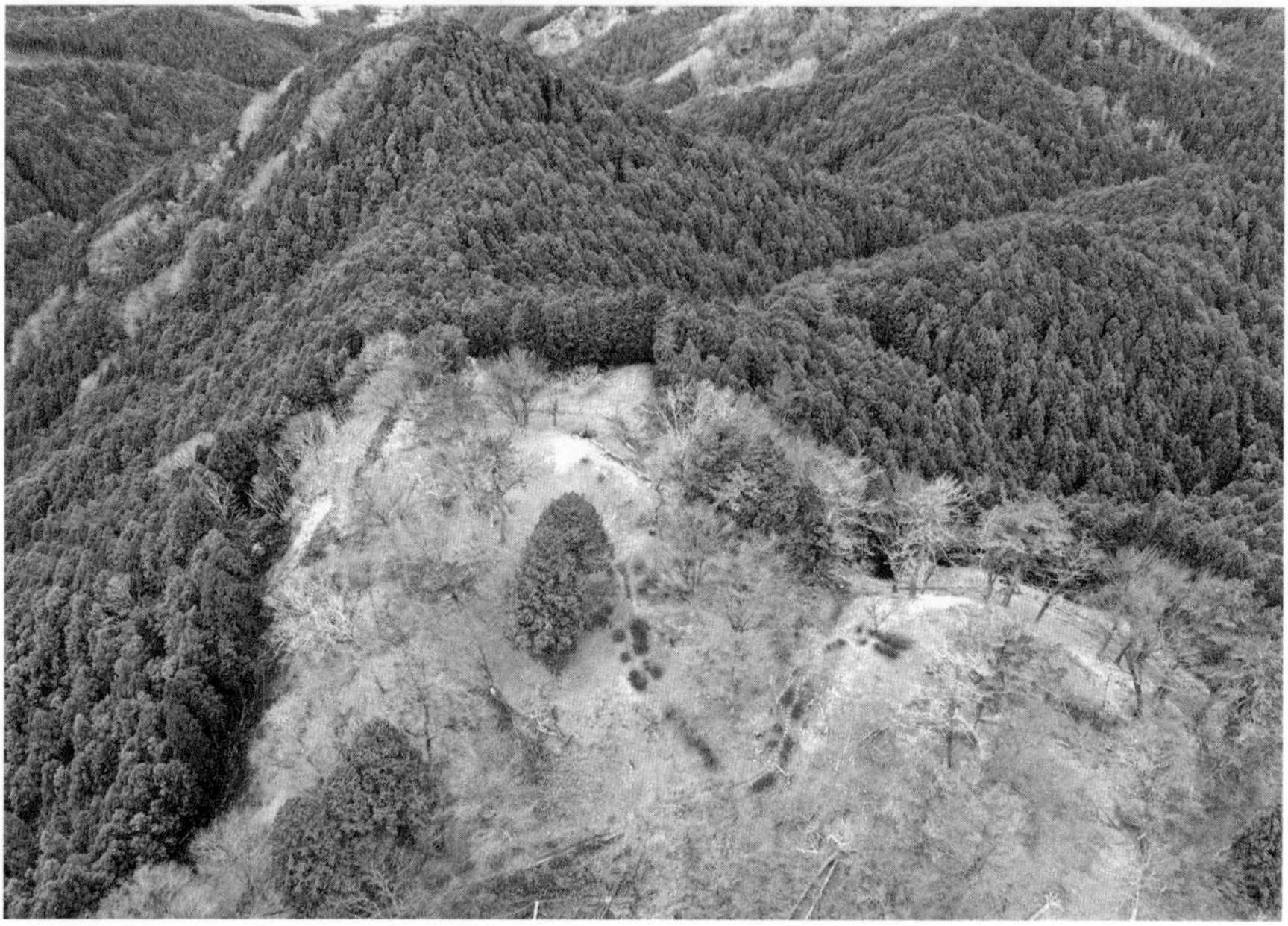

●—霧山城 北曲輪群（撮影：前野謙一）

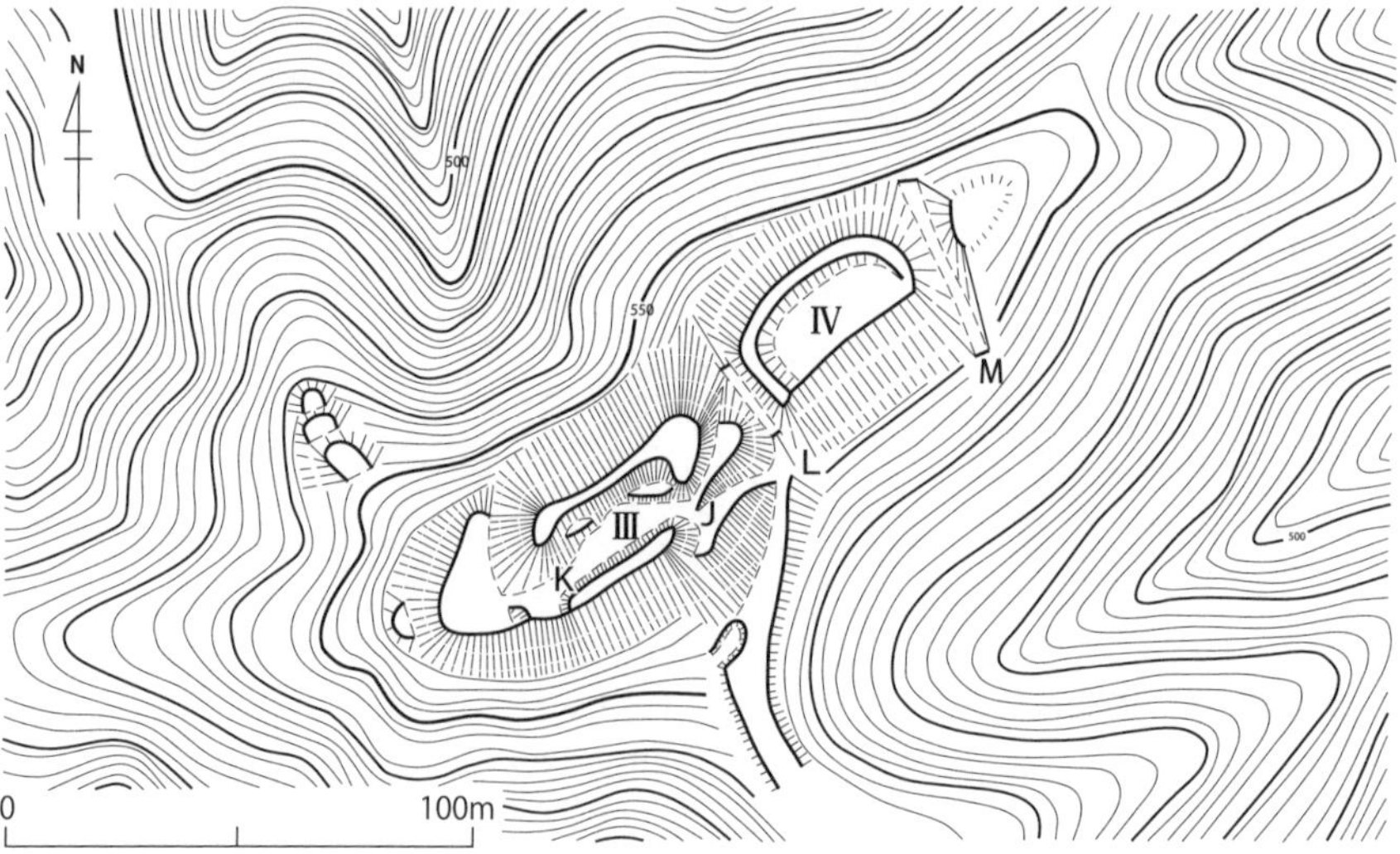

●—霧山城 北曲輪群

三重

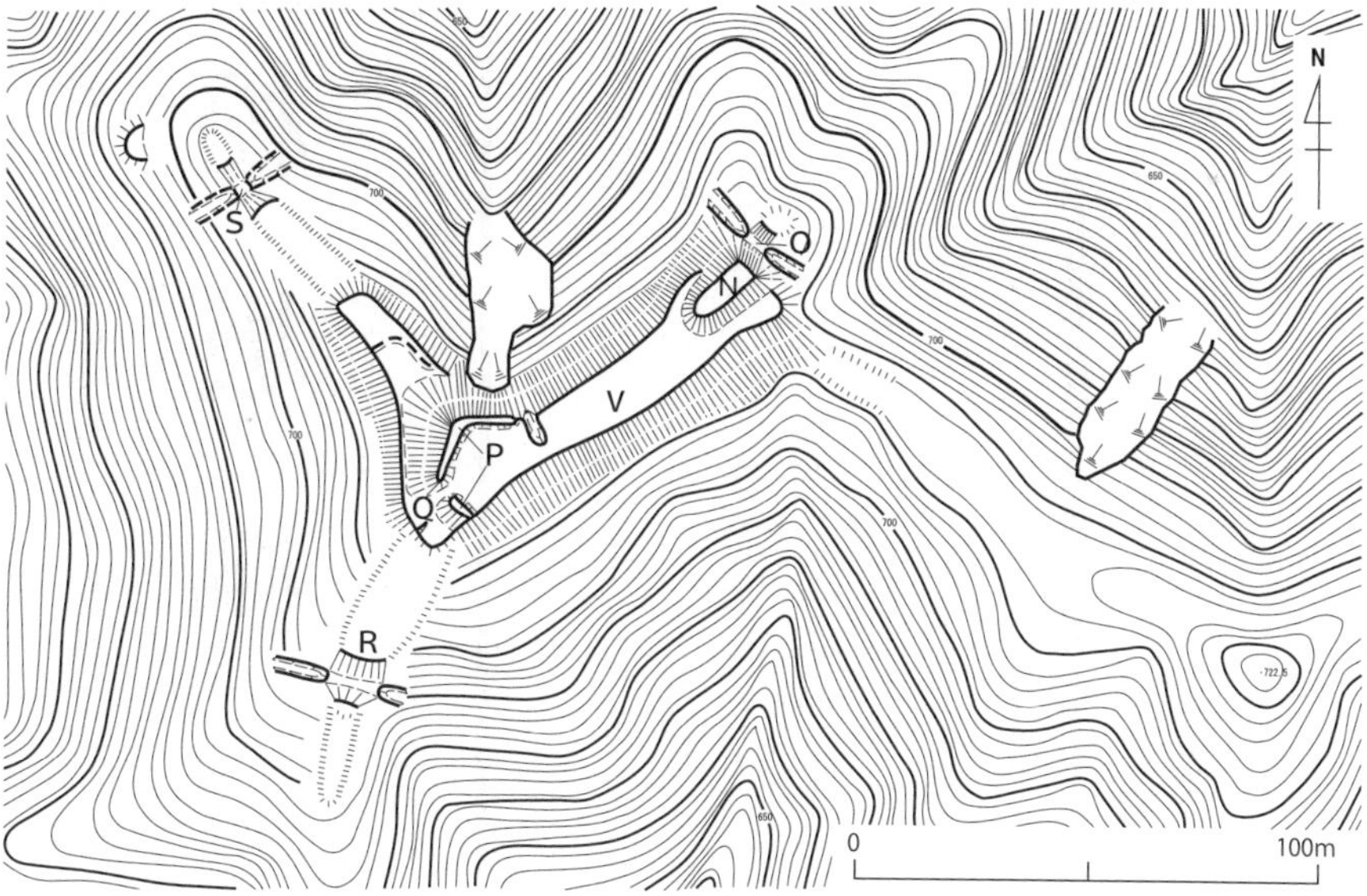

●—剣ヶ峯城

にも大規模な堀切（M）がある。この堀切は、北東の比津峠方面からの侵入を防ぐためのものであろうか。

【剣ヶ峯城】 多気南西の「剣ヶ峯」、標高約七一〇《メートル》の山頂に立地する。多気との比高差は約四〇〇《メートル》である。国指定となっている「北畠氏城館群」には含まれないが、北畠氏の根拠であった多気を守るための城郭と考えられる。多気、奥津、川上から登ることができるが、いずれのルートも極めて急峻かつ危険である。

城の中心は山頂の曲輪Vである。曲輪の北東部には壇上の高まり（N）、さらに北東には堀切（O）がある。曲輪の南西部には土塁（P）と虎口《こぐち》（Q）があり、そこに向う尾根は、堀切・竪堀《たてぼり》（R・S）で遮断されている。

【参考文献】 美杉村教育委員会『北畠氏館跡―多気北畠氏遺跡第二六次調査・北畠氏館跡総括編』（二〇〇五）、津市教育委員会『多気城下絵図集成』（二〇一二）、竹田憲治「伊勢国司北畠氏の城・館と「都市」」『中世城館の考古学』（高志書院、二〇一四）、津市教育委員会『名勝北畠氏館跡庭園保存管理計画』（二〇一四）

（竹田憲治）

●城・城下に重層的な資産

松《まつ》坂《さか》城《じょう》

〔国指定史跡〕

〔所在地〕松阪市殿町
〔比　高〕二八メートル
〔分　類〕平山城
〔年　代〕天正十六年（一五八八）
〔城　主〕蒲生氏郷、服部一忠、古田氏、紀伊徳川氏
〔交通アクセス〕ＪＲ紀勢本線・近鉄山田線「松阪駅」下車、徒歩一五分。

【城の歴史】　松坂城は、松阪市街地の中心にある標高三八メートルの独立丘陵に立地している。ここは「四五百《よいほ》の森」と呼ばれ、戦国時代には、四五百城があったとされている。天正十六年（一五八八）、松ヶ島城にあった蒲生氏郷《がもううじさと》は、この丘陵に着目し、松ヶ島城の部材を運び、本拠地を移転した。同時に安濃津《あのつ》から伊勢に向かう参宮街道も引き込むなどして城下町を建設した。氏郷は天正十八年（一五九〇）に会津若松に移るため、その松坂経営は、わずか二年であったが、松阪市民は現在でも、氏郷を松坂開府の祖として敬愛している。

　氏郷が去ったあと、松坂には服部一忠《はっとりかずただ》が入る。文禄五年（一五九五）には、古田重勝《しげかつ》が城主となり、関ヶ原の戦いを迎える。古田氏は東軍に属し、松坂城にて、津城を陥落させた西軍と戦う。その後、元和五年（一六一九）に和歌山藩が成立すると、松坂城は、南の田丸城とともに、和歌山藩の南伊勢統治の拠点となる。

【城の構造】　城は、独立丘陵を堀切《ほりきり》で分断し、北側の丘に築かれる。最高所には本丸があり、天守台が残っている。天守台の石垣は、隅石《すみいし》、平石《ひらいし》とも自然石が使われる。隅角部の算《さん》木積《ぎづみ》も完全にはなっておらず、城内の石垣ではもっとも古いものと考えられる。

　天守台を含む本丸上段付近では、「天正七年」銘がある金箔瓦をはじめとして、「すミのき」（隅軒か）などの銘がある瓦が出土している。瓦の文様は、安土城のものと同一で、胎土や製作技法なども安土城出土のものと似通っている。これ

らの瓦は、天正七年に築かれた織田信雄の松ヶ島城から移されたものであろう。

天守台以外の石垣は、隅角部の石材に割石が使われ、算木積が確立したものが多くなるなど、やや新しい傾向を示す。

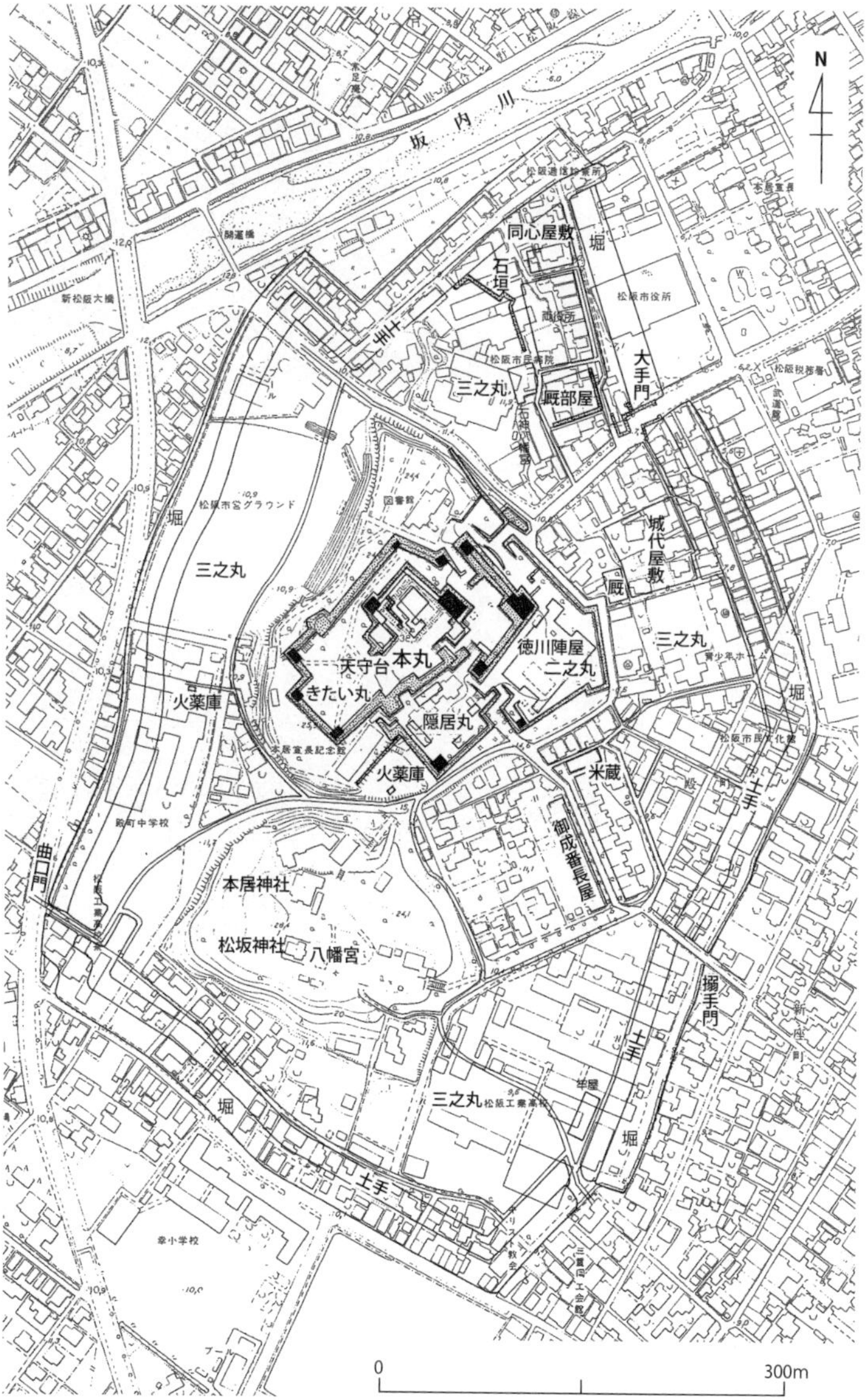

●—松坂城（『三重の近世城郭』より）

これは、蒲生後の服部期や古田期にも城の造営が続いていたことを示すものであろう。また、二ノ丸周囲の石垣では、隅石、平石とも割石のものが多くなり、徳川期に整備されたものと思われる。

石垣や出土品など、松坂城には見どころが多いが、縄張での見どころは北東と南東に開く虎口であろう。大手（北東）、搦《からめ》手《て》（南東）の虎口はいずれも複雑に屈曲し、見通しがきかず、門とあわせて厳重な防御をなしている。

隠居丸には、国の特別史跡となっている「本居宣長旧宅」もある。

本丸、二ノ丸の麓には、三ノ丸があった。現在は松阪市民病院や松阪工業高校などの敷地になっている。特に搦手の南東にある御城番《ごじょうばん》屋敷は、和歌山藩の武士の屋敷跡で、現在も長屋や生垣が良好に残っている。一部の建物は見学可能である。観光ポスターにも使われ、松坂城とともに、「松坂の顔」となっている。

●—松坂城跡石垣

●—松坂城跡石垣

松坂城では、本丸上段をはじめとして、発掘調査が何度か行われている。それらの成果は発掘調査報告書にまとめられ、図書館などで見ることができる。現在も石垣の積み直しに先立つ発掘調査が行われ、現地説明会なども行われている。石垣を守り、見やすくするための樹木の管理も計画的に行われている。

松坂城を見学するときには、城下町の見学もあわせて行いたい。道路の屈曲や食い違い、水路などには、惣構《そうがまえ》の痕跡が残っている。「日野町」は蒲生氏郷とともにこの地に移った日野の商人、「湊町」は伊勢大湊から移った商人の町とされている。来迎《らいごう》寺など大規模な寺院、本居宣長《もとおりのりなが》の屋敷跡や三井家発祥地などの史跡もある。特に伊勢商人の代表とされる小津家や長谷川家の住宅は、江戸時代から大正時代までの建物が良好に残っていて、江戸時代の商人から近代的な資本家への発展を見ることができる。近代のものとしては「松阪牛」も外せない。

松坂の魅力は、蒲生氏郷の松坂開府以来、近世・近代を通じた文物が重層的に残っているということである。時間をかけてゆっくりと訪れたい。

【参考文献】三重県教育委員会『三重の近世城郭』(一九八四)、松阪市教育委員会『松阪城本丸跡上段発掘調査報告書』(一九九二)

(竹田憲治)

●信長一門による隠れた名城

松《まつ》ヶ《が》島《しま》城《じょう》

〔三重県指定史跡〕

〔所在地〕松阪市松ヶ島町
〔比　高〕〇メートル
〔分　類〕平城
〔年　代〕一六世紀後半～天正十六年
〔城　主〕織田信雄、蒲生氏郷
〔交通アクセス〕近鉄山田線「松ヶ崎駅」下車、徒歩三〇分。

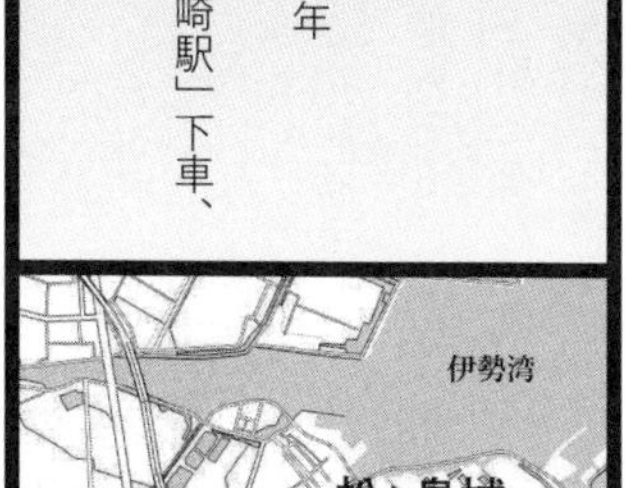

【城の歴史】　坂内《さかない》川から三渡《みわたり》川の河口付近は、伊勢国一志郡と飯高郡の境界にあたり、中伊勢から南伊勢に向かう参宮街道が通っていた。この付近には、細頸《ほそくび》という港町もあり、水陸交通の結節点でもあった。松ヶ島城の歴史は、北畠氏がこの地に築いた、細頸城から始まる。その後、天正七年（一五七九）に織田信長の次男信雄《のぶかつ》が、田丸城から移り、築城をはじめたのが松ヶ島城である。

松ヶ島城は、信雄による南伊勢支配の拠点として機能していたが、天正十二年（一五八四）には、羽柴秀吉と織田信雄・徳川家康間で行われた騒乱の舞台となる。城は織田方が羽柴方から奪っていたが、再度羽柴方に攻められ、落城する。

戦後、羽柴秀吉の家臣となった蒲生氏郷《がもううじさと》が近江日野から入り、城と城下を整備した。しかし天正十六年（一五八八）蒲生氏郷は松坂城に移り、松ヶ島城は廃されることになった。

【城の構造】　城や城下町があったところは、畑地や宅地になっていて、往時の様子をうかがい知れるのは、県指定史跡になっている天守台の部分のみである。城と城下町については、歴史地理や考古学の研究者から復元案が示されている。

城と城下は伊勢湾に半島状に突き出した浜堤上に築かれる。周囲は現在水田となっているが、城があったころには湿地が広がっていたと思われる。細谷公大の復元案によると、城の中心は「堀の内」（a）という地名が残る部分である。ここには天守台の土盛も残る。「堀の内」の周囲には水堀Aが巡り、城が機能していた時には、伊勢湾に張り出すように聳《そび》えていたと考えられる。堀Aの外には、「丸之内」（b）、「殿町」（c）という地名が残り、水堀Bに囲まれる。このあたりが武家地になろうか。参宮街道は、南西から引き込まれ、殿町で屈曲しながら、「踊橋」を渡り、伊勢に向かう。

●—松ヶ島城復元想定図（細谷論文による。グレー部分は海，河川，堀を示す）

●—松ヶ島城「堀の内」

「丸之内」、「殿町」の北西には「小蔵町」という地名が残り、船入りの想定地もある。さらに北東には水堀Cがある。この堀は現在、百々《どど》川となっている。この部分（d・o）には短冊状の地割も残る。やや内陸には、「本町」（f）、「北市

●—松ヶ島城天守台跡

場」、「樋ノ町」（h）などの地名が残る。

松坂城の発掘調査では、「天正七年」の銘がある軒平瓦が出土している。この瓦は、安土城出土の瓦と同じ文様で、金箔が貼られていた形跡がある。松ヶ島城で使われていたものが、蒲生氏郷によって松坂城に運ばれたと考えられる。

松ヶ島城は、織田信長の次男信雄が、安土城に倣って瓦葺の天守を築いた本格的な織豊期城郭で、参宮街道と伊勢湾水運を取り込んだ重要な城郭である。

【参考文献】小島道裕「織豊期の都市法と都市遺構」『戦国・織豊期の都市と地域』（青史出版、二〇〇五）、細谷公大「伊勢国松ヶ島城とその城下の景観」『歩跡』五（二〇〇三）

（竹田憲治）

●織田軍を凌いだ北畠氏の牙城

大《お》河《かわ》内《ち》城《じょう》

〔三重県指定史跡〕

〔所在地〕松阪市大河内町広坂字城山
〔比　高〕四五メートル
〔分　類〕平山城
〔年　代〕応永年間（一三九四～一四二七）
〔城　主〕北畠氏
〔交通アクセス〕ＪＲ紀勢本線「松阪駅」前から三重交通バス「飯高駅」行きで「広坂」下車、約四〇〇メートルで東麓入口。

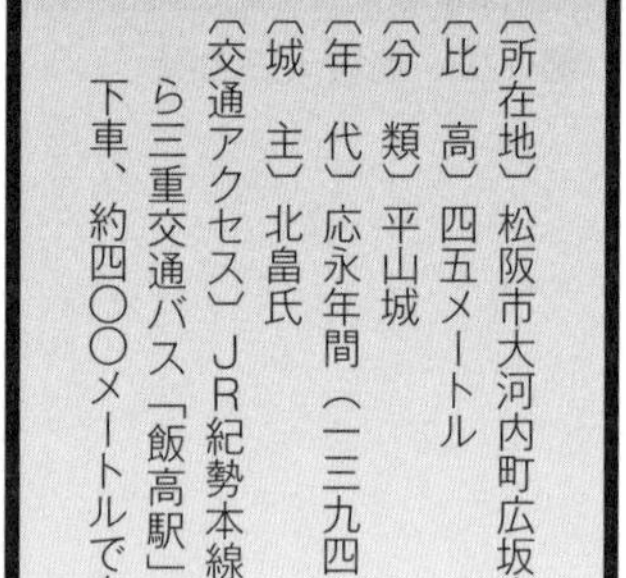

【立地と歴史】　大河内城は、西に流れる矢津《やづ》川と東に流れる阪内《さかない》川の合流点に向かって突き出た、標高一一〇メートルの丘陵先端部に位置する。城域は大河内《おおこうち》神社がある丘陵頂部から北端まで続く幅広の本体部と、南に続く細尾根部、そして尾根筋が東へ折れてL字状になった南端部に分かれる。東西三〇〇メートル、南北六〇〇メートルにもおよぶ広大な城である。

大河内城は応永年間（一三九四～一四二七）、伊勢国司北畠満雅《みつまさ》が築いたという。『大河内軍記』によれば、応永二十二年（一四一五）、南朝の小倉宮を奉じた満雅が幕府に反旗を翻したため、将軍足利義持《よしもち》は土岐《とき》氏らを討伐軍として送り込んだ。これに対し、満雅は木造城（津市）に従弟顕俊《あきとし》を入れると、自らは多気《たき》、阪内、田丸の兵を集めて阿坂城に立て籠もり、大河内城は弟顕雅《あきまさ》に守備させたという。

時は流れ永禄十二年（一五六九）、信長の南伊勢侵攻が本格的になり、北畠具教《とものり》が大河内城に籠城すると、北方の今徳山城、八田城、阿坂城、船江城、曽原城、岩内城などの軍勢も具教に協力した。信長は圧倒的な兵力で阿坂城を落とし、その勢いで大河内城を取り囲み攻め立てるが、城は五〇日以上たっても落ちなかった。信長は次男信雄を具教の娘婿とすることで和睦し、具教は大河内城を明け渡すこととなった。元亀二年（一五七一）、信雄は大河内城へ入城するが、田丸城築城にともない廃城となった。

【巨大な本体部】　本体部は南西端の一段高い主郭部（Ⅰ、Ⅱ郭）と、その東下方から北へ延びる広大な区域（Ⅲ～Ⅴ）に

●—大河内城遠景

分かれる。主郭部は大河内神社から西へ延びる尾根上で、大河内神社はⅠ郭内に建つ。内部はかなり改変されており、旧状は分からない。北に向かって削平段や堀切《ほりきり》が続き、一段下方のⅢ郭とはここからつながっていたようである。Ⅱ郭との間は堀切で遮断し、Ⅱ郭の独立性は高い。

　Ⅱ郭内もⅠ郭同様に改変を受けており、旧状ははっきりしない。下方には帯曲輪《おびくるわ》、腰《こし》曲輪、通路が取り巻き、北の谷を守備するために堀切を挟んでさらに小曲輪を設けている。Ⅱ郭に付随する曲輪群は、北から入る谷に対する最前線となっている。

　ⅢからⅤの広大な区域は、畑や果樹園として利用されていたため、内部がどのような状況であったのかは分からない。

【南に続く細尾根部】　三つの小ピークⅥ～Ⅷ郭を核とする。Ⅵ郭から稜線を越えて西へ下ると、極小段の先に堀切を入れ、対岸にも小曲輪と犬走《いぬばし》りを設けている。Ⅵ郭から南へ続く稜線上は自然地形に近い。Ⅶ郭の西端には小壇があり、これを越えると二重堀切となる。Ⅷ郭の南北は堀切で遮断し、南東へ下る小尾根上には執拗に小段を設けている。

　この先、南へ続く尾根は伊勢自動車道により分断されるが、自動車道建設にともなう発掘調査により、道路手前には堀切の存在が確認されている。自動車道を越えると、Ⅸ、

Ⅹ、Ⅺと三つのピークがあるが、Ⅸ、Ⅹは明確に曲輪であるといえるような状況にはない。ところが、ⅪのⅩ側には堀切が入っている。さらに東へ下った先にも、堀切らしき凹みが

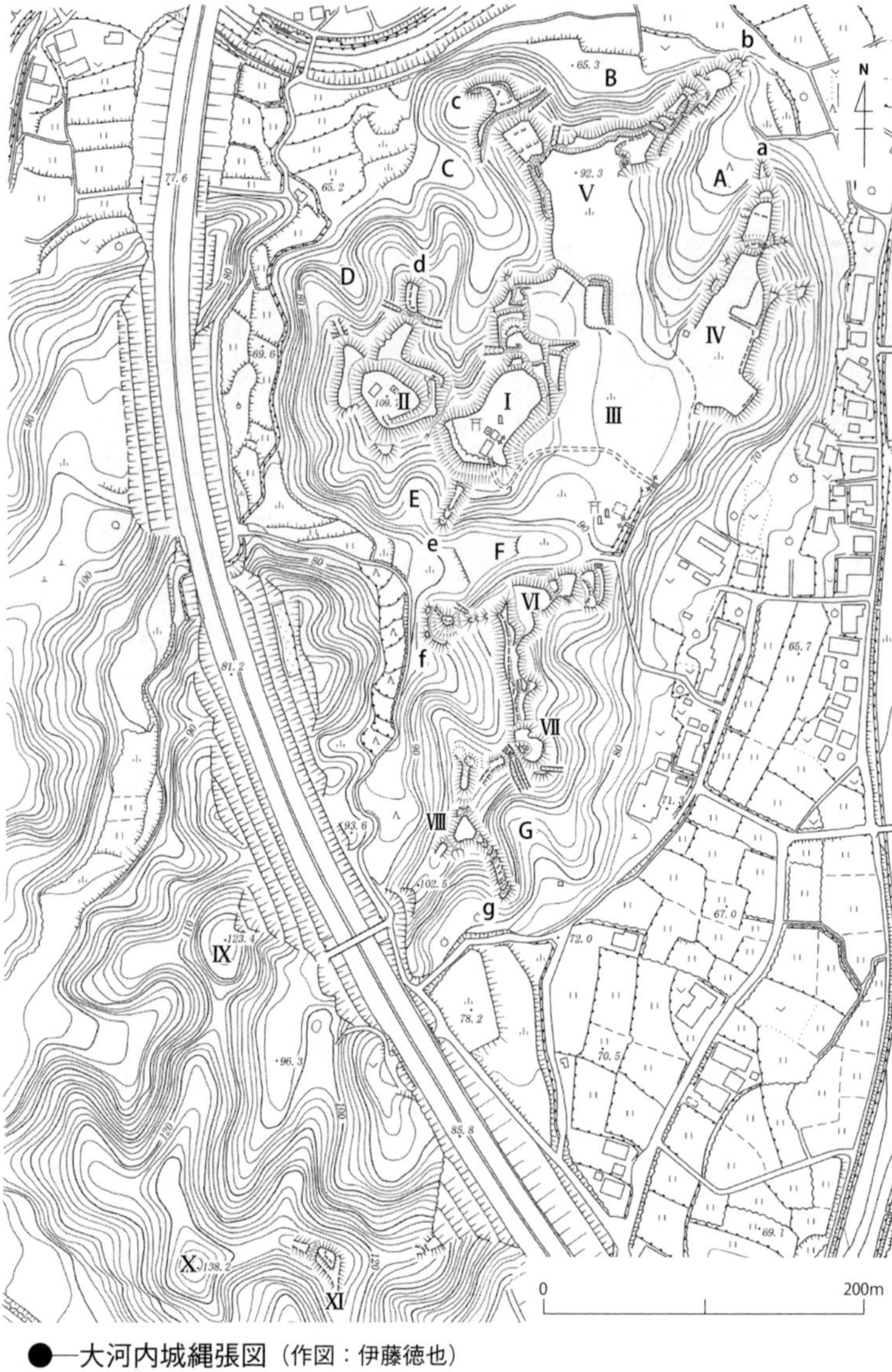

●―大河内城縄張図（作図：伊藤徳也）

確認できる。不明瞭な遮断で疑問は残るが、ここまでが大河内城の範囲とできそうである。

【谷に対する防御】　大河内城は麓との比高差がそれほど大きなものでないだけに、谷筋からの侵入は脅威となる。そこでAからGの谷をみると、Aでは谷を挟む尾根の麓近くまで段曲輪を設け、尾根bの谷側には曲輪下に通路を設けている。尾根aの両側にもその痕跡がみてとれる。浅い谷のBではⅤ下方に尾根bから尾根cまで通路がつながっている。尾根cには段差はあるものの方形の曲輪を設け、その先を城内最大級の堀切＋竪堀《たてぼり》で遮断しつつ、対

●—大河内城堀切

岸にも曲輪を設けている。

奥深くまで入り込むCに対しては、やはりV下方に通路が走り、尾根dとで挟み込む。尾根d先端の曲輪は、堀切＋竪堀で独立させているところは尾根cの先端と同じである。DとEもそれぞれ尾根先端の小曲輪や小段で挟み込む。Fは大河内城の中枢部と南に延びる細尾根の境界に入り込む深い谷で、尾根eの段曲輪とⅥ郭、およびここから延びる尾根fの小曲輪で挟み込む。Ⅲ郭の谷側にはしっかりした切岸《きりぎし》や通路などがあったことが想定できるが、改変により確認できない。現在、谷の奥は切通し道となって東側へ貫通しているが、おそらくここには堀切があって、これはその痕跡であろう。Gに対してはⅦ郭下の二重竪堀と、尾根gの小段で挟み込む。

大河内城では弱点ともなる谷筋に対して、考えられる最大限の防御線を設けていることは分かる。とはいえ、規模はともかく、あの大比高の阿坂城が落ち、大河内城がこの防御線で織田勢を凌げた理由がどこにあったのか、興味は尽きない。

（伊藤徳也）

【参考文献】三重県教育委員会『三重の中世城館』（一九七六）、山本浩之「阿坂城・大河内城と周辺諸城について」『中世城郭研究』第一三号（中世城郭研究会、一九九九）

三重

●伊勢平野を望む北畠氏の要城

阿《あ》坂《ざか》城《じょう》

〔国指定史跡〕

〔所在地〕松阪市大阿坂町
〔比　高〕約二四〇メートル
〔分　類〕山城
〔年　代〕一四〜一六世紀
〔城　主〕北畠氏
〔交通アクセス〕伊勢自動車道松阪ＩＣから自動車で約一五分。山麓の浄眼寺に駐車場有。

【城の歴史】　阿坂城は松阪市の北部の標高三一二メートルの山頂に立地する山城である。

　南北朝時代に南伊勢に勢力を持っていた北畠氏は、足利方と激しい攻防を繰り広げていたが、阿坂城は、北畠方の防衛の拠点として、この時期に築城されたようで、文和元年（一三五二）の戦いに関する史料が残されている。

　室町時代になっても、阿坂城は多気《たげ》から中村川に沿って中伊勢にくだるルートの要として経営され、北畠満雅《みつまさ》が応永二十二年に室町幕府と戦った時にも、幕府方により「浅香《あさか》の城」が落城させられたという記録がある。

　その後も阿坂城は、北畠氏の城として存続したようである。戦国時代末、永禄十二年（一五六九）に尾張、美濃から中伊勢までを領有していた織田信長が南伊勢に進攻すると、北畠氏は、天花寺城、大河内城とともに阿坂城にも籠城した。『信長公記』には北畠方として籠城した大宮父子の抵抗により、攻め手の木下藤吉郎（秀吉）が矢傷を蒙ったとする記事もある。

【城の構造】　城は、山頂周囲にある「南曲輪群」と、そこから二〇〇メートルほど北にある「北曲輪群」から構成されている。

　南曲輪群の中心は、山頂を削平した曲輪（a）である。曲輪の規模は、東西二〇メートル、南北四〇メートル程で、石碑が建てられている。石碑は麓の伊勢平野からも望見することができ、阿坂城のランドマークにもなっている。

　曲輪周囲の斜面には、急峻な切岸《きりぎし》が施されている。切岸下には帯曲輪《おびくるわ》がみられる。さらに外周には堀切《ほりきり》と竪堀《たてぼり》を設けている。このような要素を持つ城は、南伊勢北部の旧一志郡から旧飯高郡域に多く見られる。特に帯曲輪のところどころに掘られた竪堀は、同じ旧一志郡内の長谷城や藤城、滝之川城、旧飯高郡内の立野城などとも共通点がある。

●—阿坂城遠景

南曲輪群から少し尾根を下り、小規模な削平地や堀切を横目に見ながら尾根を登ると、北曲輪群に出る。曲輪群の中心は、東西一五㍍、南北一〇〇㍍程の細長い曲輪である。この曲輪の周囲には土塁《どるい》が築かれ、西側には虎口《こぐち》状の土塁の切れ目も見られる。曲輪外周には、急峻な切岸が施され、帯曲輪がめぐっている。帯曲輪の外周には、小規模な土塁や竪堀がある。

帯曲輪の北東隅（b）と南（c）には、土塁が途切れる部分があり、ここが虎口と考えられる。特に北東隅の虎口は、土塁（d）と竪堀（e・f）、畝状《うねじょう》竪堀（g）と組み合わされ、防御を厳重にしている。畝状竪堀は、竪堀eの西側に掘られている。小規模なので、見落としそうになるが、虎口周囲の守りを固める重要な遺構である。

北曲輪群でもっとも特徴的なのは、曲輪群北側にある竪堀（i）である。竪堀は、長さ一〇〇㍍以上、幅約八㍍の長大なもので、県内の城郭では類を見ないものである。途中、屈曲している部分もあり、北側には土塁状の高まりもある。

一城二郭の形式を採っていることや、一方の曲輪群が、山頂を削平し、切岸を施す程度の簡単な構造で、他方の曲輪群が、土塁や虎口を持つ、やや複雑な構造を持っていることなど、北畠氏の本拠多気の霧山城と共通している点もある。

【浄眼寺】　山麓の浄眼寺《じょうげんじ》は、阿坂城登山の起点であるが、国司北畠政勝《まさかつ》（政郷、出家して無外逸方と称す）を開基とする曹洞宗の古刹で、無外逸方直筆のものを含む北畠氏からの書

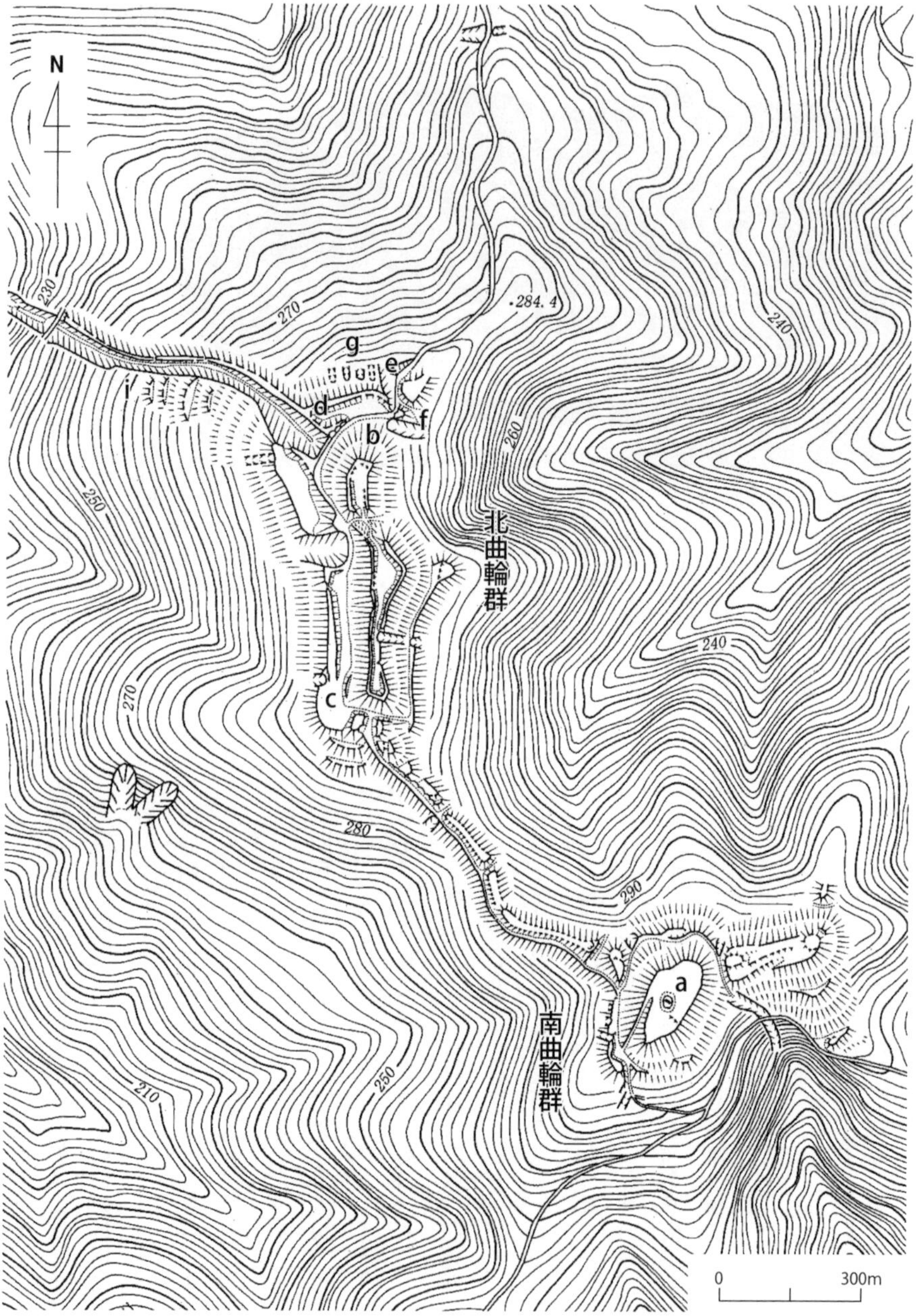

●―阿坂城縄張図（作図：伊藤徳也）

●—阿坂城南郭（撮影：前野謙一）

状群（『浄眼寺文書』）や、無外逸方寿像（生前に描かれた肖像画）など、北畠氏関係の重要な史料が残されている。

周辺には、阿坂城の出城として国の史跡となっている高城と枳城がある。

【高城・枳城】 枳《からたち》城は、山頂を削平し、周囲の斜面に切岸を施し、帯曲輪、堀切などの防御遺構で構成される城で、阿坂城南曲輪群主郭周辺に似る。特徴的なのは、主郭周囲の切岸下の帯曲輪内に、他の城のように竪堀を設けるのではなく、小規模な竪土塁を設けることである。

高城は、明瞭な虎口と大規模な土塁を持つ、周辺の諸城とは違った防御遺構からなる城である。伊勢平野側（東側）よりも阿坂城側（西側）の防御が厳重であることから、阿坂城への攻撃や監視を意図した城であるとの説がある。

【参考文献】 伊藤裕偉「北畠氏領域における阿坂城とその周辺」『ミエヒストリー』六（一九九三）、山本浩之「阿坂城・大河内城と周辺諸城について」『中勢城郭研究』一〇（一九九九）、竹田憲治「北畠氏と中世城館」『伊勢国司北畠氏の研究』（吉川弘文館、二〇〇四）

（竹田憲治）

●町をあげての「城愛」に満ちた城

田《た》丸《まる》城《じょう》

〔三重県指定史跡〕

〈所在地〉玉城町田丸字城郭
〈比　高〉約四〇メートル
〈分　類〉平山城
〈年　代〉南北朝時代〜
〈城　主〉北畠氏、稲葉氏、藤堂氏、徳川氏（紀伊）
〈交通アクセス〉ＪＲ東海「田丸駅」下車、徒歩一〇分。

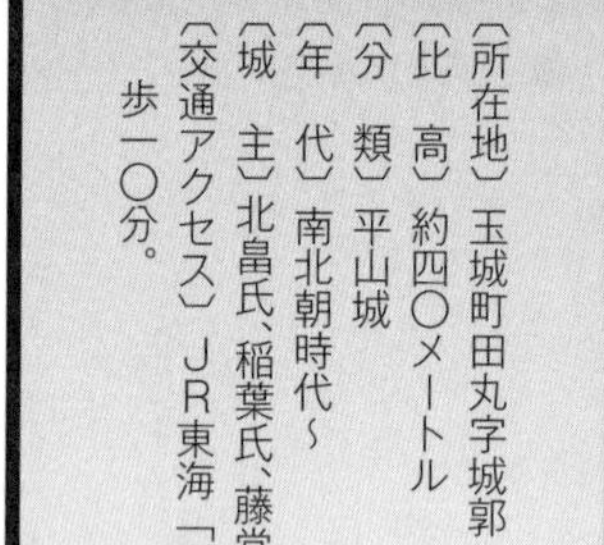

【城の歴史】　田丸城は度会《わたらい》郡玉城町の標高五二メートルの独立丘陵に立地する城跡である。「玉丸城」とも呼ばれる。

南北朝時代に伊勢に入った南朝方の北畠氏は、その本拠を田丸城に置き、伊勢神宮の南朝支持勢力と連携を目指した。

しかし、興国二年（北朝康永元年、一三四二）、北朝方の攻撃により田丸城は陥落し、北畠氏は坂内城（松阪市阪内町）に逃れる。その後しばらくの間、田丸城の動静は不明である。

室町時代にはふたたび北畠氏の城となり、度会郡内に勢力を扶植するための拠点としていたようである。対立していた伊勢神宮外宮《げぐう》の山田三方《さんぽう》は、寛正六年（一四六五）などに、田丸を攻めている。明応八年（一四九九）には、神宮が、田丸山上に「住宅」を構え、山下に「関屋」を設けて、武具を帯する者が出入りしているため、参宮人の通行の妨げとなっていることに対する抗議を行っている。ここに見える山上の「住宅」とは、田丸城のことを指すと考えられている。

その後も田丸城は北畠氏の度会郡における重要な城としてあり続け、弘治二年（一五五六）に伊勢国を訪れた山科言継《やましなときつぐ》は、田丸城で北畠天祐《てんゆう》（晴具）、具教《とものり》親子と対面している。

永禄十二年（一五六九）、織田信長の南伊勢侵攻後、北畠氏は信長の次男信雄《のぶかつ》を迎える。信雄は北畠氏を継承すると田丸城に入り、他の一族を粛正するなど、南伊勢に織田一門としての支配を浸透させていった。

天正七年（一五七九）に、信雄は、松ヶ島城の築城を始め、

●—田丸城跡（玉城）

田丸城は破却されたとされている。

その後、関ヶ原の戦いの後に稲葉道通《みちとお》が城主となり、藤堂高虎《たかとら》をへて、和歌山藩徳川氏の成立に当たり、田丸は松坂と並ぶ南伊勢支配の拠点となり、久野氏が城代となる。城下には、稲葉氏や久野氏の供養塔も残っている。

【城の構造】 城は、南北に伸びる丘陵頂部を堀切《ほりきり》で分断し、本丸、二の丸、北の丸を、その下に三の丸を配置している。城の中心は、山頂に置かれた本丸である。本丸の北側には天守台がある。天守台は石垣で囲まれ、内部は穴蔵になっている。本丸周囲は石垣で囲まれ、ところどころに張出《はりだし》部を設け、横矢《よこや》がかかるようになっている。南東隅と東に虎口《こぐち》がある。南東端の虎口を出ると土橋《どばし》があり、二の丸に入る。土橋の東側には石垣が積まれる。

二の丸は、東面と南面の東側に石垣があるが、北面、西面には石垣はなく、切岸《きりぎし》のままとなっている。二の丸の南側には屈曲した登城路がある。二の丸、本丸の西側には帯曲輪《おびくるわ》があり、二の丸、本丸、北の丸をつないでいる。

北の丸には現在城山稲荷神社が祀られている。石垣は東面と北面の東側にあるが、それ以外の部分には石垣はなく、切岸のままとなっている。北の丸の北には堀切がある。曲輪の西には土塁が巡っている。この部分は、田丸城が「土の城」

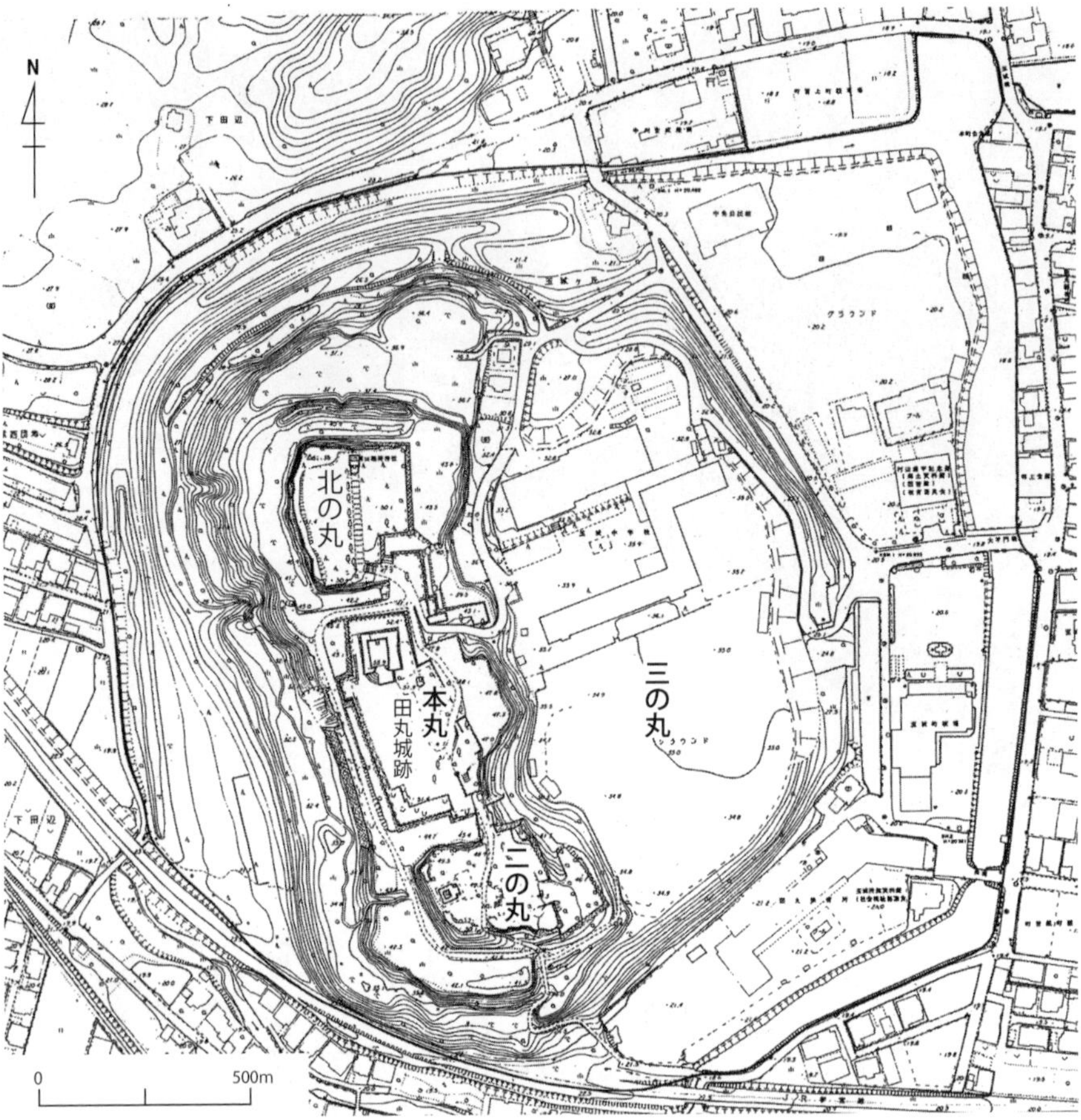

●—田丸城跡縄張図（作図：玉城町）

であったころの名残を残すと思われる。

本丸・二の丸の帯曲輪の南西には切《きり》通《どおし》がある。この部分の道も屈曲しているので、ここに虎口があったのかもしれない。

さらに下段にも帯曲輪がある。この部分はあまり加工されていないが。段差や土塁状の高まりがある。この部分も「土の城」の名残かもしれない。

三の丸は現在、中学校が建つ広大な平坦地にあった。この部分には江戸時代の御殿があったとされている。城の四方には堀がある。東側の堀には水が湛《たた》えられ、城の正面観がよく出ている。北側、西側の堀は空堀である。

城は玉城町民によく愛されている。梅や桜のシーズンには来訪者も多いし、冬には天守台に単管で造った天守閣が置かれ、夜間のライトアップが行われている。平成二十九年（二〇一七）に行われた石垣修理説明会には、町長自らが駆け

●—田丸城跡（玉城）

つけるなど、田丸城には「城愛」が満ちている。その後、城の石垣や切岸は、台風で大きな被害を受けた。現在、地元玉城町を中心に修理が進んでいる。「城愛」に包まれた田丸城なら、きっと復活を果たすだろう。

【参考文献】三重県教育委員会『三重の近世城郭』（一九八四）、玉城町教育委員会『三重県玉城町史』上巻（一九九五）、伊藤徳也「田丸城」『三重の山城ベスト五〇を歩く』（サンライズ出版、二〇一二）

（竹田憲治）

●街道からひときわ目立つ、北畠氏改修の痕跡を残す城

五箇篠山城《ごかささやまじょう》

〔多気町指定史跡〕

〔所在地〕多気町古江字城山
〔比　高〕七五メートル
〔分　類〕山城
〔年　代〕南北朝期
〔城　主〕北畠氏（戦国期）
〔交通アクセス〕JR参宮線・紀勢本線「多気駅」から町営バス「勢和図書館」下車、すぐ。

【立地と歴史】　櫛田川右岸（南岸）、標高一三九メートルの独立丘陵上に位置する。西麓には朝柄《あさがら》川が流れ、直下で櫛田《くしだ》川に合流する。南麓周辺はかつて湿田であったというから、往時は二つの川と湿地帯に守られた城ということになる。屹立した城山は、櫛田川対岸や街道の遠方からも視界に入る。

築城は古く鎌倉から南北朝の頃にまで遡るといわれるが、正確なところは分からない。ただ、南朝方の城として田丸城（度会郡玉城町）や阪内城（松阪市）が落城した際、五箇篠山城も北朝方に攻められたとの記録があることからすれば、少なくとも南北朝期にまでは遡ることになる。

時は過ぎ、還俗した北畠具教《とものり》の弟北畠具親《ともちか》は織田に反旗を翻し、天正十年（一五八二）に旧臣を集めると五箇篠山城で挙兵したという。具親には五箇、六呂木、佐奈など周辺の勢力が味方し、その年の末になると各所に放火し、近接する五箇篠山羅城に籠城した。翌年、信雄《のぶかつ》方が五箇篠山城を攻めると大いに奮戦するものの、大軍を防ぐことはできず敗走したという。あるいは、北畠氏家臣の野呂越前守が居城し、天正十年（一五八二）に具親が修築したともいう。

【頂部の曲輪群】　頂部は東西に細長く、曲輪は二七〇メートルの範囲にわたり展開する。高低差をみながら要所を堀切《ほりきり》で遮断し、一段下方には帯曲輪《おびくるわ》等を配置するとともに、斜面の横移動を阻止するように竪堀《たてぼり》を設けている。

基本的に土塁《どるい》はないが、西端のⅠ郭と中央西寄りのⅢ郭にのみ低土塁を設けている。Ⅰ郭は規模としては小さいが、土

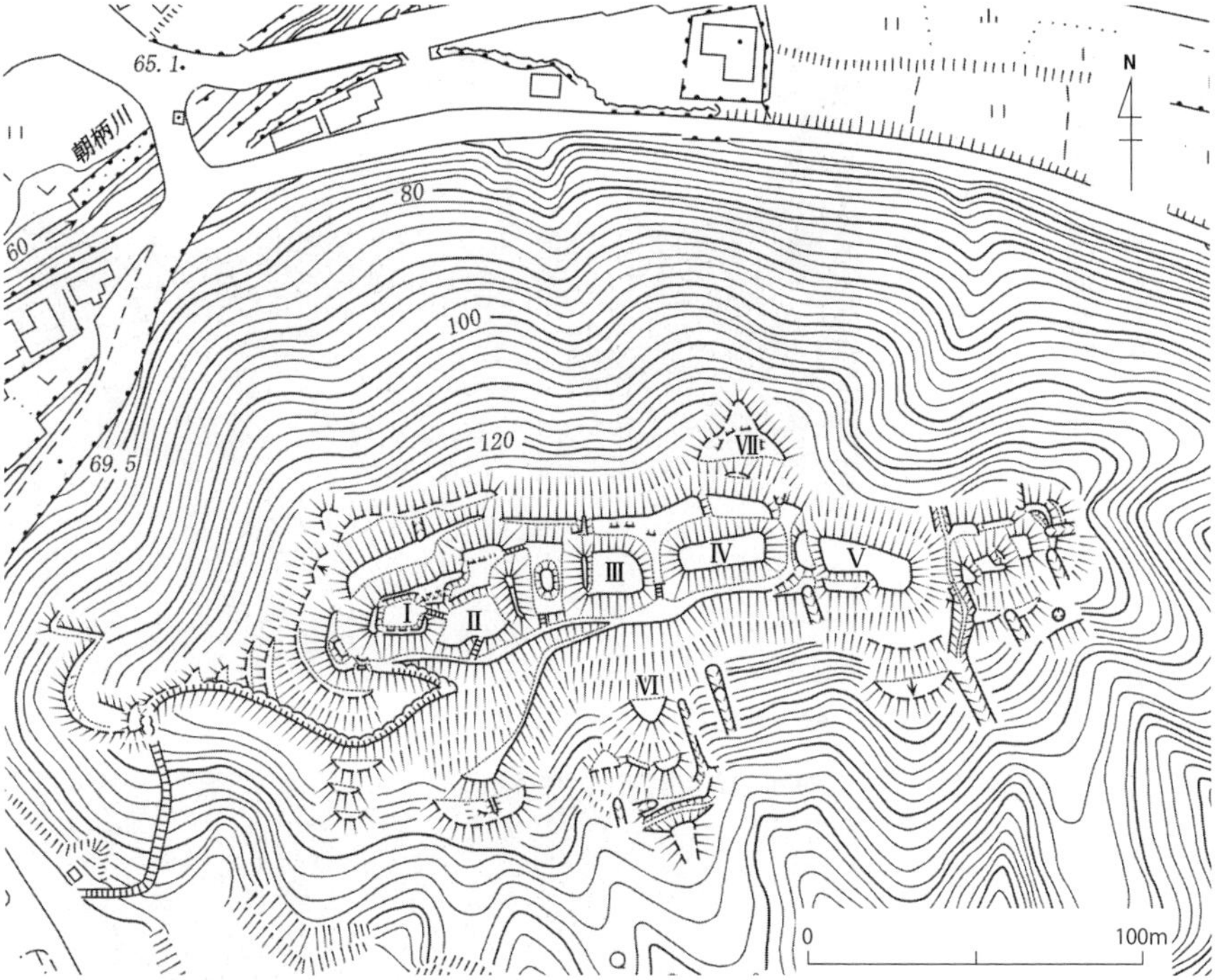

●—五箇篠山城縄張図（作図：伊藤徳也）

塁は四方にめぐり、東に虎口《こぐち》を開く。北東隅の土塁は東へ突き出し、Ⅱ郭の上段部分へつながっていく。Ⅱ郭は東を土塁に遮られ、北には上段の曲輪があり、Ⅰ郭への踊り場的な空間となっている。

Ⅱ郭東の土塁を越えると幅広の堀切となるが、中央部が削り残され二重堀切のようになる。この先のⅢ、Ⅳ、Ⅴ郭は、それぞれ堀切で区画する。Ⅴ郭の東下方にも堀切を入れ、さらに小削平段を連続させるが、随所に竪堀を入れ厳重な防御となっている。城の東端ということもあろうが、井戸、もしくは貯水坑らしき凹みがあり、これを守備する意図もあるのかもしれない。

【斜面の曲輪群】 Ⅰ郭からⅣ郭までは、下方に帯曲輪、あるいは通路が周回している。段や小土塁などで連続しない部分もあるが、曲輪間の堀切とつながり、全体としては曲輪下方の周回路となっている。そして、その帯曲輪や通路に接していくつかの竪堀を設けている。

北斜面にはⅠ、Ⅱ郭を囲むように、さらに細い削平段が取り巻き、二重構造となっている。また、Ⅳ郭下方にやや張り出した尾根先にはⅦ郭を設けている。

一方、南斜面は尾根と谷が入り組み、麓近くでは傾斜がかなり緩くなっている。そのためか、Ⅲ郭南下方に張り出した

●—五箇篠山城主郭内部

●—五箇篠山城堀切

尾根上にⅥ郭を設け、その先を堀切で遮断する。さらに両側には竪堀を入れることで、下方からの進入と横移動を阻止している。

【北畠流築城の痕跡】 曲輪下方の帯曲輪や通路が堀切とつながって周回路を形成し、これに接して竪堀を設ける手法は、松阪市や多気町のいくつかの城にみられる形態である。阿坂城の南郭を筆頭に、単純なところではその出城ともいわれる枳《からたち》城がある。他にも滝之川城、岡ノ谷城、矢倉山城、五箇篠山羅城、野中城などにみられ、最も洗練された姿は脇谷城となる。阿坂城と共通するところから、北畠氏による築城の特徴と考えることができそうである。

そう考えると、五箇篠山城は南北朝期から存在したとしても、現在の姿は戦国期になってからの改修をへたものということができよう。

【参考文献】 三重県教育委員会『三重の中世城館』（一九七六）、『勢和村史 通史編』（勢和村、一九九九）、山本浩之「阿坂城・大河内城と周辺諸城について」『中世城郭研究』第一三号（中世城郭研究会、一九九九）

（伊藤徳也）

●解明が進む「海の要塞」

鳥《と》羽《ば》城《じょう》

〔三重県指定史跡〕

〔所在地〕鳥羽市鳥羽
〔比　高〕約四〇メートル
〔分　類〕平山城
〔年　代〕文禄年間～
〔城　主〕九鬼氏、内藤氏、稲垣氏
〔交通アクセス〕ＪＲ参宮線、近鉄鳥羽線「鳥羽駅」下車、徒歩一〇分。

【城の歴史】　水軍で有名な九鬼嘉隆《くきよしたか》が、文禄三年（一五九四）に、現在の鳥羽湾に突き出た山上に築いたとされるのが鳥羽城である。嘉隆は関ヶ原の戦では西軍につき、息子の守隆《もりたか》が東軍についた。戦後、守隆は父の助命を願い出たが果たせず、嘉隆は答志《とうし》島で自害した。

守隆の死後、寛永十年（一六三三）、九鬼家に家督争いが起こり、三男隆季《たかすえ》は丹波国綾部に、五男久隆《ひさたか》が摂津国三田に移ることになった。

九鬼家の後、常陸国真壁から内藤忠重《ただしげ》が入国した。忠重は鳥羽城の整備に努め、二ノ丸を構築したとされる。内藤氏は三代続いたが、延宝八年（一六八〇）に内藤忠勝《ただかつ》が芝増上寺で刃傷事件を起こしたため、除封となる。鳥羽は江戸幕府の直轄領、土井、大給《おぎゅう》松平氏、板倉氏、戸田松平氏と短期間に城主が変わっていたが、享保十年（一七二五）に下野国鳥山から稲垣昭賢《あきかた》が入国し、明治維新まで城主をつとめた。

たびたび城主が交代した鳥羽城であるが、たびたび大きな災害にも見舞われている。宝永四年（一七〇七）、嘉永七年（一八五四）の南海トラフ地震では地震と津波による被害を受けている。

【城の構造】　鳥羽城の最大の特徴は、鳥羽湾に向けて開く二の丸であろう。残念ながら今は国道や水族館になっているが、ここには御殿や水門、北から「ヒシ櫓《やぐら》」、「アラミ櫓」、「アサリ櫓」などの櫓があった。国道を通行したり、水族館に入ったりした時に、往時の様子を想像することも、鳥羽城

●—鳥羽城遠景

●—鳥羽城石垣

の楽しみ方のひとつである。

山上に目を移そう。最高所には本丸がある。ここは旧鳥羽小学校の運動場になっていて、削平をうけているが、内藤家断絶時の作事《さくじ》明細書に、「天守三重」とあり、三重の天守が建っていたことがわかる。地元教育委員会が行った発掘調査では、埋没石垣や井戸が見つかり、大量の瓦が出土している。瓦の中には、九鬼期のものや、内藤家や稲垣家の家紋瓦も出土している。本丸周囲の石垣は、自然石積の古風なもので、築城時のものと考えられる。現在残っている遺構の中では必見の石垣である。

本丸の南には、鉄筋コンクリート製の旧鳥羽小学校の校舎がある。重厚な建物で、国の登録有形文化財にもなっている。

本丸の北側には太鼓櫓があった曲輪や大山祇《おおやまずみ》神社がある。

本丸の周囲には二の丸に続く帯曲輪《おびくるわ》があり、水堀に囲まれている。北には相橋口門、西には横町口門、南には藤口門がある。横町口門や藤口門には桝形《ますがた》が設けられていたようである。

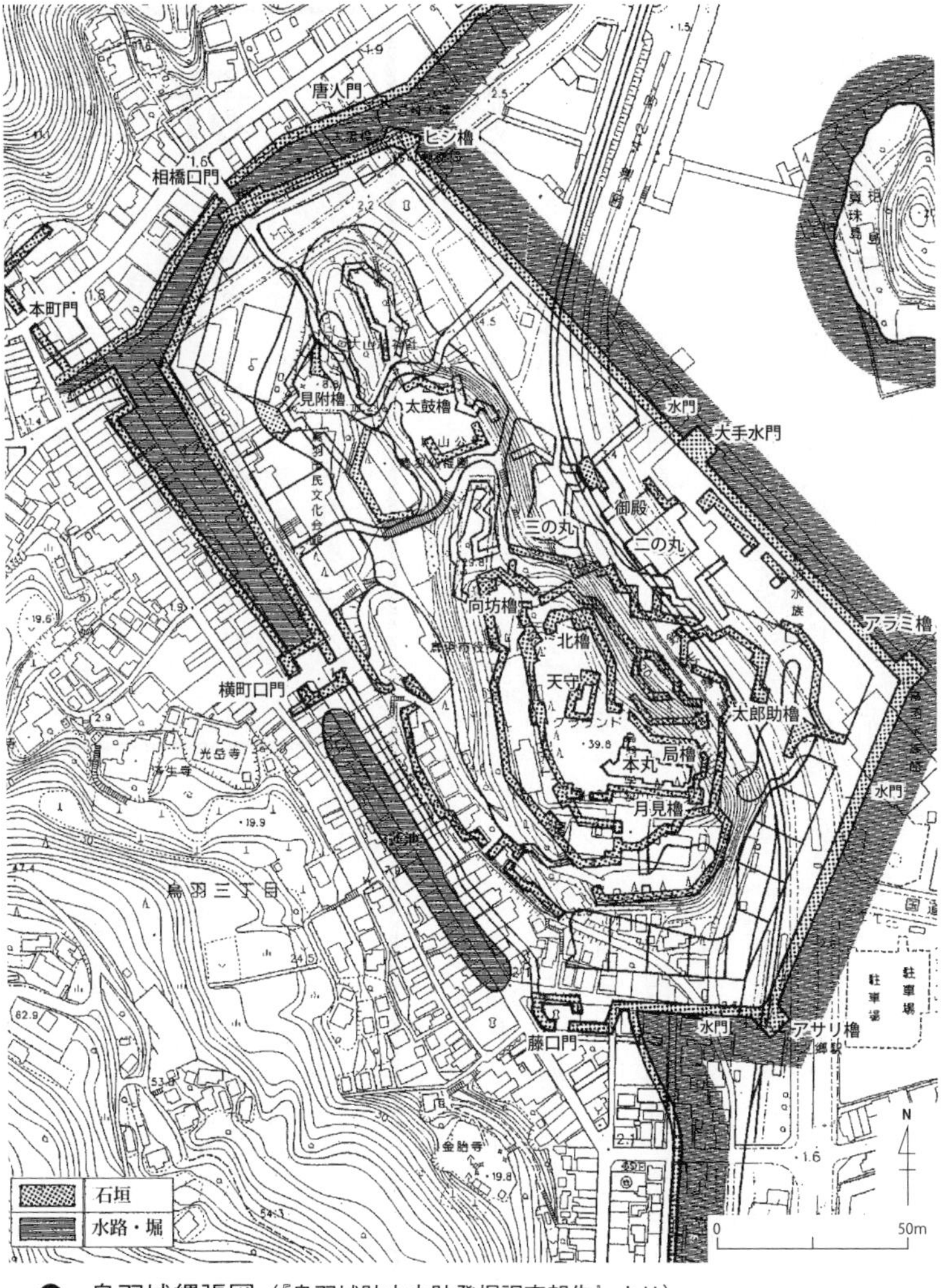

●—鳥羽城縄張図（『鳥羽城跡本丸跡発掘調査報告』より）

鳥羽城では、地元教育委員会の調査により、本丸を中心とした解明が進んでいる。石垣の清掃では、築城時のものと思われる石垣が顕在化し、出土した瓦では、織豊期から江戸期の瓦製作技術の変化を追えるようになった。今後、調査が進み、志摩国の「海の要塞」鳥羽城の姿が、さらに明らかになることが期待される。

【参考文献】三重県教育委員会『三重の近世城郭』（一九八四）、鳥羽市教育委員会『鳥羽城跡本丸跡発掘調査報告―第六～八次発掘調査』（二〇一七）

（竹田憲治）

●コンパクトながら戦闘的な縄張

赤《あか》木《ぎ》城《じょう》

〔国指定史跡〕

〔所在地〕熊野市紀和町赤木
〔比　高〕約四〇メートル
〔分　類〕平山城
〔年　代〕天正十七年～江戸時代初期
〔城　主〕藤堂高虎か
〔交通アクセス〕ＪＲ紀勢本線「熊野市駅」から、自動車で約一時間。

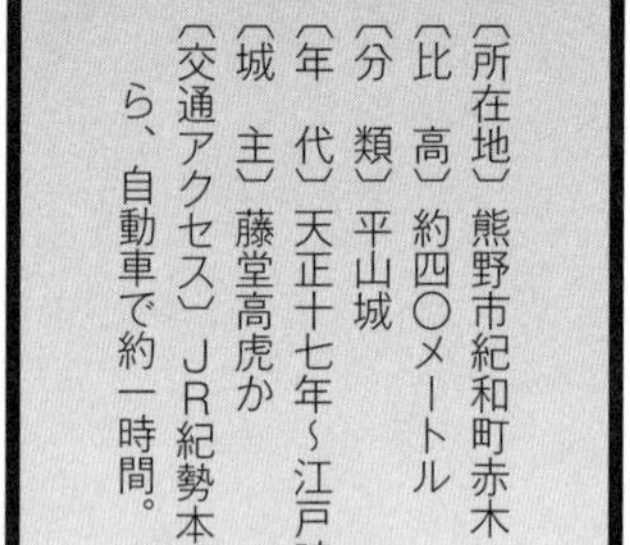

【城の歴史】　赤木城は「謎の城」である。築城時期、築城の目的、城主すらわからない。近世の史料には天正十七年（一五八九）に北山一揆討伐のために藤堂高虎《たかとら》が築いたというものがあるが、同時代史料では確認できない。困った困った……。

それでは、織豊期の赤木城周辺の状況を見てみよう。天正十三年（一五八五）、豊臣秀吉は紀伊国に侵攻し、戦後、弟の秀長《ひでなが》に大和国と紀伊国を治めさせた。熊野川、北山川流域は、豊臣政権にとって、木材の供給地として重視され、天正十六年（一五八八）以降、秀長の家臣であった藤堂高虎・羽田正親が山奉行となり、熊野木材を差配する。

しかし、秀長の紀伊支配は順調とはいえず、天正十四年（一五八六）には、北山地方にて一揆が勃発する。一揆は秀長による徹底的な成敗が行われる天正十七年（一五八九）五月まで続くとされる（天正の北山一揆）。

関ヶ原の戦い後、紀伊国には浅野幸長《ゆきなが》が入国し、田辺に浅野知近、新宮に浅野忠吉《ただよし》をおいた。慶長十九年（一六一四）浅野氏が大坂冬の陣に向かうと、北山の土豪たちはふたたび一揆をおこした。一揆は新宮城下近くまで押し寄せたが撃退され、鎮圧後には多くのものが処断される（慶長の北山一揆）。赤木城の近くには、天正・慶長の一揆をおこした者たちを処刑した「田平子《たびらこ》刑場」の跡があり、国の史跡になっている。

【城の構造】　城の中心は丘陵頂部にある主郭である。ここから南東、南西、北の三方にのびる尾根には、石垣を持つ曲輪

●―赤木城（熊野）

群が配置されている。

主郭の平面形は略台形で、南北の隅には張出部がある。この部分には櫓《やぐら》があった可能性がある。曲輪内には建物の礎石らしい石がある。主郭周囲の石垣はすべて自然石で積まれ、隅角部の算木積《さんぎづみ》も完成していない。天正後半期のものと考えられる。

主郭の虎口《こぐち》は、この城の最大の見物である。桝形《ますがた》を幾重にも組み合わせ、進入路を屈曲させる複雑な構造をしている。発掘調査では、もっとも内側の桝形で門の礎石が見つかっている。この部分では虎口の石垣を破壊した「破城」らしい痕跡も見つかっている。現在、虎口周辺の石垣は、史跡の整備として、石の転落場所を記録したあと、築城時を想定した積み直しが行われている。

主郭から南東にのびる尾根にある曲輪群を、「東郭」と呼んでいる。この部分には二つの曲輪があり、曲輪内には建物の礎石が残っている。曲輪間を登城路が通る。この部分の発掘調査でも門の礎石がみつかっている。

主郭から南西にのびる尾根にある曲輪群を、「西郭」と呼んでいる。この部分には四つの曲輪がある。もっとも上の曲輪では、水溜と思われる石組と二棟の礎石建物が見つかっている。

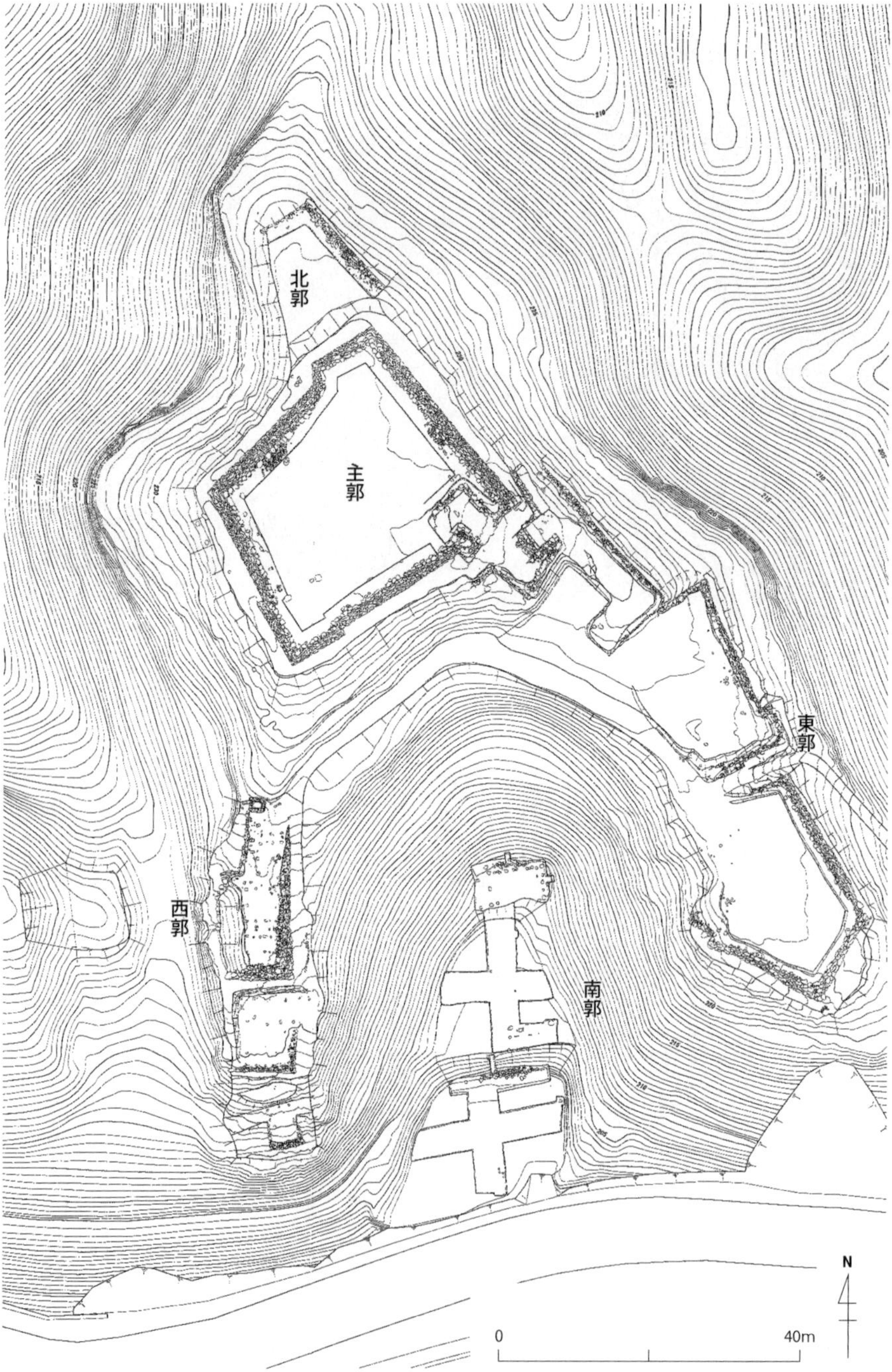

●—赤木城縄張図（『史跡赤木城跡保存整備事業報告』より）

主郭から北にのびる尾根にある曲輪を「北郭」と呼んでいる。石垣に囲まれた曲輪が一つあり、少し離れたところには幅九メートルほどの石垣がある。

東郭と西郭に挟まれた谷には、三段ほどの平坦地があり、「南郭」と呼んでいる。この部分でも礎石建物が確認されている。遺物の多くはこの部分で出土しているので、城の中でもっとも人がいたのは南郭ではないだろうか。

赤木城では、史跡整備に先立ち、発掘調査が行われているが、特徴的なのは出土遺物が極めて少ないということである。遺物には一六世紀末から一七世紀初頭の瀬戸美濃産の陶器、南伊勢産の土師器《はじき》鍋、播磨産の焙烙《ほうろく》などがあるが、いずれも数えるほどである。発掘調査では、遺物が出土すると、調査チームでは歓声が起きていた。年によってはその日のうちに水洗いされ、次の日には実測が終わっていたこともある。石垣や礎石建物、複雑な虎口を持つ織豊系城郭でありながら、瓦が一点も出土していないことも特徴であろう。

このようなことから赤木城は、この地域を治めるために造られた、「政庁」的な城ではなく、緊張状態の中で築かれた陣城《じんじろ》のような機能を持つ城であると考えられる。普段には南郭のみに駐留する兵がおり、いざ戦闘となれば山上に籠ったのであろうか。そうなると天正の北山一揆に際して築かれたという近世の所伝も信ぴょう性を帯びてくる。

赤木城は、史跡整備も完了し、各所に説明看板なども設置されている。地元西山地区の方々による維持の取組みも行われている。コンパクトな城であるので、短時間で城全体を回ることができる。

熊野市から車で赤木城に向かう途中には、「紀伊山地の霊場と参詣道」として世界遺産になっている、熊野参詣道、獅子岩、花の窟神社、七里御浜がある。水田景観が素晴らしい丸山千枚田もあるので、これらを合わせて見ることをお薦めする。新宮城や熊野速玉大社と併せたり、一足伸ばして熊野本宮や那智大社に行くのもいいだろう。

【参考文献】播磨良紀「秀長執政期の紀州支配について」『和歌山地方史の研究』（宇治書店、一九八七）、三重県紀和町教育委員会『史跡赤木城跡保存整備事業報告』（二〇〇五）

（竹田憲治）

●石垣と連続竪堀を備えた要害山

京《みやこ》城《じょう》

〔所在地〕紀宝町大里字倉本
〔比　高〕六五メートル
〔分　類〕平山城
〔年　代〕不明
〔城　主〕堀内氏
〔交通アクセス〕JR紀勢本線「新宮駅」から紀宝町営バス相野谷線「上桐原」行きで「倉本橋」下車、約二〇〇メートルで南麓の石段。

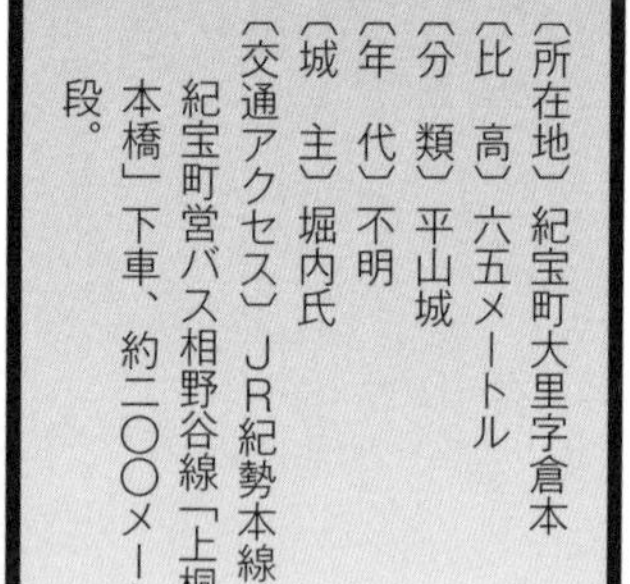

三重

【立地と歴史】　北に相野川、南に相野谷《おのだに》川が流れ、南東の合流点を見下ろす標高七五メートルの丘陵に位置する。西方に大きく入る谷により、半ば独立丘陵の様相を示す。ここは河川、街道の合流点、分岐点で、内陸への中継点として交通の要衝となる。

『紀伊続風土記』によれば、慶長五年（一六〇〇）、関ヶ原の戦の際に新宮より落ち延びた堀内氏善《うじよし》がしばらくここに潜伏し、肥後に逃れたという。かつて地元では「要害山《ようがいさん》」と呼んでいたそうで、近年になって京城といわれるようになったが、由来は分からないという。

一説によれば、天正十四年（一五八六）、天正熊野一揆の際に堀内氏善らの討伐軍は辛怒田《からぬた》、寺谷平に築城し、神上要害山城を攻めた後に赤木から大栗須へ抜け、風伝峠《ふうでんとうげ》から相野谷を通って鵜殿《うどの》を攻めたという。赤木城はこの戦いの中で築かれ、京城は一揆討伐後に堀内氏善が築いたという。

【山頂と中腹に展開する曲輪群】　城域は細分化した頂部と、大きな区画が続く東の中腹部に分かれる。頂部から北西方には堀切《ほりきり》、石垣、竪土塁《たてどるい》を設け、さらに複数の竪堀を落とすなど、強力に遮断している。また、西の鞍部を挟んだL字状の尾根にも竪堀が残る。

中腹は、東斜面に竪堀が連続した主尾根上から墓地となった南東部にまで曲輪が展開する。

【山頂部の城】　I郭は周囲に低土塁がめぐるが、中央部が一段高く土塁との間は通路状になる。南を遮断する堀切は南西端を石組みの低土塁で止め、斜面には竪土塁を設ける。堀切は郭の東下方へ回り込み、低土塁との間が細い通路となる。その南寄りに虎口《こぐち》が開き、石段を伴った城道が下っていく。東切岸《きりぎし》には石垣を築き、城道を上ってきた際に目に入るようになっている。高く積み上げることはできないようで、セットバックして築いている。虎口周辺にも石が残る。また、北下方の腰曲輪《こしくるわ》へ向けては石段、石列が残る。

●—京城堀切

Ⅱは南堀切の対岸で、小区画の連続帯である。複雑な構造のようにみえるが、北半は自然地形に近く、内部には巨石が散在する。東下方には、Ⅰ郭との間の堀切から通路が延びる。

　Ⅰ郭の北西下方には五本の堀切が入るが、西側の二本は南半しか掘り切っていない。三本目（中央）は痕跡程度である。四本目の延長線上からは竪土塁が斜面を下っていく。五本目（Ⅰ郭下）は南西端で止め、切岸に石垣を組んでいる。

　非常に凝った構造ではあるが、この狭い範囲の中で考えるとやや執拗すぎる感もある。この辺りは土取り等による改変が大きく、部分的には後世の掘削によるところがあるのかもしれない。竪堀は三本確認できるが、細い通路から落ちる。

【中腹の城】　中央部はⅣを中心とした西区、竪堀群を含むⅥを中心とした東区、Ⅶを中心とした南区に分けることができる。

　山頂から下ってきた城道は、直角に折れて竪土塁状になり、方形のⅢ郭へ入る。開口部を抜けると最大規模の区画Ⅳとなるが、現状ではあちこちに起伏がある。一つの曲輪であ

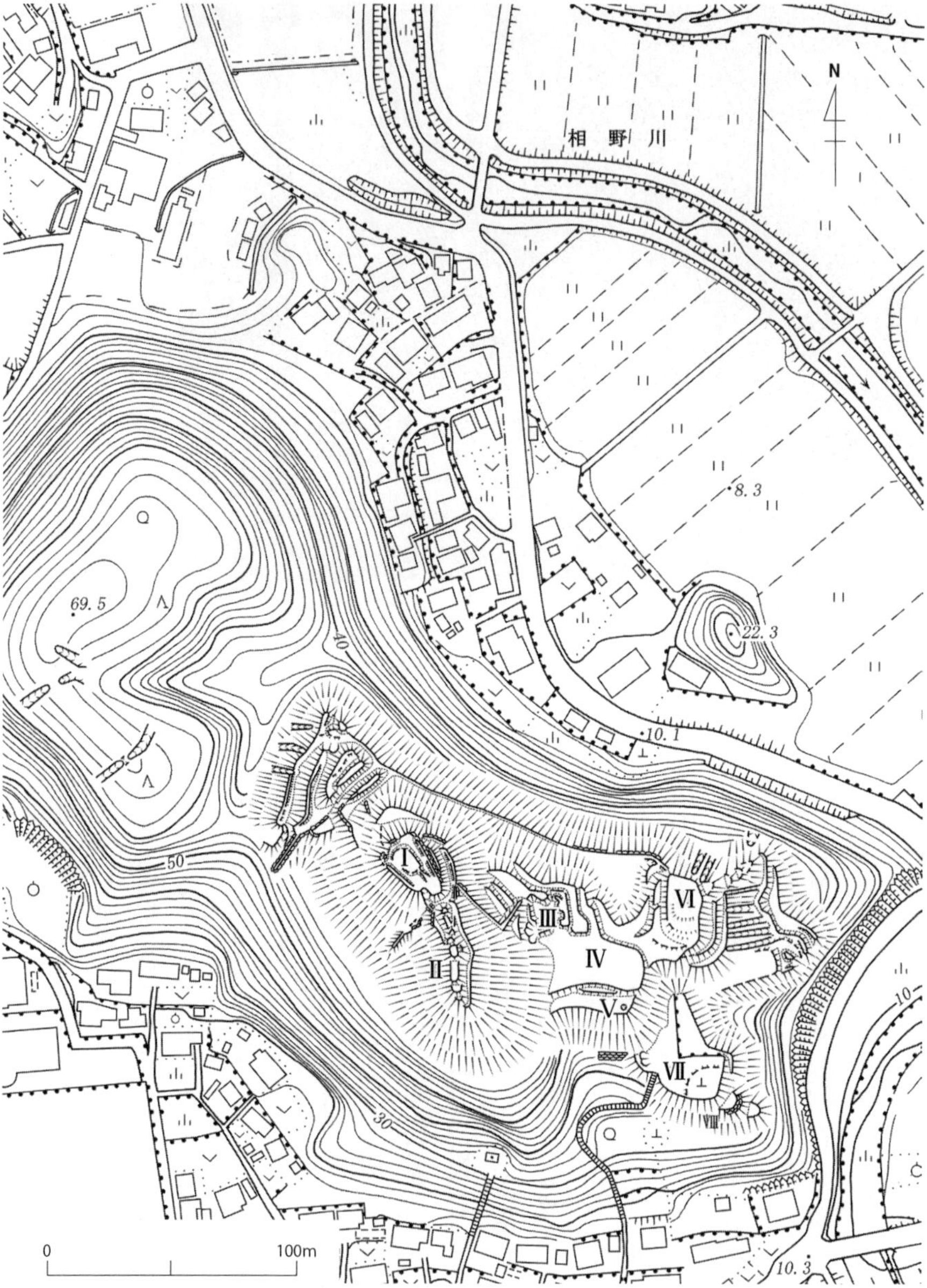

●—京城縄張図（作図：伊藤徳也）

●—京城主郭石垣

ったのかどうかは分からない。Ⅴの東端には井戸が残り、切岸を下ると石垣の壁が残る。東区の中心となるⅥは南半が傾斜し、端部も不明瞭である。東斜面には二段の細い通路が走り、下の通路から五本の竪堀が落ちる。

南東部のⅦは墓地として改変されているが、地形に大きく規制され不整形となる。張り出した小尾根上は、石垣を組んだⅧ郭となる。

【在地の要害山】 東紀州地域の城は、尾根を堀切で遮断することで曲輪を造り出す小規模なものが多い。ところどころに大規模、あるいは特徴的な城が点在するが、京城はそうした城の一つとなる。これらの城の多くは個性的で面白い。京城の場合、山頂部の曲輪は石垣があることを除けば小規模で平凡ではあるが、中腹までを城域に取り込み、連続竪堀を設けることで城を特色化している。近隣の赤木城、檜杖城などとはまったく異なる構造で、在地の要害山と呼ぶに相応しい城である。

【参考文献】 三重県教育委員会『三重の中世城館』(一九七六)

(伊藤徳也)

●筒井氏から藤堂氏へ、高石垣は必見

伊《い》賀《が》上《うえ》野《の》城《じょう》

〔国指定史跡〕

〔所在地〕伊賀市上野丸ノ内
〔比　高〕約三五メートル
〔分　類〕平山城
〔年　代〕天正十三年（一五八五）
〔城　主〕筒井定次・藤堂氏
〔交通アクセス〕伊賀鉄道「上野市駅」下車、伊賀文化産業城まで徒歩約一〇分。

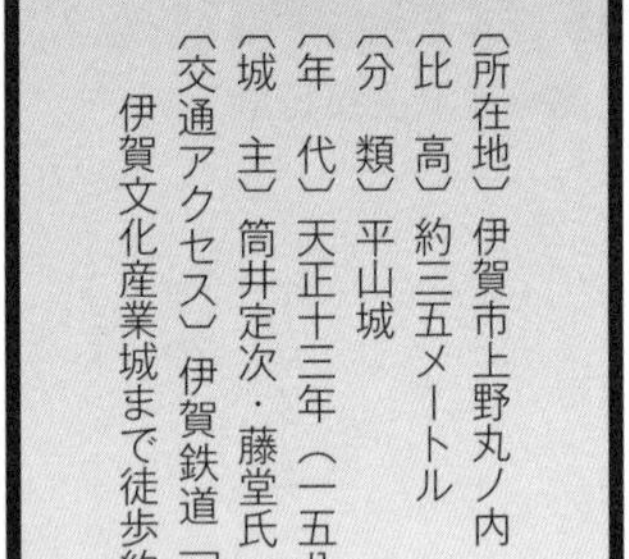

【城の立地と歴史】　上野盆地のほぼ中央に位置する上野台地の北西端に、標高一八四メートルの上野山があり、天正十三年（一五八五）に、伊賀国に移封《いほう》となった筒井定次《つついさだつぐ》によって、城郭が築かれたのが伊賀上野城の始まりである。

平安時代の上野山には、後白河法皇の勅願《ちょくがん》で、平清盛が創建したと伝わる平楽寺《へいらくじ》や薬師寺ほかに、三六宇《う》もの子院が存在する寺院群が存在していたとされる（『伊水温故』）。

戦国時代の北伊賀には、有力国人衆《こくじん》が掟《おきて》を定めて、国の自治を統治する伊賀惣国一揆《いがそうこくいっき》が組織され、評定《ひょうじょう》を開く場所が平楽寺であったといわれている（『伊乱記』）。

永禄十一年（一五六八）に、伊賀守護である仁木《にき》左京太夫が、上野山の西端に館を築いたことが、『兼右卿記《かねみぎきょうき》』の記述から知られ、伊賀惣国一揆に対する圧力とも受け取れるが、仁木氏はその後、織田信長に従ったことから、惣国一揆によって国外追放の憂き目にあっている。

天正九年（一五八一）九月に、織田信長による伊賀国平定（第二次天正伊賀の乱）が始まり、四万を超える織田勢が、伊賀国の四方から一気に攻め込み、二週間ほどで伊賀全土が焦土化されて平定された。伊賀国は壊滅的な被害を受け、平楽寺も堂塔伽藍《どうとうがらん》が灰燼《かいじん》に帰したという。

伊賀国平定後に、信長から伊賀三郡（阿拝《あえ》・伊賀・名張《なばり》）が織田信雄《のぶかつ》に下賜され、瀧川三郎兵衛が神戸《かんべ》の丸山城（本紙所収）に入り、南の伊賀郡および名張郡を治めた。北の柘植《つげ》城には池尻平左衛門が入り、阿拝郡を治めた。

【筒井氏の伊賀支配】 天正十二年（一五八四）の小牧長久手の役後に、徳川家康と和睦した羽柴秀吉は、天下統一を進める政策として、対徳川を意識した大名の配置を英断した。

大坂周辺は、直轄領《ちょっかつりょう》および一族の所領となり、大和郡山城主には異母弟である羽柴秀長《ひでなが》が移封され、大和・和泉・紀伊の三国を所領する、一〇〇万石の大名に定められた。これにより、大和郡山城主であった筒井定次は、太閤秀吉から羽柴姓と従四位下侍従《じゅうしいのげじじゅう》伊賀守に任ぜられ、一門扱いとされたうえで、伊賀国二〇万石（伊賀一二万石・伊勢五万石・山城三万石）に移封となった。父祖の地である大和国内の領地は総て没収され、伊賀国への強制移転となった。このような定次の強制移封は、後に「鉢植え大名」と称される国替えの先駆けであったといえよう。

筒井氏家臣も、伊賀に移るか、侍を捨てて帰農するかの二者択一を迫られ、親兄弟が大和に残る家臣も存在した。

天正十一年（一五八三）に、秀吉から伊賀支配を命じられた脇坂安治は、伊賀国支配を行うに当り、侍衆は牢人となり国外に出るか、百姓並になるかの二者択一を強要したことが知られ、筒井氏の移封時の姿と共通性が見出される。

定次は、伊賀国移封時に、丸山城と上野山を見分して、上野山への築城を決断したといわれる。定次は築城に当たり、

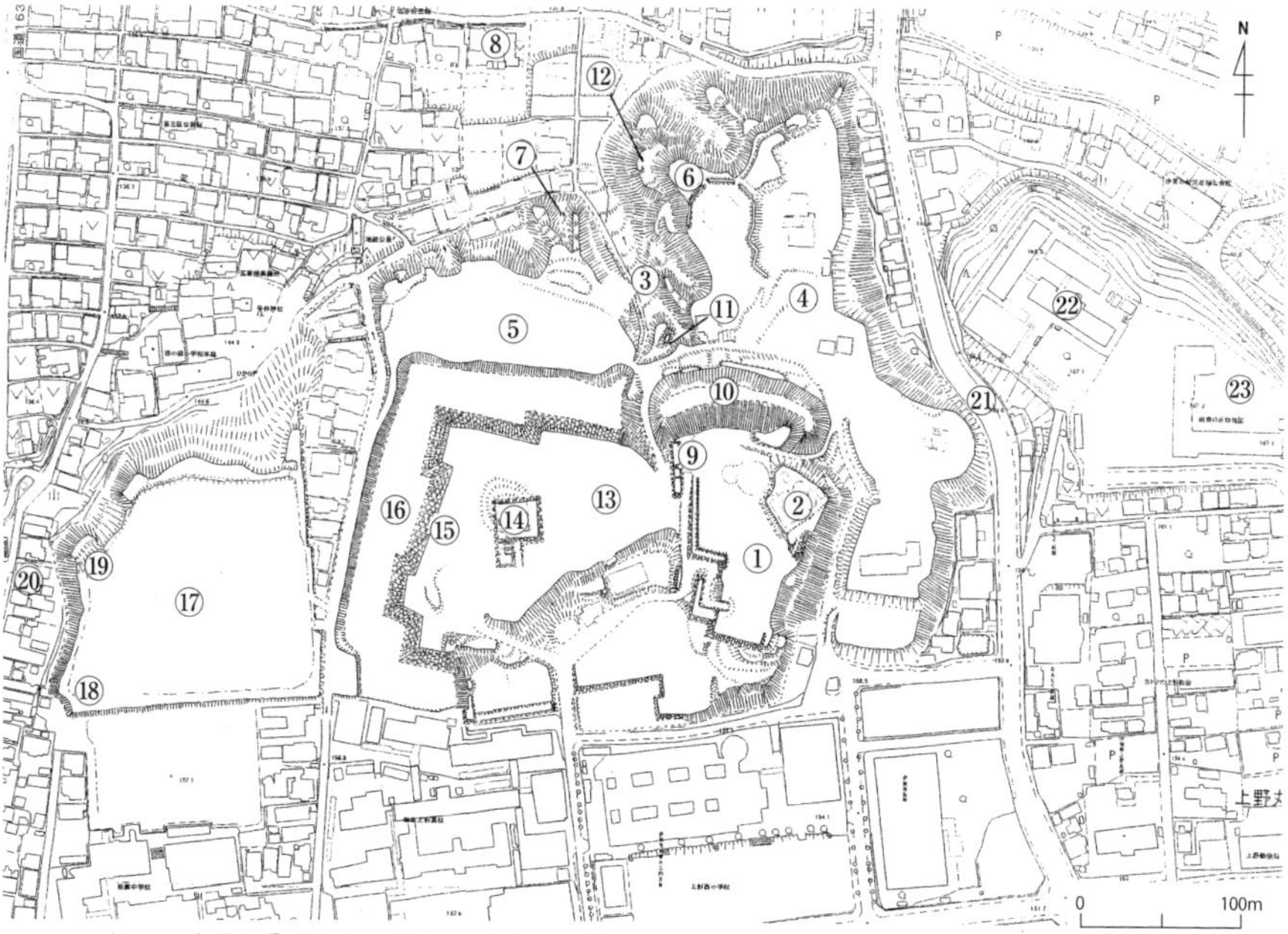

●—上野城縄張図（作図：寺岡光三）

上野台地の西端に位置する仁木氏館に仮住まいし、上野城の築城を行ったという（『伊賀旧記』）。

上野台地は、標高一五〇メートル前後の河岸段丘が北西南の三方に存在し、木津川が西側を北流する。台地北側には、服部《はっとり》川および柘植《つげ》川が西に流れて木津川に合流する。この氾濫源《はんらんげん》に突き出た地形が読み取れる。同じく台地の南端を流れる久米川が、木津川に合流している。

定次の上野城は、上野山々頂部を基点とした縄張で、中世寺院跡を本丸として整備し、三層の天守を創建した。定次の上野城の特徴は、城下町を北側の低地に置いたことである。

秀吉の意向を受けた定次による上野城の縄張は、東国の徳川家康が、大坂へと向かう場合の最短ルートである、大和街道を抑える目的から、本丸の北側に大手口を設け、服部川の氾濫原である小田町《おたちょう》北谷《きただに》辺りの微高地に、大和街道を取込んだ城下町が造られたと考えられる。

秀吉は、伊賀国三郡の内、名張郡梁瀬《やなせ》に松倉豊後を八〇〇〇石、伊賀郡阿保《あお》に岸田伯耆《ほうき》を三〇〇〇石、山田郡平田に箸尾宮内を一〇〇〇石と、筒井順慶《じゅんけい》以来の有力者を与力につけ、定次の伊賀国支配を補佐させている。このことから、定次の直接的な支配地の中心が、阿拝郡であったことがうかがわれる。

【定次の築城】 定次の伊賀国移封時には、脇坂安治の統治下で伊賀惣国一揆が解体され、地侍が帰農した状態であったことが知られている。

定次は、天正十三年から、伊賀惣国一揆の評定所があった上野山平楽寺跡に築城を開始し、上野山の最高所に本丸を築き、文禄年中（一五九二〜九五）に一城を造畢《ぞうひつ》し、三層の高楼より内外の曲輪は厳重とある（『伊水温故《いすいうんご》』）。『高山公実録《こうざんこうじつろく》』によると、筒井氏の本丸①は、南北六〇間東西二五間あるいは二八間とあり、北の長坂小口を表門、南口を裏門とすると記されている。

筒井氏時代には、服部川を渡る大和街道を城下町に引き込んだと考えられ、現在小田町内を東西に通る旧道が、大和街道の名残りと考えられる。

筒井氏時代の大手道③は、藤堂氏時代の元作事小屋の栗石置き場（現俳聖殿五〇×一二〇メートル規模）の削平地④が東側に位置し、西側には北谷御長屋跡（一二〇×一〇〇メートル規模）の削平地⑤の谷間を、北に下るのが大手道と呼ばれている。

大手道を下り切った位置にある宅地の住所が、上野西丸ノ内であることから、藤堂氏時代を通じて城内といえよう。

この大手道を見下ろす東側の尾根筋には、削平曲輪⑥が存在していることから、大手道に対する北側防御の城郭遺構と考えられる。また大手道の西側には、谷地形を取込んだ竪堀《たてぼり》⑦が見られ、これも筒井氏時代の遺構と捉えられよう。大手道の北端には、方画地割《ほうかくじわり》の水田や宅地⑧が見られる。地割は西側の小田町北谷にまで広がっていることから、筒井氏時代の城下町の名残と考えられよう。

●—発掘調査で現れた井筒氏時代の石垣

藤堂氏の藩政時代の、寛永十七年（一六四〇）以降には、上野城代の役所が筒井氏の本丸に置かれ、この部分は以後城代屋敷と呼ばれていた。

寛永十年（一六三三）頃とされる旧保田《やすだ》家蔵の伊賀上野城下町絵図（伊賀市市史編纂《へんさん》係蔵）には、城代屋敷の北東隅の筒井氏天守台に、三層の建物が描かれていることから、筒井氏時代の天守が、この時代まで存続していたとの指摘がある（『上野城絵図集成』）。

【筒井氏の本丸調査から】 本丸①の北東側に、高さ五メートルほどの筒井氏時代の天守台②と呼ばれる三〇メートル四方規模の高台が存在する。しかし、昭和十一年（一九三六）に、上水道の貯水タンクが建設され、往時の姿は失われている。

史跡上野城跡の保存整備に係る発掘調査が藤堂藩城代屋敷（筒井氏本丸）で行われ、筒井氏時代と考えられる桐紋丸瓦や当該期の遺物の出土が知られる。城代屋敷の遺構の下層には、筒井氏時代の遺構が存在すると考えられるが、近世遺構の確認調査のため、下層の調査は行われていない。

筒井氏時代の本丸北西部分（藤堂氏時代の大納戸櫓跡等）⑨の史跡整備が行われ、台所門西側の石垣解体にともなう発掘調査が、平成二十一年（二〇〇九）に実施された。西斜面の藤堂氏時代の石垣が解体され、その内部から野面積《のづらづみ》で、石塔類の転用材が含まれた石垣が検出された。この石垣には、古相の矢穴痕の石材が散見される。中世寺院の石垣には、石塔類の転用が稀であることや、野面積の勾配が、解体石垣に比べてかなり緩い特徴から、筒井氏時代の石垣と考えられよう。

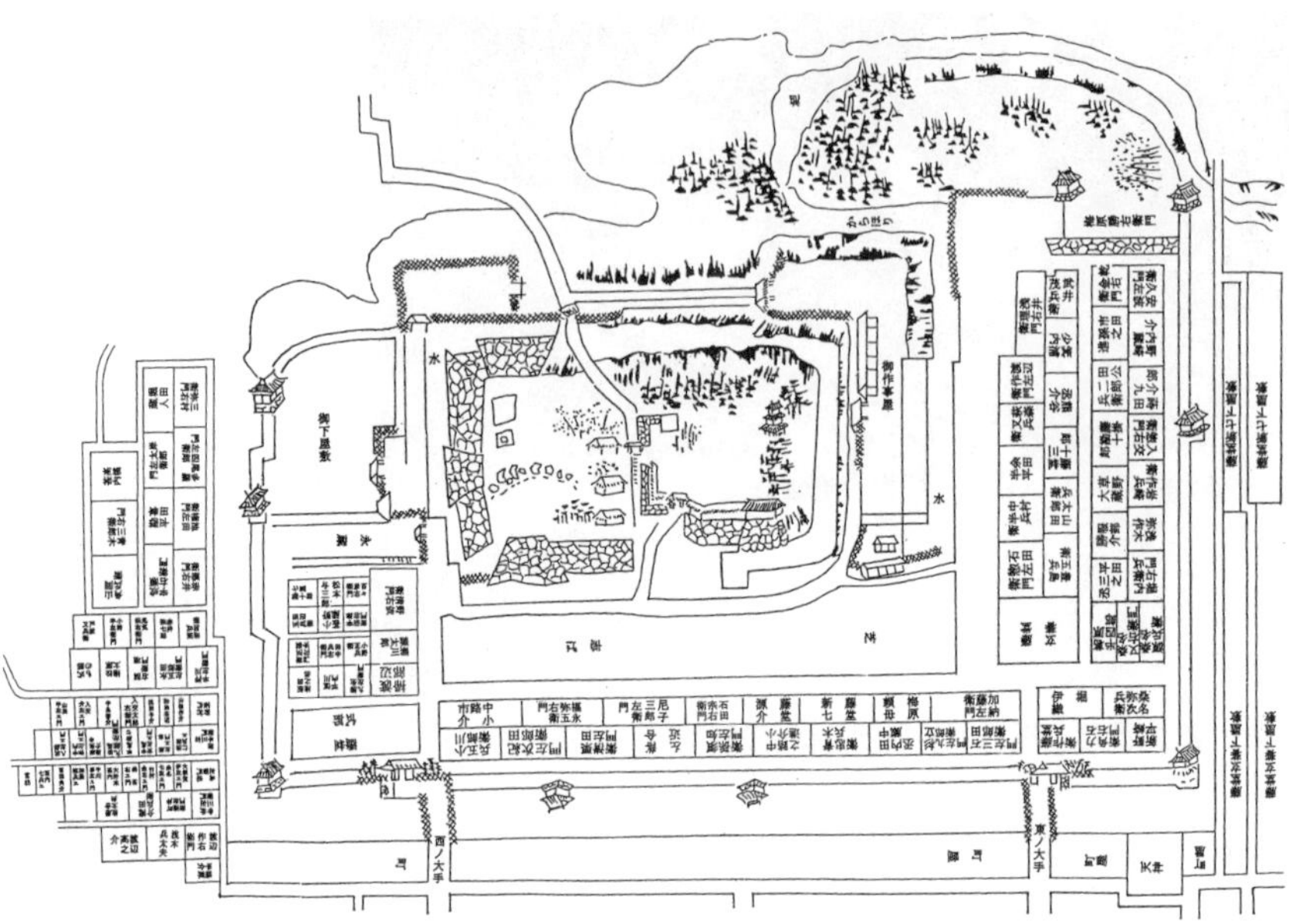

●―伊賀上野城絵図（伊賀市市史編纂係蔵）

●―筒井氏天守台跡の石碑

現在、藤堂氏時代の石垣が復元されているが、発掘調査で検出された、内部石垣の説明パネルが設置されている。

筒井氏の天守台から北側には、非常に深い素掘りの横堀⑩が存在し、藤堂氏時代の高石垣が西方に続いている。この空堀《からぼり》が、筒井氏時代の空堀を踏襲していると考えられるが、藤堂氏により大幅に改修された姿と見ることができよう。

藤堂氏時代に、筒井氏の城郭遺構がほぼ失われたと考えられるが、本丸の南斜面に、埋没石垣の存在が見られる。また城代屋敷への登城道西側にも、大きめの石材が使われた、傾斜角度が緩い石垣が見られ、これらが筒井氏時代の石垣の姿を留めているといえよう。

筒井氏時代の大手道東側（俳聖殿付近）には、堀切《ほりきり》⑪の存在が見られ、北側の支尾根には、小規模な曲輪群⑫の存在が

●—上野城高石垣の南面

確認できる。これらは、中世寺院跡の可能性もあるが、筒井氏時代の縄張を考えると、北側の谷筋からの攻撃に備えた曲輪群が残存すると考えられよう。また、西側の北谷御長屋跡の北斜面には、自然に入り込んだ谷筋の間に、竪土塁状に切岸された細尾根の姿も見られる。

定次は、関ヶ原の合戦（一六〇〇）で東軍の先陣に加わり戦績を挙げたものの、伊賀上野城が西軍方と戦わずして明け渡されたことから恩賞はなく、その後定次が豊臣秀頼に内通しているとの嫌疑がかけられ、酒色に溺《おぼ》れ、家臣の内紛や城下の火災等の不祥事が続き、徳川家康の信頼を得られずに、慶長十三年（一六〇八）六月に改易され、奥州岩城の鳥居左京亮忠政の許に預かりとなった。しかし、元和元年（慶長二十年・一六一五）三月、豊臣方への内通を理由に定次親子に切腹の命が下り、筒井家は断絶した（『伊賀上野城史』）。

【藤堂高虎の築城】　慶長十三年、家康の信任が厚かった高虎は、伊予今治《いよいまばり》から、伊賀国で一〇万石、伊勢国で一〇万石、前任地の今治で二万石の、都合二二万石の領地を拝領して、移封となった。

上野城は、家康の意向を反映した縄張普請《ふしん》が行われたと考えられ、『高山公言行録』には、「大坂表非利においては大御所公は上野の城へ引取、大樹秀忠公は江州彦根の城に入せ給ふべし」とあり、大坂での一大事に家康が、上野城に入ることが計画されていたことがうかがわれる。

高虎は、慶長十六年（一六一一）から上野城の改修に取り掛かり、筒井氏時代の二の丸を大改修し、西側丘陵を造成して、新たに本丸⑫とした。本丸西寄りに天守台⑬を築き、南側に付櫓が取付く五層五階の大天守の作事が行われた。

本丸の西側には、南西隅から北東隅まで長さ一八六間（約三六八メートル）、高さ一五間（約三〇メートル）の高石垣⑭が築かれ、水濠⑮が廻らされた。

水濠から西側の高台部分に御殿（現上野高校第二グランド）⑯が造成され、南西隅に宗旨櫓⑰が、北西に二重櫓⑱が建てられた。現在の御殿跡は大きく改変を受け、宗旨櫓跡は消滅し二重櫓跡は全壊であるが、絵図に記された櫓跡の位置は確認できる。

御殿の西側には、深さ約一一メートルの外堀⑲が、尾根続きの丘陵を断切り、西端に位置する仁木氏館跡の周辺部には、侍屋敷が配置され、西之丸と呼ばれた。この西之丸は、大坂方に対する最前線の備えと考えられる。

城下町は、筒井氏時代とは真逆の南側に新たに造られた。外堀が東西四八八間（約九六六メートル）に廻らされ、大手門が東西に設けられた。大手門の規模は、長さ二一間（約四一メートル）で、多聞《たもん》櫓を乗せた巨大な門が明治時代まで存続し、その勇姿が古写真として残る。

本丸東側も、水濠および空堀で囲繞《いじょう》され、元作事小屋（現芭蕉記念館）と呼ばれる曲輪④の北東側には、大規模な堀切⑳が開削された。対岸の高台には、伊予大洲《おおず》の池田城主であった池田伊予守が、高虎に召し抱えられて居住したことから、伊予之丸（元桃青《とうせい》中学校跡）㉑と呼ばれた。同丘陵の東側には二之丸㉒が造成され、東端には二之丸櫓が建てられ、南側には侍屋敷が配置された。この東側には城域を画す外堀が南北に廻らされていた。

慶長十七年（一六一二）九月、建設中の天守が暴風雨で倒壊し、その後の慶長十九年（一六一四）の大坂冬の陣、翌年の大坂夏の陣で豊臣氏が滅亡し、徳川氏の天下が確立した後、上野城の軍事的な必要性がなくなり、天守が再建されることはなかった。

藤堂氏の本拠が津城に遷ったが、元和の一国一城令でも当城は廃城を免れた。当城には、藤堂藩の伊賀国支配と領地替えによる城和《じょうわ》（山城・大和）支配の拠点として城代が置かれ、幕末まで城郭は存続した。現在、藩校の崇広《すうこう》堂（国史跡）が公開されている。

【参考文献】『伊賀上野城史』（〔財団法人〕伊賀文化産業協会、一九七一）、福井健二「伊賀上野城」『三重の山城ベスト五〇』（サンライズ出版、二〇一二）、「国史跡上野城跡（一五・一六次）発掘調査概要」伊賀市教育委員会『国史跡上野城跡』（二〇一七）、福井健二『上野城絵図集成』（〔公益財団法人〕伊賀文化産業協会、二〇一三）

（寺岡光三）

●伊賀衆が二度も立て籠もった要害

雨《あま》乞《ごい》山《やま》城《じょう》館《かん》群《ぐん》

〔所在地〕伊賀市下友田字谷出－寺坂
〔比　高〕約一〇〇メートル
〔分　類〕山城
〔年　代〕一六世紀代
〔城　主〕―
〔交通アクセス〕ＪＲ関西本線「新堂駅」下車、北口から県道一三三号線を北西方向に徒歩約五〇分で城の麓。

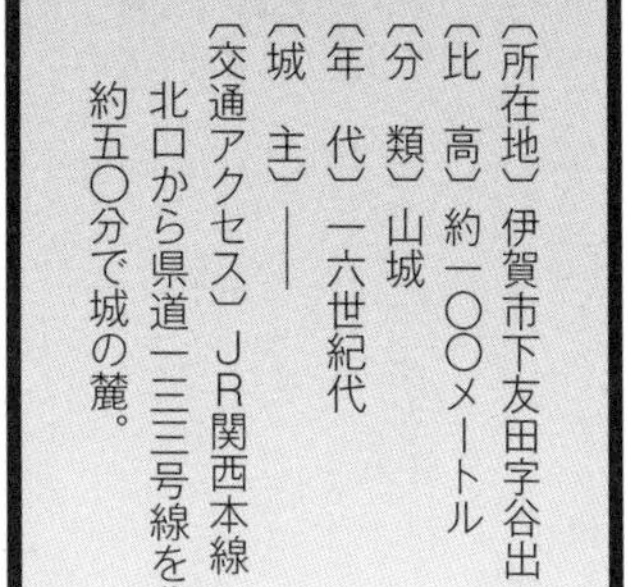

【雨乞山城の位置】　雨乞山城館群とは、滋賀県境にほど近い伊賀市北部に位置する、標高二七一㍍の雨乞山《あまごいやま》山頂部に築かれた雨乞山城を中心とした城館群の総称である。

雨乞山城と集落との比高差は約一〇〇㍍を測り、南北が急峻な地形で、自然の要害地形を備えている。山城の北・南・東の丘陵先端部の五ヵ所に城館が存在し、山城と城館とを繋ぐ削平曲輪群が築かれている。

雨乞山城は、伊賀地域では数少ない連郭式《れんかくしき》の縄張で、この山城を後背地とする城館群が、ほぼ等間隔に南北に並んでいる。城館と集落との比高差は、一〇～二〇㍍である。

【第二次天正伊賀の乱】　『信長公記』には、天正九年（一五八一）九月三日に、「三介信雄《のぶかつ》伊賀国へ発向。御手先の次第。甲賀口は甲賀衆、滝川左近、蒲生《がもう》忠三郎、惟住《これずみ》五郎左衛門、京極小法師、多賀新左衛門、山崎源太左衛門、阿閉《あつじ》孫五郎、三介信雄。以下略」とあり、信雄が大将として、安土城からの出陣が考えられる。同じく、『伊乱記』に記されている、雨乞山の戦に関する部分を抜粋すると以下の様である。

天正九年九月二《（八）》十七日に、近江日野城を出立した、蒲生氏郷《うじさと》が率いる、脇坂安治《やすはる》・山岡隆景《たかかげ》らの軍勢七五〇〇余が、伊賀国の北端にある玉滝口から攻め込んだとある。行く手には、戦死を覚悟した近隣の土豪衆（槇山《まきやま》・内保《うちほ》・玉滝《たまたき》・東湯《ゆ》舟《ぶね》・西湯舟・小杉《こすぎ》・上友田《かみともだ》・中友田・下友田の各郷）が雨乞山に立て籠もり、一戦を目論み待ち構えていたとあり、氏郷と安治らは、雨乞山の北側にある、稲掛山《いながけやま》に陣を張り、そこから鉄砲を撃ちかけたとある。

当城館群の北東方向に、野殿芝《のどのしば》と呼ばれる水田があり、天正伊賀の乱で合戦が行われたとの伝承が伝わる。

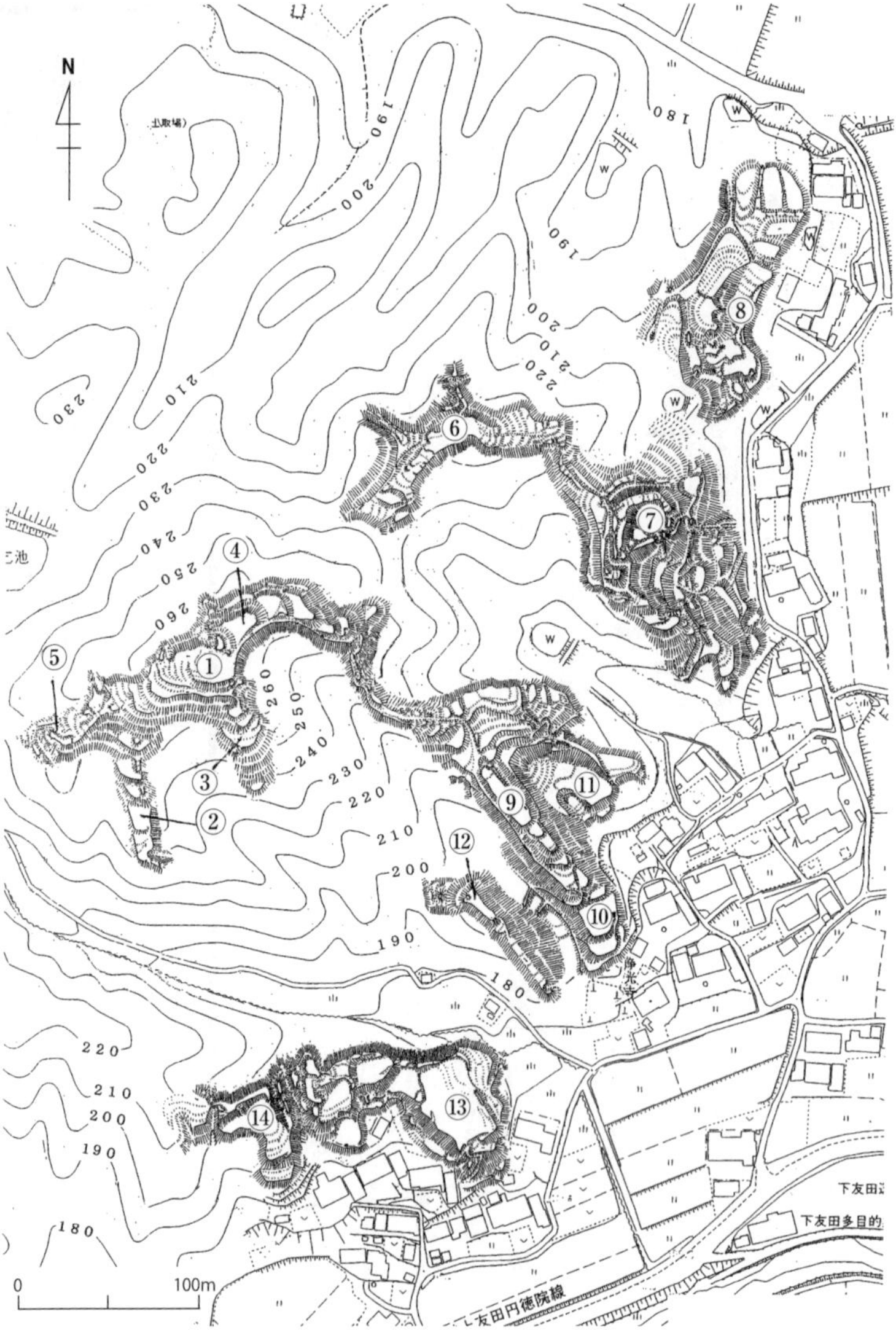

●—雨乞山城館群縄張図（作図：寺岡光三）

【雨乞山城の縄張】　当城は、東西尾根に削平曲輪が連続し、最高所には、一五メートル四方規模の主郭①が存在する。主郭①の北側には、高さ一メートル程の土塁《どるい》が残り、南側には腰《こし》曲輪が存在する。ここから、南東尾根および南尾根に、切岸《きりぎし》された南曲輪群②③が存在している。

主郭の東側に登城道が取付き、それに並行する五段の東曲輪群④が存在し、総ての曲輪から登城道に横矢《よこや》が掛かる。

主郭から西側には、緩斜面の削平曲輪が間隔を置いて、四段余り存在する。西尾根の先端には、自然地形を取込んだ竪《たて》堀《ぼり》が二ヵ所存在し、その間に、細尾根を取込んだ喰違《くいちが》い状の虎口《こぐち》（搦手《からめて》口）⑤が存在する。

【城館群の縄張】　当城から北東に続く尾根筋に、北曲輪⑥が存在する。東側に位置する山内氏城⑦とは、土橋《どばし》状の尾根で繋がるが、北尾根は堀切られている。

山内氏城⑦は、四方土塁と横堀に囲繞《いじょう》された城館で根古（猫）屋敷と呼ばれている。この城の東側斜面には、多くの曲輪が築かれた重層な備えがうかがわれる。城主は、『伊乱記』に、山岡の家臣望月猪太郎との一騎打ちを征したと記された山内左衛門尉である。

山内氏城⑦の北に位置するのが福味《ふくみ》氏城⑧で、主郭は三方土塁と堀切で画されているが、土砂採取で遺構が大きく失われている。この城が、織田方が陣を張る稲掛山にもっとも近い城館である。

雨乞山城の南東方向からの登城道が、大手道と考えられ、登城道に平行する大小十段余りの南東曲輪群⑨が連続している。最上段の曲輪北側の鞍部は、堀切を兼ねていたといえる。また丘陵先端の曲輪⑩の下位に浄光寺が存在する。この寺は、近世藤堂藩の郷士（無足人《むそくにん》）が檀家で、雨乞山城への登城口（大手道）にあたる。

当城と同様な連郭式の縄張を持つ城郭は、伊賀では特異な存在であり、地域の拠点城郭に見られることから、第二次天正伊賀の乱を前提に築かれた可能性が指摘できよう。

この南東曲輪群⑨の北側谷底には、大きな曲輪⑪が存在し、不明城館である福森氏館の可能性も考えられるが、近くに大型の宝篋印塔《ほうきょういんとう》の残欠や小型の五輪塔群が存在することから、浄光寺に先行する中世寺院跡の可能性も一考される。

当曲輪群⑨の丘陵南側に、細尾根が存在し、その高位に砦⑫が存在する。尾根上が削平され、北側と南側の谷筋に対して横矢が掛かる。南東曲輪群⑨と南の竹内氏城⑬の間の、谷筋の侵入を挟み撃ちする狙いが見て取れる。

雨乞山城の搦手口に続く谷間を見下ろす尾根先端部に、二〇×四〇《メートル》規模の曲輪が竹内氏城⑬の主郭で、北側に土塁が残る。この主郭から西側の尾根上に、削平曲輪が連続している。この曲輪の西側に二重の堀切と武者隠《むしゃかく》しを介した南側に、土塁囲いの城館跡（中坂城跡）⑭が存在している。

この南端の中坂城⑭から北端の福味氏城⑧までが、雨乞山城の外郭の構と考えられ、おおよそ南北に七〇〇《メートル》続く防御ラインが存在していたといえよう。

【第三次天正伊賀の乱】　第三次天正伊賀の乱とは、天正十年（一五八二年）六月朔日に、本能寺の変で織田信長が明智光秀の謀反《むほん》で横死した後に、伊賀各地で起きた牢人衆の蜂起を指

●—雨乞山城と城館群を東から

●—雨乞山城山頂部を東から

す。信雄の重臣滝川三郎兵衛らが鎮圧に出向いた戦を、第三次天正伊賀の乱として捉えている。

『小川新九郎覚書』（以下『覚書』）は、天正十年から二七年余り経過した慶長十四年（一六〇九）に、信雄の側近であった小川新九郎長保《ながやす》が、息子の佐太郎安吉《やすよし》に、手柄功績を書き留めたもので、「伊賀の国にての巻」に書かれている蜂起鎮圧に参戦した記録は、比較的信憑性が高い史料として評価されよう。

しかし、天正十年六月二日に本能寺の変が起こり、翌日に日置《へき》大膳が留守の間に、滝野城を伊賀牢人に乗っ取られたとの記述が見受けられ、本能寺の変の翌日に牢人達が蜂起したとは信じ難く、『多聞院日記』の「天正十年六月四日、伊賀ハ御本所衆ノ城開則國ハアキタル間各牢人衆入歟云々」との記述に相当すると考えられ、日にちに齟齬《そご》が見られる。

「雨請《あまごい》の城の事」として、天正十年十一月、雨請の城に牢人どもが大勢集まったとあり、池尻平左衛門が信雄に「此城は、新城にて御座候間、容易く責め破り申すべし、左候はゞ、早あやの郡は治まり申すべしと」あり、信雄が尾張衆に「残らず仰せ付けられる」とあり、津川《つがわ》玄蕃（義冬）を大将に雨請山城を囲んだとある。しかし、外城が強く攻め方を評定していた所に、近日に信雄が上洛するので、伊勢衆尾張衆に手負いが出ない前に罷《まか》り帰れとの命令が届き、小川新九郎と田中中書がしんがりを務め、伊勢・尾張衆を河合の北の高橋まで引上げさせたが、後を追う伊賀衆と信雄軍が合戦になったとの記述がある。

●—雨乞山山頂の「天正役遺蹟」碑

『覚書』は、天正十年の伊賀各地で起きた牢人の蜂起の詳細な記録が記されており、天正十年に伊賀国各地で土豪（牢人）が蜂起した史実を克明に伝えているといえる。

『覚書』には、攻撃に手を焼いている間に、撤退が決断されていることから、戦が行われたのかは定かではない。このことから、『伊乱記』に記されている、天正九年に、近郷の伊賀衆が雨乞山に集結して築城が行われたと考えられる。織田勢を迎え撃つべく、尾根を削平した臨時的な曲輪群が雨乞山に築かれたが、多勢の織田軍の前に落城したといえる。

雨乞山城では、二度にわたり伊賀衆が籠城《ろうじょう》して戦が行われと考えられ、当城を新城と表現しているが、天正九年の籠城戦を行った要害地形の城郭を、ふたたびリメイクしたと考えられ、天正九年に築城された城を、翌年に新城と呼んでも差支えはないといえよう。

雨乞山の東麓南麓に位置する城館群の後背地に、新たな曲輪群を追加し、居館群の補完を行ったことにより、雨乞山城の外城が強くとの表現に現れたといえよう。

【参考文献】村田修三「中世の城と館」『伊賀市史第一巻通史編』（伊賀市、二〇一一）、寺岡光三「雨乞山城館群」『三重の山城ベスト五〇』（サンライズ出版、二〇一二）

（寺岡光三）

●中世寺院を城郭化した惣国一揆の城

比《ひ》自《じ》山《やま》城《じょう》

〈所在地〉伊賀市長田字比自山
〈比　高〉約八〇メートル
〈分　類〉山城
〈年　代〉一六世紀第４四半期
〈城　主〉——
〈交通アクセス〉伊賀鉄道「西大手駅」下車、県道を西へ、徒歩約三〇分で長田西蓮寺。山道を二〇分登坂で城跡。

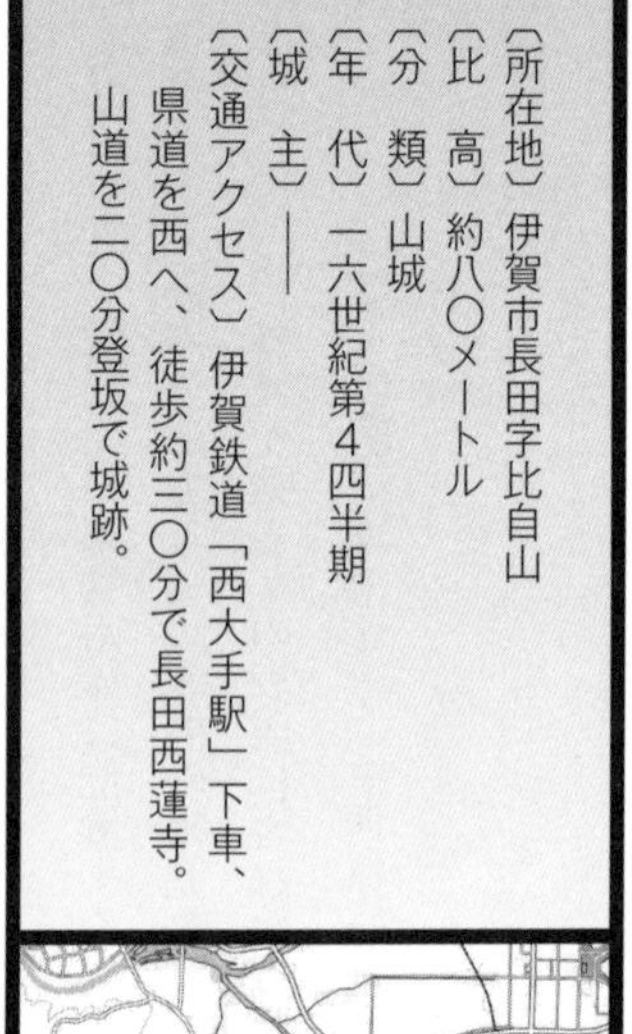

【天正九年の戦】　天正七～十年（一五七九～八二）の間に起きた、織田信長・信雄《のぶかつ》親子と、伊賀惣国一揆《そうこくいっき》との戦を総称して天正伊賀の乱と呼んでいる。比自山《ひじやま》城の戦については、『伊乱記』と『小川新九郎覚書』に記載がある。

『伊乱記』には、天正九年九月に、織田信長の総勢四万八五〇〇とも称される大軍勢が、伊賀国の四方から一気に攻め込んだとある。

九月二十日には、織田勢の瀧川一益《かずます》・蒲生氏郷《がもううじさと》・堀秀政《ひでまさ》・筒井順慶《じゅんけい》などの軍勢が、比自山城に対峙する丘陵に陣を構えたとある。対する伊賀衆は、長田《ながた》・朝屋《ちょうや》を含めた近隣の土豪衆と、雑人妻子下女に至るまで籠城《ろうじょう》したとある。また、織田方の武将達に落とされた城から集まった、北伊賀の土豪衆が数多く立て籠もったとある。

同日夜に、城の北側から兵を出し、射手《いで》山の堀秀政の陣に夜討ちを懸け、成果を上げたとの記述もある。

翌十月一日には、福喜多将監《ふくぎたしょうげん》（朝屋丸）や百田藤兵衛《ももだとうべえ》（長田丸）らが守る出丸《でまる》での戦があり、翌二日には、比自山城の大手口の風呂ヶ谷にまで攻め込まれ、討死や負傷者が多数出た。この後城内の観音寺で評定が開かれ、翌日の織田方の総攻撃を前に耐えられないと判断し、城を放棄して逃げる決断をした。城内に松明《たいまつ》を焚いたままにし、籠城を続けていると見せ掛けて、夜陰に紛れて西側の谷筋を下り大和国境へと逃走したとされる。翌日の織田勢の総攻撃に比自山城が落城したが、城内は蛻《もぬけ》の空であったという。

【天正十年の戦】もう一つの比自山の戦は、天正十年九月に、本能寺の変で信長が横死したことで、領主が不在となった伊賀国に、天正九年に伊賀国を追われた牢人達が戻り、伊賀各地の拠点城郭に籠城して蜂起した。これを鎮圧するために、信雄の重臣瀧川三郎兵衛《たきがわさぶろべえ》らが、信雄が陣を置く甲賀《こうか》郡土《つち》山《やま》から伊賀へと鎮圧に向かった（『小川新九郎覚書』）。

同年十月、永田の城（射手山城）に陣を置く信雄の家臣木《こ》造左衛門佐《つくりさえもんのすけ》らに対して、比自山寺（比自山城）に伊賀の牢人どもが立籠《たてこも》り、夜陰に紛れて攻撃をしかけたとある。牢人衆は直ぐに兵を引き、織田方の追手を城内に誘い込み、弓や鉄砲で討ちかけられるのを察知していた小川長保《ながやす》らは、兵を動かさなかったので、やがて牢人衆は比自山から退散したとある。

天正十年は、小競り合いで本格的な戦とはいえないが、史料的価値が認められている『小川新九郎覚書』の記述には、比自山城が再度使われたことがわかる。

天正九年以降にも、比自山には門等の存在がうかがわれ、合戦や破城《はじょう》により、寺院建物のすべてが消滅したのではなく、牢人衆の籠城が可能な環境が残っていたと考えられる。

【城の位置と歴史】伊賀上野城が築かれている上野台地の西側には木津川が流れ、当城はその西岸の標高一九三メートルの丘陵上に立地する。城の存在する長田郷は、伊賀国阿拝《あえ》郡に属し、一二世紀中頃には荘園が成立し、平家の所領として立券され、六条院に寄進された。承久《じょうきゅう》の乱（一二二一）以降には、伊勢神宮の長田御厨《みくりや》となった。

長田郷は、北から順に木根《きね》・平尾・市場・寺内《てらうち》・百田《ももだ》の集落が並び、南端に大字朝屋が位置する。

平尾の西側に射手山（射手山城）が、百田の西側に比自山（比自山城）が存在し、その谷間を上野から京・大坂へと至る大和街道が通っていた。

『伊水温故《いすいうんご》』によると、ここには比自山観音寺号補陀落寺《ふだらくじ》と呼ばれる、行基《ぎょうき》創建の古刹《こさつ》があり、行基作の本尊は、長《は》谷寺《せでら》様式の十一面観音とある。比自山には二十二坊が存在したと記されている。

【比自山城南の縄張】当城は、山頂部と南東部分の独立丘陵を利用している。城域は二〇〇×四〇〇メートルの範囲で、中世寺院を取込んだ城郭と考えられる。

主郭①と考えられる観音寺本堂跡は、広さ六〇メートル四方規模で、背後の北側丘陵を大きく削り込んで整地を行っている。切岸《きりぎし》面は高さ五メートルを測る急崖である。

主郭①の南側には、高さ一メートルほどの土塁《どるい》に開口部があり、ここが山門跡と考えられる。山門跡の前面には、両側に低土塁が南側に続き、門前を区画している。この参道の西側には、一段低い位置に曲輪②が存在し、主郭①へと繋がる。主郭①の北東方向にも段状に曲輪③④が存在するが、これらは坊院跡と考えられる。

　主郭①の東側に、風呂ヶ谷からの大手道が取付き、喰違《くいちがい》虎口《こぐち》⑤が設けられ、主郭①から横矢《よこや》が掛かる。このことから、寺院の城郭化にともない、新たに設けられた虎口⑤と評価できよう。

　大手道を両側から見下ろす南北の尾根上に、曲輪群が配置されている。北尾根には、背後に土塁と堀切《ほりきり》を設けた砦⑥が築かれている。南尾根の最高所には、低土塁で四方を囲繞《いじょう》した郭⑦が存在し、西側に喰違虎口が存在する。この郭⑦から東に延びる尾根上には、南側に土塁をともなう曲輪⑧⑨

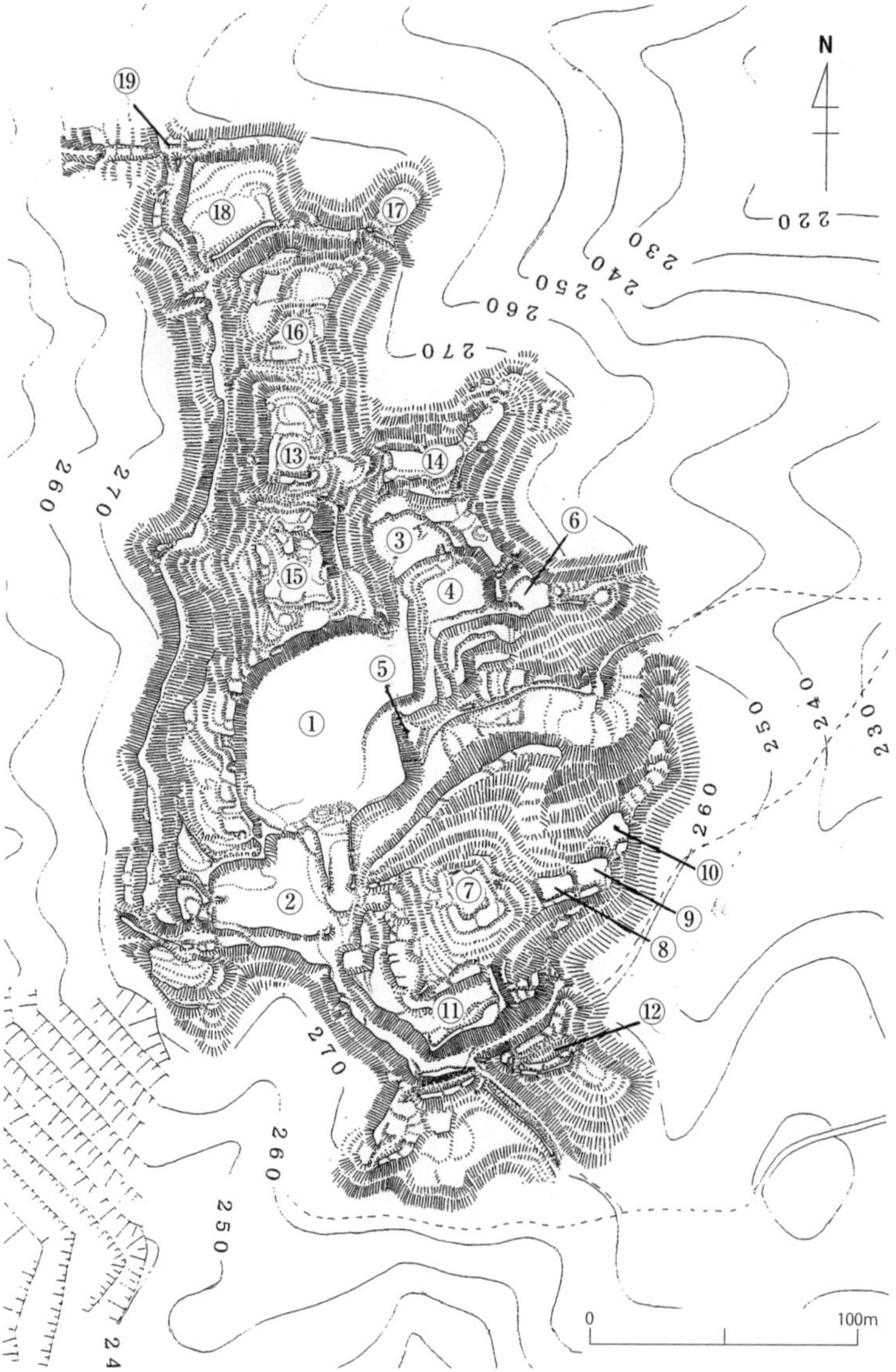

●—比自山城縄張図（作図：寺岡光三）

●—比自山城を東から遠望

⑩が続き、その先端にも削平地が存在する。中世寺院の土塁は、北側の風除《かぜよ》けが本来の姿で、南側のみに築かれた土塁は、城郭化にともなう姿と捉えられよう。

曲輪⑧⑨⑩は、馬池《うまいけ》から南に回り込む城道と、風呂ヶ谷の大手道に対して、高位から横矢が掛かる。

郭⑦の南側に、低土塁で三方を囲む曲輪⑪がある。眼下に馬池から続く城道が大規模な横堀を通り、朝屋丸からの登城道に交わる場所にある、喰違虎口を眼下に抑える火点で、土塁の内側が鞍部になった塹壕《ざんごう》の姿が見て取れる、南面防御の拠点曲輪といえる。朝屋丸からの登城道に対して、南東丘陵上には、低土塁を障壁とした砦⑫が造られ、南側に低土塁を備え、背後を二重堀切としている。

【比自山城北の縄張】 主郭①から北側尾根の最高所には、低土塁で四方を囲繞し、両翼を堀切った郭⑬がある。東側に坂虎口があり、曲輪⑭を経由して砦⑥への城道が続くことから、東斜面からの登坂に対応した防御ラインといえる。

郭⑬の南北の堀切を挟み、曲輪⑮が南側に、北側には四段に分かれた曲輪群⑯が存在する。曲輪群⑯の北端には、堀切に接して武者隠《むしゃかく》しと考えられる鞍部が存在する。また北東方向に土橋《どばし》が架かり、堀切と土塁の先に曲輪⑰が存在する。

曲輪⑯の北岸には、土塁が並行する曲輪⑱があり、北に緩

●—比自山城　曲輪⑱ 南側の堀切

く傾斜する兵故地で、当城の北端に位置する。しかし、曲輪内部に比べて周囲の切岸《きりぎし》が顕著で、北側の尾根続きを断つ堀切と竪堀《たてぼり》で防御された搦手口《からめて》⑲（喰違虎口）に横矢が掛かる。曲輪⑱が、北尾根伝いの防御拠点といえる。

搦手口⑲から、尾根の西斜面を横切る城道（参道）が、郭②に続くが、要衝には竪堀や堀切が設けられ、西側谷筋からの敵の登坂を城道で迎え撃ち、曲輪⑬⑮⑯⑱からの横矢が掛かる、重層な備えが見て取れる。

当城は、北東および南東方向に突出した丘陵には、長田丸と朝屋丸があり、当城の両翼の守備を担っていたといえる。この長田丸と朝屋丸の間には、百田山不動寺《ももださんふどうじ》と醫王山西蓮寺《いおうざんさいれんじ》の中世寺院が存在し、両寺院の東側に陣取る織田勢に対峙《たいじ》した、外郭ラインとして取り込まれていたと考えられる。

『信長公記』には、「九月十一日、さなご攻め破るべきところ、夜中に退散なり。」とあり、「さなご嶺おろし」でも、比自山城と同様に決戦を回避して、夜逃げを敢行している。

この戦略は、大きな犠牲を回避する伊賀衆の戦法と考えられ、籠城《ろうじょう》戦を主体とした、ゲリラ戦を常套《じょうとう》手段とする戦いのスタイルといえよう。

籠城戦による玉砕を回避するために、夜陰に紛れて城を放棄して逃走する。戦の熱《ほとぼり》が覚めたころに、ふたたび伊賀に舞い戻る、この姿が第二次天正伊賀の乱で行われたといえよう。拠点城郭に集結した籠城戦で実行され、天正十年の第三次天正伊賀の乱でも繰り返されたといえよう。

【参考文献】三重県教育委員会『三重の中世城館』（一九七七）、伊賀中世城館調査会編『伊賀の中世城館』（一九九七）、村田修三「中世の城と館」『伊賀市史 第一巻 通史編』（伊賀市、二〇一一）、伊藤真昭「羽柴秀吉の版図拡大と伊賀国」『伊賀市史 第一巻 通史編』（伊賀市、二〇一一）

（寺岡光三）

●織田信雄の伊賀国支配の拠点城郭

丸《まる》山《やま》城《じょう》

〈所在地〉伊賀市下神戸字坂田
〈比　高〉約四五メートル
〈分　類〉丘城
〈年　代〉天正六年（一五七八）
〈城　主〉織田信雄〜瀧川三郎兵衛
〈交通アクセス〉伊賀鉄道「丸山駅」下車。国道四二二号を南へ、消防丸山分署を左折、山頂まで徒歩約三〇分。

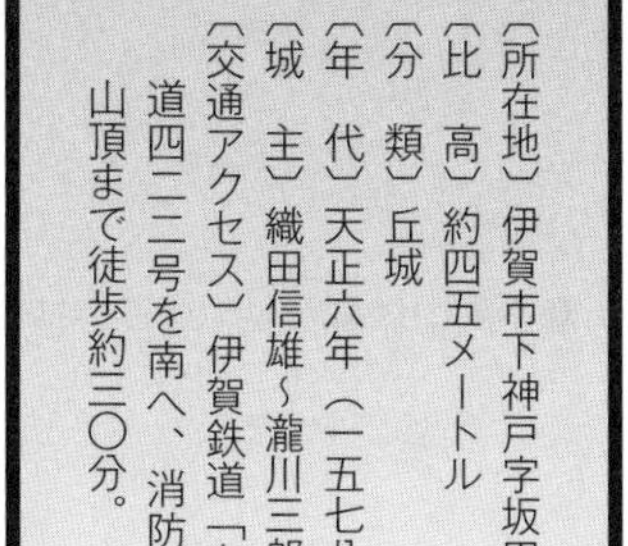

【北畠氏と伊賀】　伊賀国南部に蟠踞《ばんきょ》する有力土豪は、南北朝期以来伊勢国司家北畠氏と臣従関係を結ぶものが多くあり、戦国時代までは、北畠氏の勢力範囲に含まれていたといえる。

永禄十一年（一五六八）北伊勢を経略した織田信長は、永禄十二年北畠具教《とものり》が籠城《ろうじょう》する南伊勢の大河内《おかわち》城を包囲したが、戦が膠着《こうちゃく》した。信長は、具教に対して、三男茶筅《ちゃせん》丸（信雄《のぶかつ》）が家督を継ぎ、具教が隠居する約束をして、和睦が成立した（『勢州軍記』）。

丸山に城が築かれたのは、天正四年（一五七六）正月からで、具教が伊賀国の支配を目論《もくろ》み、普請《ふしん》を始めたとされる。

ところが、具教がひそかに甲斐の武田信玄・勝頼父子と内通し、信長を陥れようと画策していたことが発覚し、激怒した信長が伊勢に攻め入り、信長の指示で具教とその一族が謀殺《ぼうさつ》され、南北朝から続いた伊勢国司家である北畠氏が滅び、北畠信意《（織田信雄）》政権が樹立された（『伊賀旧考』）。

【丸山城の築城】　織田信雄《のぶかつ》が伊賀国の領国化を目論んでいた天正六年（一五七八）二月に、伊賀国名張《なばり》郡比奈地《ひなち》の有力土豪で、北畠氏の旧臣であった下山甲斐守《しもやまかいのかみ》が、信雄に伊賀国への手引きを申し入れに田丸城を訪ねたとある。同年三月に信雄が瀧川三郎兵衛に対して、具教が所縁《ゆかり》の丸山に築城を命じている。同年三月より、瀧川は在地の農民を雇い入れ、城郭の普請を始め、天正七年（一五七九）五月中旬には本丸がほぼ完成する予定であった（『伊賀旧考』）。

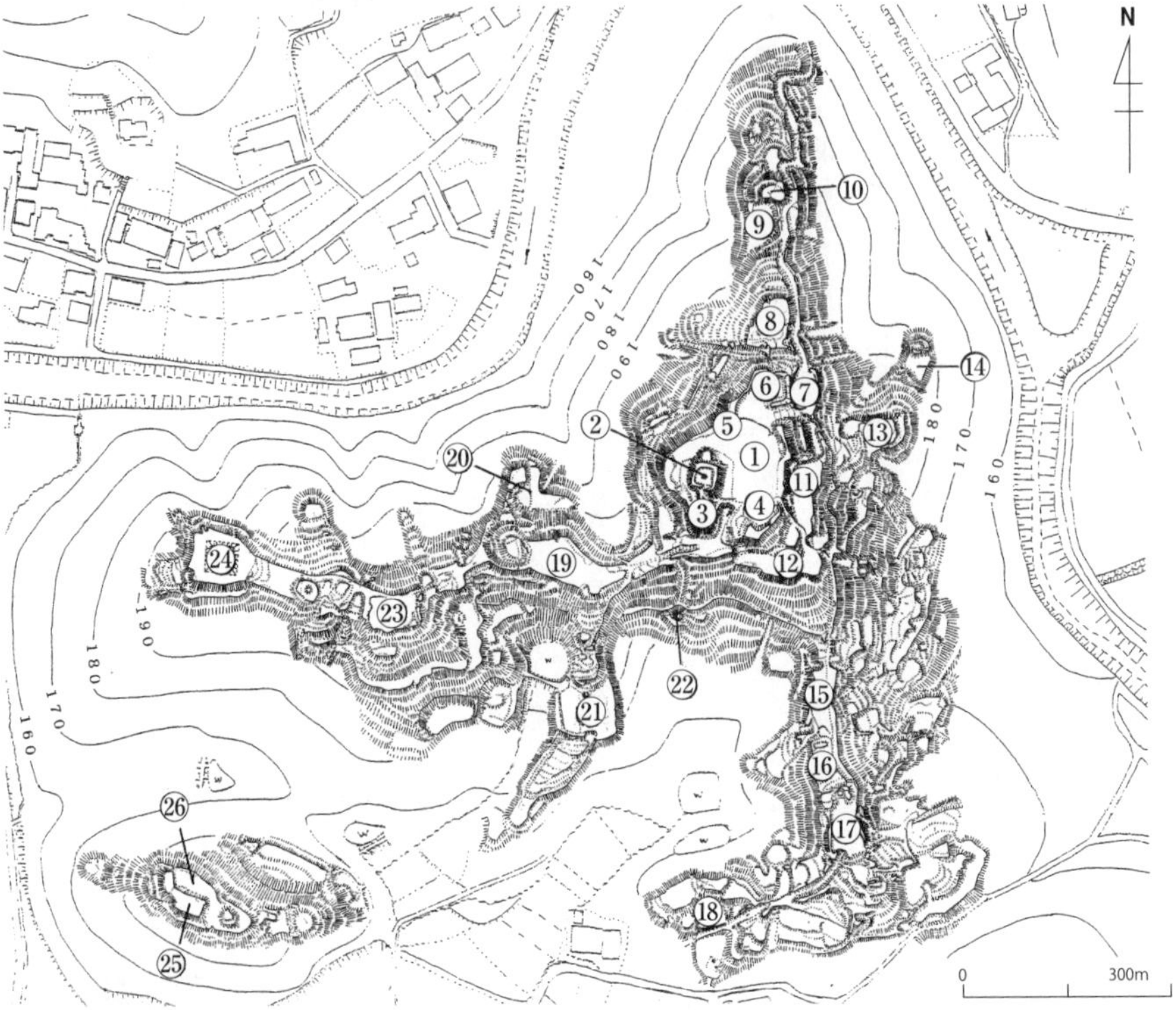

●—丸山城縄張図（作図：寺岡光三）

●—城跡の遠望（東から）

三
重

丸山城築城の進捗状況を眺めていた周辺の土豪衆は、次第に危機感を抱きはじめ、木津川を挟んで対峙《たいじ》する天童山無《てんどうさんむ》量寿福寺《りょうじゅふくじ》に会合し、丸山城への総攻撃を決議したといわれる。

土豪衆は、同年四月二十二日の早朝に攻撃を掛け、城内は不意を突かれて大混乱となり、昼には落城の憂き目にあい、瀧川はわずかな手勢を引き連れ、夜陰に紛れて命からがら鼓《つづみ》峠から田丸城に逃げ帰ったという（『伊乱記』）。

丸山城の落城を知った信雄は激怒し、同年九月十七日に、九〇〇〇余の兵を率いて田丸を出陣し、伊賀国平定へと向かった。しかし、迎え撃つ伊賀衆はゲリラ戦で対抗し、夜陰に紛れて織田軍陣所を奇襲し、信雄の重臣である柘植三郎左衛門《つげさぶろうざえもん》を鬼瘤峠《おにこぶ》で討ち取った。大将を失った織田勢は総崩れとなり、伊勢に逃げ帰ったとある（『伊乱記』）。

信雄が独断で伊賀に攻め入り、重臣柘植を失ったことを知った信長は、信雄を叱責し蟄居《ちっきょ》にした。その後、天正九年（一五八一）九月に、信長が伊賀国平定《へいてい》を決断し、信雄を総大将とした、信長の家臣団四万余の兵が、伊賀国の四方から一気に攻め込み、二週間余りで伊賀を平定した（『信長公記』）。

【信雄の伊賀国支配】　信長から伊賀三郡（阿拝《あえ》・伊賀・名張《なばり》）が信雄の知行に、山田郡は長野（織田）信兼《のぶかね》の知行となった『信長公記』）。信雄は瀧川三郎兵衛に伊賀・名張の二郡を、池尻平左衛門に阿拝郡を下賜した（『伊賀旧考』）。

『勢州軍記』には、瀧川には丸山城、池尻には柘植城（福地城）を与えたとある。瀧川は、丸山城を改修して居城とし、名張市下小波田所在の瀧川氏城（本書所収）を出城として、名張郡支配の拠点城館としたといえよう。

『小川新九郎覚書』によると、瀧川三郎兵衛が阿拝郡内の上野町に制札《せいさつ》を建てたことに対して、柘植城主である池尻氏が、信雄の側近小川長保《ながやす》に相談し、池尻が瀧川に抗議をして様子を見たところ、瀧川が制札を取り下げたとあり、瀧川には上野町への支配権が存在しなかったことがわかる。

天正十二年（一五八四）に、信雄と羽柴秀吉が敵対すると、『寛政重修諸家譜』の脇坂安治《わきさかやすはる》の事績に、瀧川三郎兵衛が安治を騙して人質の子を取り戻した一件があり、安治が伊賀に攻め入り、伊賀衆の協力を得て上野城を攻め落とし、瀧川は伊勢に逐電《ちくでん》したと記されている。丸山城が上野城と呼称されていたのかは定かではないが、天正十二年十月二十八日付の羽柴秀吉朱印状（『脇坂文書』）に、安治が伊賀国の破城を命じられている。安治は、木津川左岸の長田《ながた》村市場に、川湊と大和街道を抑える館を構え、破城を断行したといえる。この時丸山城が廃城になったといえよう（『伊乱記』）。

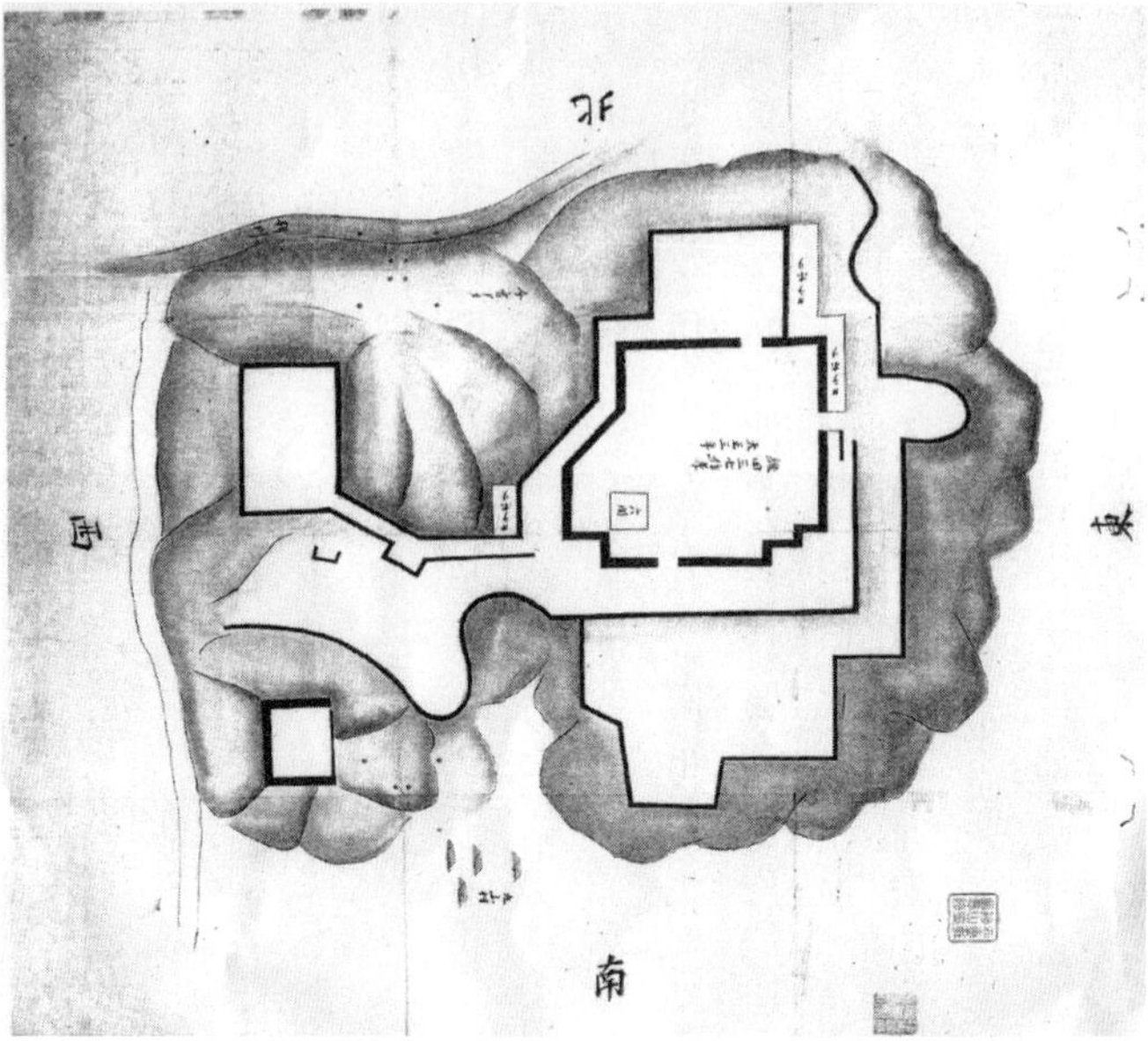

●―伊賀丸山古城図（『三国地志』より転載）（原図：伊賀市上野図書館蔵）

【城の縄張史料】　藤堂藩が編纂した近世地誌である『三国地志』の付図に、「伊賀丸山故城図」（以下故城図）の城絵図の挿入がある。故城図の成立は不詳であるが、簡略化された縄張図で、本丸に「織田三七信孝　天正三年」の注記が見られ、明らかな誤り箇所もある。しかし、絵図の縄張範囲が、現在見られる縄張におおむね整合しており、天守台・曲輪・出丸《でまる》などの位置や虎口《こぐち》の場所などは、絵図とほぼ一致する。また『伊賀旧記』に記された、作事《さくじ》規模を、故城図と現況遺構との整合性を検討することにする。

　天守台を持つ本丸①から、北側丘陵に築かれた北曲輪群と、西尾根および南尾根に連続する西・南曲輪群に加え、南西方向の独立丘陵に位置する出丸が主要な曲輪群で、城郭の規模は二四〇メートル四方といえよう。

【本丸周辺の縄張】　本丸①の規模は東西六〇メートル南北四〇メートルで、西寄りに高さ四メートルの連立式の天守台②が存在する。天守台の中心部にある、高さ五〇センチほどの土塁《どるい》が四周する穴蔵《あなぐら》状の遺構は、後補の可能性も考えられる。

　天守台の南北に一段低く付櫓《つけやぐら》が存在し、南東方向に登城道が取付く。北側櫓台は、伊賀旧記に記される巽《たつみ》櫓と見られる。

　天守台には四周する石垣が存在していたが、大正十年（一九二一）開通の伊賀鉄道の敷設工事で搬出されたと伝わる。しかし、天守台には裏込《うらご》め石が残り、石垣の基底部も確認できる。天守台西側には崩され石材が幅広く堆積していることから、天守台に石垣が築かれていたのは確かなようである。

　天守台の南側裾に桝形《ますがた》虎口があり、ここが大手とされる。

桝形虎口の両翼には櫓台③④が存在し、大手道に横矢《よこや》が掛かる。本丸の周囲には、断片ながら土塁の痕跡が確認でき、本来は高さ一㍍前後の低土塁の囲繞《いじょう》が想定される。

本丸北側には、幅広土塁の出隅がみられ、多聞《たもん》櫓⑤の存在がうかがわれる。本丸の北端には高さ一㍍程の四方土塁で囲繞された郭⑥があり、南側の坂虎口に横矢が掛かる。この坂虎口の幅が広く、こちらが大手とも受け取れる。

坂虎口から東に下った位置に、一〇×二〇㍍規模の曲輪⑦が存在する。故城図には「カラホリ」の注記があり、馬出《うまだし》状の張出《はりだし》が描かれている。曲輪⑦には、石製鳥居（「元文五申冬（一七四〇）造立」銘）が建つことから、神社の造営時に横堀が埋められた可能性も考えられる。また、天守台からの石材搬出時に埋められた可能性も考えられる。曲輪⑦の北端には竪堀が穿《うが》たれている。

郭⑥の北側に喰違《くいちがい》虎口があり、前面には尾根を断切る堀切が存在する。堀切には土橋《どばし》が掛かり、先端部に曲輪⑧があることから、曲輪⑧が馬出状の曲輪との評価ができる。土橋から五〇㍍以上続く西側の堀切（竪堀）は、途中で本丸西側の横堀に繋がっている。東側堀切の本来の姿は、曲輪⑦北端の竪堀に続いていたと考えられる。

坂虎口から曲輪⑦の縁辺部の土塁を登城道として、堀切部分を土橋あるいは木橋で渡り、北尾根先端の曲輪⑨と櫓台⑩へと続く、枅川《ひじきがわ》集落に至る搦手《からめて》道といえる。

【本丸南側の縄張】　本丸①の東側斜面下に曲輪⑪が存在し、南側から西へと曲輪が続き、南下に曲輪⑫が位置する。この曲輪⑪⑫を寸断する、本丸への登坂道が後世に敷設され、同一曲輪が南北に断切られ、本来の登城道が断絶した状況といえる。曲輪⑫には、本丸南虎口からの竪堀《たてぼり》状の城道がある。

本丸東虎口の南側には、土塁を挟む二重の横堀がともなう重層な備えがみられる。曲輪⑦の南端で登城道が南北に分岐し、横堀土塁を土橋とした登城道が南へと続く。この東側支尾根には、周囲に切岸《きりぎし》が施された曲輪⑬が存在する。この曲輪⑬にも、宝永元年（一七〇九）銘がある富士大権現碑があり、ここも近世の神社境内に転用されている。この曲輪は、伊賀旧考の坂尾屋敷とも考えられ、北東の谷筋からの敵に対する備えといえる。

故城図に見られる外郭ラインに突出した表現がこの曲輪⑬といえよう。また曲輪⑬から北東方向には、円墳の空堀《からぼり》を大きく改修し、土塁と見立てた駐屯地⑭が存在する。

南に向かう登城道は、南尾根を縦断して下神戸の丸山集落に下るが、道中に曲輪⑮⑯が存在し、先端の最高所には低土塁で囲繞された出丸的な曲輪⑰が存在する。

●―天守台を南東から

●―本丸東虎口を東から

曲輪⑰の南北土塁上には櫓台《やぐらだい》が想定され、北側には金比羅社が建っている。曲輪⑰の東側に坂虎口が存在し、比自岐《ひじき》谷に至る城道と考えられる。南の櫓台から東側丘陵下に、曲輪群が見られるが、中世寺院の坊院群の可能性が考えられるが、城域としての転用が一考される。

曲輪⑰から続く登城道が西に大きく振れ、尾根の屈曲部分に竪堀《たてぼり》が見られる。この竪堀は、尾根を断切る堀切との評価ができよう。また尾根の西端には曲輪群⑱が存在するが、現在の登城道は、近世以降の開削と考えられよう。

【本丸西側の縄張】 本丸南虎口から西側の尾根筋は平坦で、西端に円墳を櫓台とした曲輪⑲があり、北側丘陵下には曲輪⑳が存在する。曲輪⑲の虎口部分には南に下る城道が存在し、二五メートル四方の曲輪㉑に繋がる。この城道が南西の出丸へと繋がると考えられ、伊賀旧考のいう大手道といえるが、この城道には防御施設の存在がない状況から、曲輪㉑は中世寺院の可能性もあり、「大手道」の呼称には疑問が残る。

曲輪㉑から、東側の登城道に繋がる城道があり、途中に竪堀を土橋《どばし》で渡る部分には、大規模な井戸跡㉒が存在する。

曲輪⑲の櫓台西側には堀切が存在し、堀切から西に続く曲輪㉓には、東側に土塁を備えた喰違《くいちがい》虎口があり、伊賀旧考に記された坤《ひつじさる》丸といえよう。

曲輪㉓の西側には堀切が連続し、堀切の南側には竪堀が二段に穿たれている。曲輪㉓の南側斜面下には、腰《こし》曲輪が三方に配置された、故城図に見られる方形の小郭と考えられ、西曲輪群の要との評価ができよう。

同丘陵西端には水源地が敷設され、大きく改変を受けているが、曲輪㉔と評価でき、水源地の周囲は平坦で、南北の裾部分には幅二㍍《メートル》程の腰曲輪があり、南西隅には西に下る登城道が見られ、伊賀旧考に記された西ノ丸といえよう。

西曲輪群から離れた南側の、標高一八九㍍《メートル》の独立丘陵には、山頂部に幅一〇×二〇㍍《メートル》の櫓台㉕と、北側にほぼ同規模の曲輪㉖が存在する。東側の尾根筋には、円墳二基が障壁として利用され、周溝《しゅうこう》を堀切に転用している。

櫓台㉕の西南隅が出隅となり、西側尾根伝いの敵に対して横矢《よこや》が掛かる技巧的な普請《ふしん》が見られる。この西側丘陵下にも、円墳を障壁として取り込んでいる。この独立丘陵は、故城図に描かれ、伊賀旧考に記された秋ノ丸と考えられよう。

【丸山城の評価】　当城は、石垣造りの天守台の存在から、織豊《しょくほう》系城郭といえるが、天守台以外には石垣の痕跡がまったくなく、本丸内に礎石等の存在も全く見られない状況から、曲輪内からの石材の搬出で消失した可能性も示唆されるが、本丸内に石垣・礎石建物・瓦葺の三条件を満たす城郭の完成はなかったといえよう。ただし、本丸内で土師器《はじき》の細片等の散布が見受けられることから、城内での生活痕跡はうかがわれる。各曲輪内に築かれている櫓台は、ほぼ円墳を転用した急拵《きゅうこしら》えの櫓台の普請と考えられる。また本丸以外の縄張には、中世寺院の坊院等を取り込んだ姿が想像され、城郭全体に未完の観がある。

伝大手道の杜撰《ずさん》な守りを見ると、伊賀衆による不意打ちの攻撃に、築城途中とはいえ、伊賀衆がいとも簡単に落城させたことも、納得ができる城郭の姿が垣間見れる。天正九年の伊賀国平定後に、信雄から伊賀名張両郡を下賜された瀧川三郎兵衛が、当城を改修したとされる。しかし、天守台以外に明確な織豊系城郭の姿は認められないことから、本丸部分のみの改修が妥当な評価といえよう。

【参考文献】　三重県教育委員会『三重の中世城館』（一九七七）、村田修三「中世の城と館」『伊賀市史　第一巻　通史編』（伊賀市、二〇一一）、高田徹「初期の織豊系城郭居城における天守台について」『城館史料学　第五号』（城館史料学会、二〇〇八）　（寺岡光三）

●北伊賀最大級の城郭

田矢伊予守城《たやいよのかみじょう》

〔所在地〕伊賀市川合字城・割尾
〔比　高〕約三〇メートル
〔分　類〕山城
〔年　代〕一六世紀
〔城　主〕田矢伊予守（田屋氏）
〔交通アクセス〕ＪＲ関西本線「佐那具駅」下車、東に〇・五キロの岩瀬川沿いを約三キロ北上、徒歩約四〇分。

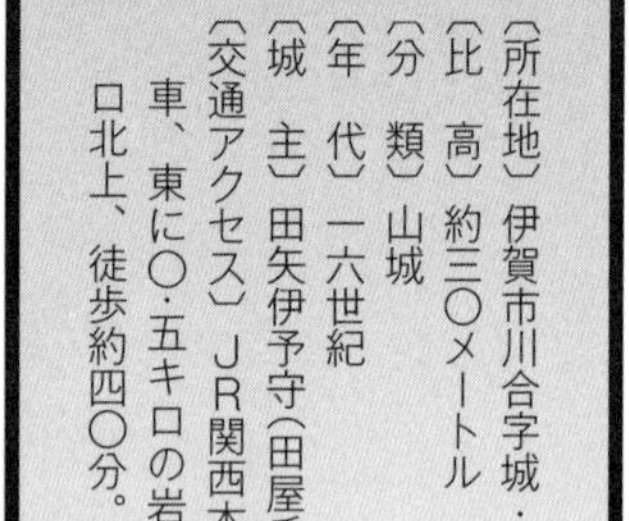

【田矢氏の台頭】　田矢伊予守城の名称は、『三国地志』に記載されている「大江山　按、此山に大江と云支郷あり、田矢伊予守堡址あり。」の記述から名付けられたもので、地元では「田矢城」あるいは「城山」と呼ばれている。

川合集落の西にある大江には、平安時代以降に近衛家の荘園である平柿荘《ひらかき》があった（『伊賀史叢書』）。

田矢氏は、大江の棚田に拓かれた旧平柿荘（川合荘を部分的に含む地域）の荘官であったが、次第に土着して、悪党化したと考えられ、河合下郷（川合・円徳院《えとくいん》）を勢力基盤として、戦国期には河合郷（千貝《せがい》・馬田《ばた》・馬場《ばば》・田中）を掌握する、有力国人《こくじん》に台頭したことがうかがわれる。

河合郷には、田矢氏と同紋の家紋を有する無足人《むそくにん》（藤堂藩時代の郷士）の存在が知られ、彼らは戦国時代の土豪衆の末裔を称することから、田矢氏を惣領家とした、庶子家や擬制《ぎせい》的同名中《てきどうみょうちゅう》の臣従関係が結ばれ、領域支配が行われたといえよう。

惣領家の田矢氏を始めとして、杉尾・塩田《しおた》・平敷《ひらしき》・籠尾《かごお》・前川《まえがわ》の各氏に同一家紋の使用が残ることから、彼らは、当城の周囲に集住した、庶子家や家臣らの末裔とも考えられる。

また、氏神である高松宮牛頭天王《たかまつのみやごずてんのう》（陽夫多神社《やぶたじんじゃ》）の宮座（中彌太郎氏所蔵「陽夫多神社当番帳」）を紐帯《ちゅうたい》とした土豪衆の結束が図られ、領域支配に生かされたと考えられる。

永禄十一年（一五六八）の織田信長による北伊勢制圧を期に、伊賀国では危機感が高まり、田矢氏も要害性のある大江

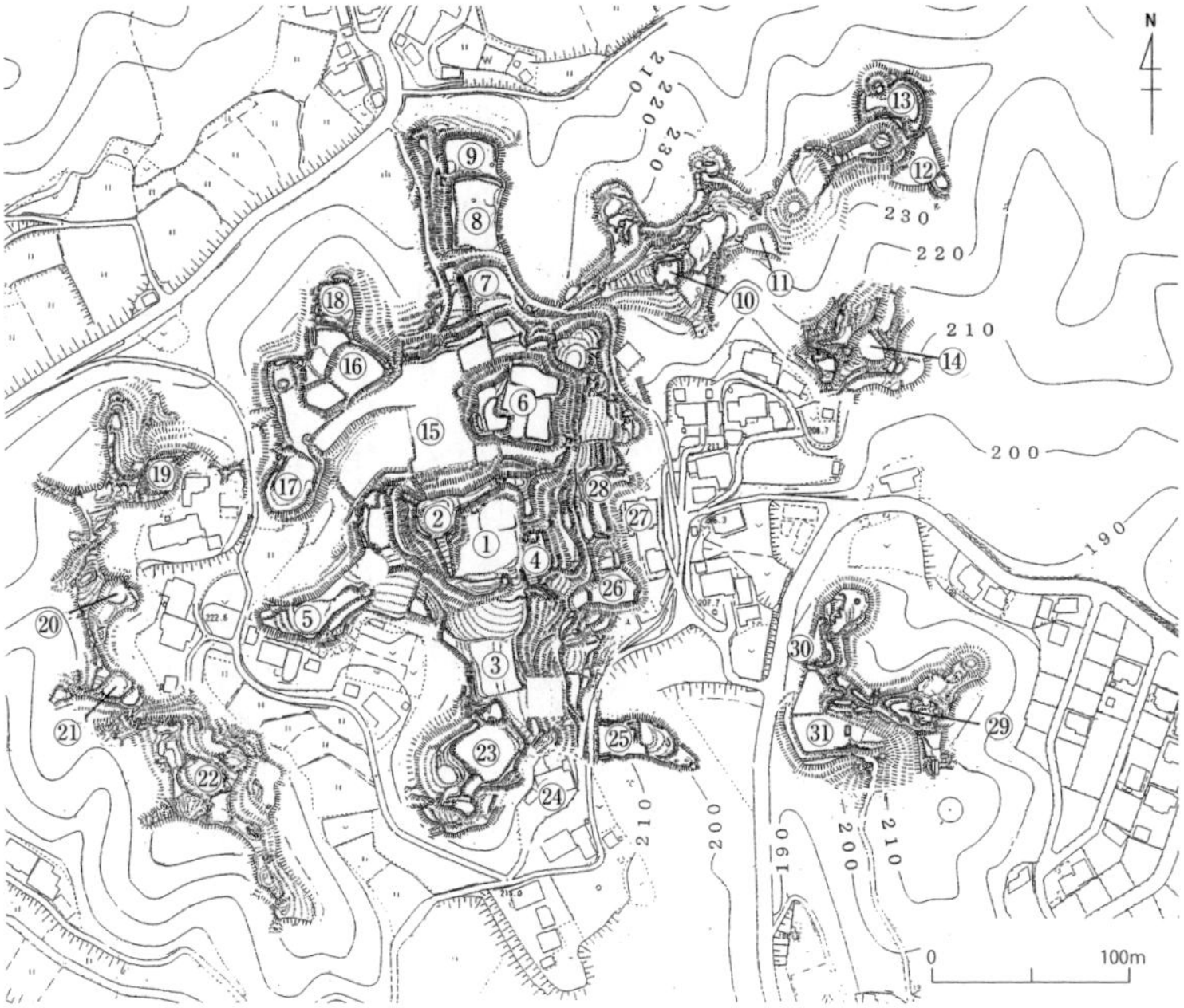

●—田矢伊予守城縄張図（作図：寺岡光三）

山に新たな城郭を築き、家臣の集住化を図ったといえよう。

当城主は、伊賀国内で名を馳せ、『信長公記』に、「河合の領主田屋」と、信長に名指しされるほどの存在感があったといえ、北伊賀で勢力を保持していたことは言うまでもない。

河合郷内で、田矢氏と同家紋を持つのが、円徳院では恒岡氏や薗川氏が、馬場では池田氏や今岡氏が、田中では高森氏らが知られる。また鞆田郷下友田の山内氏も同紋が知られ、河合郷から移り住んだという。

【田矢氏の出自】　城主である田矢氏の出自については定かではないが、『東寺百合文書』応安七年（一三七四）正月二十五日付の「平柿荘名寄目安帳案」に、東寺領平柿荘の公文《くもん》として、田屋氏の年貢米の取分が記されていることから、平柿荘の荘官（公文）が、川合郷内に土着したのが田矢氏の始まりと考えられる。

応仁の乱（一四六七～六八）の頃には、悪党化して平柿荘を私領化し、次第に河合郷内に支配領域を拡大したと考えられよう。

『伊陽旧考』などには、「河合之郷田屋一族　御堂之関白頼（ママ）道末流、当へ請入レ地頭トナス、後洛に帰ル、其余類ヲ田屋氏トス、家紋如レ此ノ三梶也、姓ハ藤原」とあり、田屋氏は藤原頼通《よりみち》の末裔《まつえい》と記されている。他の近世に書かれた資料には、平信兼《のぶかね》の末裔との記述も見受けられるが、仔細は詳らかでない。また古文書に見られる田屋姓が田矢に代わったのは、明治以降のことであると子孫から伺った。

『三国地志』よりも成立年代が遡る『伊陽旧考』には、「河合村田屋掃部ヵ山城」との記述がみられる。また『参考伊乱記』には伊賀評定衆十二家の中に、「田屋掃部介《かもんのすけ》」の名があり、同じく「河合の領主田屋三郎左衛門」「田屋三郎右衛門」との記述もみられる。これらが同一人物なのか、同族なのか、時代差であるのかは定かではないが、田矢氏一族が北伊賀最大規模の当城を築いたことは確かである。

【天正伊賀の乱を前に】『信長公記』には、「河合之田屋と申者、名誉之山桜之真壺并きんかうの壺致進上、降参仕候、則きんかう返し被遣、山桜之御壺被止置、滝川左近被下候也」との記述がある。

天正九年（一五八一）九月に信長の命令で伊賀国侵攻（第二次天正伊賀の乱）が開始された。総大将である織田信雄が、道案内の福地伊予の城である柘植城に入ったと考えられ、河合郷の領主である田屋氏が、信雄が陣取る柘植城に出向き、降伏を願い出たことが想像される。

天正伊賀の乱を前に、田屋氏が名誉の壺二個を信雄に進上して降伏を申し出たことは、父信長が無類の茶陶コレクターとして知られており、銘が知れ渡った信楽焼《しがらき》（伊賀産）の壺を所持していた証といえよう。余談になるが、松永久秀《ひさひで》が信長から所望されていた茶釜《ちゃがま》（銘土蜘蛛）と供に信貴山城で爆死した話は夙《つと》に有名な話である。

しかし、『信長公記』には、信長が三介信雄に命じた伊賀国で討取る頸《くび》の注文（リスト）に、「河合之城主田屋」の名が見えることから、敵視されていたことがわかる。

田矢氏は、伊賀惣国一揆の壊滅を目論む信長には、目の上の単瘤《たんこぶ》的な存在であったといえ、信雄に降伏の意を伝えた後に、織田軍と一戦を交えた可能性も想像されるが、『信長公記』には、当城での戦は記されていない。

【天正伊賀の乱と田矢伊予城】『伊陽旧考』の記述には、蒲生氏郷《うじさと》などが玉滝一本木口から討ち入ったとあり、「同(九月)廿八日払暁ニ、河合村田屋掃部ヵ山城ニ押寄セ働クトイエトモ手ニ不立、裏口ヨリ退出ス、寄手ハ不案内ニシテ追討ノ術ナク、退去スルヲ幸ニ見遁シ押テ通リ、」とあり、田矢氏は戦わずして城を明け渡したようである。

『伊乱記』には、玉滝口より攻込んだ蒲生氏郷・脇坂安治・山岡隆景らの率いる七千余騎の兵卒が、雨乞山城を落とした後、「河合七郷ニ打出、領主田屋氏ガ要害ヲ攻ル」とある。田屋三郎右衛門以下河合七郷の土豪が集結して籠城戦が行われ、妻子から下人に至るまで竹槍を取り防戦したが、草を薙ぐが如く撫で斬りされて落城したと記されている。

田矢伊予守城での戦の話が、伊賀側の軍記物は、籠城玉砕の観があるが、戦わずして逃げた例が、『信長公記』に記されている「さなご嶺おろし」での戦の記述である。籠城する伊賀衆が織田勢との手合わせの後、翌日の織田勢の総攻撃を前に、夜陰に紛れて城を放棄して逃走したと記されている。

「さなご嶺おろし」と当城は、一キロ余りの至近距離で、可視も可能な位置関係である。降参を申し出た田屋氏一族の中には、さなご嶺おろしに籠城した者がいた可能性もあり、後世の軍記物の記述に両城の混同が考えられる。

●―田矢伊予守城を東から

『三国地志』には「さなご嶺嵐（颪）」の城主が田屋甚之丞とあり、田矢氏一族とみられる。天正十年六月に起きた本能寺の変の後に、伊賀では第三次天正伊賀の乱がおきる。

伊賀を追放された牢人衆（土豪衆）が帰参して、各地で蜂起したことが知られ、信雄家臣の瀧川三郎左衛門尉や小川新九郎らが鎮圧に向ったことが『小川新九郎覚書』「伊賀の巻」に記されている。この中に、宮田が城での牢人衆と織田方とが一戦を交えた記述に、田屋甚之丞の名が見え、名うての伊賀衆として、織田方にも名が知れ渡っていた兵といえよう。

【田矢伊予守城の縄張り範囲】当城は、標高二四八メートルの大江山山頂部に築かれている。川合集落から約七五〇メートルの距離で、比高差は一〇〇メートルを測る。

当城は、惣領家《そうりょうけ》とその一族が蟠踞《ばんきょ》する主郭曲輪群と、周囲の丘陵には、主郭曲輪群を囲繞《いじょう》するように連立する中世城館群（砦）が障壁を造る。これらの城館群は、家臣の居住域として築城されたと評価できよう。したがって当城の縄張範囲は、東西五〇〇メートル南北四〇〇メートルの範囲とみなされ、重層的な縄張を備えた城郭といえよう。

ただし、城郭南側の丘陵部は、すでに造成されて本来の姿が失われている。当城を廻る外郭の内、南側の備えが途切れている観があり、縄張の欠落が想像されることから、築城時には南側にも出城《でじろ》（砦）が存在していたと想像される。

川合集落南側に位置する三蓋山城《さんがいやま》は、田矢伊予守城への登城道を抑える出城として機能していたといえる。

【田矢伊予守城の縄張り】　大江山山頂部に築かれている田矢伊予守城の主郭①は、四方土塁に囲繞された、内部広さ三〇×四〇メートルで、南および東土塁は高さ二メートルで幅が広い天端を持つ。

北側土塁は高さ五メートルで、西側には一段高く一五メートル四方の櫓台《やぐらだい》②があり、西～南側に低土塁が設けられ、南土塁に坂虎口《こぐち》が開口する。

●―主郭①南土塁の石垣　東から

坂虎口から主郭①の連絡は、竪《たて》土塁を通路としている。この櫓台②および主郭①の北西側にのみ、中世瓦の散乱が多く見られることから、櫓台②には、瓦葺建物が存在していたと考えられる。ただし、城郭に伴う瓦であるのか、持仏堂的な宗教施設の瓦なのかは定かではない。

主郭①の南土塁の内法面には、高さ二メートル長さ二〇メートルにわたり、野面積《のづらづみ》の石垣が比較的良好に残り、南土塁の東隅部に、喰違いの大手虎口が存在したと考えられる。虎口の南側には、二〇×三〇メートル規模の削平曲輪③が存在し、大手道が南東隅に取付く。主郭虎口と曲輪③の間が、緩斜面で、虎口石垣が崩され、裏込め石が散乱している。

当城の大手虎口は、石段の存在が断片的に確認できることから、虎口に石垣が積まれ、櫓門が存在していた可能性が想像される。現在の虎口付近の状況から、石垣が破城を受けて大きく崩され、遺構のほとんどが失われている。このことから、虎口と曲輪③との間に、二〇×四〇メートルの緩斜面が生まれたと考えられる。

同じく主郭①の東側にも虎口が存在し、埋み門が存在したと考えられる。この二ヵ所の虎口の間に存在する東土塁上には、一〇×二〇メートルの曲輪④が存在する。曲輪④からは両方の虎口に対して横矢《よこや》が掛かる普請《ふしん》が見て取れる。

東虎口の前面は急崖地形で、登るのが困難な状況から、帯《おび》曲輪（城道）に対して、階《きざはし》が懸けられていたと想像される。

主郭①の西側から櫓台②に登る竪土塁の裾を、北側へと続く城道がある。この北端には、櫓台②の北西部分から、竪堀と竪土塁が並行して存在し、城道に障壁を造っている。城道の西側は、上幅一五メートルの堀切《ほりきり》が存在し、対岸の土塁上に櫓台スペースがあり、先端には出丸《でまる》⑤が存在する。

主郭①の北側と南側にそれぞれ独立した出丸が存在する。

北出丸は、主郭①との間に上幅一〇メートルの堀切があり、北郭⑥は、一五メートル四方規模で、北と東には僅かな段を持つ一〇×二〇メートル余りの曲輪がある。西側土塁は高さが二メートルあり、櫓台と考えられる。櫓台の西側には、高台からの攻撃を考えた、武《む》者隠《しゃかく》しと考えられる土塁と空堀《からぼり》がセットで存在している。この北郭⑥への出入りは、主郭①北土塁の東端から緩く傾斜する法面が、連絡道と考えられる。

北出丸から続く、北尾根先端部には、土塁囲いの曲輪⑦⑧⑨が存在する。同じく北東の丘陵頂部には、秋葉神社曲輪群⑩⑪と、東端に位置する前方後円墳を縄張内に取込んだ、割尾山曲輪⑫⑬が東側尾根伝いの備えといえる。また秋葉神社から南東丘陵下には、尾根伝いを防ぐ砦⑭が存在する。

北出丸の西側には、大きく改変を受けている削平曲輪⑮が存在し、駐屯地との評価ができ、この西側には曲輪⑯⑰⑱を核とした北西出丸が存在する。

北西出丸は西側谷間からの備えとして、南北に並ぶ曲輪群が築かれている。曲輪⑰の西側に堀切《ほりきり》道があり、対岸の丘陵上に砦⑲があり、南に続く尾根には、砦⑳㉑㉒が連続し、当城郭の西側の外郭防御ラインと評価できよう。

主郭①の南側丘陵端には、四方土塁に囲繞された内部広さ二五メートル四方規模の南出丸㉓が存在する。

南出丸の北東に虎口があり、前面テラスが曲輪③に繋がっている。虎口北側の土塁上には櫓台の存在が想定される。南出丸㉓が砦㉒と対峙《たいじ》し、南西方向の谷伝いを抑えていたといえよう。また南出丸裾に宅地㉔があり、南出丸から東に張り出した小尾根にも曲輪㉕があり、南東方向の谷間伝いを抑えていたといえよう。

主郭①の東側丘陵下には、曲輪㉖と引接寺《いんじょうじ》曲輪㉗が存在し、北側の帯曲輪㉘には、磨崖仏《まがいぶつ》や石仏石塔類が存在する状況から、中世寺院との関連性が示唆される。

当城の南東方向に位置する丘陵上に出城㉙が存在する。出城㉙に伴う曲輪㉚が、道路の拡幅工事でほぼ失われたが、南側には曲輪㉛が現存し、曲輪㉕とは南側谷伝いを、砦⑭とは東側川合集落からの登城道（大手道）を抑えている。

信長をして河合の領主と呼ばせた、田矢氏の居城として相応の堅牢な守りが見て取れる。

【参考文献】三重県教育委員会『三重の中世城館』（一九七七）、久保文武「阿拜郡の荘園」『伊賀史叢考』（同朋舎、一九八六）、村田修三「中世の城と館」『伊賀市史 第一巻 通史編』（伊賀市、二〇一一）

（寺岡光三）

●中世城館を織豊系城郭に改修

福《ふく》地《ち》城《じょう》

〔三重県指定史跡〕

〔所在地〕伊賀市柘植町山出
〔比　高〕約三〇メートル
〔分　類〕丘城
〔年　代〕一六世紀
〔城　主〕福地伊予・池尻平左衛門
〔交通アクセス〕ＪＲ草津線・関西本線「柘植駅」下車。市道を南へ、名阪国道伊賀ＩＣ経由で、徒歩約三〇分。

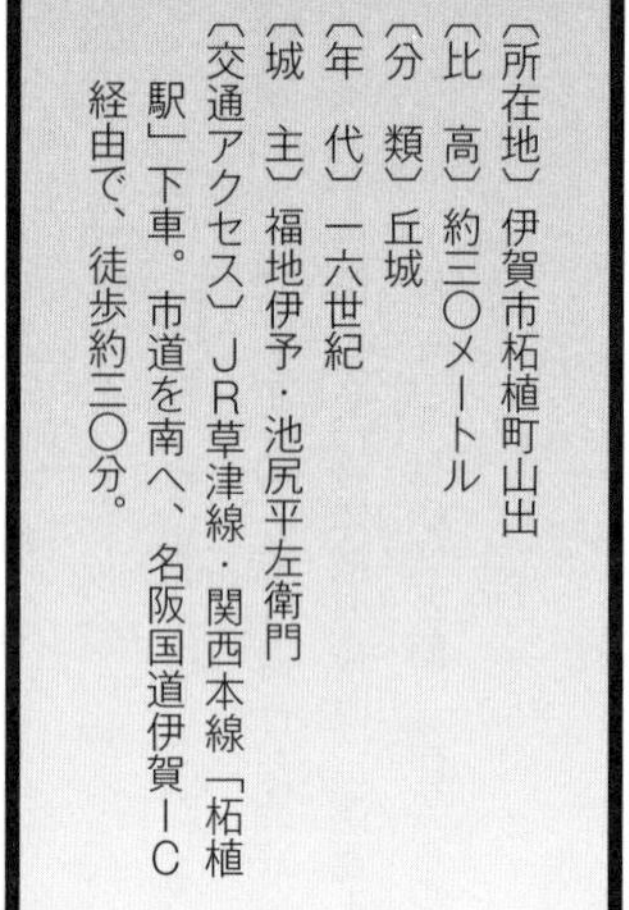

【福地氏の歴史】　福地氏館跡の南西に位置する、徳雲山万《とくうんざんまん》寿寺《じゅじ》の本尊である重要文化財指定の地蔵菩薩坐像の胎内《たいない》に、「貞治二年（一三六三）三月十五日寛慶法橋、子息忍慶助作」の墨書が確認され、胎内納入物に延文五年（一三六〇）銘の仮名消息の宛名に「ふくち《（福地）》云々」とあり、当城主の福地氏に関わる初見資料として知られる。

『満済准后日記《まんさいじゅごうにっき》』の正長二年（一四二九）二月十六日の条に、「伊勢《（伊賀）》国人ツケ《（柘植）》三方ヘキ、北ムラ、福地也、就関御退治可被成御教書之由、以下省略」と、続く二月二十三日の条の「自伊賀柘植三方ヘキ、北ムラ、福地等方注進旨、去十九日寅刻計、不思議者罷通間打留處ニ、自関方小倉宮并北畠へ書状等数通十一通在之、仍執進云々、」の記述がある。

『三国地誌』には、福地氏は伊賀国柘植郷《つげ》を本貫地《ほんがんち》としていた平宗清《たいらのむねきよ》の子が、下柘植の日置《へき》氏・中柘植の北村氏・上柘植の福地氏に分かれ、兄弟別姓を名乗ったことに始まるとされる。

室町幕府から伊勢国人関《盛雅》氏の退治を命じられ、関氏から北畠氏への使者を抑留したことが記されており、幕府から一定の公権が認められていたことが指摘されている。

【福地伊予の裏切り】　『伊賀旧記』によれば、「福地伊与《ふくちいよ》安土へ参向ノ事　天正九年辛巳四月、阿拝《あえ》郡上柘植ノ従士ニ福地伊与、此勇武ハ国第一ノ冨顕ニシテ、所々ニ於テ二千五百石ノ領田ヲ所持スル処ノ士族ナルカ、国ノ士卒ニ隔心シ、潜ニ江州安土ニ至リ信長卿へ一通ノ訴簡ヲ捧テ事を奏ス、信長披見アルニ其文段々曰、……」とあり、織田信長による伊賀国平定の手引きを願い出たことが記されている。

同様に『伊乱記』にも、「信長公敢国の寄怍に依て伊賀出馬を止る事　天正九年辛巳七月十日に伊州上柘植の住人福地伊予、川合村平次、弥次郎両人伴ふて、江州蒲生郡安土に参向し一箇を以て訴えたり、」とある。

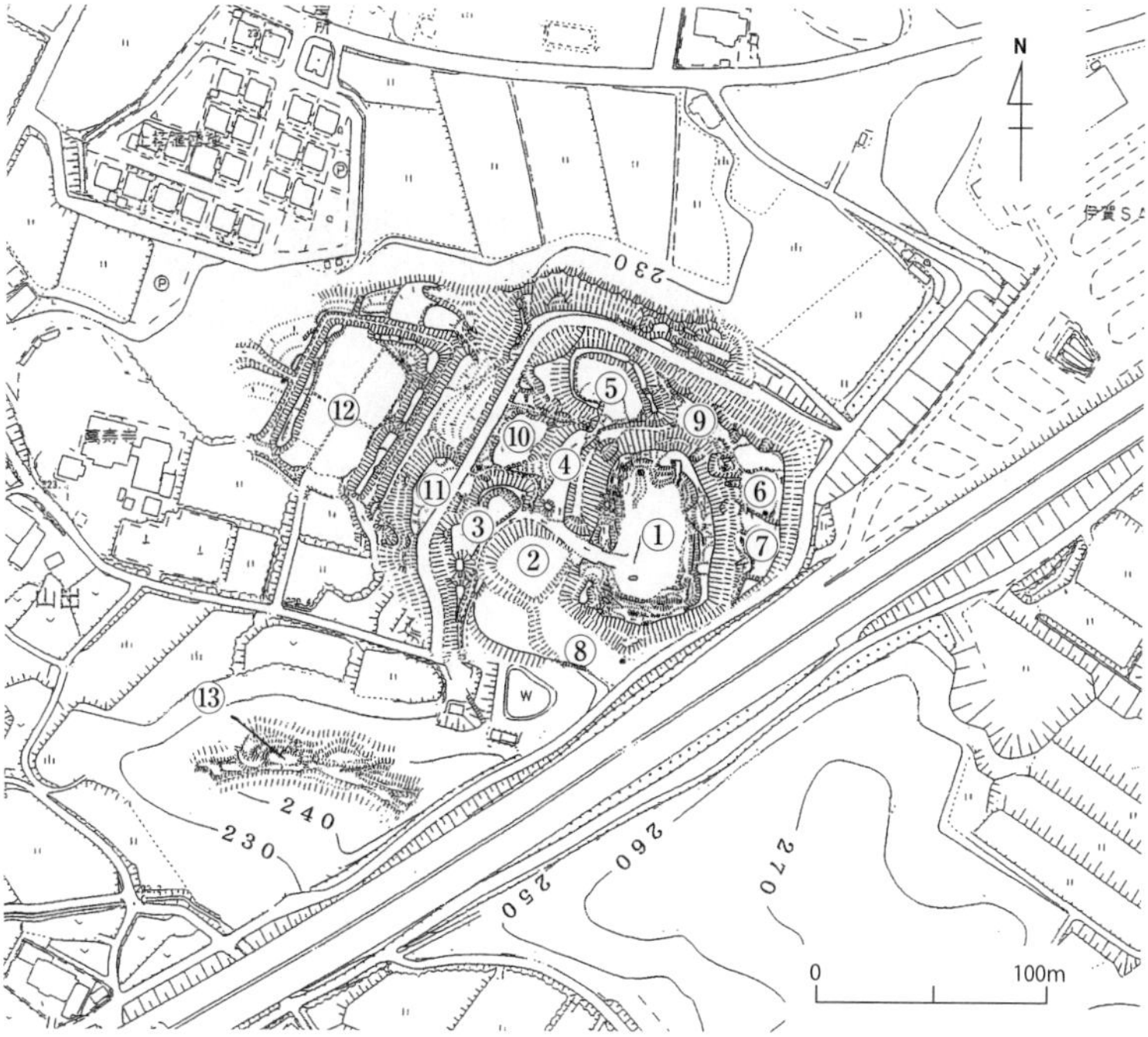

●―福地城縄張図（作図：寺岡光三）

『信長公記』の「天正九年九月三日、三介信雄伊賀国へ発向。御手先の次第。……かくの如く諸口より御乱入。柘植の福地御赦免なされ、人質執り固め、其の上、不破彦三を御警固として、当城に入れおかる」とあり、『勢州軍記』にも「伊州退治の事。同年冬、伊賀国の住人福地某、信長公の御味方に参じ追討使を請う」とある。これらの記述から、福地伊予（宗隆《むねたか》）が伊賀惣国一揆を裏切って、信長に伊賀国平定の手引きを申し出たことは間違いないと言えよう。

『伊賀町史』に、静岡市下川原福地政次《まさつぐ》家の系図が紹介されており、「福地六郎兵衛伊予守宗隆　文禄元壬辰八月廿九日卒　天正九辛巳九月廿七日織田信長公当国討入之時宗隆織田家ニ属シ柘植口之先陣ヲ相勤ム　柘植三郎左衛門尉保重信長公ニ仕忠節ヲ尽シ天正七己卯年九月十六日於伊賀国討死ス」とあり、福地伊予守と柘植三郎左衛門が兄弟と記されている。系図の信憑性には問題もあるが、福地伊予が伊賀惣国一揆を裏切って信長に道案内を嘆願した背景には、惣国一揆への恨みが、根底に存在したと思われる。

【福地城の位置】　伊賀盆地の北西部に、伊勢国との国境を画

●―福地氏館（左）と福地城（右）西から

す布引山地がある。その北端の標高七六六メートルの霊山山頂部に、最澄の開基と伝わる中世霊山寺跡が存在する。

霊山山頂付近から北方向に発生する支脈丘陵の先端部に、当城が位置する。伊賀地域には、中世城館跡が七〇〇ヵ所近く確認されているが、それを代表する城館跡が福地城で、伊賀地域では唯一、三重県指定史跡（主郭内部のみ）である。

当城の主郭①は、三〇×五〇メートルの広さがあり、高さ三～四メートルの土塁《どるい》で囲繞《いじょう》され、西側から北側にのみ空堀《からぼり》が存在する。主郭①の内部北西隅に、石組の井戸が存在し、満面の水を貯える。南西隅部には、高さ二メートルで、ほぼ垂直積の虎口石垣が両面に存在し、この虎口には、大手門あるいは櫓門《やぐらもん》が存在したと考えられる。虎口石垣に残存する隅石は、長短の石材を交互に積む算木積《さんぎづみ》志向がみられる。

主郭①北東隅部には、石造りの穴蔵《あなぐら》状の施設が存在し、この部分のみ土塁の天端が広いことから、半地下式の櫓が創建されていたと考えられる。

主郭①の虎口前面の南西に、高さ約二メートルで、二三×二七メートルの出曲輪《でくるわ》②が存在した。この曲輪②の宅地化に伴い、部分的に発掘調査が実施された。南北棟の二×二間の掘立柱《ほったてばしら》建物がほぼ中央部から検出され、曲輪の縁辺部を廻る空堀（武者《むしゃ》隠《かく》し）も検出されている。二期に別れる整地層から、瀬戸大窯Ⅰ～Ⅱ期平行の、陶器類一六点の出土がある。

曲輪②北側の大手道は、石積の桝形《ますがた》状虎口が取付き、虎口西側の曲輪③および横堀西側の曲輪④から、横矢《よこや》が掛かる堅牢な備えが見られる。

曲輪④の北側には、高さ一メートル前後の土塁に囲繞された、内部三〇×二〇メートル規模の出丸⑤が存在する。出丸⑤の東側下に搦手虎口が存在し、出丸⑤から横矢が掛かる。

主郭①の東側土塁裾には、幅約二〇メートルの腰曲輪⑥⑦が南側の曲輪⑧に続き、堀切も存在したと伝わるが、昭和三十九年（一九六四）の名阪国道（国道二五号線）の敷設時に姿を消している。

昭和五十六年（一九八一）には、名阪国道の側道敷設工事で、腰曲輪⑥⑦の縁辺部の発掘調査が実施された。曲輪の段差部分で高さ一メートル強の石垣や区画する石列などが検出され、礎石立建物の存在も指摘されている。曲輪内から土師器《はじき》・瓦質土器・青白磁・陶器類の出土があり、曲輪②の出土遺物と同様に、瀬戸大窯Ⅰ～Ⅱ期平行との報告がある。

曲輪⑥⑦が部分的に消滅しているが、現在も三段の曲輪が存在し、法面《のりめん》に高さ一メートルほどの石垣と、石積の井戸跡が残る。この曲輪⑥の北側に続く曲輪⑨に搦手《からめて》虎口が存在する。搦手虎口を北方向に下る城道があり、すでに道路で分断されているが、出丸⑤からの竪堀《たてぼり》跡が残る。

主郭①から西に下る大手道沿いに、曲輪⑩⑪が両脇にあり、最下段に位置する館跡⑫の東側土塁のほぼ中央部の開口部に繋がっていたと考えられる。

館跡⑫は、三方土塁と空堀で囲繞されている、内部三〇×六〇メートル規模であるが、南側にも土塁が存在し、虎口が開口していたことが、試掘調査で確認されている。

当城の南に位置する東西尾根は、障子が峯との伝承があり、尾根の西端部分に、小規模な砦⑬の存在が確認できる。

【福地氏館と柘植城】『勢州軍記』には、天正九年（一五八一）の伊賀国平定後に、織田信雄が「池尻平左衛門尉に柘植城を与えた」とあり、この時、柘植城の改修が行われ、大手の石垣や櫓《やぐら》などとともに、腰《こし》曲輪の拡張も考えられる。

天正十年（一五九二）六月の本能寺の変後、伊賀国内の各地で牢人が蜂起したが、この時、福地氏を討たんとして池尻氏の柘植城を攻めたとある（『勢州軍記』）。伊賀衆の攻撃に遭った、福地伊予の一族が、徳川家康を頼り、伊勢から三河へと逃れたといわれている（『伊賀町史』）。福地城と柘植城の名称は、福地氏館を福地城と呼び、背後の詰城《つめじろ》は、織田勢による改修経緯から、柘植城と呼称したといえよう。

天正十二年（一五八三）信雄と羽柴秀吉が敵対して不和となったが、『脇坂氏文書』によると、上野城主の滝川三郎兵衛が伊勢に逐電し、脇坂安治《わきさかやすはる》が伊賀国を掌握した時、池尻平左衛門も当城を放棄したと考えられよう。

秀吉から伊賀国の統治を命じられた安治は、伊賀国破城を行ったが、当城の大手虎口石垣の隅部の崩落は、城割りによると考えられ、以後廃城になったといえよう。

【参考文献】三重県教育委員会『三重の中世城館』（一九七七）、三重県教育委員会『福地城跡発掘調査報告』（一九八二）、伊賀町教育委員会『福地城跡発掘調査報告』（一九九三）、『伊賀市史 資料編 古代中世』（伊賀市、二〇〇八）

（寺岡光三）

●日本遺産　忍びの里伊賀・甲賀関連

春日山城《かすがやまじょう》と川東城館群《かわひがしじょうかんぐん》

〔所在地〕伊賀市川東
〔比　高〕春日山城：約三〇メートル
　　　　壬生野城：二〇メートル
〔分　類〕城館および丘城
〔年　代〕城館（一五世紀後半）・春日山城（一五八一）
〔城　主〕
〔交通アクセス〕ＪＲ関西本線「新堂駅」下車、南口から県道二号線沿いに南へ、徒歩約三五分で春日神社。

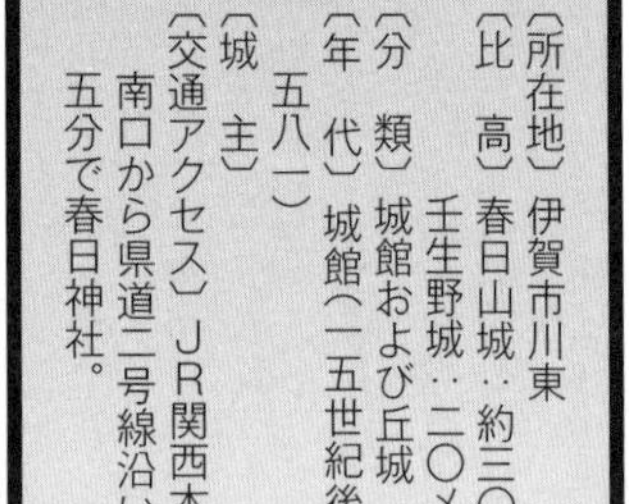

【壬生野郷の城館群】　伊賀盆地の北部を東西に流れる柘植《つげ》川に流れ込む、布引《ぬのびき》山地内の田代池を源にする滝川が形成した、広大な氾濫原の微高地に壬生野《みぶの》郷が位置する。

壬生野は、郷社である春日神社が鎮座する川東を中心に、西に位置する川西と、南東に位置する山畑《やばた》を総称した名称である。ここに紹介する春日山城と川東城館群は、布引山地から発生した丘陵の西端に築かれた春日山城と、滝川の右岸段丘上に展開する川東集落内に点在する城館群の総称である。川東集落内に、土塁《どるい》や空堀《からぼり》の残存が確認できる館城跡が七ヵ所（沢氏東館・沢氏西館・五百田《いよた》氏館・大深《おおぶか》氏館・竹島氏館・澤村氏館・三根《みね》氏館）あり、すでに遺構が消滅した、居館跡の伝承地が二ヵ所（田中氏館・本城《ほんじょう》氏館）存在する。この他に、集落内の東側丘陵上に存在する三ヵ所（清水氏城（壬生野城）・増地氏城館・丸山城）に、春日山城を加えた一三ヵ所の中世城館跡の存在が知られる。現在川西地区には五ヵ所、山畑地区には三ヵ所の城館跡が残る。

『三国地志』には、川東村に存在していた「宅址」の数が一七ヵ所記されていることから、消滅して伝承が残っていない居館跡が、今以上に存在していたことがわかる。すでに消滅したとされる居館跡の候補地として、五百田氏館の北側に残る土塁《どるい》や、同じく三根氏館北側に残る土塁がある。また、澤村氏館から南に離れた井戸川左岸の宅地に残る土塁も、居館跡の推定地候補としてあげられよう。

集落内に残る居館の規模は、最大級の澤村氏館が、内法《うちのり》面

積で約一〇五〇平方メートル、外法《そとのり》では約三〇二五平方メートルを測る。最小規模の五百田氏館は、内法面積で約六二五平方メートル、外法で約一九〇〇平方メートルを測る。この両館の規模の間に、五ヵ所の居館が含まれる。ただし、壬生野城は山城的な様相から、内法面積が約八七五平方メートルとやや狭いが、外法面積が約四九〇〇平方メートルと澤村氏館を凌駕《りょうが》する特徴が見て取れる。居館の規模が、川東集落内での、土豪の勢力の差を一概に現すとは言えないものの、規模の格差は、富の優劣や同名《どうみょう》中《ちゅう》の優位性が、規模の格差に表れたと考えられよう。

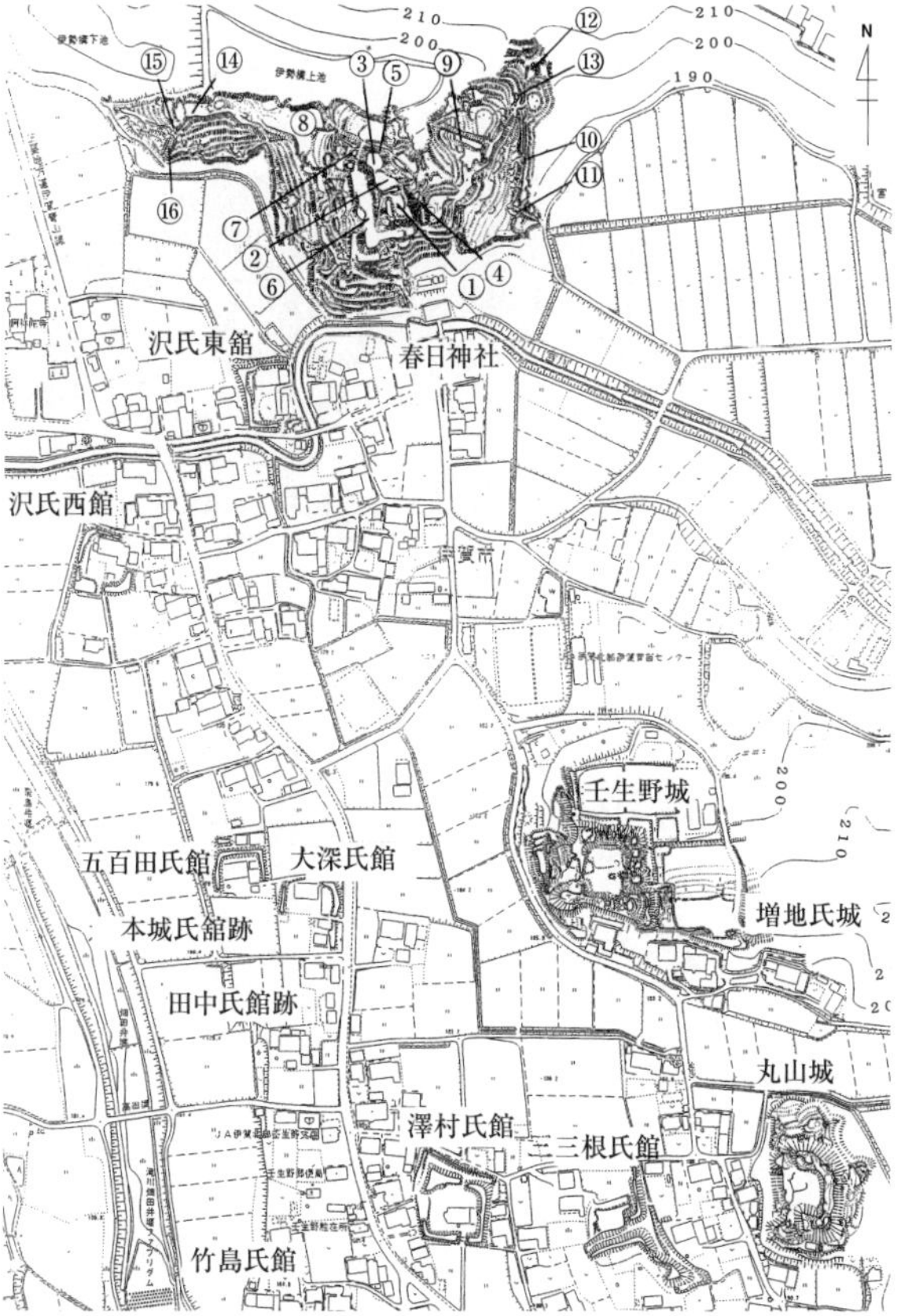

●—春日山城（上）と川東城館群の縄張図（作図：寺岡光三）

【天正伊賀の乱と春日神社】　標高二五〇メートルの春日神社裏山に築かれている春日山城は、筆者が平成七年（一九九五）に城郭遺構を発見してから未だ日が浅い城である。

『伊賀旧考』には、「此辺ノ郷士等、民屋壊取リ春日山ニ人数ノ居館ヲ作リ、塀ヲカケ、柵ヲ振リテ待受ケル」との記述があり、天正九年（一五八一）の、織田信長による伊賀国平定時の戦（第二次天正伊賀の乱）に備え、籠城《ろうじょう》戦を目論む惣国一揆の城の姿ととらえられる。

春日山城の縄張内に含まれる春日神社拝殿（三重県指定）は、一五世紀中頃とされる柱や組み物の建築部材が含まれており、天正伊賀の乱では、拝殿の焼失を免れたことが指摘されている。『伊乱記』に記されている「此度の逆乱に春日の社人、興福寺の僧侶当地に来り外所に扣《ひか》え、寄手の軍将滝川左近に訴へて、一戦落居の後放火瀬さむことを新ふれり」との記述には、信憑性が伴うといえよう。

●—春日神社と春日山城　南から

春日神社の社殿が天正伊乱の戦禍《せんか》を潜り抜けた可能性が推測され、同社に伝わる春日神社神事頭番帳の初現が天正十一年（一五八三）であることから、神社が戦災に遭っていれば、このような速い段階で神事を復活することは、極めて困難であったといえよう。

拝殿が、近世以降の度重なる修復をへても、多くの古材が伝世していることからも、消失を逃れたことが示唆され、平成二十九年（二〇一七）から解体修理が始まり、組物などに戦国期以前に遡る部材の使用が再確認されている。

【春日山城の位置】『信長公記』の記述から、織田信雄《のぶかつ》が、柘植城からみだい（御代）河原に本陣を進めており、春日山城を攻めるための着陣といえる。

当城は、布引山系から西に延びる標高二五〇㍍前後の支脈先端部の、春日山に城郭が築かれている。城郭の南側には、宮川が自然の濠を形作り、北側には伊勢構《いせかまえ》と呼ばれる深い谷（現在溜池）が東に入り込む要害地形を呈している。

春日神社の神域を造成して城郭が築かれたことは、既存の事実であり、広大な塁線を持つ堅固に築かれた城郭は、伊賀地域の拠点城郭に見られる、先進的な縄張のパーツを取込み、短時間で普請《ふしん》がなされたと考えられよう。

春日神社の宮座を紐帯《ちゅうたい》とした、壬生野地域の土豪衆が一味神水し、信長の伊賀攻めに総力を結集して立ち向ったといえ、壬生野郷の土豪衆が一致団結した築城が想定され、女、下人に至るまで総動員されて築かれたことは、縄張の普請状況からも想像に難くない。また春日神社の神域を侵してまでも、城郭を築く行為は、信長に対する伊賀惣国一揆の掟がなせる業ともいえよう。

【縄張の再考】当城の発見当初は、主郭曲輪①②③の東側の堀切④の姿から、一城二郭形式（東西郭）と見ていた。

しかし、西郭には主郭曲輪群を囲繞《いじょう》する横堀⑤と、大規模な腰《こし》曲輪⑥が存在し、西端には喰違《くいちがい》虎口《こぐち》⑦が存在する。また虎口⑦から西側に下った鞍部には、当城で最大規模の削平地⑧が存在し、籠城する庶民達の居住域とみなされる。

これに対して東郭には、居住可能な削平曲輪は限られ、西郭と土橋《どばし》で繋がることや、曲輪のほとんどが緩斜面で、居住性に欠ける。北尾根を断切る堀切⑨や、東斜面に点在する小曲輪や、最下段の切岸《きりぎし》に平行する浅くて狭い横堀⑩が存在する。この横堀は、前面に低土塁を盛り上げた塹壕《ざんごう》で、南端の竪堀《たてぼり》と竪土塁⑪は東側から攻撃に備えた障壁といえる。

東郭の北端には、搦手《からめて》虎口⑫があり、土塁の残存状況から、喰違いの虎口が想定される。ここにも虎口⑫に対して、横矢《よこや》が掛かる塹壕⑬が存在することから、城の弱点である東側に攻撃的な縄張を備えたと評価できよう。

西郭の主郭曲輪は三郭から構成され、周囲に高さ四トル《メー》前後の切岸が施された急斜面である。郭①の西側法面《のりめん》を登る城道が、虎口で右折れして郭内に入る。中郭②には、東西を仕切る低土塁がある。北郭③は、平面が六角形を呈し、周囲を見下ろす絶好の位置取りで、西下の虎口⑦を見据える。

西尾根から主郭の腰曲輪⑥に入る登城道は、横堀に沿った土塁を登坂し、喰違いになっている斜道を登ると、虎口前面の小曲輪から、喰違虎口⑦に入る凝った造りがみられる。

腰曲輪⑥から南に下る登城道が存在し、南の沢氏東館へと繋がり、東は春日神社の拝殿脇へと続いている。

西尾根の先端には、三連の削平曲輪⑭が存在する。中央の曲輪には、西側から登る葛籠《つづら》折れの登城道が取付く、技巧的な造りの虎口⑮が存在する。この虎口⑮付近から南斜面に、竪堀と竪土塁⑯の障壁があり、西尾根伝いの阻止といえる。

『伊乱記』には、春日宮山合戦の指揮を執ったのが、川西の中林丹後と西之沢の家喜《いえき》下総とある。当城から滝川を挟んだ西側に、川西・西之沢集落が展開することから、この城道が、西方集落からの登城道との評価できる。

春日宮山合戦の名を残す籠城戦は、春日山城をおいて他にないといえる。ただし、川東集落の東に位置する壬生野城で、宮山合戦が行われたと伝承の存在があるが、川東集落南側の土豪衆と山畑の土豪衆が立籠った可能性は否定できない。しかし、壬生野城は宮山には存在しないことから、宮山合戦に連動した籠城戦が行われたと考えられる。

壬生野城の主郭土塁を断割るV字溝は、破城による土塁破壊との評価ができ、天正九年に籠城戦を行った証と捉えることもできよう。

【参考文献】三重県教育委員会『三重の中世城館』（一九七七）、寺岡光三「春日山城の縄張りについて」『研究紀要』第四号（三重県埋蔵文化財センター、一九九五）、「春日神社」三重県教育委員会『三重県の文化財』（一九九八）、伊賀市教育委員会『伊賀市史 第四巻 資料編』（二〇〇八）、村田修三「中世の城と館」『伊賀市史 第一巻 通史編』（伊賀市、二〇一一）

（寺岡光三）

●信長親子の旅館と陣城を探る

桜町中将城《さくらまちちゅうじょうじょう》と瀧川氏城《たきがわしじょう》

〈所在地〉名張市下小波田字内山・下出
〈比　高〉約二〇メートル
〈分　類〉丘城
〈年　代〉天正九年（一五八一年）
〈城　主〉織田信雄・瀧川三郎兵衛雄利
〈交通アクセス〉近鉄大阪線「美旗駅」下車、東へ徒歩約二〇分。

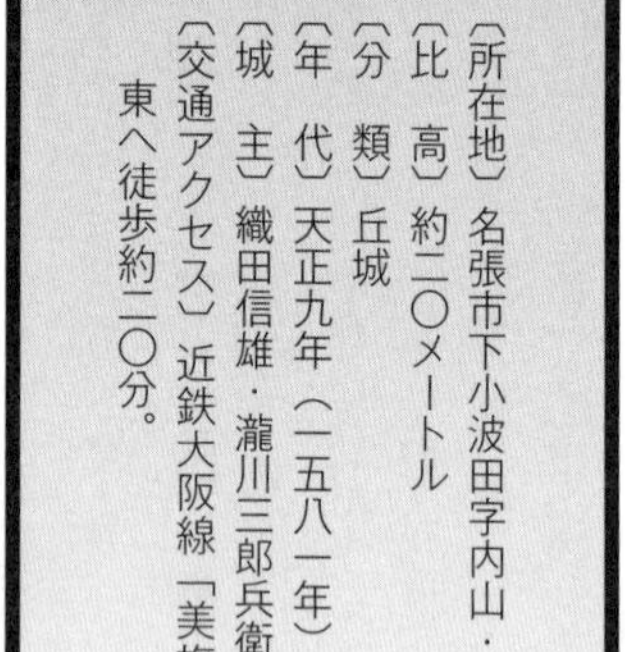

【両城の位置と縄張】　桜町中将城および瀧川氏城が存在する下小波田《しもおばた》は、旧伊賀国の南部に位置する。現在は名張市に属しているが、近世では、伊賀郡に属していた。

両城が築かれた背景には、名張・伊賀両郡の郡境近くに位置し、名張方面に眺望が効くことがあげられ、『多聞院日記《たもんいんにっき》』天正九年（一五八一）九月十七日の条に「伊賀一円落居、合戦モナク曖ニテ諸城ヲ渡テ破城云々、南ニ二三ヶ所ノコルト云々、」とあり、名張郡内では戦が続いていたことから、両城館の築城はこれに起因するのかも知れない。

瀧川氏城からは、西に伊勢街道が掌握でき、瀧川三郎兵衛雄利《かつとし》が城主として知られる伊賀市下神戸《しもかんべ》所在の丸山城（本紙所収）は、北に六キロの位置にある。

名張市北部に位置する下小波田集落北側には、標高二五〇メートル前後の丘陵が東西方向に続いており、その中央付近に桜町中将城が立地し、同丘陵の浅い谷を挟んだ西側に瀧川氏城が位置する。

両城の南側には小波田川が北西に流れ、築城当時には氾濫《はんらん》原《げん》が広がる、天然の要害であったと考えられる。

桜町中将城の名称は、『三国地志』に「櫻町中将宅址　按、地名大藪にあり。其姓氏を詳にせず。」とあり、『三国地志』の編纂された江戸時代中頃には、すでに城主である桜町中将が、誰を指すのかの伝承が途絶えていたと考えられる。

瀧川氏城は、「瀧川氏城　按、瀧川三郎兵衛之に據《よ》る。凡七五間四方あり、要害の固丸山の城に亞く。」とあることから、織田信雄《のぶかつ》の重臣である瀧川三郎兵衛雄利の城と伝えられる。

両城館の規模は圧倒的に瀧川氏城が大きく、主郭内部の規模が六〇メートル四方で、単郭の城館規模としては三重県下最大である。両城館の主郭の姿は、伊賀地域に散在する伊賀型と称される四方土塁《どるい》に空堀《からぼり》が廻る形態で、規模は大きいものの、一般的な伊賀の中世城館の形が縄張に取り入れられている。これは、在地の百姓達を人足として雇い入れて、築城したことに起因するのかもしれない。

【城の縄張】　桜町中将城は単郭で、主郭①を囲繞《いじょう》する高土塁と横堀が存在し、虎口西側に櫓台《やぐらだい》②が存在する。

主郭①を廻る横堀の北側に、低土塁が三方向に廻る重層的な造りで、北尾根を画す外郭土塁と横堀も存在する。この外郭土塁が喰違《くいちが》いとなる部分には、小規模な四方土塁で囲繞された砦③が存在する特異な遺構で、三重県いなべ市大安町所在の大井田城に類例が知られる。

主郭①の虎口《こぐち》前面の西寄りには、変則的な馬出《うまだし》状曲輪④が存在し、大手道に横矢《よこや》が掛かる。この馬出状曲輪の縄張は、瀧川氏城に見られる馬出状曲輪⑩と縄張の類似性がうかがわれる。また、主郭①の東側には駐屯地⑤が存在し、中央部には、南北を画す竪《たて》土塁と竪堀《たてぼり》が存在する。これに類似した遺構が、主郭①の北西方向の竪土塁と竪堀⑥で、北からの侵入を遮断している。また曲輪④から西側に突出した削平曲輪⑦にも、同様な狙いが見て取れる。

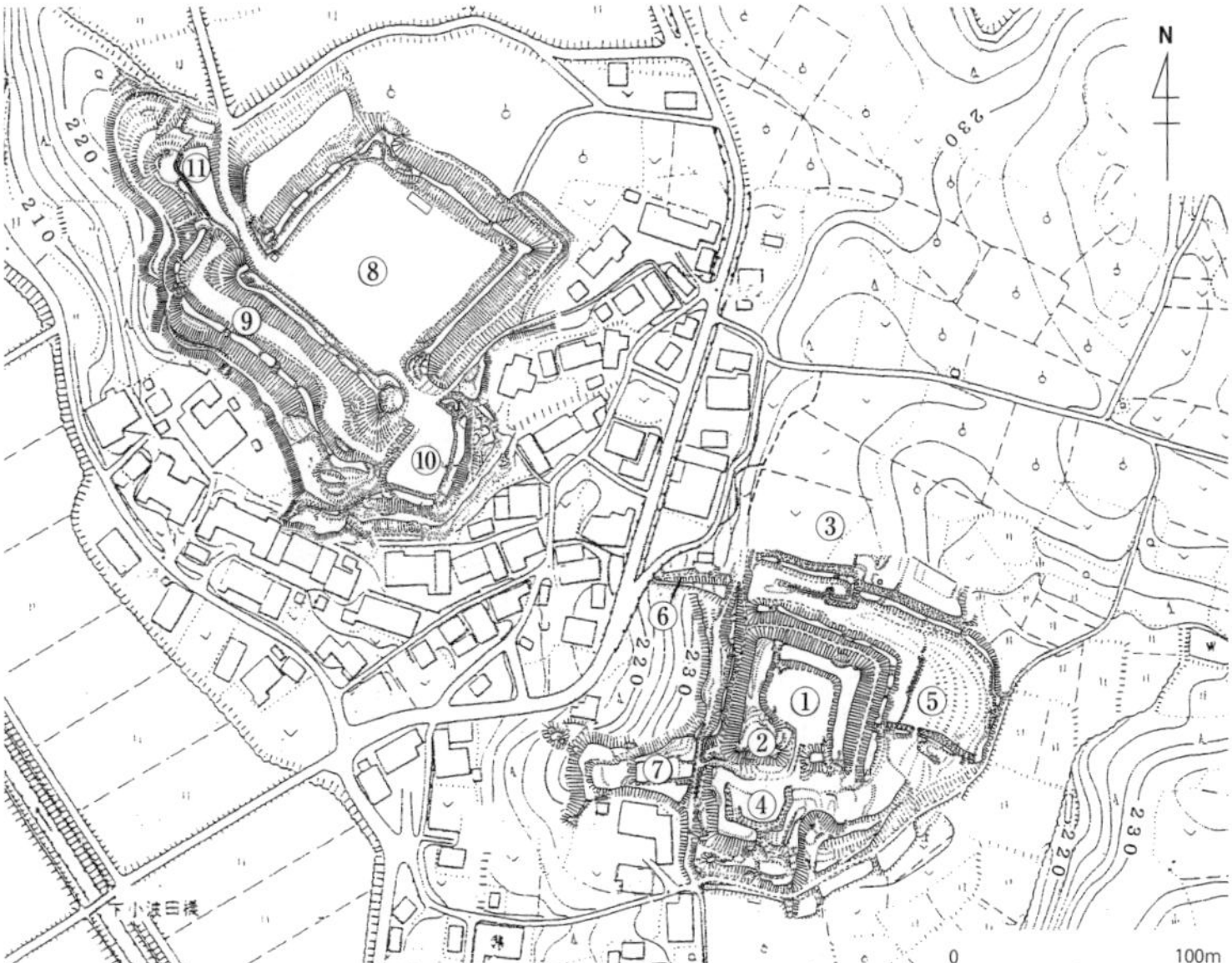

●―瀧川氏城（左）桜町中将城（右）縄張図（作図：寺岡光三）

●—瀧川氏城（左）桜町中将城（右）

瀧川氏城も、主郭⑧を四方土塁と空堀《からぼり》で囲繞する単郭の城館で、南側の横堀が幅広く造られ、外郭土塁が急斜面上に位置することから、横堀内を曲輪⑨とした駐屯地で、南側からの攻撃に対応した縄張普請《ふしん》といえ、外縁に塹壕《ざんごう》が帯状に続いている。

主郭⑧の、南土塁の南西隅には、平入の虎口が存在し、前面には変則的な土塁囲いの馬出状曲輪⑩が設けられている。

北側の虎口付近は、道路の敷設や運動公園造成で大きく改変を受けているが、西に延びる削平地に空堀が廻ることから、北側にも馬出状曲輪⑪の存在が考えられる。

主郭⑧を高土塁と空堀で囲繞した、堅牢な縄張内にある広大な郭内には、数多の兵士の駐屯が可能と考えられる。この備えは、伊賀衆が夜陰に紛れて行う、ゲリラ攻撃を警戒した普請と見ることができよう。

【城名を再考する】『三重の中世城館』には、桜町中将城の城主は、織田信長の次男織田信雄《のぶかつ》を指すことが指摘されている。信雄は、天正三年（一五七五）六月に伊勢国司北畠家の当主となり、この年から北畠中将を名乗ったようである。

天正元年（一五七三）に、信長と足利義昭が不和となり、義昭を京から追放し、これ以降二条城が信長の御座所として機能したと考えられ、『信長公記』の「天正五年霜月十三日、信長公、御上洛。二条御新造へ御座を移さる。」に符合するといえよう。同年年十月には信忠が秋田城介から三位中将に叙せられており、このころには、二条城に隣接する櫻町に信忠らの屋敷が建てられたと考えられる。このことから、天正九年の築城が想定される櫻町中将城の櫻町は、京都二条城の東側に存在する地名に由来するようである。

天正八年（一五八〇）に、安土城《あづちじょう》の完成にともない、信忠信雄の兄弟が安土に移り住んでいることから、信雄にとって最も頼れるのが兄信忠であったといえよう。

このような経緯を踏まえれば、城館名の桜町中将が不詳と、『三国地誌』には記されているが、天正伊賀の乱との関わりを考えると、天正九年までは、信雄が北畠中将と称されていたことや、隣接する瀧川氏城の存在からも、信雄を指す城であると見ても間違いはないといえよう。

信雄が中将と記されているのは、天正七年（一五七九）九月十七日付の『織田信長書状写』にあり、信雄が独断で伊賀を攻め、重臣柘植三郎左衛門を失ったことに激高した信長が、信雄宛に送った書状にも、北畠中将殿と記されている。これ以降天正九年九月までは、北畠中将信雄と記されている。

桜町中将城は、織田信長・信忠親子が、伊賀国平定の状況を見分する時に、旅館として築かれたことは、『信長公記』の「天正九年十月十日」の条に、「三介信雄陣所、筒井順慶、惟住五郎左衛門陣所、奥郡、小波多と申す所まで、御家老衆十人ばかり召し列られ、御見舞。さて、塞〻、御要害仕るべき在所仰せつけらる。」の記述から伺うことができよう。

信長が重臣達を見舞ったのは、簡易な陣所とも受け取れ、本格的な築城は信長の指示後とも考えられる。しかし、桜町中将城の厳重な備えと、瀧川氏城の大規模な普請を考えると、信雄の主導で信長と兄信忠のために、築城がなされたと考えても問題はないといえよう。

また同時代史料として、『福智院文書』「某日次記」の、天正九年十月十一日条に、「伊賀国小畑《（小波田）》と言う在所に、丹羽五郎左衛門の陣所が在り、上様の御座所を新調、この所に一夜逗留」と記された文書が存在し、丹羽《にわ》氏の陣所に信長の御座所を新調したことが記されている。この文書から推測して、「小畑」にある丹羽五郎左衛門（惟住《これずみ》五郎左衛門）の陣所が上様（信長）の御所であることから、もっとも規模の大きい瀧川氏城が信長の御座所と考えられる。ただし、「新調」とある御座所が「櫻町中将城」である可能性も残る。

伊賀地域の陣城では、筒井《つつい》順慶《じゅんけい》の本陣山《ほんじんやま》城の縄張が異彩を放っているが、山頂の縄張は臨時的な姿で、瀧川氏城の大規模で、かつ恒常性を備えた主郭空間は見られない。伊賀に残る織田方の陣城は、規模が小さいのが基本といえる。

瀧川氏城は昭和五十年代（一九七五〜）に、果樹園の造成や運動公園敷設により、主郭内や北側から西に続いていた横堀が埋め立てられ、西側の虎口も大きく削られたのが現在の姿である。桜町中将城も重機が主郭に入り、横堀が切られ土塁が開削され主郭虎口も広げられている。現在の散策道が、破壊道を辿っていることは、皮肉な現状といえる。

【参考文献】三重県教育委員会『三重の中世城館』（一九七七）、高橋成計『織豊系陣城事典』（戎光祥出版、二〇一八）

（寺岡光三）

●天正伊賀の乱に深く関与した土豪

下山甲斐守城《しもやまかいのかみじょう》

〔所在地〕名張市下比奈知字兼前
〔比　高〕約二〇メートル
〔分　類〕丘城
〔年　代〕一六世紀
〔城　主〕下山甲斐守
〔交通アクセス〕近鉄大阪線「名張駅」下車、三重交通バスで「比奈知学校前」下車、南東方向へ徒歩約一五分。

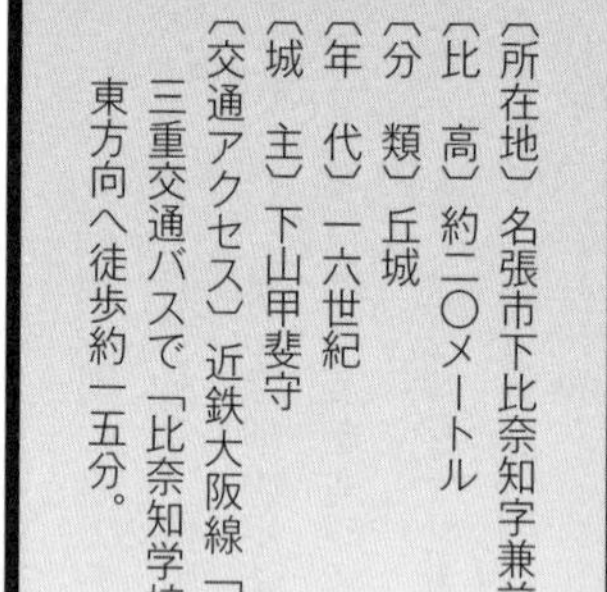

【下山氏の始まり】　下山氏の出自については定かでないが、「下山氏由緒書」によると、応仁年間（一四六七～六八）に、足利氏の家臣であった下山八郎重定《しげさだ》が、名張《なばり》郡奈垣《ながき》村に住して、伊賀守を号したのが始まりという。

下山氏一族は、名張市街地から三キロほど東側に位置する、奈垣の小盆地を本貫地とし、戦国時代には、奈垣から流れる名張川の支流花瀬川《はなせがわ》流域を掌握《しょうあく》し、名張川との合流地点の下比奈地《しもひなち》に、伊賀国では大規模な範疇《はんちゅう》に含まれる下山甲斐守城を築き、有力土豪として君臨していたといえる。

永正三年（一五〇六）には、下山重澄の嫡男重信が比奈知に築城し、三男甲斐守重長が奈垣村を支配したと伝えている。

【北畠氏と下山甲斐守】　伊勢国司家北畠氏の家臣名が記された、『伊勢国司諸侍役付』（内閣文庫公文書館蔵）に、「甲斐源氏武田之一属　伊州名張城主従騎伊州之御旗頭　下山甲斐守」との記述があり、父祖の地である甲斐に因んで、甲斐守を名乗っていたといえよう。

『三国地志』付図に、「多気《たげ》古城参考図」があり、多気城下絵図には多数の家臣名が注記されているが、多気城下の西側を通る伊勢本街道近くの大蓮寺の西に、下山甲斐守の名が見られ、ここに甲斐守の屋敷が存在したと伝えられる。

『三国地志』には下山氏に関連する城館跡として、「下山甲斐守堡　下比奈地」「下山甲斐守堡　下山氏宅址　奈垣」の三城が見られる。当城は下比奈地にあり、上流の羽根（奈垣）

の下山甲斐守城の存在が、地志の記述からもうかがわれる。
伊賀国南部は北畠氏の領国に接しており、名張郡や伊賀郡に盤居《ばんきょ》する有力土豪衆が、北畠氏の被官《ひかん》となっていた。下山氏を始め、二〇氏を超える土豪衆が、『伊勢国司諸侍役付』にみえる。彼らは、南北朝期に北畠氏にしたがった由緒を持つ土豪衆であったが、織田信雄が当主の時代に離反したといえよう。

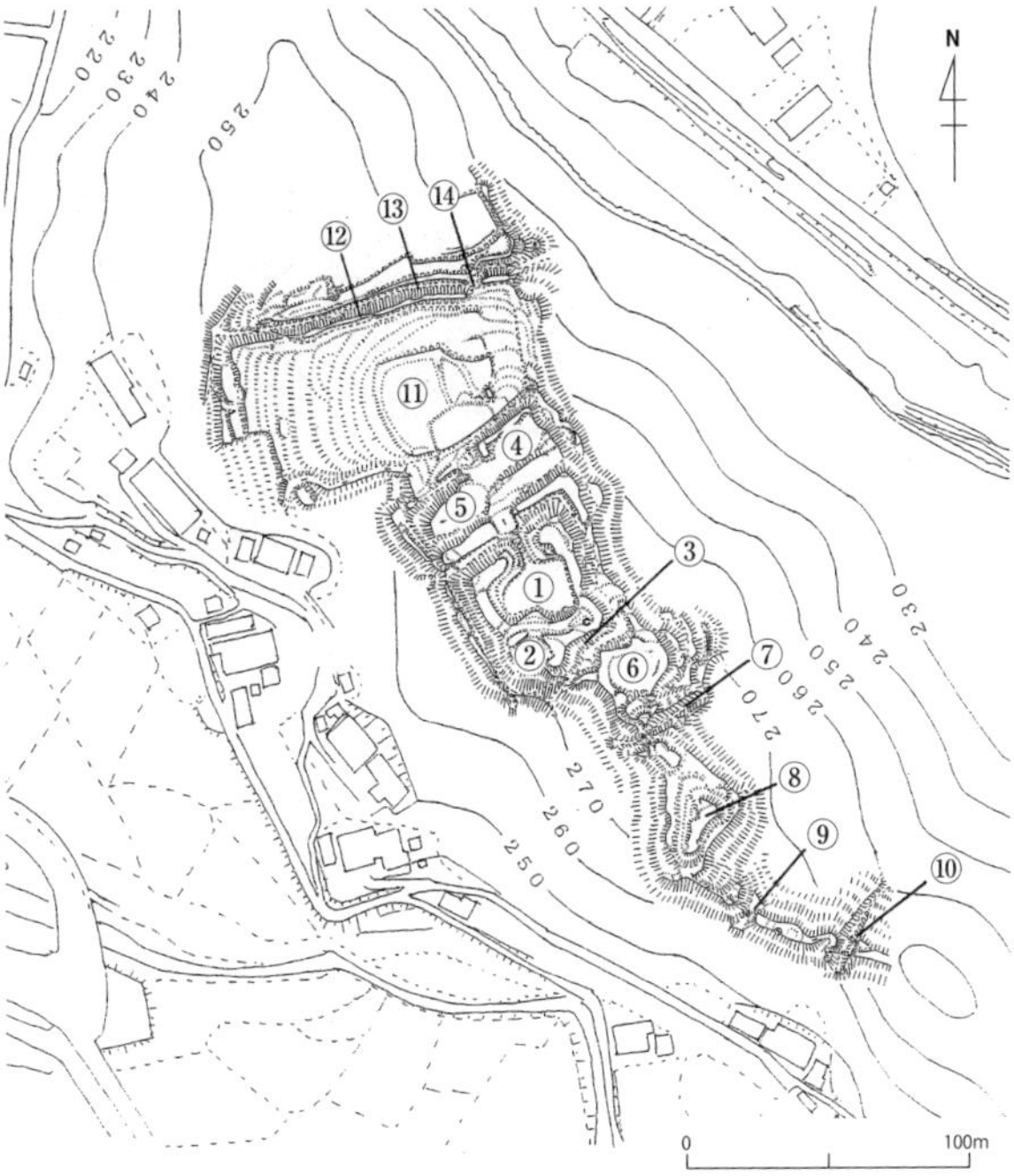

●―下山甲斐守城縄張図（作図：寺岡光三）

『勢陽雑記』には、伊賀惣国一揆のことを指す一文があり、そこに下山氏の名があり、下山甲斐守が伊賀惣国一揆の評定談合を行う六六人に名を連ねるとしている。

【下山甲斐守と天正伊賀の乱】『伊賀旧考』の、丸山城普請《ふしん》について書かれている箇所に、下山甲斐守に関する記述が見られる。「天正六年二月上旬、伊賀国名張郡上比奈知村ノ住人下山甲斐、密ニ田丸ニ参向シ、家臣ノ傍ニ拠信雄へ蜜訴ヲトケント奏ス、于時、信雄下山ニ対顔シ、イカナル子細ヲ尋ヌ、以下略」とある。下山甲斐守が信雄《のぶかつ》に伊賀国攻めを薦めたことが記され、信雄の命で滝川三郎兵衛が、伊賀国下神戸に丸山城を築城する際にも、下山甲斐守が関わっていたとされる。

上述のことから、天正七年（一五七九）に起きた、第一次天正伊賀の乱の要因の一つに、下山甲斐守の行動が深く関わっていたことがうかがわれよう。

『勢陽雑記』には、「信雄卿伊賀発向之事付柘植討死之事」として下山甲斐守の所業に付いて書かれており、大筋は以下のようである。下山氏は伊賀国の六六人衆に数えられる有力者であるが、織田信雄に味方して伊賀攻めの手引きをしたとある。

天正七年九月十七日に、信雄が一万余の兵を仕立てて田丸

●―花瀬川越しに下山甲斐守城を見る

城から伊賀国へ発行し、名張口と馬野《ばの》口から攻め込んだが、伊賀の地侍が両口に待受けて、弓鉄砲で防戦してきたとある。攻め口が無双の難所のために不利を被り伊賀へ攻入ることができずに退却するも、鬼瘤《おにこぶ》峠で柘植三郎左衛門尉が討死したとある。

信雄は下山甲斐守に謀られたことに怒り、長野左京亮に命じて生け捕りにした。牢に入れられた下山は、伊賀衆に内通していたことを認めず、断食をして舌を噛切って死んだとある。

『小川新九郎覚書』（神宮文庫所蔵）にも下山甲斐守のことが多く書かれており、「伊賀の国にての巻」に、「下山甲斐守いけとりの事」として、天正七年の織田信雄による伊賀攻め時に、下山甲斐守が謀反を企てたとされる一文とその顛末《てんまつ》が記されているが、『勢陽雑記』と類する部分も多い。

天正七年卯年の記述には、甲斐守は伊賀の大名で、城を二つ持つ者とある。甲斐守が、比奈知と奈垣の二城の所持に関してその信憑性が見て取れ、小川久兵衛が比奈知の下山甲斐守城を訪ね、甲斐守を生け捕りにしたことも綴られている。

伊賀に攻め込んだ滝川三郎兵衛らが、伊賀衆の攻撃に遭ったのは、甲斐守の調略により騙されたことに起因すると記され、ここでも甲斐守が捕らわれた後自害したとある。

『勢陽雑記』や『伊賀旧考』の記述は軍記物の観が否めないが、『小川新九郎覚書』にも同様な記述が見られることから、甲斐守が信雄の伊賀攻めを導いたことが、史実として受け取ることができよう。

【下山甲斐守城の縄張】 名張川が大きく蛇行する下比奈知と上比奈知の境界の左岸段丘上の城山に立地する。

標高二七〇メートル付近に、高さ一～三メートルの四方土塁《どるい》に囲繞《いじょう》された二五×二〇メートルの主郭①が存在し、北側土塁の内法面《のりめん》には石垣の痕跡が見られる。

主郭①の南側には櫓台《やぐらだい》②が存在し背後に堀切《ほりきり》③がある。堀切の櫓台側にも石積が見られる。主郭①の西側には横堀があり、東側には腰曲輪《こしくるわ》が存在する。櫓台付近からは中世瓦片の散布も見られる。

主郭①の北側には、幅が狭い虎口《こぐち》があり、大きめの石材が列をなしている。郭内には石材の散乱も見受けられることから、築城時には、虎口に石垣が積まれていたと考えられるが、破城を受け石材が撤去された痕跡と考えられる。

虎口から北側の曲輪④には、L字の低土塁と横堀があり、西から登る大手道に対して横矢《よこや》が掛かる。主郭北西の曲輪⑤との間に大手門が想定される。

現在大手道が緩い斜面を乗り越えて直接主郭虎口に繋がっているが、本来は曲輪④を迂回して、東から入る喰違《くいちがい》虎口として機能していたと考えられる。

主郭①背後の堀切③の対岸には、二五㍍四方規模の曲輪⑥が存在する。曲輪内に下山家の墓石があり、墓地として整備されている。もっとも古い名号碑の紀年銘が、寛文三年（一六六三）であることから、近世に城郭内に墓地が造営されたとみなされる。

曲輪⑥の背後に堀切⑦があり、尾根の最高所に見張台的な削平曲輪⑧が存在する。北東側に緩い傾斜地があるが、周囲全体に切岸《きりぎし》が顕著に施されている。南東に続く背後の尾根筋には、堀切⑨⑩が設けられ、細尾根を断切っている。

当城の大手道から北側に、不整形な削平曲輪⑪と緩い傾斜面が一〇〇×五〇㍍の範囲に存在している。その北側には主尾根を断ち切る東西土塁⑫と横堀⑬が並行し、北東隅部に喰違虎口⑭が存在する。

この曲輪⑪は、主郭①の東西土塁などの塁線に比べて、二〇度ほどの相違がある。これは、築城の時間的な差異が存在したと考えられ、主郭縄張の完成以降に造営された可能性が示唆されよう。

下山甲斐守城の曲輪⑪と、伊賀市川合所在の田矢伊予守城の主郭前面に存在する削平曲輪の類似性が指摘され、伊賀国の最終段階での大規模城郭で試みられた駐屯地との指摘がある。

しかし、曲輪⑪の中心部はおおむね二〇㍍四方の削平地であるが、周囲は緩斜面の自然地形で、西端の東西土塁や横堀が大規模に築かれ、喰違虎口が存在するアンバランスな姿から、主郭曲輪とは異質の新たな縄張が付加されたと考えられ、下山氏による普請と見るよりも、天正九年（一五八一）の第二次天正伊賀の乱時に、織田方が陣城として造営した兵站地の可能性が想定されよう。

【参考文献】『伊賀市史　第四巻　資料編』（伊賀市、二〇〇八）、『伊勢国司とその時代』（北畠顕能公六百年祭奉賛会、一九八二）、村田修三「中世の城と館」『伊賀市史　第1巻通史編』（伊賀市、二〇一一）、藤田達雄「伊賀惣国一揆と織田政権」『伊賀市史　第一巻通史編』）（伊賀市、二〇一一）

（寺岡光三）

●北畠家再興への拠点城郭

北畠具親城《きたばたけともちかじょう》

〔所在地〕名張市奈垣字村田・神屋字伊賀見
〔比　高〕約三〇メートル
〔分　類〕丘城
〔年　代〕天正五年（一五七七）頃
〔城　主〕北畠具親
〔交通アクセス〕近鉄大阪線「名張駅」下車、三重交通バスでつつじが丘へ、「南五番町」バス停から徒歩約三〇分。

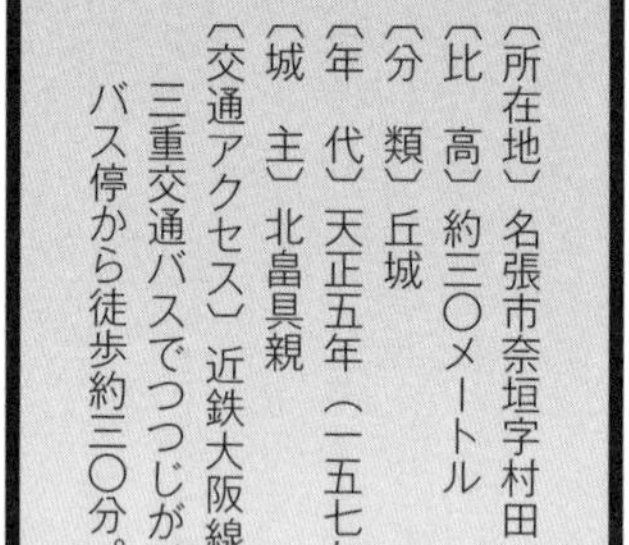

【伊勢国と北畠氏】　後醍醐天皇が吉野に遷して南朝を打ち立てた建武二年（一三三五）に、北畠親房《ちかふさ》が伊勢国に下向して、南五郡（一志《いちし》・飯高《いいだか》・飯野《いいの》・多気《たき》・度会《わたらい》）を治め、その後上多《た》気《げ》に北畠氏館を構えたのが、伊勢国司北畠家の始まりである。

伊勢には東国へと向かう安濃津《あのつ》や大湊《おおみなと》などの良港があり、吉野への物資運搬の生命線として、雲出川水運と伊勢本街道を掌握することで、北畠氏は南朝の後ろ盾となったといえよう。

【北畠具教vs織田信長】　永禄十〜十一年（一五六七〜六八）に、織田信長が北伊勢に侵攻した。信長は、鈴鹿郡の神戸《かんべ》氏に三男信孝を入れ、安濃《あのう》郡の長野氏には弟信兼《のぶかね》（信包）を入れて北伊勢を支配下とした。大御所北畠具教《とものり》国司具房《ともふさ》は、信長の勢いに危機感を強め、多気から松坂の大河内城《おかわちじょう》に移り住み、信長との籠城戦を見越していたと考えられる。この居城移転の経緯については、「国司の居城は伊勢たけいと云所なれ共、敵に奥まで押こまれてはと、おかはちと云城に籠たまふ。」と『甲陽軍鑑』に記されている。

永禄十二（一五六九）年八月に、信長は北畠氏の領域へと攻め入り、具教の弟木造具政《こつくりともまさ》を北畠家から裏切らせ、一志郡を制圧した。阿坂城《あさかじょう》を落とし、大河内城へと攻め込み、城を包囲した。籠城《ろうじょう》五〇日の膠着《こうちゃく》状態となり、信長が具教に対して和議を申し入れた。

和睦の条件は、信長の次男で一三歳の茶筅丸《ちゃせんまる》を、具教嫡男の具房の養子とすることと、具教の隠居であった。また、茶筅丸が元服の折には家督を譲る旨を条件とした。具教はこれを受け入れ、信長との和睦が成立した。『信長公記』には、「笠木坂ないと申す所へ退城候ひしなり。」とあり、具教が多

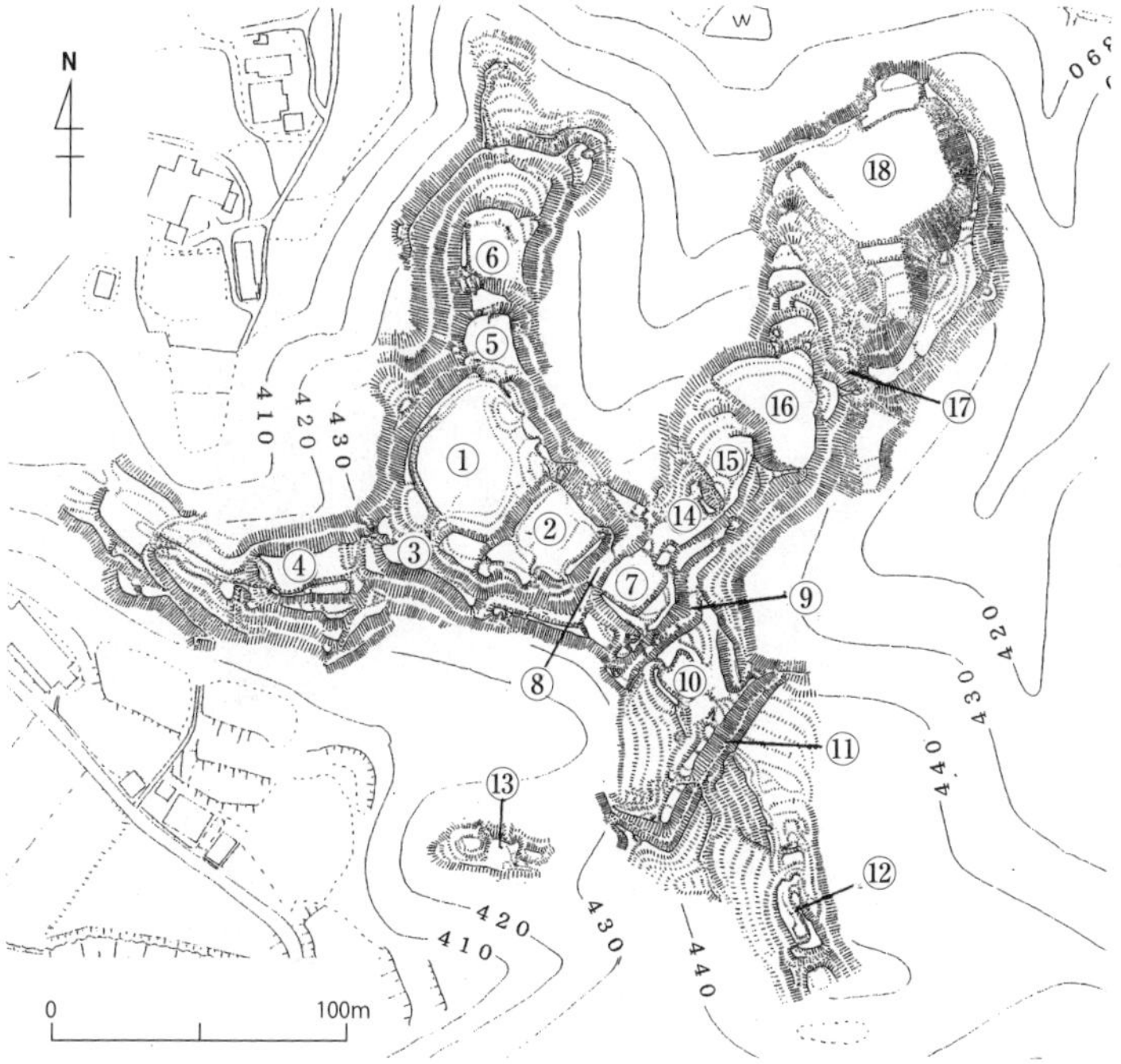

●―北畠具親城縄張図（作図：寺岡光三）

気郡の笠木館《かさぎ》に隠居したことがうかがえる。

天正三年（一五七五）、具豊《（信雄）》が伊勢国司家を継いだ。しかし、天正元年（一五七三）三月に、具教が重臣鳥屋尾石見守《とやのおいわみのかみ》を秘かに甲斐の武田信玄・勝頼父子に使者として送り、信長を陥れようと画策した（『甲陽軍鑑』）。

天正四（一五七六）年十一月、謀《はかりごと》を知った信長は激怒して、北畠氏旧臣を使い、具教および具教次男の長野具藤《ともふじ》とともに、坂内《さかない》・大河内・波瀬《はぜ》・岩内《ようち》一族を謀殺《ぼうさつ》し、多気《たげ》の霧山城も落城した。ここに北畠顕能《あきよし》から九代続いた伊勢国司北畠家が滅び、北畠具豊《（織田）（信雄）》政権が樹立された（『勢陽雑記』）。

【北畠具親vs織田信雄】具教謀殺の知らせが、南都興福寺の東門院に出家していた具教の実弟の元に届いた。弟は翌天正五年（一五七七）に興福寺を出奔《しゅっぽん》し、伊賀国名張郡神屋《かみや》の吉原城主で、北畠旧臣の吉原左京佐に身を寄せ、伊賀で還俗《げんぞく》し北畠具親と名乗った。具親はしばらく伊賀に留まり、この間に伊賀在住の北畠氏旧臣達の手で、当城が築城されたと考えられよう。

具親は、秘かに、伊勢国内の旧臣に対して蜂起を促したと考えられ、『勢州軍記』に、「密に三瀬・河股《かばた》・多芸《たげ》・小倭《おやまと》の諸侍を頼り謀反を発せんと欲す」とある。

天正五年、具親が南伊勢の、波瀬城や森城で北畠氏旧臣と

●—城跡を南西より

●—大手虎口を南より

ともに挙兵したが、信雄の手勢に掃討され、伊賀に逃げ帰った。この時、伊賀市上神戸《かみかんべ》の御《ご》殿山《てんやま》に我山城《わがやまじょう》を築き、落居したと考えられる。『伊水温故《いすいうんご》』には、「天正九年伊賀兵乱の頃まで上神戸に蟄居《ちっきょ》しけるが其行末知ず」とある。

天正九年（一五八一）九月に、織田信長による伊賀国平定が行われ、全土が焦土化したが、危機を感じた具親は、安芸の毛利氏を頼り西国へと落延び、備後の鞆に住したという。天正十（一五八二）年六月、本能寺の変で信長の横死を知ると、具親は伊勢に戻り、ふたたび五箇篠山《ごかささやま》城で蜂起した。『勢州軍記』には、「同年の冬、北畠具親、中国より勢州に至り、南方譜代の諸侍を集め給う。」とあり、「五箇の篠山城に立籠る。同じく十二月晦日、大河内の近辺に打出《うちい》で悉《ことごと》く之に放火す。」と、真田家伝来の『古文書鑑《かがみ》』に収録されている。また信雄の側近小川新九郎長保《ながやす》宛の、土方《ひじかた》彦三郎雄久《かつひさ》書状には、大河内を放火した後に、五ヶ古城に取り入ったとの記述が知られる。しかし、翌年正月に信雄勢に攻められた篠山城が落城、具親は手勢とともにふたたび伊賀に戻ったと言われる。

羽柴秀吉は、天正十二年（一五八四）には伊賀国を領国化し、同年三月の小牧長久手《こまきながくて》の戦で、伊勢をほぼ手中に治めたが、織田上野介《こうずけのすけ》が拝領した戸木《へき》城では、元城主の木造氏が反旗を翻して籠城し、羽柴勢が周囲に付城を築く長期戦となった。

同じく一志の小倭七郷衆も抵抗していたが、織田の手勢に佐田《さた》城《じょう》が落とされ、奥佐田城も包囲された時、伊賀から北畠具親が馳せ参じ、安保《あお》大蔵少輔を使いとして、籠城衆に和睦の仲介を行い開城させたとある。この後、木造氏にも和睦を進めるも不調に終わるが、同年十二月に秀吉と信雄が和睦し、具親は蒲生氏郷《がもううじさと》に預けられたとある（『勢州軍記』）。

【中世寺院と城郭】　当城は、名張市つつじが丘の南側、標高四五〇メートルの丘陵上に位置し、主尾根の曲輪群を堀切《ほりきり》で遮断する縄張が特徴である。直行する二つの支尾根には、階段状に曲輪が連続する、連郭式《れんかくしき》の城郭といえよう。

当城では、土塁《どるい》で囲繞《いじょう》された館郭①（内部広さ三五メートル四方）と、南東側比高差四メートル上に、詰郭②（内部広さ二〇メートル四方）が存在する。この部分が主郭部といえよう。

郭①の南側に坂虎口《こぐち》があり、両翼の土塁上には、櫓《やぐら》の配置が想定される。虎口前面に馬出《うまだし》状の曲輪③が位置し、西隅に喰違《くいちがい》虎口がある。曲輪③から大手道に対して横矢《よこや》が掛かる。大手道は土塁囲いの曲輪④に下る。曲輪④の西端にも喰違虎口が想定される。南側の谷筋から西尾根に登る大手道は、堀切で拘束された土橋《どばし》を渡り、喰違虎口から曲輪④に入ったと考えられ、虎口部分には、防御施設の存在が想像される。

郭①から北に下る尾根筋には、おおむね二段の方形曲輪⑤⑥が続き、先端部には切岸《きりぎし》された犬走《いぬばし》りが二段に存在している。城道が西側の竪《たて》土塁に平行して北側に下っている。

郭②の南東側には郭⑦（内部広さ一五メートル四方）があり、その間に上幅一〇メートル深さ五メートルの大規模な堀切⑧が穿《うが》たれ、郭②の両翼部分は横堀となっている。

郭⑦の南東側にも同規模の堀切⑨が存在し、対岸に土塁囲いの曲輪⑩がある。さらに南側には、当城最大規模の堀切⑪が穿たれている。この堀切から五〇メートルほど離れた南東の丘陵上に、土塁と堀切で区画された砦⑫が存在し、南西尾根先端部にも出丸《でまる》的な砦⑬の存在が見られる。

郭⑤は三方が土塁に囲繞され、北側に平入の虎口が存在する。虎口から北側に低土塁で囲繞された曲輪⑭が存在し、北東隅の土塁の開口部が虎口と考えられる。

●—北畠具親城　堀切⑧を東から

曲輪⑭の北側は堀切で遮断され、北東隅に土橋が取付き曲輪⑮に続く、この北側には、大規模な切岸面を持つ曲輪⑯が存在し、北尾根には大規模な堀切⑰が穿たれている。この曲輪⑯から北側に小規模な削平地が段状に続き、北東方向に土塁囲いの曲輪⑱（内部広さ四〇メートル四方）が存在する。

曲輪⑱の北側土塁上には墓地が存在する。中世の石仏石塔類が散見され、観音寺跡の伝承があり、大規模な切岸の普請《ふしん》が特徴である。曲輪⑭にも同様な普請がうかがわれ、この尾根以外の曲輪群にも、石仏・石塔の残欠が散見されることから、当城の築城時に、中世寺院跡が取り込まれたことが示唆される。同様な縄張普請が見られるのが、伊賀市長田所在の比自山城（本書所収）である。中世寺院を曲輪に取り込み、堀切で遮断する姿は、当城との類似性がうかがわれる。穿った見方をすれば、具親の急な築城要求に応えるために、尾根上の中世寺院を郭とし、曲輪間を堀切で断切り、短期間に城郭を完成させたとも考えられよう。

【参考文献】三重県教育委員会『三重の中世城館』（一九七七）、『伊勢国司とその時代』（北畠顕能公六百年祭奉賛会、一九八二）、『北畠氏の研究』（大西源一、一九八二）、『三重県史　通史編近世　一』（三重県、二〇一七）

（寺岡光三）

お城アラカルト

忍者の城

竹田憲治

超人的な技を持ち、不思議な術を使う「忍者」は、日本が世界に誇るヒーローだ。その中でも伊賀忍者、甲賀忍者はメジャーな存在で、日本遺産にもなっている。伊賀や甲賀には忍者屋敷があるし、伊賀上野の町を歩くと、忍者の衣装をレンタルした観光客に出会うこともある。伊賀市には、三重大学を中心とした、「国際忍者研究センター」があり、実証的な忍者研究も進みつつある。

戦国時代を舞台とした映画やドラマ、小説にも「忍者」は欠かせない存在だ。筆者も人気グループのメンバーが主演を務めた忍者ものの映画を見た。田丸城とおぼしき城の桝形《ますがた》虎《こ》口《ぐち》での決闘は、ツッコみたくなるシーンであったがカッコよかった。それでは、「忍者」は、どのような城を築いていたのであろうか？

伊賀の城跡には、近世の地誌などから城主を類推し、城名としているものが多い。近世に認識されていた城主名が戦国期まで遡れるものなのかという疑問は残るが、いくつかの事例を紹介したい。

伊賀市喰代には「百地丹波守城」がある。『伊乱記』という江戸時代の軍記物には、天正七年（一五七九）に布引鬼瘤峠《ぬのびきおにこぶ》を越えて伊賀に侵入してきた織田信雄方と戦ったとの記事がある。伊賀市東湯船には、「藤林長門守城」がある。長門守の子孫とされる藤林《ふじばやし》保武《やすたけ》が江戸時代前期に著した忍術書『万川《ばんせん》集海《しゅうかい》』は有名だ。付近には江戸時代前期に遡る藤林家墓所もある。どちらの城も、方形の曲輪と周囲の土塁、空堀などからなる城である。

戦国時代の史料には大和や山城の騒乱に際し、傭兵となった「伊賀衆」という集団が現れる。本書でも取り上げた、伊賀市川東の川東城館群は、山城である春日山城、壬生野城と、集落内にある小規模城館からなっている。春日山城の麓には春日神社があり、宮座に関係する文書が残っている。この地域に残る、それぞれの屋敷に土塁や堀を構え、紐帯となる社や山城を持っている集団が、「伊賀衆」のイメージなのかもしれない。

付城

竹田憲治

大規模で長期にわたる戦乱に際し、敵方の城を包囲するために築かれる城を「付城《つけじろ》」と言う。伊勢国では、天正十一年（一五八三）や天正十二年（一五八四）の織田信長没後の戦乱において付城が多く築かれた。

亀山市の峯城は、天正十一年には柴田勝家・滝川一益方が、十二年には織田信雄《のぶかつ》方が籠城し、羽柴秀吉方との籠城戦が行われた。『多聞院《たもんいん》日記』によると羽柴方は、「付城」を築き、城を取り囲み、城方はこらえきれずに城を明け渡す。

峯城の南西一・二キロにある野元坂館は、河岸段丘の急崖上にある城である。発掘調査の結果、館と急崖の間に深い空堀《からぼり》と土塁《どるい》が見つかった。河岸段丘の段丘崖だけでもかなりの傾斜があるが、さらにそこに空堀や土塁を掘るという行為には、厳しい緊張状態を感じる。野元坂館以外にも峯城の東九〇〇メートルにある古城城、東一キロにある青館、南東二・三キロにある山尾氏館、南西五〇〇メートルにある落山城、北一・七キロにある南条城、北二・一キロにある吉尾道場なども、『多聞院日記』にみえる付城ではないかと考えられている。

津市久居戸木町には、織田信雄方の有力武将、木造《こつくり》具政・長政の戸木《へき》城があった。ここでも天正十二年に城を攻める羽柴秀吉方との籠城戦がおこった。羽柴方は、「取出」四つを築き、戸木城を取り囲んだが、木造方もよく守り、数ヵ月しても城は落ちなかった。

戸木城は戸木集落と重複しており、目立った防御遺構を見出すことはできない。しかし周囲には、戸木城を取り囲んだと思われる付城の遺構が残っている。戸木城の北八〇〇メートルには、宮山城が、北一キロには、城山城がある。いずれも小規模な城郭であるが、城内路を土塁や横堀で複雑に屈曲させるなどの特徴的な構造を持っている。西七〇〇メートルの上野遺跡の発掘調査では、大規模な空堀をもつ方形の区画が見つかっている。付城四ヵ所のうち、残り一つは不明であるが、宮山城、城山城、上野遺跡が天正十二年時の付城であったと思われる。

執筆者略歴

伊藤徳也（いとう　とくや）	1961 年生まれ	三重県立北星高等学校
岩山欣司（いわやま　きんじ）	1976 年生まれ	新城市教育委員会
川島誠次（かわしま　せいじ）	1984 年生まれ	美濃市役所
河野あすか（かわの　あすか）	1990 年生まれ	刈谷市歴史博物館
鈴木正貴（すずき　まさたか）	1963 年生まれ	別掲
竹田憲治（たけだ　けんじ）	1963 年生まれ	別掲
武部真木（たけべ　まき）	1967 年生まれ	（公財）愛知県教育・スポーツ振興財団　愛知県埋蔵文化財センター
田中城久（たなか　しろひさ）	1970 年生まれ	日本考古学会会員
寺岡光三（てらおか　てるを）	1953 年生まれ	伊賀中世城郭研究会
中井　均（なかい　ひとし）	1955 年生まれ	別掲
中川貴皓（なかがわ　たかあき）	1987 年生まれ	知立市教育委員会
松田　繁（まつだ　しげる）	1977 年生まれ	蒲郡市博物館

編者略歴

中井　均

一九五五年、大阪府に生まれる
一九七九年、龍谷大学文学部史学科卒業
現在、滋賀県立大学人間文化学部地域文化学科教授
〔主要編著書〕
『近江の山城を歩く』（編著、サンライズ出版、二〇一九）、『城館調査の手引き』（山川出版社、二〇一六）、『中世城館跡の考古学』（編著、高志書院、二〇一四）、『近世城郭の考古学入門』（編著、高志書院、二〇一六）

鈴木正貴

一九六三年、愛知県に生まれる
一九八七年、慶應義塾大学文学部史学科卒業
現在、愛知県埋蔵文化財センター主任専門員
〔主要編著書〕
『守護所と戦国城下町』（編著、高志書院、二〇〇六）、『愛知県史　資料編五　考古五　鎌倉～江戸』（共著、愛知県、二〇一七）

竹田憲治

一九六三年、三重県に生まれる
一九八五年、皇學館大学文学部国史学科卒業
現在、三重県埋蔵文化財センター副参事
〔主要編著書〕
『三重の山城ベスト五〇を歩く』（編著、サンライズ出版、二〇一二）、「北畠氏と中世城館」『伊勢国司北畠氏の研究』（共著、吉川弘文館、二〇〇四）

東海の名城を歩く
愛知・三重編

二〇二〇年（令和二）三月十日　第一刷発行

編　者　中《なか》井《い》　均《ひとし》
　　　　鈴《すず》木《き》正《まさ》貴《たか》
　　　　竹《たけ》田《だ》憲《けん》治《じ》

発行者　吉川道郎

発行所　株式会社　吉川弘文館
郵便番号一一三―〇〇三三
東京都文京区本郷七丁目二番八号
電話〇三―三八一三―九一五一（代）
振替口座〇〇一〇〇―五―二四四番
http://www.yoshikawa-k.co.jp/

組版・製作＝有限会社 秋耕社
印刷＝株式会社 平文社
製本＝ナショナル製本協同組合
装幀＝河村　誠

ISBN978-4-642-08366-9